치료를 거부할 때

치료를 거부할 때

차별이 아닌 차이에 기반한
정신질환자 치료

엘린 R. 색스 지음
박혜선 옮김

圖書出版 하나醫學社

Refusing Care
: Forced Treatment and the Rights of the Mentally Ill

For Will Vinet

목차

감사의 글

이 책을 쓰는 것은 제게 중요한 경험이었습니다. 이전의 두 책도 그랬지만, 이 책은 더더욱 개인적으로 깊은 의미가 깊은 책입니다. 저는 환자들을 대변하는 변호사로서, 병원의 자원봉사자로서, 정신치료를 하는 상담가로서, 그리고 학생들을 가르치는 교수로서 정신보건법 분야에서 오랫동안 일해 왔습니다. 이 분야의 여러 쟁점은 저에게는 소중하면서도 쉽지 않은 과제입니다. 이 책은 이러한 쟁점들을 다루어보려는 시도의 결과물입니다.

이 작업을 위해 많은 분들이 정말 큰 도움을 주셨습니다. 이분들께는 아무리 많은 감사 인사를 드려도 부족할 것입니다. 가장 먼저 서던 캘리포니아 대학의 법대 학장님이신 매튜 스피처 교수님께 감사드립니다. 학장님은 서던 캘리포니아 대학을 일하기 좋은 멋진 대학으로 만들어주셨습니다. 법대 도서관의 에이미 애친슨, 로라 캐드라, 코린 지, 제니퍼 머레이, 리 노이게바우어 그리고 그 외 다른 사서 분들께도 정말 감사드립니다. 저의 비서분들, 로즈메리 헨드릭스, 쉐리 부탈라, 모린 나바렛, 키스 스티븐슨은 훌륭히 업무를 수행하며 저를 도와주셨습니다. 감사합니다.

원고를 읽고 많은 조언을 해주신 스코트 알트먼 교수님, 토마스 리온 교수님, 마이클 샤피로 교수님, 크리스토퍼 슬로보긴 교수님께 감사드립니다. 동료분들의 도움을 통해 언제든 원래의 결과물보다 더 나은 결과물을 만들어낼 수 있는 것 같습니다. 특히 알트만 교수님과 샤피로 교수님은 제가 더 이상 어린 학자는 아님에도 불구하고 변함없이 저의 작업들을 검토해 주셨기에 더욱 감사합니다.

제 원고의 최연소 독자는 애덤 프레이저였는데, 프레이저는 14살임에도 정말 유용한 조언들을 해주었습니다. 전문가다운 편집으로 저를 도와주신 글래디스 탑키스 편집자님께도 감사드립니다.

연구를 도와준 학생들, 비쉬타 파라하니, 에이미 파이트-케이, 제니퍼 헤르만, 크리스토퍼 홉킨스, 카랄라 젠킨스, 코리 존슨, 브라이언 켈리, 데이비드 피어스, 그레고리 샤모, 헤더 스프랙, 캐리 스톤, 사지 토마스, 나딘 유세프, 테리 짐링 그리고 그 외 다른 학생들에게도 감사 인사를 드립니다.

저의 가장 가까운 분들께는 곁에 있어 주셔서 고맙다는 인사를 드리고 싶습니다. 저의 부모님이신 바바라와 버트, 동생인 워런과 케빈, 가장 가까운 친구들인 스티브 벤키와 케니 콜린스, 에스터 파인, 그리고 다른 많은 친구들, 저의 정신분석가들이신 고故 마사 해리스 선생님, 고故 스탠리 잭슨 선생님, 멜빈 랜스키 선생님, 말콤 호프스 선생님께 감사드립니다. 그리고 마지막으로 윌 비넷에게 사랑을 담아 이 책을 바칩니다. 그는 제 삶에서 가능할 것이라고는 생각도 하지 못했던 새로운 차원을 열어주었습니다. 저의 인생에 이러한 변화를 가져와 준 그에게 가장 깊은 감사의 마음을 보냅니다.

머리말

한 사회가 그 구성원 중 가장 형편이 어려운 사람들을 대하는 모습을 보면 그 사회의 인류애를 짐작할 수 있다는 말이 있다. 정신질환자를 대하는 모습을 보면 미국 사회는 비인간적이다. 우리는 정신외과수술, 전기경련치료, 위험하고 부작용이 심각한 약물의 투여 등 극단적인 처치를 정신질환자들에게 강제로 시행하곤 했다. 그뿐만 아니라 우리는 정신질환자들의 자유를 때로는 수년씩 박탈하기도 하였다. 한 예로 케네스 도날드슨은 자타해 위험이 없었고 제대로 된 직업 활동을 유지할 수 있었음에도 15년이 넘도록 병원에 갇혀 있었다. 당시의 입원 기준으로는 치료의 필요성이 입증되기만 하면 강제입원이 가능했기 때문이다.

시간이 흐르고 반대의 상황이 되어 이번에는 정신질환자들이 완전히 방치되기 시작한다. 병동 문이 열리고 환자들이 퇴원하지만, 지역사회에서의 돌봄은 찾아보기 어렵다. 치료를 받으러 병원을 찾는 환자들이 많지만, 병원에서는 환자들을 그냥 돌려보낸다.[1)]

어떤 사람들은 변호사들이 환자의 자유를 지나치게 강조해서 이런 문제가 생기게 되었다고 원망한다. 그러나 진짜 원인은 우리가 강제입원이 아닌 다른 치료 방식에 자원을 투자하지 않는 데에 있다. 도움을 원하는 환자를 도와주고자 하는 우리의 의지가 부족한 것이다. 탈원화의 결과를 논하기에 앞서 다음 사실을 고려해 보자. 1983년도에 인구 12만 5천 명의 도시인 영국 옥스퍼드에는 43개의 그룹홈이 퇴원 환자들을 위해 존재했다. 같은 해, 같은 인구의 미국 코네티컷 뉴헤이븐에는 지역사회전환시설이 단 한 곳 있을 뿐이었다. 지역사회에서 환자들을 돌볼 수 있는 자원이 없다면 탈원화는 당연히 실패할 수밖에 없다.

과잉개입과 방치라는 양극단을 오가는 정책 외에도 정신질환자에 대해 널리 퍼진 편견 또한 문제이다. 물론 이 둘은 무관한 현상이 아니다. 정신질환자들을 우리와 동등한 가치를 가진 사람으로 고려하지 않기 때문에 어느 방향으로든 그들을 함부로 대하는 것이다.

과거에 비해 동성애나 암, 에이즈 등에 대한 낙인은 줄어들었다. 사람들은 자신의 상태에 대해 공개적으로 이야기하고, 지지 모임을 만들어 함께하며, 책을 출판하거나 방송에 출연하기도 한다. 위 상황에 대한 낙인이 이제는 아예 사라졌다거나 정신질환자들은 그만큼 개방적이지 않다는 말을 하려는 것은 아니다. 그러나 정신질환에 대한 태도와 인식은 여타 상황들과는 질적인 차이가 있다.

정신질환에 대한 낙인은 가장 심각한 축에 속한다.[1] 사람들은 정신질환을 앓고 있다는 사실을 창피해한다. 그들은 자신의 상황을 직장에

---

1) 저자가 뒤에서 여러 번 언급하지만, 미국의 의료보험제도 하에서는 특히 치료비 지원을 받지 못해 병원에서 돌려보내지는 환자들이 많다(역자 주).

알리기 꺼리는 것은 물론이고, 친구나 지인에게도 털어놓기 힘들어한다. 사회는 정신질환자들을 대놓고 적대시하고 경멸하며 무서워한다. 대중매체는 정신질환자들을 비하하는 용어를 사용하고, 이들을 낮춰보며 비교의 대상으로 삼는다. 정치적 올바름에 대한 교육이 실시되는 오늘날 학교에서도 학생들은 '미치광이'나 '정신병자'에 대해 이야기한다. 같은 반 친구나 친구의 가족 중에도 정신질환을 앓는 사람이 있을 수 있다는 주의사항을 들었음에도 말이다. 인종차별적이거나 성차별적인 대화를 나누는 것은 상상도 못 할 사람조차도 정신질환에 대해서는 이러한 표현들을 사용하곤 한다.

정신질환 문제와 관련된 다툼이 지속되는 이유는 부분적으로는 이러한 낙인이 너무나 커서 사람들이 병원을 찾기 꺼려서이고, 부분적으로는 정신질환으로 인한 장애로 스스로 병원을 찾기 힘든 사람들이 있기 때문이고, 부분적으로는 사회가 정신질환을 앓는 사람은 일반인과는 다르며 그렇기 때문에 이들은 다르게 취급해도 된다고 생각하기 때문이다.

이 책은 합리적인 치료란 무엇일지를, 정신질환자들이 치료를 원치 않는다고 주장하는 상황을 중심으로 살펴본다. 다시 말해 이 책은 앞서 언급한 양극단 중에서 과잉개입 상황을 다룬다. 또한 이 책은 정신질환자들을 나머지 사람들과는 다르게 대해야 할 경우가 있는지, 만약 있다면 왜 그래야 할지 질문을 던지며 정신질환에 대한 낙인에 대해서도 생각해 보려고 한다.

정신질환자들에 대한 개입이 과하기보다는 부족해서 논란인 오늘날에 나는 왜 과잉개입을 연구하는가? 그 이유는 몇 가지로 설명할 수 있다. 첫째, 치료를 원하는 정신질환자들을 제대로 돕지 못하고 있는 것도 큰 문제이긴 하나 이는 법학자가 목소리를 낼 수 있는 사안이 아니다. 이 문제는 이론보다는 정치적 의지와 관련된 일로, 인간적이고 온정적으로 우리의 자원을 사용하고자 하는 결단이 필요한 문제이다.

둘째, 우리의 자원은 한정적이기 때문에 강제치료가 꼭 필요하지 않은 이들에게 굳이 이를 강요하지 않는 것이 이치에 맞다. 이들에게 부적절하게 사용되는 자원은 치료를 진정으로 원하거나 필요로 하는 이들에게 사용될 수도 있는 자원이다. 보건 서비스 정책의 합리성을 위해서는 이러한 점들도 고려할 필요가 있다.

셋째, 치료를 원하는 사람들을 우리가 제대로 돕지 못한다는 문제에 비하면 치료를 원치 않는 사람들에게 과잉개입을 하는 문제는 상대적으로 크지 않다는 인식이 널리 퍼져 있지만, 내가 아는 한 이는 연구결과로 증명된 사실은 아니다. 치료를 원치 않는 사람들이 많은 것은 분명하다. 노숙하는 정신질환자들을 위한 거리 지원활동에 응하지 않고, 병원에 자의입원하지 않으며, 강제입원에 불복하여 심사를 재차 삼차 요청하고, 자신의 치료거부 권리를 주장하며 법정까지 가는 사람들 말이다. 즉 오늘날에도 치료를 원치 않는데 치료를 받게 되는 사람은 많다. 그렇다면 우리는 다음 질문에 대해 생각을 해봐야 한다. 환자의 거부에도 불구하고 개입을 해야만 하는 상황은 무엇이고, 당사자의 의사를 존중해야 하는 상황은 무엇인가? 이것이 바로 이 책의 주제이다. 나는 특히 강제입원, 강제투약, 격리, 강박의 네 가지 사안에 대해 이를 허용할 수 있는 상황에 대한 기준을 수립하려 한다.

그리고 정신질환자들을 주변화하거나 낙인찍지 않기 위해 나는 위 사안들에 있어 정신질환자들이 비정신질환자들과는 다르게 취급되어야 하는지, 만약 그렇다면 왜 그러할지 지속적으로 점검할 것이다. 그리고 가능하면 환자와 비환자 모두에게 동일하게 적용될 수 있는 기준을 제안할 것이다.

이 책의 결론은 크게 다음의 세 가지로 정리된다. 첫째, 강제치료와 관련하여 우리는 온정적 간섭주의나 자율성 존중 중 어느 한 가지 원칙만을 고수할 수는 없으며, 최대한 합리적인 균형점을 찾아야만 한다. 둘째, 이러한 균형을 바탕으로 이 책에서 제시하는 기준은 현행 기준보다 더 환자의 자율성을 보호하는 동시에 더 온정주의적이다. 이어지는 본문에서 나는 내가 제시한 기준의 근거를 설명하려고 노력하였다. 셋째, 나는 최대한 정신질환자뿐만 아니라 비정신질환자에게도 적용 가능한 기준을 제시함으로써 정신질환자를 차별하지 않는다는 원칙을 지키려고 하였다. 이러한 원칙을 잊지 않는 것은 실천 가능하며 바람직한 일이다. 정신질환자들을 비인간적으로 대하며 차별하는 것을 이제 멈추어야 한다.

1

의사와 변호사: 그들의 입장 차이

낸시(35세)는 얼마 전 정신병원에 강제입원한 환자로, 약물치료를 거부하며 법정 다툼을 진행 중이다. 낸시가 병원에 오게 된 것은 경찰에 의해서이다. 낸시는 몇 달 전 직장을 잃었고 이어 세 들어 살던 집에서도 쫓겨났다. 그리고 그날 밤 낸시는 집에 다시 무단 침입하려다가 경찰에 붙잡혔다. 경찰은 처음에는 낸시를 그냥 보내주었지만, 몇 시간 뒤 인근 기찻길 주변에 불을 피워놓고 몸을 녹이려고 웅크려 앉아 있는 낸시를 발견하자 그녀를 응급실로 데리고 갔다.

낸시는 병원에 원만히 머물려 하지 않았다. 낸시는 계속 저항했고, 자신은 정신질환을 앓고 있지 않으며 치료는 필요 없다고 말했다. 낸시가 이전에 정신과 치료를 받은 이력은 없었지만, 낸시의 가족들은 그녀가 오래전부터 문제 행동을 보였다고 말했다. 응급실로 이송되던 날 기이한 행동을 했고 병동에서 비협조적인 태도를 보인 것 외에도 낸시는 자신이 환청을 들음을 인정했다. 낸시에게 강제입원 결정이 내

> 려졌다. 그러나 낸시는 계속 자신은 병을 앓지 않는다고 주장하며 치료를 거부했고, 병이 있건 없건 어떤 약도 먹고 싶지 않다고 이야기했다. 낸시의 담당 의사들은 강제치료를 위한 법원 명령을 신청했다.

위 사례는 실제 사례이며 여러 어려운 쟁점들을 보여준다. 나는 이 사례를 예로 전형적인 의사는 왜 낸시를 강제로라도 치료할 수 있기를 원하고, 전형적인 변호사는 왜 낸시의 치료거부 권리를 지지할지를 살펴보고자 한다.[1] 즉, 나는 의사와 변호사가 서로 다른 입장을 취하게 하는 그들 내면의 소망과 두려움을 살펴보려고 한다.[2] 마음속으로 어떤 생각을 하기에 그들은 그런 입장을 취하게 되는가? 나는 먼저 설명을 단순하게 하기 위해 어느 정도 고정관념을 반영한 의사와 변호사의 반응을 그려보려고 한다.

의사가 볼 때 낸시의 문제는 간단하다. 낸시는 심각한 정신질환을 앓고 있다. 낸시가 병원에 온 날, 그녀는 기이할 뿐만 아니라 위험한 행동을 했었다. 낸시 부모의 말에 따르면 그녀는 오래전부터 이상한 행동을 보였다고 한다. 최근에 직장을 잃은 것으로 보아 낸시는 사회적 기능이 손상되었을 가능성이 높다. 낸시는 병이 있다는 사실을 부정하기 때문에 '병식이 없으며' 치료 및 병동 생활에 협조하지 않는다. 마지막으로, 이것이 가장 중요한 정보일 수 있는데, 낸시는 환청을 듣는다고 한다.

만약 낸시가 심각한 정신질환을 앓고 있다면 이를 치료해야 한다고 의사는 생각한다. 그것이 의사의 역할이다. 의사는 사람들을 치유하거나, 적어도 돕고자 노력해야 한다. 낸시가 도움을 거부하는 것은 정신질환으로 인한 증상일 뿐이다. 정신질환자들은 누가 보아도 명백한 증상을 흔히 부정하곤 한다. 낸시가 자신이 병에 걸렸다고 생각하지 않는다면 치료가 필요하다는 생각은 당연히 하지 못할 것이다. 낸시는 병식이 없기 때문에 자신의 상태에 대해 논리적인 판단을 할 수 있는 상황이 아니다.

의사의 생각은 계속된다. 낸시를 치료한다면 낸시는 건강해질 것이다. 낸시는 더 이상 환청을 듣지 않을 것이다. 주변 사람들과의 관계는 개선될 것이다. 문제 행동도 줄어들 것이다. 낸시는 더 생산적인 삶을 살 수 있을 것이다. 마지막으로 낸시는 더 행복해질 것이다. 정신질환은 극도로 고통스럽고 사람을 피폐하게 만드는 것이지만, 치료 경과가 좋다면 낸시는 이에서 벗어날 수 있을 것이다. 낸시가 얻는 이익은 낸시의 가족들, 그리고 사회 전체의 이익으로도 이어질 것이다. 낸시는 완전히 회복되어 더 이상 치료를 받을 필요 없이 쭉 행복하고 건강한 삶을 누릴 수 있을지도 모른다.

의사는 물론 강제치료는 말 그대로 낸시에게 치료를 강제하는 것임을 알고 있다. 그리고 선택권을 박탈당하는 것은 불쾌한 일이긴 하다. 그러나 그렇게 하지 않으면 낸시가 맞이하게 될 운명보다는 당연히 덜 불쾌할 것이라고 의사는 판단한다. 강제치료를 통해 얻는 것이 잃는 것보다 더 큰 것이다. 게다가 강제치료로 낸시가 잃는 자율성은 사실 생각보다 크지 않을 수 있다. 현재 낸시는 병으로 인해 완전히 자율적인 존재가 아닐 수 있고, 치료를 통해 낸시의 정신기능을 회복시킨다면 그것이 장기적으로는 자율성에 더 도움이 될 수도 있기 때문이다. 아니, 어쩌면 지금 치료를 거부하는 낸시는 아예 진짜 낸시가 아닐 수도 있다. 치료 후 원래의 모습으로 돌아온 낸시는 우리에게 고마워할 것이다. 그러한 감사야말로 낸시가 정말 자율적인 상태에서 자신의 마음을 표현한 것이고, 우리는 바로 그 마음을 존중해야 한다.

이렇듯 의사는 치료를 통해 얻을 이익들을 희망적으로 생각하는 한편, 치료를 하지 않으면 벌어질 일에 대해서는 암담한 예상들을 한다. 병을 치료하지 않으면 낸시의 상태는 점점 악화될 수 있다. 행동은 더 기이해지고, 망상을 보일 수도 있다. 환각은 더 무시무시한 내용으로 바뀌고, 말은 지리멸렬해질지 모른다. 낸시는 자신을 전혀 통제하지 못하게 되어 자타해 위험을 보일 수도 있다. 그런 상황에까지 이르면 낸시가 원하든 원하지 않든 강제치료를 하는 수밖에는 없을 것이다.

병세가 그런 식으로 급격히 악화되지는 않더라도 시간이 지날수록 낸시의 삶에는 비가역적인 피해가 발생할지 모른다. 낸시는 만성 정신질환자가 될 수도 있다. 지금처럼 기이한 행동을 보이고 환청을 계속 경험한다면 낸시는 다시는 직장을 구하지 못할지 모른다. 가족이나 친구와의 관계가 멀어지거나 아예 끊길 수도 있다. 노숙하게 될 수도 있다. 이러한 피해는 낸시 혼자 겪는 것이 아니라 낸시의 가족 그리고 우리 사회 전체가 입는 피해이기도 하다. 낸시는 잘해봤자 끔찍한 삶을 살거나 최악의 경우 얼마 못 가 사망에 이를지도 모른다.

의사는 생각한다. 치료하지 않으면 낸시의 건강뿐만 아니라 낸시의 자율성도 당연히 위협받게 될 것이다. 병으로 인해 낸시의 자율성은 점차 감소되거나 심한 경우 영원히 사라져버릴 수도 있다. 그렇게 되면 낸시는 스스로 선택이란 것을 아예 할 수 없는 상태가 되는 것이다.

정리하자면, 의사의 소망은 자신이 낸시를 낫게 하는 것이고 의사의 두려움은 낸시의 건강이 악화되어 사망에 이르는 것이다. 치료는 환자의 최선의 이익뿐만 아니라 장기적 자율성도 위하는 길이며, 강제치료라 해도 이는 마찬가지이다. 치료를 하지 않는 것은 환자의 이익뿐만 아니라 자율성도 해치는 길이다. 합리적인 의사라면 당연히 환자를 강제로라도 치료하지 않겠는가? 의사가 가진 희망과 소망과 두려움들을 고려한다면 의사는 충분히 그렇게 판단할 것이다. 그렇다면 변호사들은 도대체 왜 환자가 치료를 거부할 수 있기를 바라는 것일까? 변호사의 희망과 소망과 두려움은 무엇일까? 변호사의 머릿속에는 어떤 일이 일어나고 있을까?

변호사의 생각은 여러 파로 나뉠 수 있다. 예를 들어 변호사는 (특히 예전에 유행했던 관점이지만) 정신질환이라는 개념 자체를 부정할 수도 있다. 낸시가 지금 어떤 문제를 겪고 있음은 분명하다. 낸시는 직장을 잃었고 살던 집에서도 나가야 했다. 낸시는 아마 화가 났을 것이다. 그래서 홧김에 다소 반사회적인 행동을 했을 수는 있다. 그러나 그런 행동을 했다고 해서 낸시에게 병이 있다고 볼 수는 없다. 그렇게 보는 것은 정상적인 삶의 갈등마저 의료화하는 것이다. 물론 낸시가 환청을 듣는다고는 하지만, 그런 일은 종교적 신비체험에서도 일어난다. 환청이 일반적인 경험은 아니지만, 남들과 다르다고 해서 반드시 정신질환이라는 꼬리표를 붙여야만 하는 것은 아니지 않은가?

낸시에게 병이 있는 것이 아니라면 강제치료를 하는 것은 당연히 말이 안 된다. 강제치료를 하면 낸시는 강력한 화학물질의 부작용과 온갖 위험들에 노출되면서도 얻는 이익은 없을 것이다. 아니면 더 안 좋게는 약물은 낸시를 가장 낸시답게 하는 것들인 그녀의 생각, 감정, 행동을 바꿔놓을 수도 있다. 그렇다면 우리는 낸시를 단지 우리와 비슷한 모습으로 만들기 위해 강제치료를 하는 것이다. 정부가 이런 식으로 개인의 자유를 침해하는 것은 절대 허용해서는 안 된다. 마지막으로, 낸시의 거부에도 불구하고 치료를 강행하는 것은 낸시의 존엄성을 해치는 일이고, 낸시가 완전히 자율적인 주체이기 때문에 이는 더욱 심각한 문제가 된다.

오늘날에는 위와 같이 정신질환 개념 자체를 부정하는 사람은 많지 않다. (그러나 정신질환을 어떻게 정의하고 구분할 것인지는 여전히 까다로운 문제인데 이에 대해서는 2장에서 살펴볼 것이다.) 따라서 강제치료는 타인의 마음을 조종하고 통제하려는 시도에 지나지 않는다고 생각하는 사람은 오늘날 많지 않다.

그러나 정신질환이란 것이 실제로 존재하는 병이긴 하지만, 낸시가 정신질환을 앓는 것은 아닐 수 있다고 생각하는 변호사는 좀 더 많을 것이다. 이 경우 낸시의 행동에 대한 설명은 앞선 설명과 동일하다. 낸시는 화가 났고, 집에 다시 들어가고 싶었고, 다른 대안이 없어서 불을 피워놓고 길바닥에서 자고 있었다. 가족들이 낸시가 이전부터 문제가 있었다고 말한 것으로 보아 낸시는 대인관계에 문제가 있는 듯하나 이를 병의 증상이라고 볼지는 해석에 따라 달라질 수 있다. 낸시의 환청은 조금 더 설명하기 힘들지만, 사람들이 쉬쉬해서 그렇지 원래 우리가 알고 있는 것보다 더 많은 사람이 환청을 듣는지 모른다. 아니면 뭔가 오해가 있었을 수도 있다. 어쨌든 낸시는 35살이고, 성인이 된 후 최근까지 거의 항상 직업을 갖고 있었다. 만약 낸시에게 정말로 정신병적 장애가 있다면 더 일찍 더 확실한 징후가 나타났을 것이다. 낸시는 최소한 기능이 상당히 좋다.

낸시가 정신질환을 앓는 것이 아니라면 치료를 받도록 강요해서는 안 될 것이다. 치료는 무의미하며, 앞서 이야기한 것처럼 강제치료는 낸시의 자율성을 심각하게 침해한다.

이에 대한 반론에 대비해 변호사는 설령 낸시가 정말로 정신질환을 앓는다고 하더라도 강제치료는 허용되어서는 안 된다고도 주장할 수 있다. 약물은 신체적으로나 심리적으로나 낸시에게 악영향을 미칠 수 있다. 항정신병제의 위험성은 잘 알려져 있으며(이에 대해서는 4장에서 다룰 것이다) 낸시는 지연성 운동장애를 얻게 될 수도 있다. 약물 부작용으로 인해 사망할 가능성조차 있다.

심리적인 피해 또한 만만치 않다. 약이 만약 효과가 있어 정신상태의 개선을 가져온다고 하더라도 심리적 피해가 이보다 더 클 수 있다는 점을 변호사는 지적할지 모른다. 낸시가 정말로 정신질환을 앓더라도 이를 스스로 인정하는 순간 낸시의 자존감에 회복하기 어려운 상처가 생긴다면, 정신질환자 꼬리표를 거부하는 쪽이 낸시에게는 더 이득일 수 있다. 지금까지 낸시는 그렇게 잘 지내왔다. 그리고 낸시가 정신질환자 '역할'을 과도하게 받아들이게 되면 이는 더욱 안 좋은 일이다. 낸시는 직장을 알아보는 것을 포기하고, 자신은 무능력하다고 느끼며 점차 스스로의 힘으로는 아무것도 못 할 정도로 무기력해질 수 있다. 강제치료과정에서 치료진에 대한 원망과 분노가 쌓여 영영 자발적 치료를 받지 않게 될지 모른다. 강제치료는 자발적 치료보다 효과가 떨어지는 경우가 많기 때문에 낸시가 입는 피해에 비해 얻는 이익은 더욱 적을 수 있다.

이와 같이 강제치료가 낸시의 건강에 도움이 되지 않는다는 점 외에도 자율성 측면의 무익함에 대해서도 생각해 봐야 한다고 변호사는 이야기할 것이다. 낸시는 정신질환을 앓을지는 몰라도 의사능력을 상실한 상태는 아니다. 그리고 의사능력이 있는 사람은 본인의 선택에 따라 치료거부를 할 수 있다. 낸시가 현재 완전한 자율적인 존재인지 아닌지는 여기에서 중요하지 않다. 낸시가 의사무능력 상태가 아닌 이상 우리는 그녀의 선택에 간섭하지 않아야 한다. 그런데 우리는 지금 이 원칙을 어기고 있다. 치료가 장기적으로 낸시의 자율성에 도움이 될 수 있더라도 이를 원할지 안 원할지는 현재 낸시가 조금이라도 자율성을 갖췄다면 직접 결정할 수 있어야 한다. 치료 후 원래의 모습으로 돌아와서 우리에게 고마워할 낸시의 선택에 따르는 것이 진짜 낸시의 자율성을 존중하는 것이란 주장은 말장난에 불과하다. 어떤 낸시가 '진짜' 낸시인지 우리가 정할 권리는 없다.

이처럼 낸시의 강제치료에는 여러 단점이 따르는 반면, 치료거부를 허락하는 것은 낸시에게 상당한 이익을 가져온다고 변호사는 생각한다. 소극적 이익으로는 앞서 이야기한 신체적, 심리적 피해의 방지를 꼽을 수 있다. 적극적 이익으로는 다음 여러 가지 상황에 따른 이익들이 있을 것이다. 첫째, 낸시는 자발적으로 회복할지 모른다. 병이란 때로는 치료 없이도 관해상태에 이르며, 그렇게 된다면 낸시는 강제치료로 인한 자존심과 주체성의 하락을 겪지 않아도 되는 것이다. 그리고 이는 낸시에게 스스로의 힘으로 회복하고자 하는 동기를 더욱 불러일으킬 수 있다. 회복에는 바로 이런 동기가 중요하다. 둘째, 계속 정신질환을 앓는다고 하더라도 치료거부가 받아들여진 낸시는 사람들이 자신을 존중하고 자신의 의견에 귀 기울인다고 느낄 수 있다. 그리고 낸시는 정신건강보다도 이러한 존엄감과 자아존중감을 더 좋아할 수 있다. 낸시가 의사무능력 상태가 아니라면, 무엇을 더 원할지는 낸시 자신이 선택할 수 있어야 한다.

셋째, 우리의 예상과는 다르게 낸시는 정신질환을 앓는 편이 강제로 건강해지는 편보다 더 행복할 수 있다. 사람들은 저마다 선호하는 바가 다르다. 어쩌면 낸시는 정신질환의 증상이 약물의 부작용 또는 약물치료를 받는 사람들이 종종 겪는 자존감의 하락보다 더 낫다고 생각할 수 있다. 아니면 이 증상들이 삶의 암울함과 고통을 덜 느끼게 해 주기 때문에 병을 앓는 편을 좋아할 수도 있다. 우리가 낸시에게 어떤 삶이 더 낫다고 말할 자격이 있을까? 낸시에 대해 가장 잘 아는 것은 당연히 낸시 자신이라고 변호사는 생각한다.

마지막으로 변호사는 우리가 낸시의 의사를 존중하는 모습을 보여준다면 낸시는 언젠가 마음을 돌려 자발적으로 약을 먹게 될지 모른다고 생각할 수 있다. 강제치료를 할 수 없다면 의사는 대화를 통해 환자를 설득하려고 더 많은 노력을 기울일지 모른다. 그리고 그렇게 해서 치료에 대한 낸시의 동의를 이끌어 낼 수 있다면 그것이 낸시를 위한 최선이라고 변호사는 생각한다. 자율성의 침해도 없고, 상호 협의 하의 치료는 효과도 더 좋을 가능성이 높기 때문이다.

낸시의 치료거부를 허용하는 것은 이러한 이익을 가져올 뿐만 아니라 자율성을 보호하는 길이기도 하다고 변호사는 생각을 이어나간다. 앞에서 이야기했듯 자신이 원하는 선택을 할 자유가 있을 때 자율성은 증진된다. 그리고 어떤 사람이 정신능력이 저하되었다고 해서 그 사람이 자율적인 존재가 아니라고 단언할 수는 없다. 그뿐만 아니라 선택의 기회가 주어지면 정신능력이 저하된 환자도 현명한 선택을 할 수 있는 능력을 점차 키워나갈 수 있을지 모른다. 완전히 자율적이지는 못한 주체도 자율성을 갖춘 주체처럼 대우 받다 보면 실제로 자율성을 갖추게 될 수도 있는 것이다. 그리고 자율성이 증진되면 낸시의 기분은 더 나아지고 자아존중감은 더 커질 것이다.

이렇듯 변호사의 생각은 의사의 생각과는 완전히 다르다. 변호사는 낸시의 치료거부 권리를 지지하는 쪽이 낸시의 최선의 이익과 자율성 둘 다를 위하는 길이라고 믿는다. 변호사는 의사의 주장은 사실 오판에 의한 것이거나 더 심각하게는 권력의 남용일 수 있다는 생각을 마음속에 품고 있다. 낸시는 알고 보니 정신질환을 앓고 있지 않을 수도 있고, 그렇다면 당연히 강제치료는 해서는 안 될 것이다. 낸시가 실제 정신질환을 앓고 있더라도 강제치료는 낸시에게 신체적으로나 심리적으로나 피해를 줄 수 있고, 치료거부 권리를 인정하는 것은 자율성은 물론이고 낸시가 느끼는 주관적 안녕감을 증진시킬 수 있다고 변호사는 생각한다.

의사와 변호사는 이렇듯 낸시의 사례를 굉장히 다르게 보고 있다. 의사는 강제치료를 하면 낸시는 치유되고 자율성도 회복될 것이며, 치료를 하지 않을 경우 낸시의 병은 악화되고 자율성도 감소될 것이라고 예상한다. 반대로 변호사는 강제치료를 하면 심리적, 신체적 피해가 발생할 수 있고 낸시의 자율성은 침해당하지만, 치료거부 권리를 인정하면 심리적으로 좋은 효과를 가져오고 낸시의 자율성은 보존되거나 더 증진될 것이라고 상상한다.

물론 낸시의 사례는 특히 판단이 애매한 사례로 내가 골라서 제시한 것이다. 다른 사례라면 의사나 변호사는 자신의 전망을 약간 조정할 수도 있을 것이다. 예를 들어 환자의 치료 이력을 볼 때 과거에 치료효과가 쭉 미미했거나 심지어는 역효과가 난 적도 있었다면, 의사는 마냥 낙천적으로 치료가 도움이 될 것이라 생각하지는 못할 것이다. 마찬가지로 환자가 오랫동안 강제치료를 받으며 쭉 극심한 분노와 적개심을 표현했다면 의사는 환자가 고마워할 것을 기대하지는 않을 것이다.

반대로 환자가 오랫동안 정상적 생활이 불가능한 정도의 정신질환을 보여 왔다면 변호사는 환자가 사실은 병을 앓는 것이 아니라 삶의 어려움을 겪고 있을 뿐이란 생각을 하기 힘들 것이다. 마찬가지로 환자의 치료 이력을 볼 때 약물치료의 효과가 쭉 좋았고 그 결과 환자도 힘을 되찾았다면, 그리고 치료거부를 허용했을 때 환자는 악화일로를 걸었다면, 변호사는 환자의 치료거부 의사를 존중하면 여러 이익을 얻을 수 있을 것이라 확신하지는 못할 것이고 강제치료가 환자의 존엄감을 해칠 위험에 대해서도 그렇게 크게 우려하지는 않을 것이다.

하지만 위와 같은 사례에서도 전형적인 의사는 강제치료를 지지하고 전형적인 변호사는 치료거부 권리를 지지할 가능성이 높다. 의사는 비록 환자의 기능이 그다지 크게 회복되지 않더라도, 그리고 강제치료에 대해 환자가 아무리 화를 내더라도 더 심각하게 병을 앓는 것보다는 약 복용으로 정신건강을 조금이라도 되찾는 편이 더 낫다고 판단한다. 마찬가지로 의사는 환자가 약을 복용하면 약간이라도 자율성을 회복할 수 있기 때문에 강제치료는 궁극적으로 환자의 자율성을 증진하는 길이라고 생각한다.

반대로 변호사는 환자의 치료거부 권리를 존중하는 데에는 여전히 중요한 이점들이 따른다고 생각한다. 존엄감과 자아존중감의 가치를 우리는 절대 과소평가해서는 안 된다. 전통적 관점에서의 건강은 약간 희생된다고 하더라도 말이다. 그렇기 때문에 환자가 의사능력을 완전히 상실한 상태가 아니라면 우리는 치료에 대한 결정을 환자에게 맡겨야 한다. 건강을 회복한 미래의 환자가 내리는 판단과 현재 환자의 판단이 다를 수 있다 하더라도 병을 앓는 상태에서의 결정을 존중하지 않아도 되는 것은 아니다. 환자의 여러 모습 중 어떤 모습에 따를지를 우리 마음대로 정할 수는 없다. 게다가 치료 후 건강을 되찾은 환자도 때로는 임의로 단약을 시도하는 것을 보면, 건강해진 상태에서도 환자는 약 복용으로 건강을 유지하는 것에 대해 양가감정을 느낄 수 있는 것이다.

냰시의 경우처럼 애매한 사례가 아니더라도 의사와 변호사는 논쟁의 대척점에 서게 된다. 그들은 어떻게 그렇게 서로 완전히 다른 결론에 도달할 수 있는 것일까? 1장의 이어지는 내용에서는 나는 어떻게 이것이 가능할 수 있는지를 설명하려고 한다. 그러고 나서 현실에서도 의사와 변호사가 실제로 이러한 차이를 보이는지 좀 더 신중히 살펴볼 것이다.

의사와 변호사가 서로 전혀 다른 입장을 취하면서도 둘 다 그것이 환자의 건강과 자율성을 위하는 길이라고 생각하는 이유 중 하나는 의사와 변호사가 생각하는 자율성 개념이 서로 다르고, 건강을 측정하는 방식도 서로 다르기 때문이다. 의사가 생각하는 자율적인 모습이란 여러 능력을 갖추고 진정한 자신의 선택을 할 수 있는 모습이다. 그렇기 때문에 의사는 더 건강한 자아의 장기적인 자율성에 초점을 맞추고 그 자아의 선택을 따르려 하는 것이다. 의사에게는 이것이 환자의 진짜 자율성을 위하는 길이다. 반면 변호사가 생각하는 자율성은 최소주의적 관점에 따른 자율성이다. 이 관점에 따르면 사람들의 자유를 최대한 보장하고, 환자의 모습 중 어느 것이 더 낫다고 우리가 판단하지 않으며, 지금 현재 환자의 선택에 간섭하지 않아야 한다.

마찬가지로 의사는 건강을 객관적 지표, 예를 들어 병적 증상의 유무로 측정하는 반면 변호사는 건강을 좀 더 주관적인 지표, 예를 들어 환자가 느끼는 안녕감으로 측정한다. 또한 변호사는 존엄감과 자아존중감의 가치를 높게 평가하는 반면 의사는 환자의 기능을 개선할 수 있다면 이 둘은 희생될 수 있는 것으로 본다.

의사와 변호사가 서로 다른 입장을 취하게 되는 이유 중 또 다른 하나는 그들이 근본적으로 다른 두려움과 소망을 가지고 근본적으로 다른 가정과 예측을 하기 때문이다. 의사가 가장 중요하게 생각하는 것은 건강이고, 가장 우려하는 것은 건강의 악화와 죽음이다. 환자의 병을 제대로 진단하지 못하거나 보고도 그냥 내버려 두는 것은 있어서는 안 될 일이다. 의사의 소망과 두려움 속에서 환자는 치료받으면 낫고, 치료받지 못하면 큰 피해를 겪게 된다. 의사는 환자도 모두 자신과 같은 가치관을 가질 것으로 생각하며, 건강을 그다지 중요하게 여기지 않는 환자는 병 때문에 그런 마음을 갖게 된 것이고 치료 후에는 고마워할 것이라고 예상한다. 이런 예상이 항상 맞지는 않다는 사실을 의사도 알지만, 그래도 대부분의 환자는 위와 같을 것이라고 의사는 생각한다. 그렇다면 지금 눈앞의 환자는 일반적인 환자라고 가정하는 편이 안전하다. 위에서 든 예처럼 오랫동안 강제치료를 받으며 매번 적개심만을 보였던 환자라도 이번에는 다를지 모른다고 의사는 희망을 놓지 않는다.

그러나 변호사가 가장 중요하게 생각하는 것은 자유이다. 그렇기 때문에 환자가 원하는 것을 직접 선택할 수 있도록 변호사는 적극적으로 환자를 옹호하는 역할을 맡는다. 회의론자가 되어 정부의 권력 남용이나 실수, 소수자에 대한 적대적 대우나 차별, 약자의 소외 등이 없는지를 점검하는 것이 변호사의 전문 업무이다. 변호사가 두려워하는 것은 자유와 자율성의 상실이다. 변호사는 약물치료의 효과에 대해서는 크게 낙관하지 않는 대신, 환자에게 권한을 부여하고 환자가 스스로를 존중할 수 있도록 돕는 것의 긍정적 효과를 믿는다. 변호사 역시 의사처럼 환자들 대부분은 자신과 같은 가치관을 가질 것으로 생각한다. 환자의 치료 이력으로 보아 오진이나 부적절한 개입의 가능성은 없다고 판단될 때에도 변호사는 환자의 자율성을 장기적인 건강보다 더 중요하게 취급한다. 환자가 이전에는 변호사의 예상과 다른 모습을 보였다 하더라도 이번에는 다를지 모른다고 변호사는 상상한다.

이를 통해 명백히 알 수 있는 것은 의사와 변호사가 아무리 자신의 방식은 환자의 건강과 자율성 양쪽 모두를 위한 방식이라고 주장하더라도, 한쪽을 골라야 하는 상황이 된다면 의사는 건강을, 변호사는 자율성을 택할 것이란 점이다. 즉, 의사와 변호사가 서로 상대방이 생각하는 건강이나 자율성 개념을 사용한다면, 이 둘이 서로 충돌할 때 의사는 건강을 위해 변호사가 생각하는 의미의 자율성을 희생할 것이다. 강제치료를 위해서는 그렇게 할 수밖에 없다. 그리고 변호사는 반대로 의사가 생각하는 의미에서의 건강을 포기할 것이다. (그러나 의사와는 달리 변호사는 반드시 이를 포기해야 하는 것은 아니고, 환자가 사실은 병을 앓지 않거나 강제치료 없이도 건강해질 것이라고 계속 희망을 가질 수도 있다.) 다시 말하지만 의사는 건강을 소중하게 생각하고, 변호사는 자아존중감 및 간섭을 받지 않을 자유를 소중하게 여기는 것이다.

어쩌면 의사와 변호사의 수련 과정도 이러한 차이에 기여하는 것인지 모른다. 의사와 변호사는 각자 다른 역할로, 의사는 치유자로 변호사는 옹호자로 사회화되기 때문이다. 의사와 변호사는 각자 생각하는 핵심 임무도 다르고, 배우는 인간의 본성에 대한 관점도 다르다. 의사는 환자들이란 건강을 중시하고, 전문적 견해에 따르고 싶어 하며, 궁극적으로는 돌봄 받기를 원한다고 배운다. 그러나 법의 세계에서는 공동의 목표라는 것을 그렇게 의심 없이 받아들이지는 않기 때문에, 변호사는 사람은 다양한 목표를 가질 수 있다고 배우고, 그렇기 때문에 의뢰인에게 귀를 기울여 의뢰인이 원하는 목표를 따라야 한다고 배운다. 변호사는 의뢰인이 고용한 용병이다. 의뢰인은 자신이 목소리를 낼 수 있게 도와줄 사람을 원하지, 보살펴줄 사람을 원하는 것이 아니다.

의사와 변호사는 또한 원래부터 다른 성격 유형의 사람이기 때문에 각자의 직업에 끌리게 된 것일 수도 있다. 의사는 좀 더 따뜻하면서도 권위주의적인 성격일 수 있고, 변호사는 좀 더 공격적이면서도 사람을 존중하는 성격일 수 있다. 이러한 차이가 어디에서 오는 것이든 전반적인 성향의 차이가 있음은 분명하다.

아니면 이는 오해일 뿐일까? 내가 지나치게 의사와 변호사의 한쪽 면들만 강조한 것일까? 의사는 건강을, 변호사는 자율성을 더 중요하게 여긴다는 말은 어느 정도 맞는 말이긴 하다. 의료의 역사를 보아도 환자의 자기결정권에 대해 고민한 흔적은 찾아보기 어렵다. 히포크라테스 선서에 의사는 치료에 앞서 환자의 동의를 구해야 한다는 내용은 없다. 충분한 설명에 의한 동의informed consent는 환자의 자율성을 지킬 수 있는 주요 장치인데도 역사적으로 정신과 환자가 아닌 일반 환자에게도 이를 구한 내용은 발견되지 않는다. 의사들은 환자에게 설명의무를 다하지 않았고, 환자가 한 처치에 대해 동의하면 나머지 모든 처치에 대해서도 동의한 것으로 간주하곤 했다. 변호사들은 치료에 대한 설명을 들을 환자의 권리를 지키기 위해 싸웠지만, 의사들은 여전히 여러 예외 상황을 주장하곤 한다(치료적 특권 개념이 그 좋은 예이다). 병원에서는 의사능력이 온전한 환자에게도 치료를 강권하거나, 치료를 거부할 권리 및 자의퇴원할 권리에 대해 제대로 알려주지 않곤 한다. 물론 의사는 온정적 간섭주의 입장에서 나름의 이유로 이런 행동을 한 것이겠지만, 환자의 건강을 위해 자율성이 희생되었음은 분명하다.

정신과 환자들을 대하는 예전 관행은 더욱 심각했다. 정신과 환자에게는 충분한 설명에 의한 동의는 고사하고 어떤 식으로든 동의나 거부를 할 기회가 주어지지 않았다. 치료는 의사가 알아서 결정할 일이었다. 환자들은 판단력이 저하되어 스스로를 위해 무엇이 최선인지를 알지 못하므로 의사를 믿고 따르면 된다는 것이었다. 정신병원에 입원하는 것은 어떤 치료든 해도 된다는 허락과도 같았다.

오늘날 법적으로는 이런 분위기가 많이 바뀌었지만 관행은 하루아침에 사라지지 않는다. 여전히 의사능력이 있는 환자들에게조차도 선행의 원칙을 내세우며 설명의무를 다하지 않는 의사들이 있으며, 정신과 치료의 경우 동의 과정을 생략해도 된다고 생각하는 의사는 더 많다. 관련 소송 발생 시 미국정신의학협회는 거의 항상 정신과 환자의 치료거부를 (환자의 의사능력이 인정된 경우라도) 받아들여서는 안 된다는 의견서를 제출했다. 환자의 자율성을 더 보호하는 방향으로 법이 개정될 때 의사들은 이에 반대하며 투쟁했고, 법의 구멍을 찾아 어떤 상황이든 응급상황이라 주장하며 강제치료를 정당화하기도 한다. 마음에 들지 않는 법은 간단히 무시해버리는 의사들도 있다. 환자가 치료에 '동의'하도록 여러 방법으로 압력을 넣기도 한다. 설명의무 강화에 대해 의사들끼리 불만을 토로하는 경우는 흔히 찾아볼 수 있다. 이런 모습들로 볼 때 의사들 사이에서는 여전히 건강을 자율성보다 중시하는 분위기가 유지되고 있는 것이다.

변호사들은 어떠할까? 변호사가 건강보다 자율성을 중시한다는 증거가 있을까? 미국 변호사 윤리강령에 따르면 변호사의 기본 임무는 의뢰인이 원하는 것을 옹호하는 것이지, 의뢰인에게 필요할 것으로 생각되는 것을 옹호하는 것이 아니다. 변호사도 물론 자신이 생각하는 최선을 의뢰인에게 제안해 줄 수 있지만, 마지막에는 결국 의뢰인의 결정에 따라야 한다. 능력이 온전하지 않은 의뢰인이더라도 변호사는 여전히 의뢰인을 존중하며 그의 의견을 최대한 물어봐야 한다고 윤리강령은 말한다.

특히 정신질환자의 강제입원과 관련해서는 의뢰인이 원하는 바를 적극적으로 옹호해야 한다는 주장에 대부분의 변호사가 동의할 것이다. 변호사는 사례에 대해 속단해서는 안 된다. 이미 충분히 많은 사람들이 강제입원이 의뢰인에게 필요하다고 판단하여 행동하고 있기 때문에 한 명쯤은 의뢰인의 입장에서 그를 옹호하고, 의견에 귀 기울일 가치가 있는 주체로서 의뢰인을 존중할 필요가 있다. 변호사는 의뢰인을 위해 무엇이 최선일지 지레짐작하지 않아야 한다는 원칙에 철저하여 의뢰인이 설령 어린아이일지라도 의뢰인이 원하는 바를 따라야 한다는 문헌이 많을 정도이다. 변호사의 역할은 바로 그런 것이다. 또한, 변호사는 정신건강 전문가들이 흔히 하듯이 의뢰인이 진정으로 원하는 것이 뭔지는 자신이 더 잘 안다는 식으로 일을 처리하지도 않는다. 의뢰인이 원한다고 말하는 것이 바로 의뢰인이 진짜 원하는 것이다.

변호사들은 의뢰인을 옹호하는 전문가로 활동하는 것 외에도, 권력을 가진 자들로부터 개개인을 보호하기 위한 프로젝트에도 자주 참여한다. 법으로 정부의 권력을 견제할 때 사람들은 평등해질 수 있는 것이다. 그렇기 때문에 변호사들은 다수의 이익에 대항하는 으뜸패[2] 인 개인의 권리를 찾아내고 지키는 데에 적극적이다. 앞서 이야기했듯 변호사에게는 개인의 자유가 최선의 이익보다 더 중요하다.

그렇다면 단순히 표현하면 의사는 건강을 자율성보다 중시하고 변

---

2) 로널드 드워킨은 『법과 권리(Taking Rights Seriously)』 등에서 개인의 권리는 다수의 이익이라는 정치적 명분을 누를 수 있는 '으뜸패'라고 표현하였다(역자 주).

호사는 자율성을 건강보다 중시한다고 말하는 것이 틀리진 않을 것이다. 의사와 변호사는 수련 과정이나 맡은 전문적 역할, 갖고 있는 이념들로 인해 이러한 성향을 띠곤 한다. 의사는 건강보다 중요한 게 도대체 뭐가 있겠냐고 생각할 수 있다. 건강을 잃는다면 존엄감 같은 것은 중요하지 않아진다. 자율성도 예를 들어 건강에 도움이 된다면 좋은 것이겠지만, 그렇지 않다면 건강에 양보할 수밖에 없다. 게다가 환자가 의사의 말에 무조건 따르고자 하는 성향에 대한 연구를 보면 자율성은 현실적 근거가 희박한 개념 같아 보이기도 한다. 그리고 자율성이 정말로 존재한다 해도 어쨌든 환자들은 이를 그다지 소중히 여기지 않는 모습을 자주 보인다.

반면 변호사는 권력을 기본적으로 불신하고, 어떤 사람을 위해 무엇이 최선일지 제3자가 판단할 수 있다는 생각에 회의적이기 때문에 자율성을 중시한다. 권력을 가진 사람이 다른 사람의 건강을 위한다는 것은 그저 남을 자신과 같은 사람으로 만들고, 자신이 생각하는 좋은 삶의 개념을 남에게도 적용하려는 것에 불과할 수 있다. 그리고 그들이 생각하는 좋은 삶은 상대방에게는 그다지 좋지 않을 수도 있다. 그렇기 때문에 자율성을 강조하여 개인이 각자의 관점에 따른 건강을 추구할 수 있도록 해야 하는 것이다. 그뿐만 아니라 변호사는 좋은 삶을 위한 요건에는 존엄감과 자아존중감이 포함된다고 생각한다. 멸시당하고 자신을 비하하며 살게 된다면 신체적으로 건강한들 무슨 소용이겠는가?

그러나 위의 이야기는 현실의 다양한 모습들을 무시한 이야기일 수도 있다. 실제로는 의사든 변호사든 이러한 전형적인 역할에 대해 양가감정을 느낀다고 알려져 있다. 의사나 변호사 개개인도 그렇고 직업군 전체로도 그렇다. 바뀐 법체계에 맞춰 의사의 윤리강령에도 설명의

무에 대한 내용이 포함된 것을 생각해보라. 오늘날 의대생들은 환자에게 치료에 대한 충분한 설명을 제공하고 환자의 동의를 구해야 한다고 교육받으며, 그렇게 하면 치료동맹이 강화되고 의학적으로도 더 나은 결과를 얻을 수 있다는 문헌도 많다.

급성 정신과 병동의 의사가 환자의 자율성을 존중한 일화들도 있다. 그중 하나로 환자가 전기경련치료를 원한 경우가 있는데, 치료진은 이 방법이 해당 환자와 같은 사례에는 효과가 없을 것으로 판단하였지만 환자가 과거에 그 치료가 도움이 된다고 경험했기 때문에 치료진은 환자의 뜻에 따랐다. 또 다른 일화로, 약물치료를 거부한 환자에 대해 치료자는 환자가 이 어려운 문제를 나름의 방식으로 받아들이려면 시간이 필요하다고 믿었기 때문에 치료거부를 지지한 경우도 있다.

정신건강 분야의 학술 문헌 중에도 자율성의 중요성을 다루면서 치료적 효과뿐 아니라 환자의 존엄성에 대해서도 논의한 문헌들이 있다. 환자의 임파워먼트empowerment(환자 자신과 독립성에 대한 환자의 권한 증대)를 목표로 한 치료 방법들이 개발되기도 한다. 이런 점들로 볼 때 의사 집단에서도 자율성을 중시하는 분위기가 자리 잡아가고 있다. 의사들을 환자의 건강을 위해서라면 자율성은 아무리 침해되더라도 상관하지 않을 사람으로 묘사한다면 이는 지나친 단순화가 맞다.

변호사들 역시 자율성을 건강보다 중시하는 것에 대해 양가감정을 느낄까? 물론 그렇다. 앞서 이야기하였듯이 현재 변호사 윤리강령에는 능력이 손상된 의뢰인 등 특수한 상황에 대한 조항이 있는데, 이 조항에 의뢰인의 의견을 계속 확인하고 존중해야 한다고 적혀 있긴 하지만 예외적으로 변호사가 의뢰인의 뜻에 따르지 않아도 되는 경우에 대한 내용도 있다. 변호사가 항상 단순한 대변자 역할만을 맡는 것은 아니다.

정신과 환자의 자유를 적극적으로 보호해야 한다고 보지 않는 변호사들도 많다. 정신건강 전문 변호사들조차도 의뢰인의 상태가 명백히 악화되어 있는 경우라면 치료거부 권리를 옹호하는 것에 대해 갈등을 느끼고, 의뢰인의 요청이 법원에서 기각되면 안도하며 그렇게 되도록 일부러 유도하기도 한다. 더 많은 자유를 원하는 환자를 지지하지 않는 것은 상상조차 하지 않을 변호사는 더 적은 자유를 원하는 의뢰인, 예를 들어 요양시설을 나와 병원에 장기 입원하고 싶어 하는 의뢰인에 대한 변호는 거부할 수도 있다. 이러한 변호사는 자아존중감을 갖춘 환자라면 무엇을 원할지 변호사 자신의 관점에서 판단하는 것이다. 어떤 정신건강 전문 변호사는 매사추세츠 주립 정신병원[3]의 폐쇄에 반대하며 소송을 제기하려는 환자 단체의 변호를 맡기를 거부했을 뿐만 아니라, 이 단체에 다른 변호사를 소개해주는 것조차 거부했다. 이러한 모습들을 보면 변호사들도 항상 의뢰인의 일에 대한 판단은 의뢰인 본인에게 맡겨야 한다고 생각하지는 않는 듯하다. 즉 변호사가 항상 의뢰인의 자율성을 존중하는 것은 아닌 것이다. 변호사는 의사와는 다른 가치관을 가질지 몰라도, 의사와 마찬가지로 자신의 판단을 의뢰인의 판단보다 더 앞세우기도 한다.

법학 분야의 학술 문헌에서도 건강을 중시하는 내용을 자주 찾아볼 수 있다. 치료적 사법이라는 새로운 분야에서는 법을 그 치료적 효과와 해악의 측면에서 평가한다. 이때 치료적 가치는 법이 추구해야 할 유일한 가치는 아니더라도 매우 중요한 가치로 취급받는다. 그뿐만 아니

3) 매사추세츠 주립 정신병원(Massachusetts Mental Health Center)은 1912년도에 개원하여 쇠창살 등 구식 시설을 사용하던 병원이었다(역자 주).

라 미국의 법은 자유를 중시한다고 알려졌지만, 각 법령을 구체적으로 살펴보면 항상 그런 것은 아님을 발견할 수 있다. 정신건강 관련 법령들은 특히 그렇다. 법률가들이 무조건 자율성을 건강보다 중시한다고 한다면 이는 분명 지나친 단순화이다.

내가 설명을 쉽게 하기 위해 정신건강 전문가와 법학 전문가를 마치 각각 한 사람인 것처럼 묘사했다는 점도 마지막으로 짚고 넘어가야 한다. 현실에서 이들은 개인별로 모두 다른 성향을 가질 수 있을 뿐 아니라, 학파별로도 큰 차이를 보일 수 있다. 예를 들어 정신분석가와 행동치료사는 서로 다른 관점으로 환자를 이해할 것이다. 그리고 나는 앞서 의사에 대해 주로 이야기를 했지만, 정신건강 전문가 중에서도 심리학자나 사회복지사는 당연히 의사와는 다른 관점을 가질 것이다. 한 예로 미국심리학회는 정신과 환자도 의사무능력 상태가 아닌 이상 치료거부를 할 수 있어야 한다는 의견서를 법정에 제출하곤 한다. 마찬가지로 법률가는 맡은 역할에 따라, 법학자는 신조에 따라 서로 다른 견해를 가질 수 있다. 예를 들어 공동체주의 학자는 보통의 법학자들보다 자율성은 덜 중시하는 대신 공동체에 대해서는 더 중요하게 생각할 것이다. 일반화에는 언제나 그렇듯 한계가 따를 수밖에 없다.

그럼에도 불구하고 대략적인 일반화를 한다면 전형적인 정신건강 전문가는 낸시에게 강제치료가 필요하다고 주장할 것이고, 전형적인 정신건강 변호사는 낸시의 치료거부 권리를 옹호할 것이다. 이들은 낸시에 대해, 그리고 전형적인 환자에 대해, 그리고 우리의 정책은 어떠해야 할지에 대해 각자 나름의 판단을 하고 있는 것이다. 이들의 입장은 모두 각각의 장점을 갖고 있다. 변호사와 의사는 상대방의 입장이 왜 설득력이 있는지 이해할 필요가 있다. 이 사례들은 매우 어려운 사례들이기 때문이다. 이 책은 그 점을 이야기하려고 한다.

냅시는 결국 어떻게 되었을까? 낸시의 의사능력을 평가하는 과정에서 의사는 앞에서 나왔던 사실들, 즉 낸시는 일반적이지 않은 행동들을 보였고, 가족들이 보고한 과거력에 따르면 이전부터 문제 행동이 있었으며, 환청을 듣는다고 인정했다는 점을 보고했다. 그러나 검사의 신문 과정에서 낸시가 '환청'이라고 한 것은 사실 낸시가 당면한 문제들에 대해 머릿속으로 자기 자신과 대화를 나눈다는 의미인 것 같다는 사실이 드러났다. 낸시가 듣는 목소리는 자기 자신의 목소리였다. 확인할 방법은 없지만, 낸시의 환청은 보통 사람들이 '생각'이라고 부르는 것인 듯하였다. 낸시는 의사능력을 인정받았고, 치료거부도 받아들여졌다. 어쩌면 의사가 오진을 한 것이고 낸시는 사실 정신질환을 앓지 않는 것일지 모른다. 아니면 어쩌면 낸시는 정말 정신질환을 앓고 있고 이제 상태가 악화될지도 모른다. 미래는 예측할 수 없기에 이러한 사례들은 어려운 사례가 된다. 그리고 내가 이 책을 통해 말하고 싶은 것 중의 하나는 설령 미래를 예측할 수 있다고 하여도 이 사례들은 여전히 어려운 사례일 수 있다는 점이다.

2

정신질환: 허구인가, 진짜 질환인가?

정신질환이란 것이 실재하는지에 대한 논의는 토마스 사스와 그의 대표서 『정신질환이라는 허구The Myth of Mental Illness』에 대한 언급을 빼어놓고 이루어질 수 없다.[1] 사스의 글이 처음 등장하였을 때 학계에서는 그의 관점에 대한 여러 활발한 반응들이 제기됐었다.[2] 오늘날에는 정신질환을 생물학적인 문제로 보는 견해가 주도적이지만 학자들은 여전히 사스를 인용하며 그의 생각들을 옹호하거나 비판하기도 하고, 정신질환을 둘러싼 논란을 다루기 위한 화두로 사스를 언급하기도 한다.[3]

1970년대 법대생들은 사스를 극찬해 마지않았다고 한다. 그의 말대로 정신질환이란 존재하지 않는 것이라고 모두가 믿었다. 오늘날 법대생들은 반대의 입장을 취하곤 한다. 당연히 정신질환은 존재한다. 미국의 길거리에서 매일 마주치는 환자들을 보면 쉽게 알 수 있다. 뇌에 대한 새로운 연구는 이러한 고통스러운 현상이 생물학적으로 어떻게 일어나는 것인지 밝혀내고 있다. 정신질환이 진짜로 존재하는 병이라는 사실을 도대체 누가 부인할 수 있겠는가?

정신질환에 대한 논의에서 사스가 차지하는 위치가 매우 중요하기 때문에, 나는 본격적으로 여러 쟁점을 살펴보기에 앞서 그에 대한 설명을 몇 가지 하려고 한다. 정신질환 개념에 대한 사스의 비판은 이념적 측면과 개념적 측면 양쪽으로 나뉜다. 이념적 주장은 어느 정도 개념적 문제와 연결되어 있기도 하다. 예를 들어 만약 정신질환이라는 것이 존재하지 않는다면 우리는 정신질환자를 강제입원시키지 않아야 하고 정신질환자의 범죄에 대한 감형도 하지 않아야 한다는 것이다. 하지만 이념적 주장은 개념적 문제와는 별개로 제기될 수도 있다. 즉, 정신질환이라는 것이 존재한다고 하더라도 우리가 정신질환자를 강제입원시키지 않아야 할 규범적 이유가 있을 수 있다.

사스의 이념적 주장 중 일부는 비난의 여지가 없는 것들이다. 예를 들어 우리는 종종 사람들을 무시하기 위해 이들을 정신질환자라고 부르기도 한다. 이는 명백히 지양해야 할 일이다. 우리는 또한 종종 일상적인 인간 사회의 갈등마저 의료화하며, 상대방을 받아들이고 함께 잘 지내보려는 노력을 소홀히 하곤 한다.

사스가 다루었던 정신질환에 대한 규범적 쟁점들, 예를 들어 언제 강제입원이 필요하고 언제 강제치료가 정당화될지 등의 문제는 다음 장들에서 좀 더 다룰 것이다. 이 장에서는 먼저 이러한 개입을 시행하는 조건인 정신질환이라는 개념에 문제가 없는지를 살펴보려고 한다.

개념적 측면에서의 사스의 핵심 주장은 병은 생리학적인 기반을 가지지만 정신질환은 그렇지 않다는 것이었다. 사스는 만약 정신질환 역시 생리학적 원인에 의해 발생한다는 사실이 밝혀진다면 그때부터 정신질환은 정신질환이 아니라 신경과에서 다룰 신체질환으로 봐야 한다고 주장한다.

이러한 주장에는 두 가지 반응이 가능하다. 첫째, 병이란 생리학적인 문제라는 생각에는 동의하지만, 정신질환 또한 생리학적 원인에 의한 것이라 볼 수 있다는 반응이다. 사스의 글이 처음 등장했던 시대와는 달리 이제 대부분의 의사들은 정신질환은 특정한 생화학적 또는 구조적 이상과 관련이 있다고 생각한다. 예를 들어 조현병은 도파민 전달체계에 문제가 있어 발생하는 것이다. 오늘날의 일반적인 견해에 따르면 모든 정신현상은 생물학적 반응들로 이루어지는 것이기 때문에 정신질환만 예외라면 그것이 오히려 더 의외일 것이다.

그럼 생리학적 원인이 밝혀진 정신질환은 더 이상 정신질환이 아니라 신경과 의사가 담당해야 할 신체질환이 된다는 사스의 주장은 어떠할까? 이 주장은 그다지 설득력이 없다. 생리적 결함이 고등정신 기능인 지각이나 신념형성, 정동조절 등의 장애로 이어진다면 이는 정신과에서 다루어야 할 문제라고 충분히 볼 수 있다. 명백히 그 원인이 밝혀진 기질적 뇌증후군이나 지적장애도 정신질환으로 분류되어 정신병원에서 치료가 이루어진다는 사실을 생각해보라.

두 번째는 위와는 완전히 다른 반응으로, 병을 신체적 이상이나 결함과 결부시키지 않아야 한다는 주장도 있을 수 있다. 정신적 증상은 당연히 생물학적으로 발생하는 것이지만, 예를 들어 영화를 보고 싶다는 마음도 생물학적인 작용으로 생겨난다. 병은 그 의미를 중심으로, 어떤 내적 상태로 인해 겪는 장애나 고통이라고 정의해야 할지 모른다. (여기서 내적 상태로 인한 것이란 조건을 다는 이유는, 예를 들어 사람은 경제적 어려움이나 다른 사람의 행동으로도 장애와 고통을 겪을 수 있지만, 이는 명백히 병이 아니기 때문이다.) 그러나 이 역시 모두가 동의할 만한 정의는 아니다. 그렇게 하면 애도나 광적인 종교적 믿음도 정신질환으로 보아야 할 수 있기 때문이다.

이 두 가지 반응은 모두 문제가 있다. 현재 병으로 분류되는 행동 중에는 생물학적 원인이 밝혀지지 않은 것들도 있으며, 모든 병에는 생물학적 원인이 있을 것이란 생각은 아직까지는 우리의 희망 사항에 지나지 않는다. 두 번째 주장처럼 장애나 고통을 중심으로 병을 정의하려 해도, 어떤 병은 장애나 고통을 가져오지 않으며 반대로 병과 상관없이 장애나 고통을 겪는 경우도 있다.

아래에서 정신질환의 개념과 관련된 여러 어려움들을 살펴보면서 나는 사스의 입장에 대한 반응들은 모두 위와 같이 어느 정도 문제가 있음을 설명하려고 한다. 사스의 주장 중 가장 주의 깊게 살펴야 할 주장은 신체질환은 생물학적이고 해부학적인 기준에서 벗어난 상태를 말하지만, 정신질환은 사회적이고 윤리적인 규준에서 벗어난 상태를 말한다는 것이다.

만약 우리가 단순히 우리의 규준에서 벗어난 모습을 정신질환이라고 일컫는 것이라면 이는 심각한 문제이다. 우리 사회는 자유와 자율성을 중시하며, 이에는 남들과 다르더라도 본인이 원하는 모습대로 살아갈 자유도 포함된다. 자율성이 중요한 이유는 어떤 사람에 대해 가장 잘 알고 그 사람을 위한 최선이 무엇일지를 결정할 수 있는 사람은 바로 그 사람 자신이라고 우리는 가정하기 때문이다. 설령 이 가정이 틀렸더라도 다른 사람의 삶에 대한 결정에 간섭하는 것은 그 사람의 존엄성을 훼손하는 일이다. 우리와 다른 선택을 한다는 이유만으로 정신질환자 꼬리표를 붙인다면 이는 자유와 자율성을 위협하는 행동이다.[4]

나는 이제 5개의 짧은 예화를 통해 이러한 문제를 구체적으로 보여주려고 한다. 이 예화들은 정신보건법 관련 대표 교재에 등장하는 것으로, 내가 학생들에게 제시하는 예화이기도 하다. 나는 학생들에게 하는 질문들을 여기에서도 던져보며, 인습적이지 않은 모습과 정신질환은 구분이 어려움을 설명하려고 한다. 그러고 나서 나는 정신질환과 건강은 둘로 나눌 수 있는 개념이 아니라 연속선상에 위치하는 개념으로 봐야 할지 따져보고, 개념상의 문제점에도 불구하고 정신질환 개념을 계속 사용해야 할 이유를 설명하려고 한다. 나는 이 문제점들에 대한 어떤 해결책을 찾을 수 있기를 기대하지는 않는다. 다만 정신질환 개념과 관련하여 우리가 알아야 할 사안의 복잡성에 대해 이야기하고자 한다.

> 존은 편의점에서 일한다. 존은 말수가 매우 적다. 어느 날 존의 직장동료는 존이 퇴근 후 집에 가면 매일 벽장 안에 몇 시간씩 들어가 있다는 사실을 알게 되었다. 왜 그런지 물어보자 존은 "그렇게 한 지 서너 달쯤 되었어요. 옛날에 엄마도 저를 벽장 안에 두었거든요."라고 대답한다. 벽장 안에서 무얼 하는지 물어보자 존은 "화성인들과 얘기하고 있어요. 저는 지구인들에게 화성에 대해 알려주어야 하거든요. 그러라고 화성인들이 저를 지구에 남겨두었어요. 아, 그리고 저는 록스타이기도 해요. 그런데 저는 매일매일 작아지고 있어요. 좀 있으면 아예 눈에 보이지 않게 될 거예요"라고 설명한다.

> 샘은 깃대 위에서 오래 머물기 세계 기록을 세우고 싶어 한다. 샘은 깃대 꼭대기에 설치한 작은 판자 위에서 현재 33일째 지내고 있다. 샘은 영양실조에, 잠과 식사가 부족해 어지러운 상태이지만, 73일을 채워 세계 신기록을 세우기 전에는 내려오지 않겠다고 말한다.

메리는 변호사이다. 메리는 자신을 아무 희망도, 아무 가치도 없는 사람이라고 생각한다. 왜 그렇게 생각하는지 묻자 자신은 애인도 없고, 친한 친구나 가족도 없으며, 직장에서 하는 일도 무의미해서 그렇다고 대답한다. 메리는 아침에 간신히 출근해서는 저녁이 되면 곧장 집에 돌아와 TV를 보다가 8시쯤 잠이 든다. 메리는 자주 울고, 그냥 죽었으면 좋겠다고 생각할 때도 있다. 주변에서 메리의 기분 전환을 시도하거나 모임에 불러보려고 하면 메리는 이를 전부 거절한다.

세실리아는 근본주의 교회에 다니며 밤샘 예배에 참여한다. 예배 시간에 세실리아는 그녀에게 말을 거는 음성이 들린다고 하며, 종종 방언을 하고, 때로는 흥분된 행동을 하여 다른 사람들이 그녀를 붙들고 있어야 할 정도이다. 한 달에 한 번 있는 밤샘 예배에서만 세실리아는 이런 모습을 보인다.

사라는 21살이며 부모님과 함께 살고 있다. 사라는 앞으로 무엇을 하고 싶은지 아무 생각이 없다고 한다. 사라는 가게에서 물건을 훔쳐 보호관찰 처분을 받았다. 사라는 방에 과자와 간식을 잔뜩 들고 들어가서는 며칠씩 나오지 않는다. 어머니나 아버지가 말을 걸려고 하면 사라는 화를 버럭 내고는 다시 방으로 들어가 버린다. 최근 사라는 자기 피부에 옷핀을 찔러 넣어 대롱대롱 달고 다니는 습관이 생겼다(Reisner & Slobogin 1990, 329-30).

법대 학생들은 보통 존은 분명히 정신질환을 앓고 있고, 메리는 어려움을 겪고 있고 어쩌면 정신질환을 앓는 것일지도 모르며, 나머지 셋은 명백히 정신질환을 앓지 않는다고 보곤 한다. 반면 정신건강 전문가들은 상황에 따라 이 다섯 명은 모두 정신질환을 앓는 것일 수 있다고 보며, 다만 샘은 가정을 어떻게 하냐에 따라 정신질환으로 보기엔 약간 무리일 수도 있다고 생각한다.

그러나 계속 따지고 들다 보면 이 다섯 명 모두 어떤 규준에서 벗어나거나 비인습적인 모습을 보인다는 점 외에는 정신질환을 앓는다고 볼만한 근거가 없다. 그리고 정신질환을 판단하는 기준이 단순히 남들과 비슷한지 다른지가 된다면 이는 문제이다. 이어지는 내용에서 나는 이 다섯 사례를 좀 더 자세히 살펴보며, 정신질환과 비인습성은 과연 구분이 가능한지 질문을 던져보려고 한다.

존

먼저 존을 보자. 언뜻 존은 정신병적 장애를 앓는 것처럼 보인다. 하지만 주어진 상황을 약간 바꾸어 존의 행동들을 하나씩 따로 떼어 놓고, 각각의 행동이 정신질환을 판단하는 충분한 근거가 될 수 있는지를 생각해 보자.

예를 들어 매일 여러 시간을 벽장 안에서 보내면서 옛날에 엄마도 자신을 벽장 안에 두었다고 이야기하는 것이 존이 보이는 유일한 증상이라고 가정해보자. 이 행동만으로 존을 정신질환자라고 볼 수 있을까? 벽장 안에서 여러 시간을 보내는 것은 이상한 일이긴 하다. 하지만 어쩌면 존은 단순히 취향이 독특한 것일 수도 있다. 커튼을 하루 종일 닫아 놓고 있는 사람도 정신질환을 앓는다고 할 수 있을까?

어떤 사람은 존이 벽장에서 무엇을 하는지가 중요하다고 말할 수도 있다. 예를 들어 존은 명상을 하거나 머릿속으로 수학 문제를 풀고 있을 수도 있다. 한 예로 나의 동료 중 한 명은 글 쓰는 데에 집중하기 위해 매일 밤 몇 시간씩 좁은 헛간에 들어가 있기도 한다. 그러나 어쩌면 존이 벽장 안에서 무엇을 하든 우리가 이에 대해 평가를 하면 안 되는 것일지도 모른다. 벽장 안에 있을지 말지, 그리고 벽장 안에서 무엇을 할지는 존이 결정할 일이 아닌가?

존이 어머니가 예전에 자신을 벽장에 두었다고 한 이야기는 중요할까? 어쩌면 존은 어렸을 때의 외상적 사건을 재연하고 있는 것일 수도 있다. 어쩌면 존이 벽장에 들어가는 행동에는 강박적인 면이 있을 수도 있다. 적어도 존은 자신이 왜 그런 행동을 하는지 이해하기 위해서라도 치료를 받는 것이 좋을지 모른다. 아니면, 존은 그냥 벽장에 들어가고 싶은 것일 수도 있다. 외과의사 중에는 어렸을 때의 무서웠던 병원 치료 경험을 재연하기 위해 의사가 된 사람도 많다. 그렇다고 해서 외과의사가 정신질환을 앓는다고 할 수는 없다.

존이 벽장에 들어가는 행동을 판단하기 애매하다면, 존이 하는 생각들은 정신질환의 확실한 근거가 되지 않을까? 하지만 존의 생각을 한 번에 하나씩 살펴보자. 화성인과 대화를 하고 지구인에게 화성에 대해 알려주겠다고 생각하면 정신질환자일까? 외계인에게 납치된 적이 있다고 주장하는 사람들은 많다. UFO를 본 적이 있다는 사람은 더 많다. 이 사람들도 모두 정신질환자일까? 단순히 UFO가 있다고 믿는 사람은 어떨까? 다른 행성에 지적 생명체가 있다고 믿는 사람은? 다른 행성에 그냥 생명체가 있다고 믿는 사람은?

이런 질문들을 통해 알 수 있듯이 어떤 생각을 망상으로 분류할지는 까다로운 문제이다. 같은 생각을 하는 사람이 많다면 그 생각이 망상이라고 보기는 어렵다. 게다가 그 생각이 맞을 수도 있다면 더욱 그렇다. 위에서 얘기한 내용 중 몇몇은 사실일 가능성이 높다고 많은 사람들이 생각한다. 예를 들면 다른 행성에도 생명체가 존재할 수 있다. 그리고 나머지 내용도 가능성은 낮지만 전혀 불가능한 일은 아니다. 만약 남보다 앞서 진실을 미리 알았다고 해서 어떤 사람을 정신질환자로 취급한다면, 이보다 불행한 일이 또 어디 있겠는가?

물론 문제는 무엇이든 사실일 가능성은 있다는 것이다. 철학자들은 이미 오래전에 이 세상이 정말로 존재한다는 생각도 우리의 망상에 불과할 수 있음을 증명했다. 어떤 일도 그것이 정말 사실인지 아닌지 확실히 증명할 방법이 없다면, 우리는 어느 정도 관행적으로 이 세상을 이해하는 수밖에 없다. 즉, 어떤 사람이 잘못된 신념을 갖고 있다고 말할 때의 기준은 남들도 그렇게 생각하는지가 된다.[5]

그뿐만 아니라 이런 면에서 의사들이 적용하는 기준은 일반인들과는 다를 수 있다. 예를 들어 법대 학생들은 보통 외계인이 인간을 납치한다고 생각하는 것이 비정상이라고 하지는 않지만, 의사들은 보통 이를 망상으로 본다.

화성인과 대화한다는 존의 생각은 정상범주에 속한다고 하더라도, 자신이 매일매일 작아지고 있다는 생각은 (철학적 회의주의 관점에서 보지 않는 이상) 분명히 잘못된 생각이 아닐까? 그러나 어쩌면 존은 단지 자존감이 매일 줄어들고 있다는 이야기를 비유적으로 표현한 것일 수도 있다. 그렇다면 우리는 존의 현실검증력이 손상되었다고 하기보다는 존의 대화방식이 일반적이지 않다고 말해야 할 것이다. 그리고 이는 존이 우리의 규준에서 벗어났다는 뜻이 될 뿐, 존이 정신질환을 앓는다고 볼 근거는 되지 않는다.

샘

겉으로 보기에 샘은 정신질환을 앓지 않는 것처럼 보인다. 대부분의 사람은 그에게 병이 있다고 보지 않을 것이며, 정신건강 전문가들도 마찬가지이다. 대부분의 사람은 세계 기록을 세우기 위해 어느 정도 위험을 감수하는 것을 이해할 수 있을 것이다. 실제 위험한 일을 할 정도로 세계 기록을 수립하고 싶어 하는 사람은 많지 않더라도 말이다. 사람들은 또한 다른 납득 가능한 이유로 위험한 일을 하기도 한다. 예를 들어 사람들은 스릴이나 정복감 때문에 에베레스트산을 오른다. 로버트 잭슨 대법관은 업무를 조금 내려놓지 않으면 위험할 수 있다는 의사들의 경고에도 불구하고 아마도 일에 대한 열정 때문에 계속 연방 대법원에서 일하다가 사망하였다.

그렇다 하더라도 이 사례와 관련하여 우리는 몇 가지 중요한 쟁점을 생각해 볼 수 있다. 먼저, 우리는 앞에서 샘이나 다른 사람들의 목적은 납득이 가능하다는 점을 언급했는데, 우리가 다른 사람의 목적에 대해 그렇게 평가해도 되는 것일까? 만약 샘이 영양실조로 어지러운 상태가 되고 싶어서 또는 불편한 장소에서 잠을 자는 고통을 느끼고 싶어서 깃대에 올라가 있는 것이라면 어떠할까? 이러한 목적은 아까 이야기했던 목적들보다는 더 납득이 어렵지만, 우리와는 다르게 이를 원하는 사람도 있을 수 있는 것이 아닌가? 그렇다면 이 사례는 우리가 정신질환을 판단할 때 그 사람의 목적이 얼마나 남들과 비슷한지를 기준으로 삼는다는 문제를 부각시켜 보여주는 것이다.

아니면 어쩌면 샘의 목적이 납득 가능한지가 중요하기보다는 (샘이 불편하고 싫어서 깃대에 올라간다 해도 샘을 응원해 줄 수도 있는 것이다) 이런 목적을 달성하기 위해 샘이 선택한 방법이 납득 가능하기 때문에 우리는 샘이 정신질환을 앓는다고 생각하지 않는 것일 수도 있다. 존 힝클리는 자신이 대통령을 살해하면 조디 포스터가 자신에게 와 줄 것으로 생각했다. 힝클리가 택한 방법이 바람직하지 않은 방법이었다는 점은 차치하고도, 그 방법은 힝클리의 목적을 달성하기에 적절하지 않은 방법이었다. 합리적인 사람이라면 자신이 살인을 저지르면 조디 포스터가 자신에게 와 주리라 절대 생각하지 않을 것이다. 반면, 샘이 세계 기록을 세우기 위해 택한 방법은, 실제로 지금까지의 기록이 73일보다 작다면, 완벽하게 적절한 것이다. 만약 샘이 대통령에 당선되기 위해 깃대 위에 머무는 것이라면 (그리고 대통령이 되기 위한 다른 노력은 전혀 보여주지 않고 있다면) 우리는 샘이 건강하다고 생각하지는 않을 것이다.

그러나 이 논리가 맞는 것일까? 첫째, 어떤 행동을 할 때 그 결과가 어떨지는 아무도 알 수 없는 일이다. 이 세상이 실제로 존재하지 않을 가능성이 있다면, 조디 포스터가 힝클리의 절박한 행동을 보고 그에게 다가와 줄 가능성 역시 있는 것이다. 어쩌면 조디 포스터도 정신이 이상해져서 자신이 영화 〈택시 드라이버〉의 촬영장에 돌아와 있다고 생각할 수도 있다. 어쩌면 세상이 뒤죽박죽되어 아무도 생각하지 못한 일이 발생할 수도 있다. 그렇다면 우리가 불가능하다고 생각하는 일을 힝클리는 가능하다고 생각했다는 점만으로 힝클리가 미쳤다고 말할 수는 없다. 그뿐만 아니라 더 중요한 것은, 사람은 가능성이 아주 낮은 일도 시도할 자유가 있다는 점이다. 이는 단순히 선택의 문제이다. (물론 힝클리가 한 일이 문제가 없다고 말하려는 것은 절대 아니다. 단지 그 일이 미친 행동이 아니라 단순히 나쁜 행동일 뿐일 수 있다는 말이다.)

그럼, 어떤 사람의 목적이나 그 목적의 실현 가능성을 가지고 정신질환 여부를 판단할 수 없다면, 그 목적을 위해 감수하려는 위험이 합리적인 수준인지를 기준으로 삼을 수는 있을까? 위 예화에서 샘의 상황에 대한 정보가 많이 주어진 것은 아니지만 어지럼증이나 단기간의 영양실조는 매우 심각한 위험은 아닐 것으로 짐작된다. (그러나 영양실조가 몇 주간 지속되거나 어지럼증으로 추락할 가능성이 있다면 이는 심각한 위험으로 봐야 한다.)

위험이 증가하면 우리의 판단도 바뀔까? 만약 샘이 깃대 위에 계속 있다가는 죽을 가능성이 높은데도 내려올 생각을 하지 않는다면 어떠할까? 가능성이 높은 정도가 아니라 죽을 것이 거의 확실하다면? 하늘을 나는 장치를 만든 사람의 예도 상상해 보자. 이 장치가 제대로 작동하지 않을 것이 거의 확실한데도 이를 타고 날아가려는 사람은 정신질환자일까? 건물 옥상에서 뛰어내리며 팔을 펄럭여 날겠다는 사람은?

이에 대한 답 역시 쉽지 않다. 앞에서 언급한 잭슨 대법관의 예처럼 사람들은 때때로 자신이 원하는 것을 위해 심각한 위험도 감수하곤 한다. 만약 어떤 사람이 숭고한 목적을 위해 단식투쟁을 한다면, 크게 중요하지 않은 세계 기록을 위해 죽음을 불사하는 샘을 볼 때보다 우리는 더 호의적인 시선을 보낼 것이다. 그러나 앞서 이야기했듯이 우리에게 다른 사람의 목적을 평가할 자격이 과연 있을까? 위험이 지나치게 크다면 그 방법은 해당 목적을 달성하기에 알맞은 방법이 아니라고 생각할 수도 있다. 그러나 상대방의 방법이 적절한지 우리가 판단하는 것이 많은 문제가 있음은 이미 살펴보았다. 심각한 부상이나 죽음을 기꺼이 감수하겠다는 사람은 제정신이 아닌 것이 틀림없다고 생각할지 모른다. 그렇다면 잭슨 대법관도 정신질환자일까? 순교자들은?

여기서 판단력이라는 개념을 사용하면 혹시 도움이 될까? 샘이 스스로를 심각한 위험에 노출시키고 있다면 그는 판단력이 좋지 않은 것이고, 이는 정신질환을 앓을 때 흔히 나타나는 특징이라는 것이다. 그러나 이러한 주장도 문제가 있다. 예를 들어 정신질환이 없더라도 판단력이 저하된 사람도 있지 않은가? 정신질환으로 인해 저하된 판단력과 다른 이유로 저하된 판단력은 어떻게 구분할 수 있을까? 우리는 어떤 사람이 상황을 제대로 파악하지 못할 때 그 사람의 판단력이 좋지 않다고 생각하곤 한다. 하지만 앞서 우리는 현실이란 원래 정확한 파악이 불가능한 것임을 보았다. 마지막으로 판단력이 '좋지 않다'는 표현은 가치판단을 포함하며, 그 사람의 가치관은 우리와는 다를 수도 있다.

그러면 위험성에 대한 판단이 아닌 다른 종류의 판단들은 어떠할까? 예를 들어 마이크라는 사람은 아이를 밀쳐 넘어뜨리고 아내의 다리를 걷어차고도 아내가 왜 화가 났는지 이해하지 못했다. 마이크는 아내가 화가 난 것은 TV에서 폭력적인 프로그램을 시청했기 때문이라고 생각했다. 아니면 다큐멘터리 영화 〈가늘고 푸른 선〉에 나오는 데이빗 해리스를 생각해 보자. 해리스는 자신이 납치한 여자의 남자친구가 총을 갖고 자신을 쫓아왔는데도, 그 남자가 자신을 죽이려고 든 이유를 이해하지 못했다. 해리스는 그 남자가 미친 것이라고 말했다. 이런 사람들은 현실감각이 심하게 떨어져 이렇게 왜곡된 판단을 하는 것이므로 분명히 정신질환을 앓는다고 봐야 하지 않을까?

그러나 이에 대한 답 역시 쉽지 않다. 이 사람들은 사실 상황을 제대로 이해하고서도 이를 모르는 척하는 것일 수도 있다. 마이크는 자신의 행동 때문에 아내는 화가 나고 아이가 다쳤다는 사실을 공개적으로든 자기 스스로든 인정하고 싶지 않았을 수 있다. 그뿐만 아니라 상황을 정말로 이해하지 못했다고 해도 이는 정신질환이 아니라 공감능력 부족이나 낮은 지능의 문제일 수도 있다. 아니면 단지 가치관이 달라서 상황을 이해하지 못한 것처럼 보일 수도 있다. 어쩌면 해리스 자신은 절대 남을 위해 목숨을 던지지 않을 것이기 때문에 다른 사람은 그럴 수도 있다는 사실을 상상하지 못했는지 모른다. 그리고 마지막으로, 단순히 둔감해서 상황을 이해하지 못한 것이라 해도 둔감한 것이 병이 있다는 뜻이 될까? 둔감한 사람은 단지 표준에서 벗어난 것이다.

그럼 다시 샘의 사례를 생각해 보자. 깃대 위에 올라가 있고 싶다는 샘의 마음이 만약 치료가 가능하다면 어떠할까? 그렇다면 그 마음은 병 때문에 생겨났던 것일까? 외부의 개입(물리적 개입이든 심리적 개입이든)으로 사람들이 하게 되거나 믿게 되는 일에는 온갖 것들이 있을 수 있지만, 그렇다고 해서 이전의 상태가 병리적인 문제가 있는 상태였다는 뜻은 아니다. 모든 변화가 바람직한 것은 아니라는 사실을 생각해 보자. 예를 들어 패티 허스트는 납치된 후 테러리스트로 변하였다. 그렇다면 허스트의 이전 모습인 재벌가의 딸이면서 대학생이었던 상태는 병을 앓는 상태일까? 환각제는 사람에게 환각을 불러일으킨다. 그렇다면 환각을 볼 수 없었던 이전 상태는 정신능력이 손상된 상태일까? 개입을 통해 유익한 변화를 얻은 경우라도 이전의 상태가 반드시 병적인 상태라고 할 수는 없을 것이다. 특정 약을 먹으면 살이 빠질 수 있지만 그렇다고 과체중 상태가 모두 병 때문이었던 것은 물론 아니다. 단지 식탐이 많아서 과체중인 사람도 있다.

정리하면 샘은 정신질환을 앓는다고 보기는 어려울 것이다. 그리고 샘보다 더 이해하기 어려운 수단과 방법, 목적을 보이는 사람도 정신질환을 앓는다고 보기는 어렵다.

메리

메리의 이러한 상태가 일정 기간 이상 지속된 것이라면 대부분의 정신건강 전문가들은 메리가 우울장애 중 하나를 앓고 있다고 판단할 것이다. 그러나 법대생은 보통 이 예화를 듣고 메리의 모습은 지극히 정상적이라고 말한다. 변호사로 근무한다는 끔찍한 상황에서 우울하지 않은 것이 오히려 이상하다는 것이다!

물론 이러한 대답은 농담이 섞인 것이긴 하지만, 우리는 여기에서 흥미로운 문제를 생각해 볼 수 있다. 어쩌면 메리의 상황은 메리의 말대로 정말 좋지 않고, 그녀가 느끼는 슬픔은 이에 대한 정상적이고 적절한 반응일 수도 있는 것이다. 만약 메리가 우울한 이유가 범죄를 저질러 다른 사람들을 해쳤고 이에 대해 죄책감과 참담함을 느끼기 때문이라면 우리는 메리에게 정신질환이 있다고 판단할까? 만약 큰 병에 걸린 사실을 알게 되어 그런 것이라면 어떠할까? 물론 메리의 현재 상황에 비해 메리의 반응은 지나치게 과하다고 생각할 수도 있다. 하지만 메리의 가치관에 따르면 메리의 삶은 정말로 처참한 것일 수도 있으며, 전에 말했듯이 우리가 가치판단을 대신 해서는 안 되는 것이 아닐까?

부모나 배우자와 사별 후 겪는 정상적인 애도 과정에서도 우울증과 유사한 여러 특징들이 나타난다는 사실을 생각해 보자. 그러나 우리는 일반적으로 애도를 병으로 분류하지 않는다. 그 이유는 가족과의 사별은 정말 큰 상실이라고 우리가 판단하기 때문일까? 그러나 어떤 사람은 공허한 삶에서 더 큰 상실감을 느낄 수도 있다. 아니면 대부분의 사람들이 사별 후에는 애도 과정을 겪기 때문일까? 그러나 사별 못지않게 대부분의 사람이 슬픔을 느낄 상황, 예를 들면 불치병에 걸린 상황에서 기분이 처져 있는 것은 우울증으로 분류되곤 한다. 그리고 왜 다른 사람들과 비슷한 반응을 보이는 것은 정상이고, 다른 반응을 보이는 것은 병이 될까? 병을 우리는 어떻게 판단할까? 정말 단지 어떤 규준에서 벗어난 상태를 우리는 병이라고 부르는 것일까? 남들과 다른 사람은 모두 병을 앓는 것일까?

만약 메리의 우울감이 현재 처한 끔찍한 상황에 대한 자연스러운 반응이라면, 이를 정신질환이라 부르는 것은 메리가 자신의 상황을 바꾸어보려고 노력하는 데에 방해가 될 수도 있다. 메리는 다른 진로를 알아보거나 친구들을 사귀려 하는 대신 상담을 받거나 약을 복용할 수도 있다. 어쩌면 메리는 상담과 약의 힘으로 일상생활은 가능하지만, 보람 없는 직장에 계속 다니고 친구나 애인은 여전히 없는 상태로 남은 평생을 성취감 없이 살아갈 수도 있다. 약을 복용해 설령 기분이 나아진다고 하더라도 변호사로 계속 일하는 것이 메리에게 가장 잘 맞는 삶은 아닐 수도 있다. 메리의 반응을 정신질환이라고 부름으로써 우리는 메리가 더 나은 삶을 살 기회를 빼앗고, 메리가 다른 일을 했더라면 이 사회에 기여했을 부분들을 사라지게 하는 것일 수도 있다. 메리가 스스로 원하는 삶을 찾아 나갈 힘을 북돋는 대신 남들의 보살핌에 의존하도록 만드는 것일 수 있다. 물론 상담과 약물치료를 통해 이런 힘을 얻는 사람들도 있다. 하지만 그렇지 않은 사람도 많다. 사스가 우리는 인간적 갈등과 고뇌마저 의료화하고 있다고 지적한 문제가 바로 이것이다.

하지만 상담과 약물치료를 통해 힘을 얻는 사람도 있다는 점은 어떻게 봐야 할까? 앞에서 이야기했듯 개입을 통해 온갖 변화가 일어날 수 있지만 그렇다고 해서 이전의 상태가 반드시 병을 앓는 상태였다는 의미는 되지 않는다. 상담과 약물치료도 마찬가지이다.

마지막으로 법대 학생들이 메리가 정신질환을 앓는다고 말하기를 주저하는 이유 중 하나는, 학생들도 대부분 이런 기분을 느낀 적이 있기 때문이다. 만약 모든 사람이 이런 기분을 느낀 적이 있다면 그것이 어떻게 정신질환이 될 수 있을까? 학생들은 메리가 자신과 다르지 않다고 느끼기 때문에 더욱 정신질환이라는 단어가 가져올 낙인 효과를 우려하는 것이다.

세실리아

대부분의 법대 학생들은 세실리아를 정신질환자라고 부르지 않으려 한다. 그러나 정신건강 전문가들이 어떻게 반응할지는 짐작하기 어렵다. 환청을 듣고, 알아들을 수 없는 말을 하고, 흥분된 행동을 하는 것들은 모두 정신질환의 증상일 수 있다. 만약 세실리아가 머리를 흔들어대거나 머리카락을 쥐어뜯는 행동도 보였다면 어떠할까? 그런 행동들은 이 맥락에서 정신질환의 증상인가? 그렇지 않다면 맥락이 가지는 중요성은 무엇일까?

세실리아가 일상생활에 지장을 겪는다는 증거는 없다. 세실리아는 한 달에 한 번만 이런 행동을 보인다. 만약 그녀가 매일 밤 이런 모습을 보인다면 우리의 판단은 달라질까? 만약 그렇지 않은 모습을 보이는 시간이 없을 정도라면? 그렇다면 세실리아는 신앙심이 아주 깊은 사람이라 해야 하는 것이 아닐까? 하루 종일 묵언수행을 하며 기도를 드리는 수도사들은 정신질환을 앓는 것일까?

세실리아는 잘 알려진 교회에 다니며, 그 교회에는 세실리아와 같은 믿음을 갖고 그녀처럼 행동하는 사람들이 더 있다. 이 사실은 중요한 고려사항일까? 만약 세실리아의 행동이 그 교회에서도 특히 유별난 정도였다면 어떠할까? 일반적으로 볼 때 한 사람의 생각과 행동이 그 집단 내의 다른 사람들과 비슷하다는 것은 중요한 사실일까? 집단 정신증이란 것도 분명 있다. 다윗교를 생각해보라. 그리고 혼자만 다른 행동을 하는 사람은 단순히 매우 특이한 것일 수도 있다. 그리고 그 사람이 옳을 수도 있다. 지구가 둥글다는 생각을 처음 한 사람은 미친 것이 아니었다. 상대성 이론을 주장했다는 이유로 아인슈타인이 미쳤다고 할 수 있을까? 어떤 사람과 같은 생각을 하는 사람이 많을수록 그 사람은 정신질환자가 아닐 가능성이 높다면, 정신질환과 비인습성은 구분이 어려워진다. 그리고 이것이 어떻게 문제가 되는지는 앞에서 이미 이야기했다.

세실리아가 정신증과 비슷한 증상을 보인다는 점은 염려스럽지만, 실제 존재하지 않는 목소리나 모습을 듣고 보는 것이 무조건 정신질환의 징후라고 한다면 성자들도 모두 정신질환자가 될 것이다. 더 나아가 어쩌면 모든 종교인은 정신질환자라 해야 할지도 모른다. 전지전능하신 신이 존재한다는 증거는 없음에도 이를 믿는다는 것은 일반적 정의에 따르면 망상에 해당할 수 있기 때문이다. 정신질환은 비인습성과 구분이 어려울 뿐만 아니라, 남들과 비슷한 신앙이든 비슷하지 않은 신앙이든, 신앙과도 구분이 어렵다.

사라

많은 정신건강 전문가들이 사라Sarah는 아마도 경계선 인격장애를 앓는 것 같다고 이야기할 것이다. 반면 법대 학생들은 사라는 어렸을 때의 자기 자신이나 친구들과도 비슷한, 보통의 십 대처럼 보인다고 말하곤 한다.

물론 사라는 21살이다. 이 나이에도 그렇게 행동하는 것은 정신질환의 일종이라고 할 수 있을까? 어떻게 보면 사라는 단지 발달이 느리고 미성숙한 것이지 병을 앓는 것은 아닐 수도 있다. 그러나 또 어떻게 보면 이 정도로 발달이 느린 것은 병으로 봐야 할지 모른다. 아니, 십 대라도 이 정도로 문제가 많다면 정신질환이 있는 것일 수 있다.

아니면, 그렇게 봐서는 안 되는 것일까? 사라에게 문제가 있는 것은 사실이다. 사라는 충동적이고 삶을 어떻게 살아야겠다는 동기가 없다. 사라는 부모님과 자주 충돌한다. 사라는 매일의 일상 속에서 갈등과 마찰을 겪는다. 하지만 그렇다고 해서 그것이 정신질환일까? 앞서 메리의 사례와 마찬가지로 사라가 정신질환을 앓는다고 하는 것은 어려움이나 고쳐야 할 문제점들마저 병과 구분하지 않는 것일 수 있다. 그리고 그렇게 하면 사라는 스스로 노력하여 삶을 가꾸어야 한다는 책임감을 느끼지 못하게 될 수도 있다. 사라의 부모님도 마찬가지로 그들이 사라의 문제에 기여한 부분들(실제로 그런 부분들이 있다면)에 대한 책임을 면하게 된다. 그러나 사라는 실제로 매우 불행한 환경에서 생활하며 이에 대한 당연한 반응으로 지금과 같은 모습을 보이는 것일지 모른다.

피부에 옷핀을 찔러 넣는 행동은 어떻게 봐야 할까? 이는 정신질환의 틀림없는 징후가 아닌가? 이 질문에도 대답은 "상황에 따라 다르다"가 될 것이다. 나의 학생 중에는 자신도 청소년기에 같은 행동을 했다고 이야기해 주는 학생들이 있곤 하다. 옷핀으로 피부의 가장 바깥층만 찌르면 아프지 않고 상처도 나지 않는다는 것이다. 이러한 행동은 촛불 속에 손을 재빨리 넣었다가 떼는 것처럼 멋져 보이는 심심풀이 장난에 불과하다.

그러나 사라가 실제로 상처가 날 때까지 옷핀을 찔러 넣는다면 이는 어떻게 봐야 할까? 만약 사라가 그렇게 한 이유가 학교 사교모임에 들어가려면 일종의 입문식으로 그 과정을 거쳐야 하기 때문이라면 답이 달라질까? 문신을 하는 사람들은 어떠한가? 문신은 옷핀을 찔러 넣는 것보다 더 아플 수 있다. 문신을 하거나 사교모임에 들어가려고 입문식을 거치는 것은 미국 문화에서 흔히 찾아볼 수 있는 행동이다. 그러나 사람은 개성에 따라 독특한 행동도 할 수 있어야 하는 것이 아닌가?

사라가 정말로 심각한 자해, 예를 들어 손을 절단하는 행동을 했다고 가정해보자. 그리고 이에 대해 물어보자, "내 몸이니까 어떻게 하든 내 마음이에요"라고 대답했다고 하자. 이 정도로 심각한 자해 행동은 무조건 정신질환의 징후로 봐야 할까? 물론 아니다. 우리는 자살자들이 전부 정신질환자라고 생각하지는 않는다. 삶이 너무나 고통으로 가득 차 있고 어떻게 하더라고 곧 죽음을 맞이할 것이라 예상되는 상황에서의 자살은 이해 가능한 선택일 수 있다. 자살이 반드시 정신질환의 징후가 되는 것이 아니라면 심각한 자해도 마찬가지이다.

자해와 관련된 논의는 3장에서 다시 다룰 것이지만, 자해가 꼭 정신질환의 징후는 아닐 수 있음은 여기에서 말할 수 있을 것이다. 아니면, 자살과 자해는 다른 문제일까? 위에서 예로 든 자살은, 보통 사람도 같은 입장이라면 자신도 자살을 선택할지 모른다고 상상할 수 있고, 자살자가 어떻게 해서 그런 결론에 도달했는지 그 과정에 동감할 수 있을

뿐만 아니라, 괴로움의 종식이라는 자살자의 목적을 분명히 달성할 수 있는 방법이기도 하다.

반면 손을 절단하는 것은 이 어느 것에도 해당하지 않는 것처럼 보인다. 그러나 그렇게 생각하는 것 역시 우리의 가치관을 남에게 대입하는 것이 아닐까? 사라의 가치관에 비춰보면 자해도 완벽히 이해 가능한 선택일지 모른다. 어쩌면 사라는 고통을 좋아할 수도 있다. 어쩌면 사라는 도둑질에 대한 공정한 대가를 치르기 위해 자기 손을 자른다고 생각할지 모른다. 그리고 사라의 행동이 사라의 목적을 달성하는 방법인지는, 앞서 샘의 이야기와 관련하여 언급한 것처럼, 판단이 어려운 일이다. 사람들의 예상이 틀릴 수도 있고, 자해를 통해 목적을 달성할 확률이 아무리 낮다 하더라도 본인의 선택 하에 이를 감수할 수도 있는 것이기 때문이다.

요약하자면, 사라를 정신질환자로 분류하는 것은 다른 사례들과 마찬가지로 여러 문제가 따를 수 있는 일이다. 아니, 다른 사례들보다 더 문제가 많을 수도 있는데, 사라의 행동은 부적응적이긴 하나 흔한 행동이고, 대체로 본인이 선택할 수 있는 행동으로 간주되기 때문이다.

***

이러한 예화들은 정신질환의 개념과 관련된 많은 문제점을 보여준다.[6] 이어지는 내용에서는 정신질환과 비인습성의 구분이 어렵다는 것이 왜 심각한 문제가 되는지 등을 살펴볼 것인데, 그 전에 먼저 앞의 예화들과 관련된 세 가지 한계를 짚어보려고 한다.

첫째, 이 예화들에서는 정보가 많이 주어지지 않았다. 그러나 실제 현실에서 의사는 훨씬 더 많은 정보를 바탕으로 진단을 내릴 것이다. 매일 긴 시간을 벽장 안에서 보내는 것은 어떤 사람에게는 정신질환의 징후일 수도 있고, 또 어떤 사람에게는 단지 독특한 취향일 수도 있다. 그렇기 때문에 환자에 대해 더 많이 알아야 진단을 내릴 수 있는 것이다. 내가 앞의 예화들에 대해 다양한 판단이 가능하다고 할 수 있었던 것은 단순히 정보가 불충분해서일 수도 있다.

하지만 어떤 쟁점들은 아무리 많은 정보가 주어지더라도 여전히 답이 나오지 않을 수 있다. 사라의 예를 생각해 보자. 사라가 오래전부터 계속 충동성과 분노, 자해 행동을 보여 왔고, 더 나아가 DSM-IV-TR에서 제시된 경계선 인격장애의 모든 특징을 보였다고 가정해 보자.[7] 그렇다면 대부분의 의사는 큰 부담 없이 경계선 인격장애 진단을 내릴 것이다. 그러나 정신질환에 대한 의사들의 관점을 받아들이지 않는 많은 대중들은 여전히 사라를 아쉬운 선택을 하며 사는 문제가 있는 사람이라고 볼 것이다. 사라에 대해 얼마나 상세한 설명이 주어지든, 정신질환을 단순한 삶의 어려움과 구분하기 어렵다는 문제, 더 심각하게는 특이함과도 구분하기 어렵다는 문제는 계속 남아 있는 것이다. 증상들 하나씩에 대해 내가 제시한 문제들은 여러 증상들을 묶어서 볼 때에도 여전히 유효하다.

둘째, 앞의 다섯 사람이 정신질환을 앓는 것인지 살필 때는 어떤 목적범위 내에서 정신질환 여부를 따지는 것인지가 사실 중요하다. 정신질환은 (거의 모든 것들이 그렇듯이) 맥락에 따라 판단이 달라질 수 있는 개념이다. 예를 들어 메리는 치료를 받아보라고 친구들이 권유하는 목적범위 내에서는 정신질환을 앓는다고 할 수 있지만, 강제입원을 목적으로 판단할 때에는 정신질환을 앓지 않는 것일 수도 있다. 반면 존은 강제치료 목적범위 내에서도 정신질환을 앓는다고 할 수 있을 것이다. 사라는 정신건강 관련 분류체계를 정립하려는 연구의 목적범위 내에서는 정신질환을 앓는다고 볼 수 있지만, 치료의 목적범위 내에서는 정신질환을 앓지 않을 수 있다. 사라를 정신질환을 앓으며 치료를 받아야 하는 사람이라고 부른다면 사라는 치료자에게 의존하며 자기 삶을 스스로 책임지고 이끌려는 노력을 소홀히 할 수 있기 때문이다. 정신질환을 판단할 때는 맥락이 중요하다.

셋째, 어떤 사람이 정신질환을 앓는다고 볼지에 대한 판단은 정신질환이라는 표현에 따를 의도한 그리고 의도하지 않은 결과를 판단자가 어떻게 생각하는지에 따라 달라질 것이다. 일반 대중들이나 법대 학생들은 누군가를 정신질환자라고 부르게 될 때 발생하는 낙인효과에 민감하다. 정신질환자로 분류되면 그 사람은 자유를 빼앗길 수도 있고, 직업을 구할 때 차별을 당할 수도 있으며, 인간 이하의 존재로 대우받을 수도 있는 것이다. 아니면 적어도 경멸과 무시를 당할 수 있다. 그렇기 때문에 학생들은 메리가 정신질환을 앓는다고 이야기하기를 꺼린다. 우리와 크게 다르지 않은 사람을 정신질환자라고 부르는 것은 지나치다고 느끼는 것이다. 사람들은 또한 정신질환 진단을 받은 사람은 자신의 문제에 대해 스스로 책임을 지기보다는 치료자나 약에 의존하려고만 하게 될 것을 우려할지 모른다. 요즘 우리 사회에서 사람들이 각종 핑계로 자신의 책임을 회피하는 일이 심각해지고 있다고 느끼는 사람들은 정신질환이 또 다른 핑곗거리가 될 가능성을 경계할 수 있다.

반면 정신건강 전문가들은 정신질환 진단에 따르는 이점들에 대해 주로 배운다. 진단이 제대로 내려져야 치료도 제대로 할 수 있는 것이다. 부정적 낙인이 있는 것은 사실이다. 그러나 이는 당연히 정신질환에 대한 인식개선 교육으로 해결해야지, 고통받는 사람을 내버려 두는 것은 해결책이 될 수 없다. 의사들은 병이 있는데 이를 발견하지 못하는 것을 병이 없는데 병을 잘못 진단하는 것보다 훨씬 더 두려워하고, 정신과적 개입을 무해한 것으로 보기 때문에, 일반인은 정상이라고 볼 사람에게서도 병을 찾게 된다. 그들이 훈련받은 방식이 그러한 것이다.

정리하자면, 나의 예화에서는 정보가 충분히 주어지지 않았고, 어떤 사람이 정신질환을 앓는다고 봐야 할지에 대한 질문에서는 목적범위가 추가되어야 하고, 정신질환에 대한 판단은 판단자의 여러 특징에 따라 달라질 수 있다.

그러나 이와는 별개로, 정신질환을 단순한 비인습성 또는 특이함과 구분하기 어렵다는 점은 상당히 큰 문제이다. 어떤 사람이 정신질환을 앓는지를 판단할 때 그 사람이 남들과 비슷한지 다른지를 기준으로 삼게 된다는 사실은 앞에서 이야기한 종교의 예를 보아도 명백히 알 수 있다. 종교적 믿음과 망상은 일반적인 기준으로 구분이 불가능하지만, 종교인들을 정신질환자라고 부를 사람은 아무도 없는 것이다. 신이 정말로 존재할 수도 있다는 사실을 부정하는 것은 아니다. 그러나 일반적인 망상도 역시 사실일 수 있다. 우리가 종교인들을 정신질환자라고 부르지 않는 이유는 아마도 많은 사람이 신의 존재를 믿기 때문일 것이다. 즉, 신을 믿는 것은 남들과 크게 다른 모습이 아닌 것이다.

문제는 또 있다. 정신질환자에게 흔히 나타나는 생각이나 정서, 행동 중 많은 것들은 우리가 정신질환자라 부르지 않을 사람들에게서도 나타나곤 한다는 점이다. 예를 들어 신체질환을 앓는 어떤 환자가 비치료목적 연구에 참여하기로 동의하면서, 연구 참여가 본인의 치료에 도움이 되는 것은 아니라는 설명을 들었음에도 마음속으로는 도움이 될 것이라 믿는 경우가 있을 수 있다. 또 어떤 환자는 자신의 수술을 담당한 의사가 전능하며 모든 위험으로부터 그를 지켜줄 것이라고 무의식적으로 생각할 수도 있다. 이러한 무의식적인 생각들 역시 망상이라 부를 수도 있을 것이다. 하지만 이 정도의 왜곡된 신념은 누구에게나 나타난다. 이러한 신념이 무의식적인 것인지 아닌지가 중요할까? 아니면 이 사람들은 모두 정신질환의 증상을 보인다고 해야 할까? 더 전형적인 예로는 꿈이나 백일몽, 공상 등도 있다. 이들도 정신증과 비슷한 면이 있는데, 그렇다면 우리는 잠을 자는 동안에는 모두 정신증을 보인다고 해야 할까? 그리고 우리 모두는 때때로 논리적이지 않은 생각을 하고, 좋지 않은 판단을 할 때도 있다. 그렇다면 우리는 모두 정신질환을 앓는 것인가?

이 질문에 대한 답변으로 정신질환자와 건강한 자의 차이는 일차 사고과정과 이차 사고과정 사이를 오갈 수 있는 유연성에 있다고 말하는 사람도 있을 것이다. (일차 사고과정이란 무의식의 비논리적이고 마술적인 사고이며, 이차 사고과정은 논리적이고 체계적이며 현실에 기반을 둔 사고이다. Kaplan & Sadock 1998을 참고하라.) 공상에 빠진 사람은 전화벨이 울리면 다시 현실로 돌아올 수 있다. 꿈을 꾸는 사람은 위급 상황이 발생하면 잠에서 깰 수 있고, 꿈속에서 지나치게 무서운 상황이 펼쳐지면 자신은 지금 꿈을 꾸고 있는 것으로 생각할 수도 있곤 하다. 위대한 시인과 예술가들은 일차 사고과정을 보통 사람들보다 더 많이 활용하곤 하지만, 그들 역시 필요할 때에는 이러한 사고과정에서 나올 수가 있다. 그러나 정신질환자는 일차 사고과정에 갇혀 스스로 빠져나오지 못한다.

그러나 이 역시 정도의 차이일 뿐이다. 정신질환자가 아니더라도 백일몽으로 상당한 시간을 보내는 사람들이 있다. 그리고 정신질환자도 필요시에는 제정신을 차리는 경우가 있음은 잘 알려져 있다. 오랫동안 심각한 긴장증을 보이던 조현병 환자들도 병동에 화재가 발생하면 밖으로 대피하곤 한다. 정상적으로 말하고 행동해야 할 필요가 있을 때에는 그렇게 할 수 있는 환자들도 많다. 건강한 사람과 정신질환을 앓는 사람은 사고과정을 전환하는 유연성의 차이를 보인다고 한다면, 이는 단지 정도의 문제임은 명백하다.

그렇다면 문제는 더 복잡해진다. 즉, 정신적으로 건강한 사람도 종종 '정신증'을 보일 때가 있을 수 있고, 정신질환자도 종종 제정신을 보일 때가 있는 것이다. 그뿐만 아니라 정신질환자들도 삶의 많은 영역에서는 멀쩡한 모습을 보이기도 한다. 환자 중에는 병이 삶의 나머지 영역들과 상대적으로 분리되어 있어, 병과 관련된 특정 부분이 건드려지지 않는다면 나머지 분야에서는 정상적으로 기능할 수 있는 사람들도 있다. 그들은 직업적으로 성공하고, 친구들을 사귀고 결혼을 하며, 행복하게 지낼 수 있다. 정신질환으로 인한 기능의 손상이 더 광범위하게 나타나는 사람들도 장기간 관해기를 가질 수 있으며, 관해기 중에는 높은 기능 수준을 보이기도 한다. 병의 영향을 광범위하게 받는 사람도 자신의 병을 드러나지 않게 덮어두며 겉으로는 완전히 정상처럼 지낼 수도 있다. 정신질환자도 자신의 역할을 다하며 충만한 삶을 살 수 있는 것이다.

이 사실들을 종합하면 어떤 의미가 될까? 건강한 사람도 정신질환자의 특징을 갖고 정신질환자도 정상인의 특징을 가진다면, 건강과 정신질환은 각각 별개의 범주에 속하는 것이 아니라 적어도 연속선상에 위치하는 것으로 봐야 한다. 그렇다면 이 둘을 구분하는 데에는 여러 쉽지 않은 문제들이 따른다. 정신증이 비인습성과 구분이 가능하다고 해도 모든 사람은 약간의 정신증적인 면을 가진다. 건강한 사람의 정신증과 정신질환자의 정신증을 구분하기 위한 시도로 우리는 사고과정의 유연성을 언급했지만, 이 역시 정도의 문제임을 확인했다.

그뿐만 아니라 정신증이나 정신질환처럼 보이는 특징들도 때로는 적응적인 것일 수 있다. '일 중독'은 정신질환인가? 뉴욕타임스는 클린턴 대통령의 경제보좌관이었던 진 스펄링에게는 한 가지 문제점이 있다고 하며 그가 일 중독자라고 이야기하였다. 그러나 일 중독 덕분에 정부 고위 관직에 오르게 되었다면 그것을 문제점으로 봐야 할까? 보통 사람들보다 더 의심이 많아 편집증 척도 점수가 높게 나오는 FBI 요원들은 어떠한가? 그들의 소위 병리적인 특징은 그들이 일하는 맥락에서는 적응적인 것이라 봐야 마땅할 것이다.

정신질환을 추정하는 데에 사용되는 특징들이 실제로는 상당히 적응적인 것일 수도 있다는 사실은 어떻게 받아들여야 할까? 모든 판단은 맥락에 따라 달라질 수 있으며, 한 문화권에서는 정신질환자라고 불릴 사람이 다른 문화권에서는 완전히 건강한 사람이 될 수도 있다는 의미일까? 어떤 특성이 한 맥락에서는 질병의 징후이고 다른 맥락에서는 건강의 징후가 될 수 있다면 이는 상당히 난처한 일이다. 정리하자면, 정신질환 개념과 관련해서는 해결되어야 할 문제가 아직 많다.

이러한 문제들 중 나는 정신질환과 비인습성은 구분이 어렵다는 문제가 가장 중요하다고 생각한다. 정신질환자는 흔히 현실검증 능력이 떨어진다고들 하지만, 현실이 어떤지는 누가 정할 수 있을까? 그리고 우리가 정신질환자라고 부르지 않을 사람 중에도 독특한 생각을 하는 사람들은 많다. 그렇다면 정신질환자와 건강한 사람은 어떻게 구분해야 할까?

이에 대한 답을 위해 마지막으로 한 번 더 정신질환과 비인습성을 구분할 방법이 있는지 검토해보자. 앞서 이야기했듯 정신질환은 생물학적인 원인에 의해 발생한다는 사실들이 밝혀지고 있다. 그러나 역시 앞서 이야기했듯 다른 모든 정신현상도 생물학적인 과정으로 생겨나는 것이고(예를 들어 어떤 사람이 비인습적인 발언을 하는 것도 그 사람의 특정 뉴런이 신호를 보내고 있기 때문에 가능할 것이다) 우리가 병으로 분류하는 것 중 많은 것은 예를 들어 눈에 띄는 병변에 의한 것은 아니다. 그렇다면 어디까지를 단순한 차이로 보고 어디부터를 생물학적 결함이라고 봐야 할까? 독특한 생각도 아마도 독특한 생물학적 과정에 의해 생겨나는 것일 것이다. 이는 병으로 봐야 할까, 아니면 단순한 차이로 봐야 할까? 그리고 마지막으로, 병의 의미를 고통이나 장애가 아닌 생물학적 특징으로 설명하는 것이 과연 적절한지도 우리는 생각해봐야 한다.

두 번째로 생각할 수 있는 것은 병은 치료로 변화가 가능하다는 점이다. 그러나 우리가 병으로 분류하는 것 중 많은 것은 현재 치료가 불가능하고, 개입으로 변화가 가능한 것 중 많은 것은 명백히 병이 아니다. 그렇다면 앞서 이야기했듯이 어떤 목적범위 내에서 정신질환 여부를 판단하려고 하는지가 중요할 것이다. 정신과 진료를 받아보라고 권유하는 목적범위 내에서라면, 정신과 의사를 만나 변화가 가능한 부분들은 정신질환이라 부를 수도 있을 것이다. 하지만 이는 병을 정의하는 적절한 기준이 될 수는 없다. 독특함 역시 아마도 변화가 가능할 것이기 때문이다.

셋째, 우리는 어떤 사람이 다른 사람들의 생각과 동떨어진 신념을 갖고 있다 하더라도 이를 근거로 그 사람이 정신질환을 앓는다고 말할 수는 없음을 보았다. 그렇게 한다면 특이함과 병은 구분이 불가능해지는데 이는 문제가 된다고 앞서 거듭 이야기하였다. 새로운 것을 발견하는 사람이나 천재들은 아무도 하지 못한 생각들을 하며, 반대로 집단 정신증의 사례도 많다. 어떤 사람의 생각이 보편적인지가 정신질환을 판단하는 데에 있어 참고 사항은 될 수 있지만 판단 기준은 될 수 없다.

넷째, 환자가 자발적으로 현재의 모습이 된 것인지를 기준으로 삼는 것은 어떠할까? 괴짜는 자신이 선택해서 남들과 다른 생각이나 생활을 하지만, 환자는 병 때문에 어쩔 수 없이 그러한 것이란 주장이다. 하지만 앞서 일차 사고과정과 이차 사고과정 사이를 오가는 유연성과 관련하여 보았듯이, 건강한 사람들도 완전히 자발적인 사고를 하는 것은 아닐 수 있으며, 환자도 어느 정도 자기통제가 가능할 수 있다. 게다가 모든 행동은 복합적인 요인에 의해 발생한다는 관점에 따르면 100% 자유의지에 의한 행동이란 것은 존재하지 않을 수도 있다. 괴짜뿐만이 아니라 완벽히 평범한 사람 역시 그 사람의 배경에 자리 잡은 여러 영향력과 요인들에 의해 현재의 모습이 된 것이다. 결정론은 아마도 참일 것이다.[8]

다섯째, 앞서 보았듯이 사람들은 흔히 병의 개념과 관련하여 사망 가능성의 증가를 포함한 고통과 장애를 떠올린다. 그러나 고통은 병을 정의하기 위한 좋은 기준은 아니다. 특이한 사람도 자신의 특이함으로 인해 괴로워할 수 있다. 자아동조적인 환자는 자신의 상태를 좋아할 수도 있다. 예를 들어 인격장애가 있는 사람은 다른 사람들의 삶은 비참하게 만들면서도 자신은 아무런 문제가 없다고 생각하고 만족스러운 삶을 살 수도 있다. 조증이 있는 사람은 들뜬 기분을 즐기곤 한다. 반대로 병을 앓지도, 특이하지도 않은 평범한 사람도 고통을 겪을 수 있다. 끔찍한 상황 속에서 살아가지만 이를 탈출할 방법이 없는 사람은 병을 앓지는 않더라도 크나큰 불행감을 느낄 수 있다.

정신질환은 고통 '또는' 장애를 가져오는 것이라 보면 어떨까? 그렇다면 인격장애 환자들도 설명이 가능하지 않을까? 그러나 고통도 장애도 겪고 있지 않지만, 정신질환자로 분류되는 사람도 있을 것이다. 기능이 좋은 인격장애 환자가 한 예이다. 아니면 환청을 종종 듣긴 하지만 이로 인해 고통을 겪거나 정신능력이 저하되지는 않는 사람도 있다. 반면 환자가 아닌 사람도 고통과 장애 둘 다를 겪을 수도 있는데, 예를 들어 자신의 부족한 능력 때문에 괴로워하는 사람이 있을 수 있다(이러한 사람은 정신질환을 앓는 것일 수도 있지만 그렇지 않을 수도 있다).

게다가 장애라는 개념도 생각해 보면 사실 가치판단에 따라 달라질 수 있다. 대부분의 사람은 아무 이유 없이 몇 주씩 방에 누워있지는 못할 것이다. 그렇다면 그걸 하는 사람은 특별한 재주가 있는 것일까 아니면 장애가 있는 것일까? 생산성과 일처리를 중요하게 생각한다면 위 사람은 장애가 있는 것이다. 조용함과 휴식, 더 집어 말하자면 '비생산성'을 중요하게 생각한다면 위 사람은 특별한 재주가 있는 것이다. 그렇다면 장애라는 개념은 인습적으로 결정되는 것이다. 병은 장애를 가져오는 것이라고 설명하는 것은 정신질환과 비인습성을 구분하는 데에 도움이 되지 않는다.

또 다른 문제도 있다. 장애에 대한 판단은 사회 환경의 맥락에 따라 달라질 수도 있다. 대중교통에 휠체어 리프트를 설치하면 지체장애가 있는 사람도 버스를 탈 수 있듯이, 우울한 사람도 오후 낮잠이 허용된다면 직장 생활을 할 수 있을지 모른다. 만약 어떤 사람에게 '장애'가 있는 것이 다수에 의해 가해지는 일정한 제약들 때문이라면, 병의 개념은 이번에도 역시 다수의 규준과 뗄 수 없는 관계가 된다.

병으로 인한 장애를 생물학적 불리함, 즉 자손을 남길 가능성이 줄어들고 사망에 이를 위험이 높아지는 것과 관련시켜 생각한다면 어떨까? 그러나 이번에도 역시 병은 아니지만 이러한 불리함을 가져오는 것들이 있고, 병이지만 이에 해당 사항이 없는 것들이 있을 것이다. 동성애는 자손을 남길 가능성을 낮추고, 스카이다이빙은 사망 가능성을 높인다. 그렇지만 이 둘은 모두 선택이지 병이 아니다. 그리고 자손을 남길 가능성이나 사망 가능성과 전혀 무관한 병들도 있다.

그뿐만 아니라 이 역시 가치판단이 들어간 기준이다. 우리가 생식과 생존을 중요하게 생각할 때에만 병을 위와 같이 정의하는 것이 가능하다. 물론 대다수의 사람은 이 둘을 중시하는 것이 사실이다. 하지만 그렇지 않은 사람들이 정신질환 진단을 받고 낙인을 얻거나 자유를 뺏길 위험이 있더라도 이렇게 다수의 규준을 적용하는 것이 좋을까?

그렇다면 우리의 잠정적인 결론은 위의 방법 중 어느 것을 사용해도 정신질환과 비인습성은 구분이 불가능하다는 것이다. 그러나 다음의 사항들을 고려하여 나는 정신질환이라는 개념을 완전히 버려서는 안 된다고 생각한다. 첫째, 위에서 내가 입증한 내용은 단지 어떤 사람이 정신질환을 앓는다고 말할 수 있을 필요충분조건은 찾기 어렵거나 존재하지 않는다는 것뿐이다. 하지만 철학자들은 오래전부터, 어떤 개념을 정의할 수 있는 필요충분조건이란 극도로 단순한 개념의 경우를 제외하고는 대부분 찾기 어렵거나 불가능함을 알고 있었다. 삶이란 그렇게 깔끔하게 정리되기에는 너무 복잡한 것이다. 우리가 해야 할 일은 어떤 개념의 복잡성을 인식하는 것이지, 그 개념을 버리고 더 이상 사용하지 않는 것이 아니다.

둘째, 앞서 문제점이 특히 부각된 것은 내가 정신질환을 판단하는 기준을 한 번에 하나씩만 따져보았기 때문일 수 있다. 나는 각 기준에 대해 정신질환이 아닌데도 이에 해당하는 경우와, 정신질환임에도 이에 해당하지 않는 경우들이 있음을 지적하였다. 그러나 여러 기준을 조합하면 정신질환을 적절히 설명할 수 있을지 모른다. 예를 들어 어떤 정신질환은 고통 및 장애를 가져오고, 다른 정신질환은 생각이나 행동의 자발적 통제를 어렵게 만든다는 식이다. 하나의 완벽한 기준을 찾기는 어렵더라도 여러 기준을 적절히 조합하는 것으로 이 문제는 어느 정도 해결될 수 있을 것이다.

셋째, 신체질환이라는 개념 또한 어쩌면 정신질환 개념만큼 문제가 많은지 모른다. 신체질환에 대한 판단 역시 그 사람이 우리가 정한 표준에서 얼마나 벗어났는지를 기준으로 하는 경우가 많기 때문이다.[9] 고혈압은 건강한 표준 혈압 범위에서 벗어났기 때문에 문제가 되는 것이다.[10] 다만 신체 건강과 관련해서는 어떤 것이 바람직하고 어떤 것이 바람직하지 않은지에 대한 사람들의 의견의 좀 더 일치할 것이다. 즉, 장애와 죽음을 가져오는 것은 바람직하지 않다. 그러나 이렇게 생각하는 사람이 아무리 많다 하더라도 이 역시 가치판단의 문제임은 변함이 없다.

게다가 어떤 신체질환은 기능적이나 해부학적으로는 아무런 지장을 주지 않는데도 병으로 취급되기도 한다. 예를 들어 키가 유난히 작은 사람을 생각해 보자. 이러한 사람들은 호르몬 치료를 받을 수도 있다. 하지만 키가 작은 것은 우리 사회에서 사회적이나 경제적으로 불리한 일은 될 수 있지만, 신체적으로 사망 위험을 높이는 등의 문제를 초래하는 것은 아니다. 키가 작은 것은 단지 표준에서 벗어났다는 이유로 문제가 되는 것이다. 즉, 우리가 표준적인 키를 가진 사람을 기준으로 계단을 제작하기 때문에 그렇지 않은 사람은 계단을 오르기 힘들 수 있는 것이다. 신체질환 중에는 이와 비슷한 사례들이 더 있다.[11]

그러나 신체질환 역시 사회적 표준을 기준으로 판단하는 경우가 많다 하더라도, 신체질환과 정신질환에는 여전히 중요한 차이가 존재한다. 첫째, 앞에서 말했듯이 정신적 영역이 아닌 신체적 영역에서는 어떤 것이 왜 바람직한지에 대한 의견이 대체로 일치한다. 둘째, 정신적 영역에서 사회적 기준에 따라야 한다는 것은 정해진 방식대로 생각하고 행동해야 한다는 의미가 되는데, 이는 그 사람의 해부학적 특징이 어때야 한다는 것보다 더 개인의 자유를 침해할 수 있다. 정신적 영역은 사람들이 외부의 간섭을 받거나 낙인의 위협을 느끼지 않고 자신이 직접 결정할 수 있기를 바라는 영역이다. 자유를 제한하는 것은 자유를 더 많이 가졌을수록 더 문제가 되며, 사람들은 자기 몸을 선택할 자유보다 가치관과 행동을 선택할 자유를 더 많이 갖는다. 사스가 신체질환의 증상은 '나타나는 것'이고, 정신질환의 증상은 '하는 것'이라고 표현한 것이 이 부분에서는 역설적으로 설득력 있는 주장이 된다.

이는 달리 이야기하면 우리는 정신질환 개념을 통해 어떤 행동들이 용인 가능한지 암묵적으로 제한을 둘 수 있다는 뜻이 된다. 즉, 정신질환이라는 꼬리표를 피하고 싶은 사람은 사회에서 인정하는 행동 양식에 스스로를 더 많이 맞춰야 한다. 신체질환의 경우에는 (신체적 특징을 스스로 조절하는 것이 가능하더라도) 환자 꼬리표를 피하고자 사회가 정한 기준에 맞춰야 하는 정도가 그렇게까지 크지는 않을 것이다. 그러므로 남들과 다른 모습을 병으로 분류할 위험은 정신질환의 진단과 관련하여 훨씬 더 심각한 우려 사항이 된다.

정리하자면 신체질환과 정신질환에는 다음과 같은 중요한 차이점들이 있다. 첫째, 신체질환과 정신질환은 모두 어느 정도는 가치판단의 영향을 받는 개념이지만, 신체적 영역에 대한 사람들의 가치관은 대체적으로 일치하는 부분이 많다. 생명은 좋은 것이고 죽음은 나쁜 것이다. 그러나 정신적 영역에서는 사람들이 서로 다른 가치관을 가질 수 있는 부분들이 훨씬 더 많기 때문에, 우리의 규준에서 벗어나는 선택을 제한하는 것은 정신적 영역에서 더 심각한 자율성의 침해를 가져올 수 있다. 둘째, 신체적 이상은 당사자가 통제할 수 있는 부분이 더 적다. 즉, 어차피 선택의 여지가 별로 없기 때문에 부정적 평가에 의해 선택의 자유가 제한되는 부분 또한 더 적다. 셋째, 정신적 영역에서는 부정적 평가를 받을 수 있는 범위가 더 넓다. 말하자면 모든 선택이나 행동이 문제가 될 수 있는 것이다. 그렇기 때문에 앞에서 이야기했듯 선택의 자유는 정신적 영역에서 더 크게 제한될 수 있다.

이러한 차이점에도 불구하고 신체질환에 대한 판단 역시 그 사람이 우리가 정한 기준에서 얼마나 벗어난 모습을 보이는지와 상관이 있음은 부정할 수 없다. 신체질환을 판단할 때보다 정신질환을 판단할 때 그 사람의 개인적인 모습이나 당사자가 통제 가능한 부분들이 더 많이 반영될 수는 있지만, 그 차이 역시 정도의 문제이다. 우리의 기준에서 벗어난 상태를 정신질환이라 보는 것이 문제라면, 신체질환 개념도 같은 이유로 문제가 된다. 그러나 신체질환이 실제로 존재하는 병임을 부정하는 사람은 아무도 없을 것이다.

우리의 판단에 우리의 가치관이 들어가는 문제를 피하는 것이 불가능하다면, 그 판단에 따라 개인의 자유와 자율성이 심각하게 침해될 수 있는 경우가 아니라면 이를 굳이 문제시할 필요는 없을지 모른다. 그렇기 때문에 어떤 목적범위 하에서 정신질환으로 볼 것인지가 중요해진다. 강제입원 목적으로 정신질환 진단을 내릴 때만, 즉 어떤 사람이 정신질환을 앓는다고 판단함으로써 그 사람의 자유를 심각하게 박탈하게 될 때만 우리의 가치관에 따라 정신질환을 판단하는 것이 무시 못 할 문제가 될 수 있다. 그렇다면 강제입원은 누가 보아도 병을 앓고 있다고 말할 만한 사람을 그 대상으로 삼아야 한다. 반면 정신질환자로 분류되더라도 단지 부정적 낙인의 위험이 약간 있는 정도라면, 예를 들어 법대 학생들은 문제아라고 볼 사람을 의사들은 경계선 인격장애 환자라고 보는 것은 큰 문제가 되지 않을 것이다. 이런 분류가 당사자의 선택권을 완전히 빼앗는 것은 아니기 때문이다. 다수의 가치관에 따라 정신질환 개념을 사용하더라도 이로 인해 심각한 문제가 발생하는 경우는 일반적으로 많지 않다.

물론 내가 너무 쉽게 이야기한 것일 수도 있다. 예를 들어, 병원에 2주간 강제입원을 하는 것보다도 낙인으로 인해 직장이나 집을 잃게 되는 것이 더 좋지 않을 수도 있는 것이다. 이러한 점은 주의해야겠지만, 그렇다고 해서 위에서 말한 내용이 달라지는 것은 아니다. 약간의 부정적 평가는 그 자체로는 큰 문제가 아닐 수 있다.

종합하면, 정신질환 개념이 가치관의 영향을 받는다는 점은 정신질환 개념 자체를 사용하지 말아야 한다고 할 만큼 중대한 문제가 되지는 않는다. 신체질환에 대한 판단을 포함해서 대부분의 사안에 대한 대부분의 판단은 아마도 어쩔 수 없이 가치관의 영향을 받겠지만, 그렇다고 해서 우리가 이러한 개념들 전부를 사용하지 않을 것은 아니다.

정신질환의 개념과 관련된 이 세 번째 고려사항은 앞서 내가 철저히 회의론적인 입장을 고수했다는 점과 관련이 있다. 앞서 우리는 모든 생각은 참일 수도 있고 참이 아닐 수도 있으며, 능력 및 장애라는 개념은 대체로 우리의 가치관에 의해 결정되고, 개개인마다 자신의 선호에 따라 가치판단은 달라질 수 있다는 입장을 취했었다. 다른 말로 하면 우리는 회의적인 철학자의 모습을 따라 했다. 하지만 현실 세계에서 그렇게 사는 사람은 아무도 없다. 조지 버클리를 만족시킬 수준으로 물질세계가 존재한다는 사실을 증명할 수는 없겠지만, 그래도 우리는 모두 이 세계는 실제로 존재한다고 믿는다. 그렇기 때문에 존이 자신이 매일 작아져서 곧 사라져버릴 것이라고 생각하는 것은 사실이 아니다. 그리고 그렇게 명백히 잘못된 신념을 가진 존은 단순히 남들과 다른 것이 아니라 현실검증력이라는 중요한 능력이 손상된 것이다.

마찬가지로 가치관도 단지 개인의 선호에 달린 것이라 보기는 어렵다. 사람들 대부분이 공유하는 가치관도 있으며 이는 신체적 영역에서 뿐만이 아니라 정신적 영역에서도 마찬가지이다. 생명 유지가 죽음보다 더 낫다는 생각은, 일부 극단적인 상황이 아니라면 대부분의 사람이 동감할 가치관이다. 몸을 움직이지 못하는 것이 몸을 움직일 수 있는 것보다 더 좋다고 생각할 사람도 역시 거의 없을 것이다. 평생 동안 나무 한 그루만을 쳐다보고 있는 것을 선호하는 사람은 단순히 취향이 특이한 것이 아니라 사물에 반응하는 방식에 뭔가 근본적인 결함이 있는 것일 수 있다. 즉, 초콜릿을 싫어하는 모습보다는 감각기관이 하나 없는 모습에 더 가까울 수 있다.

가치관의 문제도 그렇지만 특히 어떤 신념이 잘못된 신념이고 따라서 정신질환의 징후일 수 있다고 판단하는 것은 우리가 철학자 역할을 내려놓기만 한다면 크게 불편하지 않을 것이다. 우리는 모두 교실 안이 아니라 실제 세상 속에서 살고 있기 때문에 현실 세계에 대한 현실적인 이해에 비추어 어떤 신념이 잘못된 것이라 말할 수 있다면 그것으로 충분할지 모른다. (그뿐만 아니라, 위에서 이야기했듯 사람들 대부분이 공유하는 가치가 있을 수 있다고 본다면, 정신질환 개념도 객관적이고 절대적인 '비판적 도덕'으로[4] 일부 설명이 가능할 것이다. 즉, 정신질환은 단순히 남들과 다른 모습이 아니라, 객관적인 기준에 따라 어느 정도 판단이 가능한 개념이 될 수 있을지 모른다.)

네 번째, 현실적으로 (사스를 제외한) 누가 보더라도 저 사람은 정신질환을 앓는다고 말할 만한 사람들도 있다. 어떤 모습들은 과거부터 현재까지 쭉 별다른 이견 없이 정신질환 때문에 나타나는 것이라고 널리 받아들여져 왔다. 예를 들어 중증의 조현병이나 양극성 장애는 그 외의 다른 것으로 보기 어렵다. 물론 그 외 경우들, 즉 정신질환 패러다임을 편안하게 받아들이는 사람은 정신질환이라 부르고 그렇지 않은 사람은 삶의 문제나 특이함이라고 부를 경우들도 많지만, 사람들의 판단이 일치하지 않는 사례들이 있다고 해서 정신질환 개념 자체가 쓸모없어지는 것은 아니다.

마지막으로 나는 정신질환을 가까이에서 목격해 왔기 때문에 정신질환 개념은 필요하며 유용하다고 생각한다. 중증 정신질환은 큰 괴로움을 주는 것이다. 중증 정신질환을 앓는 사람들은 고통과 장애를 겪을 뿐만 아니라, 스스로의 힘으로는 이러한 상태에서 벗어날 수가 없다. 이 사람들은 도움을, 특히 약물의 도움을 필요로 하고, 치료받으면 상태가 개선된다. 정신질환이라는 개념을 사용하는 편이 그렇지 않은 편보다 모두에게 더 도움이 될 것이다. 비록 정신질환 개념의 경계가 모호하여

---

4) H. L. A. 하트는 『법 자유 도덕(Law, Liberty and Morality)』에서 관행적인 지배도덕(positive morality)과 구분되는 개념으로 비판적 도덕(critical morality)을 제시하였다(역자 주).

어떤 사람들은 부당하게 낙인찍힘을 받게 되고, 또 어떤 사람들은 부당하게 자유의 제한을 받을지라도 그렇다. 변호사로서 나는 정신질환자라는 이유만으로 사람들이 자율성을 침해당하는 것을 보아 온 것은 사실이다(이에 대해서는 뒷부분에서 다룰 것이다). 그러나 정신건강 전문가로서 나는 정신질환으로 인한 고통과, 치료를 통해 고통이 경감되는 모습들을 보아 왔다.

2장을 마무리하면서 나는 논의되었던 내용을 아래와 같이 정리하고, 3장에서 다룰 내용을 간략히 소개하고자 한다. 1) 정신질환은 가치관에 따라, 그리고 인습에 따라 판단이 달라질 수 있는 개념이다. 2) 정신질환과 관련하여 이것이 특히 문제가 될 수 있는 이유는, 정신질환이라는 꼬리표에 따르는 낙인 등을 피하기 위해 사회적으로 널리 받아들여지는 가치관과 관행에 맞춰 생각하고 행동해야 한다는 점은 사람들의 자유를 제한하기 때문이다. 3) 이러한 자유의 제한은 사회 구성원들이 조화롭게 지내기 위해 어느 정도는 필요한 것이고 따라서 정당화될 수 있다. 4) 하지만 조화로운 삶이나 정의를 위해 필요한 것이 아닌 자유의 제한, 또는 자유의 심각한 제한은 아직 그 타당성이 입증된 바가 없다.

철학적인 논의에서 벗어나 정신질환 개념을 적극적으로 받아들일 필요는 있지만, 정신질환 개념에는 심각한 문제들도 따를 수도 있음을 우리는 잊지 않아야 한다. 낙인이나 부정적 평가의 위험도 있지만, 이보다 더 심각한 문제는 정신질환 진단에 따라 자유를 제한받게 될 위험이다. 강제입원이 그 대표적인 예이다. 다음 장에서 나는 정신질환자의 강제입원은 과연 허용될 수 있는 것인지, 그렇다면 언제 허용될 수 있을지, 강제입원이 정당화될 수 있는 근거는 무엇일지를 살펴보려고 한다.

3

강제입원: 정당한 기준이란?

케네스 도날드슨은 1957년 1월 3일 플로리다 주립병원에 강제입원되었다. 도날드슨이 망상을 보인다는 그의 아버지의 호소에 따라 법원에서는 강제입원을 결정하며 도날드슨에게는 "몇 주만 병원에 가서 새로운 약물치료를 받아보면 다 나을 것이고 곧 집으로 돌아올 수 있을 것"이라고 이야기하였다. 도날드슨은 병원에서 편집형 조현병 진단을 받았고 퇴원 요청을 수차례 했음에도 불구하고 15년이 지난 후에야, 그것도 연방법원에 소를 제기하여 퇴원할 수 있었다. 도날드슨은 퇴원 요청 시 자신이 도움을 필요로 할 경우 이러한 부분을 책임지고 지원해 줄 기관과 사람들이 있음을 증명하는 내용도 첨부하였다.

도날드슨은 입원 전에도 그리고 입원 중에도 자타해 위험을 보이지 않았다. 도날드슨은 입원 전 14년간 직업을 갖고 스스로 생계를 유지해 왔으며, 병원의 한 의사는 도날드슨이 병원에 오지 않았다면 이러한 자립 생활을 계속할 수 있었을 것이라고 이야기하였다. 실제로 도날드슨은 퇴원하자마자 호텔의 관리부서에 취직하여 일을 시작하였다. 그러나 병원은 도날드슨이 정신질환을 앓으며 치료가 필요하다는 점을 근거로 강제입원을 정당화하였다.

연방대법원은 도날드슨의 입원은 합법적이지 않다는 판결을 내렸다. 다른 고려사항이 없는 이상, 자타해 위험이 없고 스스로 자립이 가능하거나 가족과 주변인 등 책임지고 도움을 제공할 사람이 있어 생활이 가능한 사람의 강제입원은 허용되지 않는다. 더 이상 케네스 도날드슨과 같은 사례는 없을 것이다(*O'Connor v. Donaldson,* 493 F.2d 507 [5th Cir. 1974], 422 U.S. 63 [1975]).

1987년 10월 28일, 노숙인들을 위한 지원단체인 H.E.L.P.는 뉴욕의 길거리에서 생활하던 조이스 브라운(가명 빌리 보그스)을 벨뷰 정신병원으로 데리고 갔다. 뉴욕지방법원의 표현을 빌리면 길거리는 그녀의 안방이자 화장실이며 거실이었다. 브라운은 평생 노숙 생활을 한 것은 아니고 뉴저지의 중산층 집안에서 태어나 10년 이상 비서로 근무하다가, 브라운에게 치료가 필요하다고 판단한 그녀의 언니에 의해 병원에 처음 입원하게 되었다. 이후 브라운은 언니와 함께 살던 집을 나와 뉴욕으로 오게 되었다.

병원의 의사는 브라운에게 편집형 조현병 진단을 내리며 그녀는 혼자 생활이 불가능한 상태라고 이야기하였다. 그 근거는 브라운이 차들이 내달리는 도로로 뛰어들곤 하고, 지폐를 찢거나 불태운 적이 있으며, 공격적이고 거친 태도로 자주 욕을 하고 시비를 걸기 때문에 다른 사람들로부터 공격을 당할 위험이 있다는 것이었다.

브라운은 입원을 거부하며 이의를 제기하였고, 뉴욕인권옹호연

맹 소속 정신과 의사들은 브라운은 정신증이나 망상을 보이지 않고 논리적인 사고가 가능하다고 판단하였다. 브라운이 지폐를 훼손한 것은 사람들이 그녀에게 돈을 모욕적으로 던졌기 때문에 앙갚음의 의미로 그러한 것이었다. 무단횡단은 뉴욕에서 흔한 일이고 브라운이 이로 인해 다친 적은 한 번도 없었다. 브라운은 남을 해치거나 자살 또는 자해를 할 위험이 없었다.

뉴욕지방법원은 브라운의 정신상태가 불안정하다는 증거는 충분치 않으며, 브라운은 자타해 위험을 보이지 않는다고 판단하였다. 브라운은 기본적 의식주를 스스로 해결할 수 있었다. "조이스 브라운은 일 년 가까이 노숙하며 무사히 생활을 영위하였고, 신체적으로도 건강하다. 어쩌면 브라운은 노숙 생활에 있어 전문가라고 할 수도 있을 것이다. (중략) 조이스 브라운이 노숙을 하게 된 이유가 정신질환 때문이라고 단정할 수는 없다. 강제입원을 위해서는 브라운이 정신질환으로 인해 스스로 의식주를 해결할 수 없음이 입증되어야 한다. 그러나 브라운은 신체적으로 건강하고, 자신의 환경에 잘 대처하며 생활을 영위해가고 있다."(법정 의견에서 인용)

이후 뉴욕고등법원의 2심 판결로 브라운은 퇴원하게 되었다. 뉴욕인권옹호연맹의 의사들은 어느 정도 시간이 지나 브라운이 안정을 되찾은 후 그녀의 상태를 점검하였다. 여러 증거로 미루어 볼 때 브라운이 노숙을 하게 된 것은 정신질환 때문이라기보다는 빈곤층을 위한 주거시설이 없기 때문인 것으로 판단되었다(*Boggs v. New York City Health and Hospitals Corp.*, 523 N.Y.S.2d 71 [1987]).

이 일화들을 통해 우리는 어떤 정신질환자에게 강제입원이 필요할지 여부를 결정할 때 우리가 맞닥뜨리게 되는 딜레마를 엿볼 수 있다. 지난 수십 년 동안 적용되었던 미국의 강제입원 기준은 정신질환을 앓고 있으며 치료가 필요한지였다.[1] 케네스 도날드슨은 이 기준에 따라 15년 동안이나 입원해 있었다. 도날드슨 판례 이후 미국의 강제입원 기준은 정신질환을 앓고 있으며 자타해 위험이 있는지, 또는 정신질환으로 인한 중증의 장애를 보이는지로 바뀌게 되었다(주에 따라 약간의 변형은 있지만 대부분 위 내용을 기본으로 한다).[2] 이 기준에 따르면 케네스 도날드슨의 강제입원은 불가능할 것이고, 조이스 브라운의 경우는 논란의 여지가 있을 것이다.

이번 장에서는 강제입원의 기준이 어떻게 되어야 할지를 이야기하고자 한다.[3] 특히 중점적으로 다룰 내용은 정신질환자는 어떤 이유로, 그리고 어떤 방식으로 다른 사람과 다르게 취급되어야 하는지이다. 위 질문에 대한 답은 우리가 어떤 강제입원 기준을 도입하든 기본적으로 참고해야 할 내용이다. 우리가 정신질환자를 비정신질환자와 다르게 대하는 것은 사실이다(적어도 강제입원 관련 법상으로는 그러하다). 그렇게 하는 이유를 우리는 설명할 수 있어야 한다.

정신질환자와 비정신질환자

현재의 기준

우리는 적어도 공식적으로는 정신질환자와 비정신질환자를 다르게 대한다. 현재 미국의 강제입원 기준인 '정신질환을 앓고 자타해 위험이 있거나 중증의 장애가 있는 경우'를 보자. 일반적으로 우리는 정신질환을 앓지 않는 사람이 자타해 위험이 있다거나 스스로를 제대로 돌보지 못한다고 하여 시설에 강제로 수용하지는 않는다.

건강한 사람이 타인을 해칠 위험이 있다면 우리는 일반적으로 그 사람이 범죄를 저지른 이후에 그를 가둔다. 아무리 위험한 사람이라도 실제 어떤 행동을 저지르기 전에 조치를 취하는 것은 현재 법적으로 불가능하다. 우리는 사람들의 선택을 존중하고, 형법에 따른 처벌이 두려워 그 사람이 다른 선택을 하기를 기대한다. 마찬가지로, 범죄를 예단하는 것의 위험성을 우리는 잘 알고 있다. 상습범일지라도 이번에 석방된 다음에는 범죄에서 손을 뗄지 모른다.

그뿐만 아니라 건강한 사람이 스스로의 안전에 위협이 되는 선택을 할 때 우리는 보통 그들의 삶에 개입하여 이러한 행동을 막지는 않는다. 예를 들어 우리는 흡연을 (설령 그 사람이 폐암 환자일지라도) 막지 않고, 안전하지 않은 성관계를 막지 않으며, 스카이다이빙을 막지 않는다. 자살 시도나 자살은 범죄가 아니다.[4] 수혈을 받지 않으면 자신은 죽음에 이를 것이 거의 확실시될 때에도 이를 거부하는 것은 법적으로 문제가 되지 않는다. 연명의료 중단을 요청하는 것도 가능하다.[5] 마지막으로, 자신이 선택해서 또는 돈이 없어서 기본적인 의식주를 제대로 해결하지 않고 있는 사람에게 우리는 도움받을 것을 강요하지 않는다.

뒤에서 더 구체적으로 살펴보면 우리가 항상 이렇게 사람들이 자신 또는 타인의 안전에 위협이 되는 행동을 하도록 내버려 두는 것은 아니며 약간의 예외를 두는 경우도 있음을 알게 될 것이다. 그러나 적어도 법적인 기본 원칙은 이러한 행동을 허용한다는 것이다.

의사능력

그렇다면 정신질환의 어떤 특징 때문에 우리는 비정신질환자가 자타해 위험이나 중증의 장애를 보일 때는 개입하지 않으면서, 정신질환자는 강제입원을 시키는 것일까?[6] 정신질환자를 다르게 대하는 근거로 가장 먼저 꼽을 수 있는 것은 의사능력의 상실이다. 논리적으로 볼 때나 이론적으로 볼 때나, 의사능력의 유무는 그 사람에게 강제개입을 할지 판단하는 중요한 요인이 될 것이다. 자신의 의사표시가 어떠한 효과를 가져올지 정상적으로 인식하고 합리적으로 판단할 수 있는 상태에서 내린 결정만이 존중받을 수 있는 것이다. 이러한 능력을 상실한 의사무능력자는 스스로 결정을 내릴 수 있는 입장이 아니다. 이러한 사람은 자신의 선택과 관련된 정보를 제대로 이해할 수 없거나, 한 가지 결정만을 기계적으로 고집할 수밖에 없는 상태이기 때문이다. 이러한 상태에서 내린 결정을 존중하지 않는다고 해서 자율성의 가치가 훼손되는 것은 아니다.

하지만 정신질환자 중 많은 사람은 의사무능력자가 아니다.[7] 의사무능력을 판단하는 기준은 상당히 엄격하며, 정신질환자 대부분은 자기 삶의 많은 부분에 대해 직접 결정할 수 있는 능력이 있다. 강제입원의 근거로 환자의 의사무능력을 이야기하려면 강제입원 기준은 지금과는 많이 달라져야 할 것이다.

자율성

정신질환자를 다르게 대하는 두 번째 근거로 꼽을 수 있는 것은, 환자는 완전히 자율적인 존재가 아닐 수 있다는 점이다. 자율성의 개념은 여러 학자에 의해 각기 다르게 설명된다.[8] 어떤 학자가 제시하는 자율성 개념은 '온전한 의사능력'과 거의 동일한 반면, 다른 학자들은 보다 적극적인 자율성 개념을 제시한다. 예를 들어 자율적인 선택이란 자신이 현재 어떤 사람이며 어떤 사람이 되고 싶은지를 반영한 선택을 말한다는 것이다. 그렇다면 완전히 자율적인 사람이란 자유의지로 자신의 가치관에 따라 원하는 바를 추구하는 사람일 것이다.

많은 정신질환자들은 완전히 자율적인 존재가 아니다. 그러나 적극적인 자율성 개념의 문제는 정신질환자가 아니더라도 완전히 자율적이지 못한 사람이 많다는 것이다. 자타해 위험을 보이는 정신질환자와 비정신질환자 중 정신질환자만 강제입원의 대상이 되는 것을 이 개념으로는 설명할 수 없다. 적극적인 자율성 개념에 따르면 완전히 자율적인 사람은 극소수이고, 이 사람들이 하는 선택 중 극소수만이 완전히 자율적인 선택일 것이다.

정신능력의 저하[5)]

정신질환자를 다르게 대하는 세 번째 근거로 꼽을 수 있는 것은, 그들이

5) '정신능력의 저하' 개념에 대한 설명은 7장에서 자세히 등장한다(역자 주).

의사무능력 상태는 아니더라도 일반적으로 정신능력이 저하된 상태라는 점이다.[9] 심각한 정신질환을 앓는 사람은 인지기능이 손상된 경우가 많다. 그들은 망상 및 지각장애를 겪을 수 있고, 판단 능력이 떨어질 수 있으며, 생각이나 행동이 지리멸렬해질 수 있다. 자아강도가 약하여 스스로의 의지대로 행동하는 것이 어려울 수도 있다. 완전히 자율적인 사람이란 거의 없겠지만, 이 정도로 정신능력이 저하되는 사람도 매우 드물다. 그리고 이 정도의 정신능력 저하를 보이는 사람은 대부분 정신질환을 앓고 있다.

그러나 이 개념을 적용하는 데에도 문제가 따른다. 어느 기준 이하로 능력이 떨어졌을 때 이를 정신능력의 저하로 보아야 할지를 정하기 어렵다는 것이다. 이 기준을 상당히 낮게 잡지 않는 이상(정신질환자 중에서도 정신능력의 저하 판정을 받지 않는 사람이 제법 나올 정도로 기준을 낮추지 않는 이상), 환자가 아니어도 정신능력의 저하 판정을 받는 사람이 지나치게 많아질 것이다. 그리고 기준을 낮춘다고 하더라도 여전히 정신능력의 저하 판정을 받을 비정신질환자들의 경우는 어떻게 해야 할까? 환자가 아니더라도 예를 들어 지능이 낮거나 경험이 부족해서, 신체적으로 장애가 있어서, 심지어는 사랑을 충분히 받지 못하여 정신능력의 저하를 보이는 사람도 있을 것이다. 이 사람들도 자타해 위험이 있다면 강제입원을 해야 하는 것일까?

그리고 마지막으로, 어떤 능력이 저하되었기 때문에 그 사람의 선택을 존중하지 않아도 된다는 것은 다른 법에서 사용하는 기준들과 균형이 맞지 않는다. 예를 들어 심신장애를 이유로 범죄행위에 대한 처벌을 경감할 때에는 더 엄격한 기준을 적용한다. 유언의 유효성을 따질 때도 마찬가지이다.

이를 종합하면 정신능력의 저하는 강제입원의 근거가 되기에는 부족할 것이다.

병 때문에 다른 사람이 됨

정신질환자를 다르게 대하는 네 번째 근거로 꼽을 수 있는 것은, 정신질환은 환자를 다른 사람으로 바꿔놓으며 지금 우리가 보는 모습은 그 사람의 진정한 모습이 아니라는 것이다. 소심하고 수줍음이 많으며 내성적인 사람이 조증 상태에서는 활달하고 충동적이며 성적으로 적극적인 사람으로 바뀔 수도 있다. 이러한 상태에서 내린 결정을 존중할 필요는 없지 않을까? 그 사람이 아니라 그 사람의 병이 그런 결정을 하는 것이기 때문이다. 자해하려는 정신질환자도 지금 자신의 원래 모습이 아닐 수 있다. 그렇다면 가짜 모습이 그 사람에게 해를 끼치도록 내버려 두어서는 안 되지 않을까? 마찬가지로 어떤 환자가 병원에 가서 치료받기를 거부하는 것은 지금의 그가 병이 빚어낸 '다른 사람'이기 때문일지 모른다.[10]

이는 어느 정도 직관적으로 납득이 되는 주장이다.[11] 가장 극단적인 예로 어떤 사람이 정신질환으로 모습이 바뀐 상태에서 자살을 결심했다고 하자. 만약 그 사람이 정신질환을 앓지 않았다면, 그래서 원래의 성격대로 행동할 수 있었다면, 그 사람은 당연히 그렇게 돌이킬 수 없는 선택을 하지는 않을 것이다. 그렇다면 병 때문에 돌변한 모습이 내린 결정에 따라 그 사람이 죽음을 선택하는 것을 우리는 그냥 지켜보기만 해야 할까?

병 때문에 다른 사람이 된다는 관점은 그럴듯하긴 하나 문제점이 없지는 않다. 첫째, 지금 모습이 이전 모습과 다르다는 사실만으로 어떤 모습이 더 낫다고 말할 수 있는 것은 아니다. 만약 정신질환을 앓을 때는 수동적이고 유순하지만, 제정신일 때는 살기를 띠고 위협적인 모습을 보이는 사람이 있다면 어떠할까? 그 사람이 제정신으로 돌아왔을 때 우리는 자타해 위험을 근거로 그 사람을 강제입원시켜야 할까? 이때에도 이전과 다른 사람이 된 것이지 않은가? 왜 병 때문에 다른 모습이 되었을 때만 이를 문제 삼는가? 만약 건강이 병보다 더 낫기 때문에 그렇다고 한다면, 우리는 우리의 가치관을 남에게 강요하는 것이고 이는 자율성의 원칙을 훼손하는 일이다.

둘째, 많은 정신질환자는 병중에 성격이 바뀌기는 해도 완전히 다른 사람이 되지는 않는다. 그 사람의 가치관과 자신이 선호하는 것에 대한 생각, 좋아하는 것과 싫어하는 것은 그대로이다. 신체질환을 앓는 사람도 병중에 성격이 달라지곤 하지만 그 사람이 예전과 동일인이 아니라고 할 사람은 거의 없을 것이다.

셋째, 어떤 사람의 마음이 바뀌었을 때 그것이 정신질환 때문인지, 즉 바뀐 마음은 병이 만들어낸 것인지를 알기란 매우 어렵다. 자신만의 뚜렷한 가치관을 가진 비정신질환자라 하더라도, 그 사람이 이러한 가치관을 바탕으로 어떤 결정을 할지 우리가 판단하기란 어렵다. 그렇기 때문에 보통은 당사자에게 결정을 직접 맡기는 것이다. 정신질환의 발병처럼 여러 변화를 겪는 중이라면 이를 판단하기는 훨씬 더 힘들 것이다. 어떤 현안에 대한 그 사람의 생각이 바뀔 수도 있기 때문이다.

넷째, 사람의 모습은 정신질환 때문이 아니더라도 예를 들어 스트레스를 받거나, 피곤하거나, 종교를 바꾸거나, 심리상담을 받아 바뀌기도 한다. 그렇다면 정신질환자들만 다르게 대할 수 있을까? 스트레스나 피로, 종교의 변화, 상담 등으로 모습이 바뀌었을 때도 우리는 바뀌기 전의 모습만을 존중해야 하는 것일까? 정신질환자는 병을 치료하면 원래의 모습으로 돌아올 수 있다고 하지만(그렇지 않은 경우는 또 후술할 문제를 고려해야 한다), 위의 이유에 의한 변화도 마찬가지로 일시적일 수 있다.

다섯째, 일부 정신질환은 일시적인 병이라 보기 어렵다. 만성질환을 앓는다면 바뀐 성격이 계속 유지되며 원래의 모습을 되찾지 못할 수도 있다. 만약 건강한 모습이 돌아올 것이라 예상된다면 지금의 환자가 내리는 결정에 따르지 않을 이유가 될 수도 있을 것이다. (건강한 모습을 선호하는 것은 우리의 가치관을 강요하는 것이라는 점은 잠시 내려놓는다면) 건강한 상태의 모습이 그의 진정한 모습이고, 그 사람을 대표하여 결정을 내릴만한 모습이라고 우리는 부담 없이 생각할 수 있기 때문이다. 그러나 병으로 인한 모습이 그 사람의 진정한 모습이 되어버린다면 같은 식으로 생각하기는 어려워진다. 이제는 새로운 모습이 그 사람을 대표하여 결정을 내릴 수 있는 것이 아닌가?

여섯 번째, '다른 사람'이 된다고 말하는 것은 관용적 표현일 뿐, 정신질환을 앓는다 해서 문자 그대로 또 다른 정체성을 가진 또 다른 자아가 생겨나는 것은 아니다. 환자의 몸과 기억은 그대로이다. 즉, 새로운 사람이 등장하는 것이 아니라 그 사람 자체가 변하는 것이다. 그렇다면 어느 정도 이상의 변화가 일어났을 때 그 사람이 '다른 사람'이 되었다고 할지 기준을 정하기란 쉽지 않은 문제이다.

이러한 내용들을 종합하면, 정신질환자는 병으로 인해 평소와 다른 사람이 되기 때문에 비정신질환자와는 달리 강제입원이 가능하다고 주장할 근거는 부족하다.

자타해 위험의 증가

정신질환자를 다르게 대할 다섯 번째 근거로 꼽을 수 있는 것은 정신질환을 앓는 사람은 자타해 위험이 높다는 것이다. 그러나 정신질환자가 실제로 비정신질환자보다 더 위험하다고 잘라 말하기는 어렵다. 반사회적 인격장애 등 몇몇 특수한 경우를 제외하면 정신질환자가 일반 대중보다 크게 더 위험하지는 않다는 것이 대부분의 연구 결과이다. 증상 관리가 안 된 상태에서 정신질환자의 자살 확률은 일반 대중의 경우보다 높지만, 그럼 비정신질환자도 자살 위험이 높아지면 강제입원을 시켜야 하는 것이 아닌가?

만약 강제입원을 결정함에 있어 자타해 위험이 가장 큰 고려 요인이고 정신질환자가 정말로 자타해 위험이 더 높다면, 강제입원하는 정신질환자의 수는 지금보다 더 늘어날 것이다. 그러나 자타해 위험이 높은 정신질환자를 모두 입원시켜야 한다는 말은 아니다. 위험한 정신질환자만 입원 대상이 될 것이라는 의미도 아니다. 만약 자타해 위험의 증가만을 근거로 정신질환자를 입원시킬 수 있다면, 젊은 남성들도 강제입원이 가능해야 한다. 통계적으로는 젊은 남성이 정신질환자들보다 폭력을 저지를 가능성이 훨씬 더 높기 때문이다.

어쩌면 자타해 위험의 증가 자체보다 이러한 위험성을 예측하기가 더 용이하다는 점이 중요한 것일지도 모른다. 즉, 위험해 보이던 정신질환자가 실제로 자타해 행동을 할 가능성은 위험해 보이나 정신질환을 앓지는 않는 사람이 실제 자타해 행동을 할 가능성보다 더 높다는 것이다. 하지만 잘 알려져 있다시피 위험성을 예측하기란 매우 어렵다. 어떤 사람이 미래에 위험한 행동을 할지 여부를 예측했을 때 적중률은 3분의 1에 불과하다는 연구 결과가 있다(최근 연구들의 적중률은 이보다 상승하였다). 그뿐만 아니라 정신질환자들만을 대상으로 하면 적중률이 더 올라간다는 증거도 내가 아는 한 없다. 사실 적중률이 가장 높은 것은 과거에 실제로 폭력을 저지른 사람이 다시 폭력을 사용할지에 대한 예측이다. 하지만 우리는 감옥에서 죗값을 치르고 나온 폭력 사범을, 그 사람이 재범을 저지를지 예측하기가 쉽다는 이유만으로 미리 다시 잡아 가두지는 않는다.[12]

아니면 위험성의 예측이 용이하다는 점이 중요한 것이 아니라, 반대로 정신질환자들이 더 예측 불가능하기 때문에 돌발 행동을 막기가 더 어렵고, 그래서 대중들은 정신질환자를 더 두려워한다는 점이 중요할지도 모른다. 그러나 이러한 주장을 어떻게 받아들여야 할지는 불분명하다. 만약 이야기하려는 것이, 정신질환자가 위험한 행동을 했을 때 우리는 더 깜짝 놀라게 되지만 그렇다고 해서 부상을 더 혹은 덜 입지는 않는다는 것이라면, 그것이 중요한 사항인지는 불분명하다. 우리가 따져봐야 할 것은 위험의 정도와 발생 가능한 피해이지, 우리가 이를 예측할 수 있는지가 아니지 않은가? 아니면 어쩌면 위 주장에서 이야기하려는 것은 예를 들어 정신질환자와 비정신질환자의 위험성은 비슷하지만, 피해자는 정신질환자의 행동을 더 예상하지 못하기 때문에 더 큰 부상을 입을 수 있다는 것일지 모른다. 하지만 이를 뒷받침하는 일화는 들은 바가 없다. 아니, 정신질환자들이 더 예측 불가능한 위험 행동을 한다는 전제 자체가 참이기는 할까? 오해나 편견에서 비롯된 생각은 아닐까?

정리하자면, 정신질환을 앓으면 자타해 위험이 증가한다는 주장은 낙인에서 비롯된 오해일지 모른다. 설령 오해가 아니더라도 이 주장을 어떻게 받아들여야 할지는 불분명하다. 실제 위험의 정도보다도 대중의 우려를 더 중시하는 것처럼 보일 수 있기 때문이다. 물론 후자가 중요하지 않다는 이야기는 아니다. 하지만 어떤 사람의 자유를 장기간 빼앗아야 할지에 대한 결정을 좌우할 만큼 대중의 우려가 중요할까?

고통과 치료 가능성

정신질환자는 병으로 고통을 겪고 있으며 치료가 가능하다는 면에서 비정신질환자와 다르다는 주장도 가능하다. 똑같은 자타해 위험이 있을 때 비정신질환자를 강제입원시킨다면 그들은 자유를 빼앗길 뿐 얻는 것이 없지만 정신질환자는 치료라는 이익을 얻을 수도 있다는 설명이다. 원칙적으로는 범죄를 저지르지 않았다면 어딘가 감금되어서는 안 되겠지만 정신질환자에게는 이 원칙을 굽히더라도 이에 대응하는 보상을 제공할 수 있는 것이다.[13]

이 주장의 문제점은 첫째, 어떤 정신질환자들은 자신이 고통을 겪고 있다고 느끼지 않으며 실제로 건강(그들이 생각하는 건강)보다 정신질환을 앓는 상태를 더 선호한다는 것이다. 그들에게 입원은 이익이 아니라 추가적인 피해를 가져오는 조치이다. 둘째, 어떤 정신질환자들은 치료가 전혀 불가능하며, 치료가 가능하더라도 큰 차도는 얻지 못할 환자도 많다. 그뿐만 아니라 미국에서는 강제입원을 한 환자 모두에게 강제치료가 가능한 것도 아니다. 그렇다면 치료 및 고통의 경감이라는 보상을 받지 못하는 환자도 많은 것이다. 셋째, 신체질환을 앓으면서 자타해 위험이 있는 사람들 역시 입원을 통해 치료라는 보상을 얻을 수 있겠지만 우리는 일반적으로 이들을 강제입원시키지는 않는다. 정신질환자도 마찬가지여야 하는 것이 아닐까?

어쩌면 정신질환자들이 치료를 통해 얻는 이익에는 자타해 위험의 감소가 포함될 수 있다는 점일지 중요한 것인지도 모른다. 이는 사회적으로도 이익이며, 이 부분에서 정신질환자와 대부분의 신체질환자는 차이가 있는 것이다. 그리고 그렇기 때문에 우리는 정신질환자들을 계속해서 입원 상태로 두지 않고 자타해 위험이 사라지면 퇴원시키는 것이 가능할 것이다. 만약 자타해 위험을 근거로 건강한 사람의 강제입원이 가능하다면 그 사람들은 영원히 병원에 머물게 될지도 모른다.

하지만 앞서 이야기했듯 치료효과를 크게 얻지 못하는 정신질환자도 있으며, 항상 강제치료가 가능한 것도 아니다. 그뿐만 아니라 같은 논리라면 자타해 위험의 감소가 가능한 다른 사람들에게도 강제개입이 허용될 수 있을 것이다. 예를 들어 빈곤층 청년들도 나이가 들어 자타해 위험이 감소할 때까지 강제로 시설에 가두어 둘 수 있을 텐데, 그렇게 하자고 이야기할 사람은 아무도 없을 것이다. 어떤 사람이 우리가 바라는 모습으로 변화할 수도 있다는 이유만으로 그 사람의 자유를 제한할 수는 없다.

정신질환의 특징 때문에 환자들을 오히려 더 존중해야 한다는 주장

위에서 살펴보았던 여러 주장 중 어느 것도 단독으로는, 자타해 위험이 있을 때 정신질환자는 건강한 사람과는 달리 강제입원이 가능하다는 충분한 근거를 제시하지 못한다. 그럼 반대로, 정신질환의 특징 때문에 정신질환자들의 결정을 더 존중해야 할 이유는 있을까? 만약 있다면 강제입원 기준에 이를 반영해야 할 것이다.

실제로 정신질환자들을 더 존중해야 할 근거는 몇 가지가 있다. 첫째는 오판의 위험이다. 정신질환에 대한 우리 사회의 낙인은 매우 크다.[14] 예를 들면 앞서 보았듯이 정신질환자는 그렇지 않은 사람보다 훨씬 더 위험하다는 생각이 널리 퍼져 있으나 이는 사실이 아니다. 마찬가지로 정신질환자 중에는 정신능력의 저하를 보이고 판단력과 자기통제 능력이 떨어지는 사람도 많지만 그렇지 않은 사람도 많다. 단지 어떤 사람이 정신질환을 앓는다고 해서 그 사람의 정신능력이 저하되었을 것으로 생각하는 것은 선입견이다. 그뿐만 아니라 겉으로는 어떤 정신질환자가 정말로 정신능력의 저하를 보이는 것 같을 때라도, 그 사람은 단지 우리와 같은 방식으로 행동하기를 거부하는 것이거나 불쾌하고 달갑지 않은 현실을 인정하지 않으려고 하는 것일 수도 있다. 우리와는 다른 환자의 모습이 부적응적으로 보일 수도 있지만, 환자는 나름의 방식으로 자신의 목적을 이룰 수도 있는 것이다. 우리는 정신질환을 앓으면 이로 인한 기능의 손상이 있을 것으로 생각하고 문제가 없을 때에도 문제점을 찾아내려는 성향이 강하기 때문에 강제입원의 기준을 정할 때에는 더 엄격히 차별적 요소를 제거하고, 더 나아가 이러한 성향을 보정하기 위해 건강한 사람의 결정을 존중하는 것보다 더 환자의 결정을 존중해야 할지 모른다.

둘째, 위와 같이 환자를 과소평가할 위험도 있지만, 그렇지 않고 환자의 손상된 기능을 정확하게 파악한 경우라도 온정적 간섭주의로 환자를 대하는 것은 문제를 오히려 더 키울 수 있다. 환자는 더 주변화되고 자존감과 주체성이 떨어지며 스스로를 돌보고 책임감 있게 생활할 능력을 점점 더 잃을지도 모른다. 극단적인 예로는 장기간의 시설 수용으로 인한 폐해를 다룬 많은 문헌들을 참고할 수 있다.[15] 입원 기간이 지나치게 길어지면 환자들은 자기 자신을 돌볼 능력을 잃게 된다. 그러나 반대로 우리가 환자들의 선택을 존중한다면 환자의 역량은 강화되고 환자는 존엄감과 자존감을 느낄 수 있다. 그뿐만 아니라 어쩌면 환자는 치료가 필요할 때 치료를 받는 것이 스스로의 가치를 떨어뜨리는 일은 아니라고 생각할 수 있을 만큼 자아가 강해질지도 모른다. 그리고 환자가 자발적으로 치료에 응할수록 치료를 통해 얻는 이익도 증가할 것이다.[16]

이 모든 내용을 종합하면 어떤 결론에 도달할까? 정신질환자를 다르게 대할 근거가 될 수 있다고 생각했던 특징 중 어떤 것도 실제로는 강제입원의 충분한 근거가 되지 못한다. 그뿐만 아니라 정신질환의 어떤 특징들은 오히려 정신질환자들을 더 존중하고 그들의 선택에 더 귀를 기울여야 할 이유가 될 수도 있을 것이다.

여러 요인을 합하면 강제입원이 정당화될 수 있을 경우

앞서 언급한 정신질환자의 특징 중 어느 하나만을 근거로 정신질환자는 일반인과 달리 강제입원이 가능하다고 주장하는 것이 불가능하다면, 여러 특징을 함께 고려하면 강제입원이 정당화될 수 있을까? 그렇다면 어떤 경우에 그러할까? 자타해 위험은 반드시 포함되어야 할까, 아니면 치료를 통해 환자의 고통을 덜어줄 수 있을 것으로 판단되기만 하면 개입이 가능할까? 이에 대한 답은 물론 우리가 개입함으로써 발생하는 피해 대비 개입하지 않을 때의 피해와 관련이 있을 것이다.

우리가 개입하여 환자를 강제입원시키지 않는다면 발생할 피해는 상당하다. 비교적 가벼운 피해부터 꼽자면 환자가 겪을 고통을 먼저 이야기할 수 있을 것이다. 그리고 환자는 병으로 인해 명료한 사고를 하기 힘들고, 업무에 집중할 수 없으며, 사회적 기술이 떨어지는 등 여러 능력이 감소할 수 있다. 좀 더 돌이키기 힘든 피해를 입을 수도 있다. 환자는 직장을 잃거나 평판이 나빠질 수도 있고, 배우자나 자녀, 부모, 친구 등과 멀어질 수 있다. 그뿐만 아니라 일찍 치료를 시작했다면 악화를 막을 수 있었을 병이 만성화될 수도 있다. 더 심각하게는 환자는 스스로를 전혀 돌볼 수 없게 되고 기본적인 의식주도 해결하지 못하게 될 수 있다. 최악의 경우 환자는 폭력적으로 되어 타인에게 심각한 위협이 될 수도 있고, 본인도 크게 다치거나 죽을 수도 있다.[17]

이는 무시 못 할 중대한 결과이다. 그러나 물론 우리는 개입으로 인해 발생할 피해도 고려하며 이와 비교해봐야 한다. 입원 자체로도 환자는 여러 피해를 감수하게 되나 특히 강제입원은 환자의 자유를 크게 박탈한다.[18] 대부분의 병동은 폐쇄병동이기 때문에 환자의 이동의 자유는 거의 사라진다. 직장에 출근하는 것도 불가능하다. 환자는 언제 기상하고 언제 몸을 씻으며 언제 식사하는지 등 생활의 크고 작은 부분을 타인의 통제하에 행하게 된다. 학습이나 여가 활동도 제한을 받는다. 나의 스승이셨던 고故 골드스타인 예일대 교수님은 만약 정신병원과 교도소 중에 선택해야 한다면 교도소를 택하겠다는 이야기를 자주 하셨다. 교도소에서는 운동시설과 도서관을 이용할 수 있고, 개인 시간도 길며, 돈을 받는 작업 활동이 가능하고, 출소 후에는 정신병원에서 퇴원한 경우보다 취업도 더 용이하다. 그리고 가장 중요한 것은 교도소에서는 정신병원에서처럼 일거수일투족을 관찰당하며, 무섭지만 동정해야 할 불량품 취급을 받지는 않는다는 점이다.

자유의 침해는 당연히 자율성의 침해로도 연결되며, 자기 일을 스스로 결정할 수 없다는 사실이 환자에게 미치는 악영향은 상당하다. 강제입원과 그에 따르는 과잉규제로 인해 환자는 낮아진 자존감, 원망, 분노, 치료에 대한 거부감 등 막대한 심리적 피해를 경험할 수 있고, 향후 환자가 자발적으로 치료를 찾을 가능성은 더 낮아질지 모른다. 선택을 존중받았다면 얻었을 존엄감이나 임파워먼트 등도 놓치게 된다.

지금까지 언급한 피해는 결과주의적 관점에서 본 실증적, 심리적 피해이다. 그러나 어떤 사람을 다른 사람과 동등하게 배려하고 존중하지 않는다는 것, 더 일반화하면 한 사람의 존엄성을 훼손한다는 것은 심리적 피해와 별개로 추상적인 문제로서도 중요하다. 다음의 예를 한번 생각해 보자. 어떤 사람의 알몸을 찍은 사진을 그 사람이 평생 만날 일이 없는 시베리아 사람 세 명에게 보여준다고 하자. 더 나아가 사진 속 사람의 귀에 이 사건이 들어갈 일은 전혀 없으며 그 사람은 심리적 피해를 입지 않는다고 하자. 그래도 그 사람의 사생활은 침해당한 것이 아닌가?[19] 마찬가지로 자율성을 빼앗는 것이 설령 당사자에게 심리적 피해를 주지 않는다고 해도, 이는 그 사람의 인격을 훼손하는 행위이다.

오판의 위험 때문에 정신질환자에 대한 편견이 더 공고화될 가능성도 있다. 의사들은 입원을 과도하게 시행하는 경향이 있다.[20] 즉, 편견 때문에 의사들은 실제 위험하지 않은 환자도 위험하다고 볼 가능성이 있는 것이다. 이런 오판의 위험을 우리는 주의해야 한다. 정신질환자를 과소평가하고 낙인찍는 우리의 성향을 보정하려면, 환자를 일반인과 다르게 대할 수 있는 것은 가장 위급한 상황만으로 한정해야 한다.

그럼 개입함으로써 발생하는 피해와 하지 않음으로써 발생하는 피해를 종합할 때 강제입원이 정당화될 경우는 언제일까? 앞서 보았듯이 정신질환을 앓는다는 사실 자체만으로는 그 환자가 일반인과는 다른 대우를 받아야 할 어떤 특징을 갖고 있다는 의미가 되지는 않으며, 개입으로 인해 발생할 피해는 상당하다. 그러나 개입하지 않음으로써 발생할 피해도 고려한다면 환자가 몇 가지 특징을 한꺼번에 보이면 강제입원이 정당화될 수도 있을 것이다.

이렇듯 동시에 나타나면 강제입원의 근거가 될 수 있을지 모를 정신질환의 특징은 첫째, 심각한 정신능력의 저하와 둘째, 병 때문에 '다른 사람'이 됨(즉, 그 사람의 특징적인 심리적, 정신적 모습이 사라짐)일 것이며 상황에 따라서는 치료 가능성도 이에 포함될 것이다. 나는 환자가 처음으로 정신증을 보였을 때와 그 이후의 강제입원 기준은 서로 달라야 한다고 생각하며, 기준을 두 가지로 제안하고자 한다.

위의 특징들은 왜 중요할까? 정신능력이 저하된 환자는 의사무능력 상태는 아니더라도 제대로 된 결정을 하기 어려움은 분명하다. 따라서 이러한 상태에서의 결정은 정신능력이 온전한 상태의 결정보다 덜 존중할 수도 있을 것이다. 다른 사람이 된다는 것도(이 개념을 적용하는 데에는 여러 문제가 있지만) 역시 중요한 요인이다. 그 이유 중 하나는 다른 사람이 된다는 것 역시 의사능력의 손상을 의미할 수 있기 때문이다. 책임과 관련된 이론 중에는 어떤 사람이 그 사람 본래의 성품과 동떨어진 결정을 내린다면 이를 존중할 필요가 없다고 보는 이론도 있다. 또 다른 이유는 자신이 이전에 다른 모습으로 내린 결정이 존중받지 못한 것에 대해 본래의 모습으로 돌아온 환자가 크게 신경 쓰는 일은 드물 것이기 때문이다. 그 결정을 내린 것은 지금의 자신이 아니며, 그 결정을 무시한 것은 지금 자신의 결정을 무시한 것이 아니다. 치료 가능성은 환자가 강제입원에 대한 보상을 얻을 수 있는지와 연관되기 때문에 중요하다. 그리고 치료 가능성이 크다면 환자를 강제입원까지 몰고 왔던 문제들은 고쳐질 것이고 입원 기간은 길지 않으리라고 우리는 기대할 수 있을 것이다.

정신질환을 앓는다는 사실만으로는 동일한 상황에서 정신질환자는 강제입원을 시키고 비정신질환자는 입원시키지 않을 충분한 근거가 되지 못한다. 그러나 환자가 정신능력의 저하를 보이고 평소의 모습이 아니라면, 그리고 (상황에 따라) 치료 가능성이 높다면 강제입원이 허용될 수도 있을 것이다. 환자가 위 특징들을 보일 때에는 강제입원의 피해가 줄어들기 때문이다. 즉, 자율성 존중의 원칙은 덜 훼손되고 상황에 따라서는 비정신질환자의 강제입원과 달리 환자가 얻는 이익도 있을 수 있기 때문이다.

개입함으로써 발생하는 피해와 개입하지 않을 때의 피해를 모두 감안하면 정신능력이 저하되고, 돌변한 모습을 보이며, 부차적으로 치료 가능성이 높은 환자에 대해 강제입원이 정당화되는 경우가 있을 것이다. 나는 환자의 첫 정신증 발현[21] 시에는 병을 치료하려는 목적만으로도 강제입원이 가능하고, 그 이후에는 심각한 자타해 위험이 있는 경우 또는 환자가 의사무능력 상태이나 의사능력이 있었다면 치료를 원했을 경우 또는 환자가 첫 치료 이후 사전지시를 통해 자기 의사를 밝힌 경우에만 강제입원이 가능하도록 할 것을 제안한다.

첫 정신증 발현 시 강제입원

조이스 브라운이 당신의 동생이라면

만약 조이스 브라운이 당신의 동생이라면 당신은 어떻게 하겠는가? 브라운이 정신증을 보인 것은 이번이 처음이라고 상상해 보자. 당신은 브라운이 뉴욕 길거리에서 더운 공기가 나오는 환풍구에 기대어 앉아 몸을 웅크리고 있는 것을 발견했다. 당신은 동생이 입원할 수 있기를 바랄까? 브라운이 자타해 위험이 없고 혼자 의식주를 해결할 수 있는 상태라면 어떠할까?

우리 대부분이 가장 먼저 시도하는 (또는 시도해야 할) 것은 물론 가능한 모든 수단을 동원하여 동생을 설득해 치료받게 하는 것이다. 우리는 치료가 필요한 이유를 설명해 보고, 애원도 해보고, 구슬려보고, 부모님의 마음은 어떻겠냐며 죄책감을 자극해보고, 동생의 가장 친한 친구들을 불러와 동생과 이야기해 보도록 할 것이다. 하지만 그래도 동생이 꿈쩍도 하지 않는다면, 그때는 어떻게 하겠는가?

나의 수업에서 학생들은 대부분 동생을 강제로라도 입원시키겠다고 대답한다. 그들은 동생이 고통스러워하는 모습을 지켜보기가 힘들고, 앞으로 상태가 더 악화되거나 심지어는 위험해질지도 모르는 상황을 그냥 둘 수는 없다고 말한다. 학생들은 동생이 원래의 모습이었다면 지금처럼 생활하고 싶어 하지는 않을 것이라고, 동생은 도움을 원했을 것이라고 말한다. 즉, 지금의 생활은 동생이 자율적으로 선택한 생활이 아니며, 치료를 거부하는 것도 진짜 동생의 마음은 아니라고 믿는 것이다. 학생들은 병이 나아지면 동생은 자신에게 고마워할 것으로 기대한다.

이 사례에 대한 학생들의 반응을 보면 학생들은 1장에 등장한 의사와 같은 소망을 갖고 있는 것이다. 게다가 개입하지 않을 때 발생할 수 있는 피해에 대한 생각도 의사가 두려워하는 내용과 같다. 동생이 처음 정신증을 보일 때, 우리는 이를 방치하면 상황이 악화될 것이라 걱정하고 치료를 받는다면 의사가 예상한 것과 같은 효과가 있을 것으로 기대한다.

하지만 이는 우리 사회에 대해서는 무엇을 말해주는가? 대부분의 사람은 자기 동생이 길에서 상태가 악화되도록 내버려 두지는 않겠지만, 모르는 사람이 같은 일을 겪는 것에 대해서는 상관하지 않거나 강제입원을 해서는 안 된다고 주장한다. 그러면서 치료받지 않을 권리에 대해 이야기한다. 하지만 동생의 치료거부 권리는 치료의 이익에 비해 중요하지 않다면서, 모르는 사람의 권리는 중요하다고 주장하는 이유는 무엇일까?

어쩌면 모르는 사람과 가족은 다르게 대하는 것이 원래 맞을 수도 있다. 가족은 서로를 더 잘 알고, 상대방이 정상적인 상태라면 무엇을 원할지를 서로 안다(최소한 안다고 생각한다). 그리고 우리는 모르는 사람보다는 가족을 더 사랑한다. 그렇기 때문에 시간을 쏟아가며 아픈 동생을 설득하려고 노력하는 것이다. 동생이 무엇을 원하는지는 전혀 신경 쓸 필요 없이 동생에게 도움이 될 일을 행하면 된다고는 생각하지 않는다. 하지만 바로 이 점이 중요한 것이 아닌가? 우리는 모르는 사람에게도 가족처럼 관심을 기울이려고 최소한 노력은 해야 하지 않는가?

어쩌면 또 다른 차이는 가족이 나서서 개입할 때는 그 동기를 신뢰하기가 더 쉽다는 점에 있을 수도 있다. 어떤 사람이 동생을 입원시킬 때에는, 길을 가던 사람들이 정신질환을 앓는 노숙인을 보고 불편해할까 봐 그러는 것은 아닐 것이다. 하지만 다른 한편으로 가족들은 가족 나름의 순수하지 않은 동기가 있을 수도 있다. 예를 들어 집안의 체면을 구길까 봐, 동생이 가족의 재산을 탕진하면 자신이 받을 돈이 줄어들까 봐, 예전에 자신이 잘못한 일 때문에 동생이 이렇게 된 것은 아닐까 하는 죄책감으로, 죄책감을 느끼게 만든 또 다른 가족에 대한 복수심으로 입원을 시킬 수도 있다. 그러나 지금 이야기하는 것은 처음으로 정신증을 겪는 상황이기 때문에, 병이 길어지면 생길 수도 있는 이런 마음들은 대부분 아직 자라나기 전일 것이다.

이렇듯 첫 정신증 발현 시에 강제치료가 정당화될 수도 있다면, 이후 증상이 다시 나타났을 때에는 어떻게 할까? 나는 학생들에게 동생인 조이스 브라운이 첫 번째 치료를 받고 건강을 되찾은 후 "이제는 나아졌고 그래서 좋긴 한데, 강제로 입원하게 된 것은 정말 싫었어. 제발 부탁하는데 다시는 그러지 마. 내 상태가 아무리 안 좋아 보이고 나를 돕고 싶더라도 말이야. 만약에 한 번 더 그러면 용서하지 못할 거야"라고 말하는 것을 상상해 보도록 한다. 그럼 학생들은 어떻게 할까? 이 경우 학생들은 대답을 훨씬 망설인다. 그러다가 입장을 정해달라고 재촉하면 학생들의 답은 보통 둘로 갈리게 된다. 어떤 학생은 그래도 다시 동생을 강제입원시키겠다고 말한다. 첫 입원을 했을 때 동생의 상태는 나아졌었고, 병을 앓는 채 노숙하는 동생을 보기란 마음이 아플 것이다.

동생이 앞으로는 입원을 원치 않는다고 했지만, 그 말보다는 동생의 건강이 더 소중하다. 동생이 나에게 화를 내더라도 그 정도는 감수할 수 있다.

두 번째 부류의 답은 이와는 정확히 반대이다. 동생은 회복되어 정신이 온전하고 건강해진 상태로 자신이 원하는 것을 분명히 밝혔다. 동생의 병이 재발하여 다시 노숙하는 것을 보게 된다면 슬프겠지만 동생의 자율적인 선택을 존중해야만 한다. 지금 상태의 동생은 동생 자신의 문제에 대해 가장 잘 결정할 수 있는 사람이기 때문이다. 좀 더 현실적인 고려사항에 대해 이야기하는 학생들도 있다. 가족과의 관계가 틀어지는 것이 치료를 못 받는 것보다 장기적으로는 동생에게 더 안 좋은 일일 수 있다는 것이다. 관계가 유지만 된다면 언젠가는 동생이 우리의 애정 어린 노력에 마음을 열고 치료를 받게 될 것이라는 희망을 가질 수 있다. 그러나 동생이 마음을 굳게 닫아버리고 나면, 설령 두 번째 강제입원이 도움이 된다고 하더라도 동생은 (실제로 조이스 브라운이 가족들과 멀어진 것처럼) 우리의 손길이 닿지 않는 곳으로 완전히 사라져버릴 수도 있다.

이 둘 중 어느 쪽이 더 맞는다고 말하기 어렵기는 해도 나는 두 번째 부류의 답변에 더 설득 당하게 된다. 위의 상황이라면 나는 동생을 강제입원시키지 않을 것이다. 대신 동생을 설득하려고 더 열심히 노력하고, 다른 도움이라도 줄 수 있다면 주려고 할 것이다.

마지막으로 나는 학생들에게 본인이 조이스 브라운이고 처음 정신증을 겪고 있다면 무엇을 원할지 물어본다. 대부분의 학생은 자신의 뜻을 꺾고라도 개입을 해 주었으면 좋겠다고 말한다. 다른 학생들은 아무도 자신의 말에 귀 기울여주지 않을 때 무척 화가 나는 것을 경험해보아

안다면서, 설득만으로도 자신이 결국엔 치료에 응하게 되기를 바라고 또 그렇게 되리라 믿지만, 그게 아니라면 강제입원보다는 병을 앓는 편이 더 낫다고 말한다.

가장 흥미로운 경우는 학생들이 조이스 브라운이 자기 동생이라면 개입을 하겠지만, 본인이 조이스 브라운이 된다면 개입을 원치 않는다고 답하는 경우이다. 그중 일부는 모순적인 답을 하는 것은 아니다. 그 학생들은 자신이 병을 앓을 때 모르는 사람이 개입을 결정하는 것이라면 이를 원치 않지만, 가족이 판단하여 개입한다면 그것은 좋다고 이야기한다. 그들은 가족의 선의를 믿는다. 또 다른 일부는 동생은 자신과 다르다고 가정하기 때문에 이런 답변을 한다. 예를 들어 그들 자신은 자존심을 다칠 일에 유독 민감하지만, 동생이라면 치료를 받는 쪽을 더 원할 것이라 가정하는 것이다. 그러나 나머지 학생의 답변은 자신이 남에게 대접받고 싶은 것처럼 똑같이 자신도 남을 대접하라는 원칙에 어긋난다. 그들은 자신은 강제입원을 원치 않으면서 동생에게는 강제입원이 필요하다고 이야기한다. 어쩌면 이 학생들은 무력한 방관자가 되었을 때 자신이 느낄 감정 때문에 이런 답을 하는 것인지도 모른다. 아무것도 안 하기에는 죄책감이 너무 크고, 앞으로의 상황이 너무 겁이 나고, 이런 무력감을 들게 하는 동생에게 너무 화가 난 방관자 말이다. 이런 입장은 이해할 수 없는 것은 아니나 그렇다고 이를 옹호할 수는 없다.

이렇게 여러 가지로 상황을 상상해보면 첫 정신증 발현 시에는 치료를 위해 강제개입을 하는 것이 직관적으로 납득이 갈 것이다.[22] 사람들 대부분은 자신이 병을 앓든 동생이 병을 앓든 이 상황에서는 강제입원을 원할 것이다. 그러나 첫 치료 이후 재발 시에는 당사자의 사전지시가 없는 한 더 엄격한 기준에 따라 강제입원을 결정해야 할 것이다. 사람들 대부분은 동생이 첫 번째 강제입원을 싫어했다면 또다시 강제입원을 시키지는 않을 것이다.

첫 정신증 발현 시 강제치료의 근거

이번에는 좀 더 이론적인 측면에서 첫 정신증을 겪고 있는 환자에게는 강제치료가 정당화될 수 있을 근거들을 살펴보고자 한다. 내가 이야기하는 상황은 첫 정신증 삽화에 대한 첫 치료(혹은 처음의 삽화 시 치료받지 못했다면 이후의 삽화에 대한 첫 치료)이다. 환자의 정신증은 심각한 수준이며, 환자는 정신능력이 저하되고 평소의 모습이 아니며 치료 가능성은 높은 상황이어야 한다. 앞서 우리는 조이스 브라운의 예를 상상해보며 이러한 상황이라면 강제개입이 설득력이 있을 것임을 직관적으로 이해하였다.

그러나 왜 그런 것일까? 이 환자는 1장에 등장한 의사의 소망을 현실화할 수 있을지 모르기 때문이다. 우리는 환자를 치료하고, 치료받은 환자는 회복되고, 회복된 환자는 치료자에게 깊은 감사를 느끼는 것이다. 앨런 스톤[6]은 이를 강제입원의 '감사이론'이라 일컬었다. 이 이론에 따르면 환자를 치료하지 않을 경우 환자의 상태는 악화되고, 치료의 효과를 체감할 기회가 없었던 환자는 앞으로도 치료받을 생각을 하지

6) 앨런 스톤은 미국정신의학협회(APA)의 회장을 맡기도 했던 하버드 대학교 교수이며, 1980년대 중반 APA와 함께 강제입원 관련 법령의 모델(Stone/APA Model Statute)을 제안하였다(역자 주).

못한 채 살게 될 것이다. 그렇다면 강제입원을 하지 않아 발생하는 피해는 매우 클 수 있다. 반면 강제입원으로 인해 발생하는 피해는 환자가 정신능력이 저하되고 평소의 자기 모습이 아니며 치료가 가능하기 때문에 상대적으로 작을 것이다.

이러한 결과가 예상된다면 강제치료는 정당화될 것이다. 건강은 병보다 더 좋은 것이고, 환자도 본래의 모습으로 돌아와서는 우리가 내렸던 결정에 동의한다. 병든 상태의 환자보다 건강한 상태의 환자가 하는 말에 더 귀를 기울이는 것은 우리의 가치관이 반영된 행동이지만, 그렇다고 해서 그런 입장을 취하지 않는 것은 지나치게 회의적인 태도이다. 건강과 병 중 어느 쪽을 더 선호하는지가 아무리 가치판단의 문제이고, 우리는 자율성의 원칙을 아무리 존중한다고 하더라도, 건강은 병보다 더 좋은 것이다.

첫 정신증 발현 시(또는 실질적으로 이와 동일한 상황)에만 위 근거로 강제입원을 허용하자고 제안하는 이유는, 그다음부터는 무엇을 원할지 환자에게 직접 물어볼 수 있기 때문이다. 환자가 정신증을 겪고 첫 치료를 받은 후 우리는 "다음에도 이와 같은 상황이 되면 또 입원을 진행할까요, 아니면 두 번째 강제입원 기준에 도달했을 때에만 입원하는 쪽을 더 원하셔요?"라고 질문을 하면 되는 것이다. 환자는 상황을 직접 경험해 보기 전에는 정확한 정보보다 막연한 두려움에 따라 결정을 내리려 할지 모른다. 그러나 첫 치료를 받고 난 후에는 정신증을 겪는다는 것이 어떤 것이며 그때 자신의 마음은 어떤지 알 것이다. 자신이 경험한 치료과정과 그 효과에 대해서도 알 것이다. 치료효과는 좋았을 수도 있고 좋지 않았을 수도 있다. 환자는 강제로라도 치료를 받아 자신의 상태가 좋아졌다고 고마워할 수도 있고, 상태는 좋아졌지만, 치료과정이 싫었다며 원망에 가득 차 있을 수도 있다. 그렇다면 이제는 이전보다 훨씬 더 많은 정보를 갖게 된 건강한 (적어도 이전보다는 건강한) 환자가 앞으로의 입원에 대해 직접 결정할 수 있어야 한다.[23]

설령 환자가 앞으로는 치료를 받지 않겠다고 결정하더라도 우리는 이를 존중해야 한다. 환자가 건강해진 후 느낀 고마움이 직전의 강제치료를 정당화해준다고 이야기하려면, 환자가 느낀 원망은 직전의 강제치료가 부적절했음을 말해주는 것이라고 우리는 받아들여야 한다. 환자의 결정을 한 쪽만 존중하는 것은 환자에게 우리의 가치관을 강요하는 것이다. 게다가 우리는 이제 건강한 모습의 환자를 더 선호하는 것을 넘어서, 건강한 모습의 환자가 우리의 생각과 일치하는 결정을 할 때만 이에 귀를 기울이는 것이 된다.

정리하자면 첫 정신증 발현 시에는 의사의 두려움과 소망이 맞을 것이란 기대가 가능하기 때문에 앞서 이야기한 기준에 따라 강제입원이 허용될 수 있을 것이고, 이후에는 더 엄격한 강제입원 기준을 적용해야 할 것이다. 첫 치료를 받은 환자가 앞으로 같은 식의 치료를 받겠다는 사전 의사를 밝히지 않는다면, 우리는 이제 변호사의 두려움과 소망이 맞는다고 가정해야 한다. 적어도 이 환자는 그렇게 생각하는 것이고, 중요한 것은 환자의 생각이기 때문이다.

내가 정신질환의 첫 발병 시 강제치료에 대해 이야기하지 않고 정신증의 첫 발현 시 강제치료에 대해 이야기하는 것은 두 가지 이유에서이다. 첫째, 정신질환의 여러 증상 중 특히 정신증은 환자의 기능을 가장 많이 떨어뜨리고 환자를 가장 힘들게 할 수 있는 것 중 하나이다. 또한, 정신증은 환자의 의사능력을 가장 크게 손상시킬 수 있는 증상이기도 하다. 예를 들어 심각한 우울증을 겪는 환자는 극도로 고통스러울 수 있으나, 이에 정신증이 동반되지 않았다면 우리는 적어도 환자의 논리적 사고능력은 크게 의심하지 않을 것이다. 그뿐만 아니라 정신증 상태에서는 성격이 돌변하여 평소와 전혀 다른 사람이 되기도 쉽다. 강제입원 조건에 정신능력의 저하와 평소와 다른 모습을 명시하더라도 그 대상을 정신증을 보이는 환자로 한정하면 우리는 더 확실하게 도움이 필요한 사람에게만 개입하고 불필요한 강제입원을 줄일 수 있을 것이다.

둘째, 정신증은 또한 가장 치료 가능성이 높기도 하다. 조증이나 우울증을 앓던 사람이 정신증적 양상을 보이기 시작할 때 기분조절제(그리고 상황에 따라서는 항정신병제)를 투여하면 증상이 신속하게 가라앉는 경우가 많다. 정신병적 장애도 항정신병제에 대한 반응이 좋은 편이다. 사고장애를 보이는 조현병 환자는 치료 후 일부 증상은 여전히 남아 있더라도 두드러진 양성증상은 줄어들었을 가능성이 높다. 반면 다른 정신질환, 예를 들어 경계선 인격장애는 마찬가지로 정신능력의 저하를 동반할 수 있지만, 단기적인 개입을 통한 치료가 쉽지 않다. 이런 환자를 강제입원시켜 일정 기간 치료를 하고 나면 병은 나아지고 원래의 성격을 되찾은 환자는 치료를 고맙게 생각할 것이라는 기대는 상대적으로 하기 어렵다.

유의할 사항들

위와 같은 근거로 환자가 처음으로 심각한 정신증을 보일 때 강제입원이 정당화될 수 있다고 하더라도, 주의해야 할 부분들이 있다. 첫째, 우리는 '심각한 정신증 발현'을 보다 정확하고 구체적인 기준으로 설명할 수 있어야 한다. 그렇지 않으면 기준을 적용함에 있어 상당한 논란이 발생할 수밖에 없고, 자칫 잘못하면 과잉 입원으로 이어질 수 있다. 예를 들어 심각한 정신증에는 환각, 기이한 망상, 사고의 지리멸렬함(경미한 연상장애는 제외) 중 한 가지 이상이 포함되어야 하고, 환자는 이로 인해 정신능력의 상당한 저하나 괴로움을 겪고 있으며 이는 구체적인 척도로 기록이 가능해야 한다는 등의 엄격한 기준을 마련해야 할 것이다. 이로 인해 환자가 입을 피해가 클 수 있음도 기준에 포함되어야 할 것이다. 예를 들어 정신증으로 인해 동료들과의 관계가 멀어지거나, 직장을 잃거나, 과도한 지출을 일삼거나, 노숙을 하게 되거나, 중증 만성질환자가 될 위험이 있어야 일반적으로는 강제입원이 허용될 것이다.

그러나 이렇게 세밀한 기준을 마련하더라도 여전히 지나치게 많은 환자들이 이 기준을 충족하여 강제입원 대상이 되지는 않을까? 사실 확인을 하자면 첫 정신증을 겪는 인구의 비율은 그다지 높지 않다.[24] 그렇기 때문에 나의 제안에 따르더라도 엄청난 수의 환자들이 강제입원을 하게 되는 것은 아니다. 오히려 강제입원 건수는 어쩌면 더 줄어들 수도 있는데, 나는 첫 치료 이후에는 현행보다도 더 엄격한 기준에 따라 강제입원을 시행할 것을 제안하기 때문이다.

둘째, 어떤 사람은 강제입원이 굳이 필요하지 않은 환자도 나의 제안에 따르면 강제입원 대상이 된다는 점에 우려를 표할 수도 있다. 예를 들면 케이 재미슨 같은 사람이 이에 해당할 것이다. 심리학자이자 존스 홉킨스 대학의 교수이면서 양극성장애를 앓는 재미슨은 조증 상태에서 정신증을 경험했지만, 병중에도 그녀를 돌봐주는 친구들의 애정 어린 도움으로 강제입원은 매번 피할 수 있었다.[25] 재미슨 같은 경우라면 당연히 위험과 낙인이 따르는 강제입원은 하지 않아도 되는 게 더 좋지 않을까? 그러나 나의 기준대로 첫 정신증 발현 시 강제입원이 가능했다면 의사들은 재미슨도 강제입원을 해야 한다고 주장했을 가능성이 있다. 아무리 친구들이 곁에서 도와줄 수 있다 하더라도 입원을 하지 않았다가 무언가 잘못되면 의사들이 소송에 휘말릴 수 있는 것이다.

나는 재미슨과 같은 경우에는 강제입원을 하지 않는 편이 더 낫다는 위 의견에 동의한다. 그렇기 때문에 만약 환자의 주변에 가까운 친구들이나 가족이 있어 환자가 치료받도록 돕고, 환자가 직장을 잃을 위험 등도 막아줄 수 있다면, 첫 정신증 발현 시에도 강제입원은 허용되지 않는다는 조건을 둘 것이다.

셋째, 충분한 지지와 격려가 있다면 자발적으로 입원을 할 환자도 나의 제안이 시행되면 강제입원을 하게 될 위험도 주의해야 한다. 환자의 마음이 돌아서길 기다리는 것보다 그냥 강제입원을 진행하는 편이 더 효율적이라고 사람들은 생각할 수 있기 때문이다.

자의입원은 강제입원보다 여러 가지 면에서 더 바람직하다. 자의입원에는 강제력의 사용과 그에 따르는 인격 훼손이 없다. 또한, 미국에서 강제입원은 법원의 심사를 거쳐 결정되는데, 법정에 서야 했던 경험 및 공개적으로 남는 재판 기록은 자의입원 경험보다 환자에게 더 장기적인 낙인이 될 수 있다. 자의입원을 한 환자는 치료진이 자신을 존중한다고 느끼는 경우가 더 많고, 실제로 강제입원 환자보다 더 많은 권리(예를 들어 약물치료 거부 권리)를 인정받기도 한다. 마지막으로 자의입원을 한 환자는 더 협조적이고, 병을 극복하고 싶다는 동기가 더 크며, 치료결과도 더 성공적임을 보여주는 여러 자료가 있다.

그렇다면 나의 제안이 시행되더라도 자의입원이 줄어들지는 않도록 나는 강제입원 전에 먼저 자의입원을 환자에게 권하고 환자를 설득하려고 시도했음을 차트에 기록으로 남기도록 할 것이다. 그리고 의사가 설득 시도를 성실히 하지 않은 경우 불법 감금과 동일한 수준으로 처벌이 가능하도록 할 것이며, 환자가 입은 정신적, 신체적 피해에 대해서는 배상을 하도록 할 것이다.

넷째, 보다 근본적인 우려로, 나의 제안이 시행되면 사람들의 삶에 대한 온갖 개입이 정당화될 것이라는 지적도 있을 수 있다. 담배를 끊기 어려워하는 사람의 경우를 예로 들어보자. 이러한 사람들은 니코틴 금단증상을 견디지 못해 금연에 실패하거나 금단증상에 대한 두려움 때문에 금연을 시도조차 하지 못한다. 하지만 이 사람들을 납치해 담배가 없는 곳에 둔다면 어떻게 될까? 금단증상은 며칠 안에 사라지고 담배를 찾던 습관도 바뀌게 될 것이다. 강제로라도 며칠간 금연을 하니 이제는 흡연 욕구가 사라졌다고 고마워하는 사람도 많을 것이다. 그러나 이를 근거로 흡연자들을 모두 금연시설에 단기간 가두어 놓아야 한다고 제안할 사람은 아무도 없을 것이다.

나는 이런 식의 제안은 받아들일 수 없다는 점에 동의한다. 그러나 흡연자의 경우는 정신증을 처음 겪는 환자의 경우와는 다르다. 첫째, 흡연으로 인한 위험은 정신증을 겪는 환자가 당장 겪을 위험과는 달리 먼 훗날에 발생한다. 그렇기 때문에 흡연에 대해서는 사람들이 스스로 결정할 시간을 주는 것이 가능하다. 둘째, 정신질환자들은 의사능력이 크게 손상되었을 가능성이 높으나 흡연자들은 그렇지 않다는 주장도 가능하다. 이는 맞는 주장일까? 흡연자가 자신의 자유의지로 내린 자율적인 선택에 따라 담배를 피우는 것인지는 확실하지 않다. 정신질환자가 자진해서 치료를 받겠다고 결정하는 것이 힘든 것처럼 흡연자가 담배를 피우지 않겠다고 결정하는 것도 힘들지 모른다(스스로 금연에 성공하는 사람도 많지만, 이 점을 얼마나 중요하게 고려해야 할지는 불분명하다). 그러나 정신증 환자는 정신능력의 저하 범위와 그 정도가 흡연자의 경우보다 훨씬 더 크다.

어쩌면 가장 중요한 차이는 흡연자에게 위와 같은 개입하는 것은 성공하지 못할 가능성이 크다는 점일 수도 있다. 금연에 있어 가장 중요한 것은 그 사람의 자발적 동기이다. 억지로 시설에 가서 강제로 금연을 시작한 사람은 불만을 품게 될 뿐만 아니라 앞으로 금연을 유지하는 데에 필요한 자발적 동기를 기르지 못한다. 니코틴 금단증상을 견디도록 강요한다고 해서 흡연자가 금연인이 되는 것은 아니다. 다른 말로 하자면, 신체적인 중독증상을 없앤다고 해서 그 사람을 니코틴중독이 없던 예전의 모습으로 돌려놓을 수 있는 것은 아니다. 그러나 금연과 달리 정신질환으로부터의 회복에는 동기가 그렇게까지 중요한 요인은 아니며, 치료를 통해 환자가 실제로 예전의 모습을 되찾는 경우는 종종 있다.[26]

나의 제안에 대한 다섯 번째 우려는 기본 가정 자체에 대한 것이다. 예를 들어, 나는 강제치료를 받으면 환자가 회복되고 고마워할 가능성이 어느 정도는 있다고 가정한다. 하지만 증세가 전혀 호전되지 않는 환자도 많을 수 있다. 강제치료에 대한 고마움이 아니라 원망만을 갖게 될 환자도 많을 수 있다. 즉 의사의 두려움과 소망이 아니라 변호사의 두려움과 소망이 현실이 될 수도 있다. 그렇다면 나의 제안은 정책적으로 좋은 제안이 아닐 것이다.

하지만 이러한 우려는 기우일 수 있다. 나의 가정을 뒷받침하는 실증적 자료들이 존재하기 때문이다.[27] 자료에 따르면 강제로라도 치료를 받는 것은 환자에게 도움이 되었고 치료를 받지 않은 환자들의 상태는 좋지 않았다.[28] 그뿐만 아니라 환자들이 고마움을 표현했다는 일화는 많으며 이에 대한 연구도 몇 건 있다. 그중 한 연구에 따르면 강제치료에 대해 고맙게 생각한 환자의 비율은 50%가 넘었다. 또 다른 연구에서는 환자들 대부분이, 적어도 선택형 문항에서 답을 고르도록 했을 때는 치료 경험에 대해 긍정적인 답을 하였다. 강제입원 상황을 가정해 보도록 한 후 사람들의 반응을 조사한 자료로는, 비록 체계적인 연구 결과는 아니지만 내가 매년 학생들에게 질문을 던진 후 얻는 대답들이 있다. 10년 넘게 수업 시간에 이를 질문한 결과 내가 느낀 바는 대부분의 사람들이 자신이나 동생을 위해 나의 제안과 비슷한 조치를 원할 것이란 점이다.

이러한 쟁점들에 대해 더 많은 체계적 연구가 필요함은 분명하다. 하지만 그렇다고 해서 나의 제안을 받아들일 수 없다고 바로 결론 내리기보다는 앞으로 다음 질문들에 대한 답을 얻을 계획을 세워가야 한다. 강제치료 후, 병의 회복 또는 상당한 개선을 보인 환자의 비율은 어떻게 될까? 진심으로 고마움을 느끼는 환자의 비율은? 앞의 조이스 브라운 사례를 상상해 보도록 했을 때 동생을 강제로라도 치료하기 원하는 사람의 비율은? 이러한 강제치료에 대한 동생이 반응이 좋지 않았다면 두 번째 강제치료를 원할 비율은? 자신이 조이스 브라운의 입장이라면? 다음에 비슷한 상황에서 어떻게 할지 미리 선택할 기회가 주어진다면 치료를 원한다는 사전지시를 할 사람의 비율은 어떻게 될까?

그러나 이에 대한 연구 결과가 나오기 전이라도 우리는 무엇인가를 하긴 해야 한다. 이 점은 중요하다. 첫 정신증 발현 시 강제치료를 하면 환자들이 도움을 받고 고마워할 것이라 보여주는 자료가 부족하다면, 더 엄격한 강제입원 기준을 충족할 때까지 기다리는 것이 환자들이 더 원하고 필요로 하는 방법임을 보여주는 자료도 마찬가지로 부족하다. 아무것도 안 하는 것 또한 무엇인가를 하는 것이고, 우리가 갖고 있는 자료만으로는 현재 상황을 그대로 두는 것이 더 좋다고 볼 근거도 마찬가지로 빈약하다.

하지만 무엇인가를 한다고 해도 그것이 꼭 내가 제안한 내용이어야 할 필요가 있을까? 사람들이 무엇을 선호하는지에 대한 자료가 있긴 하다. 하지만 생각해 보면, 50%의 사람들이 강제치료 후 감사한 마음을 갖는다고 하더라도[29] 나머지 50%는 그렇지 않다. 감사해 하지 않을 50%에 더 귀 기울일 수도 있는 것이 아닌가?

이러한 지적에 대해서는 몇 가지 이야기를 할 수 있다. 먼저, 추가 연구를 통해 이 50%라는 수치가 정확하다고 확인된다 하더라도 개입을 하는 것이 하지 않는 것보다 환자들에게 더 이익일 수 있다. 개입할 때 발생하는 피해는 50%의 사람들이 불만을 갖게 된다는 것이다. 그러나 이 환자들도 병세 자체는 치료를 통해 개선될 수 있다. 개입하지 않을 때 발생하는 피해는 환자들 대부분의 병세가 나아지지 못하고 50%는 치료를 고마워하며 기뻐할 기회를 잃는다는 것이다. 어느 쪽이든 50%만을 만족시킬 수 있다. 강제치료를 한다면 50%는 치료가 끝난 후에 기뻐할 것이고, 하지 않는다면 50%는 자신의 선택이 존중받았기 때문에 기뻐할 것이다. 하지만 후자의 경우 치료가 끝난 후에 기뻐했을 환자들은 이러한 기쁨을 얻지 못할 뿐만 아니라 치료 자체의 이익도 놓치게 되는 반면, 전자의 경우 강제치료를 받고 불만을 갖게 된 환자들은 자신의 선택이 존중받았다면 느꼈을 기쁨은 얻지 못하지만, 치료 자체의 이익은 얻게 된다.

그뿐만 아니라 (더 많은 연구가 필요한 부분이긴 하지만) 나의 개인적인 생각으로는 실제로 감사해 하는 환자의 비율은 지금까지의 연구에서 추정한 것보다 더 높을 수 있다. 이를 간접적으로 확인할 방법은 처음에 강제치료를 받았던 환자 중 얼마나 많은 수가 이후 자발적으로 치료를 받고, 약을 복용하고, 자의입원을 하는지 조사하는 것이다.[30] 그리고 내가 제안하는 방식에서처럼 병의 초기에 환자를 치료하게 되면, 병이 이미 자아동조적이 된 후에 치료하는 현행보다 환자들의 만족도는 더 높아질 수 있다.

자료가 아직 부족함에도 나의 제안을 시행할 근거는 앞서 첫 정신증 발현 시 강제치료의 근거로 내가 제시한 내용과 동일하다. 이 환자들은 다른 유형의 환자들보다 개입을 통해 건강하고 행복해질 가능성이 더 높다. 이 환자들은 다른 유형의 환자들보다 정신능력의 저하가 심하고, 더 돌변한 모습을 보이기 때문에 선택을 존중하지 않아도 될 가능성이 높다. 그리고 첫 번째 개입 이후에는 정신증과 치료, 둘 다를 경험해 본 환자가 더 건강해진 상태에서 내리는 선택을 따르면 되기 때문에 추가적인 강제개입을 할 이유가 없다. 즉, 첫 개입 이전에는 환자의 선택에 따르면 안 되고, 이후에 같은 상황이 발생하면 항상 환자의 선택을 따라야 한다.

정리하자면, 지금 시점에서 충분한 실증적 증거가 없다는 사실이 나의 제안을 다른 방식보다 받아들이지 못할 이유가 되지 않는다.[31] 그리고 현재까지의 자료를 바탕으로 몇 가지 가치 선택(건강을 회복하는 것은 좋은 것이라는 선택 등)을 하고 나면 나의 제안은 일리가 있을 수 있다. 이론적인 측면의 근거는 이미 앞서 이야기했기 때문이다.

나의 제안에 대한 마지막 우려는 앞의 내용과 마찬가지로 실증적 자료가 부족하기 때문에 등장하는 우려이다. 만약 환자들이 두 번이나 세 번은 강제치료를[32] 받은 후에야 치료에 감사하게 되고 향후 꾸준히 치료를 받게 된다면 (아니면 적어도 사전지시서를 작성하게 된다면) 어떻게 하겠는가? 그렇다면 세 번은 강제치료를 해보도록 규칙을 정해야 하지 않겠는가?

이 질문에 답을 하려면 자료가 없는 상황 그리고 자료가 있다고 가정한 상황 양쪽 모두를 생각해 봐야 한다. 현재로서는 세 번이나 네 번, 아니면 두 번 강제치료를 시행하면 기대효과를 얻을 수 있다는 증거는 없다. 우리는 그저 가능한 합리적으로 앞으로의 규칙을 정해야 한다. 그리고 강제치료를 한 번은 시행하는 것이 합리적이라고 볼 이유는 있다. 정신증이나 강제치료를 직접 경험해 보지 못했던 환자가 첫 치료 이후에는 자신의 경험을 바탕으로 앞으로의 일을 계획할 수 있기 때문이다. 그뿐만 아니라 설령 어떤 사람들은 여러 번 강제치료를 받은 후에야 스스로 치료를 받게 된다 하더라도, 첫 번째 정신증 발현 시 내가 제안한 기준으로 강제치료가 가능한 것이 이후의 강제치료를 불가능하게 만드는 것은 아니다. 이후에는 단지 더 엄격한 기준에 따라 강제치료를 하게 될 뿐이다. 즉 세 번의 강제치료가 필요할 사람들은 결국 필요한 만큼의 강제치료를 받고 이후에는 자발적으로 치료를 받거나 사전지시서를 작성할 수 있는 상태가 될 것이기 때문에, 첫 정신증 발현 시에만 내가 제안한 완화된 기준을 적용한다고 해서 잃는 것은 크지 않다.

그렇다면 개념적으로는 첫 정신증 발현 시에만 완화된 기준으로 강제치료를 받도록 하는 것은 문제가 되지 않는다. 그러나 현실에서는 더 많은 횟수의 강제치료가 필요할 수도 있다. 환자들은 첫 치료 후 병에 대해 말하자면 감을 잡았고 이제는 혼자서 문제를 해결할 수 있다고 생각할지도 모른다. 아니면 다른 이유를 들며 더는 약이나 치료가 필요하지 않다고 생각할지도 모른다. 우리는 환자들이 예를 들어 평균적으로 세 번의 강제치료를 겪은 후에야 치료의 필요성을 받아들인다는 사실을 언젠가는 알게 될 수도 있다.

만약 세 번의 강제치료를 받은 후에야 환자들이 자발적으로 치료를 받게 될 것이라 예상된다면, 그래도 첫 정신증 발현 시에만 강제치료를 하고 이후에는 환자가 악화일로를 걷도록 놔두어야 할까? 다시 말해 세 번 완화된 기준에 따라 강제치료를 하면 환자가 감사한 마음을 품고 자발적으로 치료를 받게 될 것이란 사실을 우리가 안다면, 그래도 한 번의 강제치료 후에는 환자가 더 엄격한 기준을 충족할 때까지 강제개입은 하지 않아야 하는 것일까?

이는 어려운 문제이다. 위의 상황이라면 완화된 기준을 세 번 적용하도록 하는 것도 어떤 면에서는 타당할 수 있다. 첫 정신증 발현 시 강제치료와 관련하여 제시하였던 근거와 동일하게, 환자가 병이 나아진 후 치료에 감사하고 그 뒤로는 자발적으로 치료에 응할 것이기 때문이다. 한 번의 강제치료만으로도 효과가 있을 것이라고 우리는 생각했더라도 실제로 조사해 보면 세 번의 강제입원이 필요하다는 결과가 나올 수도 있는 것이다. 그러나 어떤 면에서 이런 결론은 너무 성급한 것일 수 있다. 첫 치료 이후 환자는 정신능력이 상당히 회복되고 의사무능력 상태는 물론 아닌 모습으로 자신은 앞으로 완화된 기준으로 강제치료를 받는 것을 원치 않는다고 이야기했다. 그렇다면 환자의 선택을 존중해야 하지 않겠는가? 세 번의 강제치료를 받은 후에야 자발적으로 치료를 받게 되는 사람도 있다고 우리는 설명했겠지만, 환자는 이를 원하지 않는다고 결정한 것이다. 환자가 자발적으로 치료를 받을 수 있도록 이끄는 것은 좋은 일이지만, 의사능력이 있는 환자의 선택을 무시하며 강제치료를 몇 번 더 할 수 있을 정도는 아니라고 나는 생각한다. 그 선택이 환자가 의사능력이 있을 뿐만 아니라 정신능력의 저하도 없는 상태에서 한 선택이라면 더욱 그렇다.

그리고 첫 치료 후 강제치료를 거부했던 환자의 선택은 존중하지 않고 세 번째 강제치료 후 환자의 선택만을 존중하는 데에는 철학적인 문제도 따른다. 이는 건강한 상태의 환자와 그렇지 않은 상태의 환자 중 어느 쪽을 더 선호할지보다도 더 어려운 문제인데, 첫 치료 후 환자는 세 번째 치료 후 환자만큼 건강할 것이기 때문이다. 그렇다면 우리는 단지 건강한 상태의 환자를 더 존중하는 것뿐만 아니라(이 자체도 문제가 있음을 기억하라), 우리의 마음에 드는 선택을 하는 환자를 더 존중하는 것이다.

그것은 원래 그런 것이라고, 의사능력이 똑같이 있는 상태로 내린 결정 중 하나를 따라야 한다면 우리는 항상 가장 최근의 결정에 따른다고 설명하는 것은 도움이 되지 않는다. (가장 최근의 결정을 따르는 데에는 나름의 이유가 있다. 예를 들어 세 번의 강제치료를 받으면 그만큼 더 치료에 대한 경험이 쌓이기 때문에 결정을 더 잘 할 수 있는 것이다. 만약 우리가 세 번의 강제치료를 하는 것을 규칙으로 정했고, 치료를 받겠다는 사전지시서를 작성했던 환자가 세 번째 치료 후에는 더는 치료를 받지 않겠다고 결정한다면, 나는 이 결정에 따를 것이다.) 여기에서 쟁점은 의사능력이 있는 상태에서 내린 결정 중 가장 최근의 결정을 따르는 것이 맞는지가 아니라, 상대방이 다음에는 우리가 원하는 선택을 할 것이라고 예상하기 때문에 환자가 이전에 의사능력이 있는 상태에서 내린 결정을 무시하는 것이 옳은 지이다. (한 번의 강제치료만 하는 상황에서는 환자가 이전에 치료 관련하여 내린 결정은 없음을 기억하라.)

이것은 어려운 문제이며 어떻게 답을 내야 할지 나는 잘 모르겠다.

환자가 가장 최근에 내린 결정이 우리가 생각하는 최적의 결정이기도 하다면 그 결정에 따르지 않기란 힘들다. 회의적인 철학자라면 다르게 생각할지 몰라도 현실적인 입장에서는 그렇게 하는 것이 어느 정도 타당하다. 그러나 다른 한편으로는 그렇게 하는 것은 자율성을 침해하는 행동일 수 있다. 상대방이 우리가 원하는 선택을 할 때까지 그 사람을 교묘하게 조종하는 것이 될 수도 있기 때문이다. 그렇기 때문에 만약 세 번은 강제치료를 해야 환자가 이후에는 자발적으로 치료를 받을 수 있게 된다는 것이 사실로 밝혀진다면, 그때에는 어떤 입장을 취해야 할지 나는 결론을 내지 못하겠다. 하지만 적어도 현재로서는 세 번의 강제입원이 필요할 것이라는 자료는 분명 없다. 이 문제는 가상의 상황에 대한 논의일 뿐이다.

이를 종합하면 첫 정신증 발현 시 완화된 기준으로 강제입원이 가능하도록 하는 제안에 대한 반론들은 그다지 설득력이 없다. 이 제안의 세부적인 부분들에 대한 작업이 더 필요한 것은 사실이다. 예를 들어 강제입원 및 치료 기간은 어느 정도나 되어야 할까? 나는 항정신병제의 효과가 나타나는 데에 필요한 평균적인 시간만큼은 최소한 입원이 가능할 것을 제안한다. 미국의 어떤 주에서는 첫 강제입원을 최대 사흘로 제한하기도 한다. 그러나 정신증을 완화시키는 것이 목표라면 더 충분한 시간(내가 생각하기에는 3~4주 정도)이 필요하다. 그리고 부당한 강제입원을 방지하기 위한 절차적인 안전장치도 물론 필요할 것이다. 첫 정신증 발현 시 강제투약을 위한 합리적인 규칙도 마련하여야 할 것인데, 이는 4장에서 다루겠다.

그 외 상황에서의 강제입원

첫 치료 이후 환자가 다시 정신증을 보이는 경우, 또는 정신증을 겪지 않는 다른 정신질환자의 경우에는 어떤 상황에서 강제입원이 허용될 수 있을까? 나는 자타해 위험과 함께 중증 정신질환의 특징적인 모습들을 환자가 보일 때에는 강제입원이 정당화될 수 있다고 생각한다.[33] 구체적으로는 정신질환으로 인해 정신능력이 크게 손상되어 평소와는 다른 모습으로 심각한 타해 위험을 보이는 사람, 또는 (기본적인 의식주를 스스로 해결할 수 없을 정도의) 중증의 장애를 보이거나 심각한 자해 위험을 보이는 사람 중 치료를 통해 도움을 받을 수 있을 것으로 예상되는 사람(그러나 입원하지 않을 경우 자살할 확률이 매우 높은 사람이라면 예상 치료효과와 상관없이 강제입원이 가능해야 할 것이다[34])은 강제입원이 가능하도록 하는 기준을 제안하고자 한다. 또한, 추가적으로 의사능력을 상실한 환자들에 대한 조항을 두어, 만약 환자의 의사능력이 온전했다면 입원을 선택했을 것이라 판단되는 경우에도 강제입원이 가능하도록 할 것이다.

위와 같은 특징들을 보이며 타해 위험이 있는 정신질환자를 입원시키는 것은 직관적으로 납득이 가능하다. 예를 들어 어떤 사람이 의사무능력 상태는 아니더라도 스스로의 행동을 통제할 능력이 극도로 저하된 상태에서 살인을 저지르려고 하고 그 대상을 특정해놓기까지 한 상황을 상상해 보자. 이 사람은 자아를 조직하고 통합할 수 있는 능력을 상실하여 충동적이고, 자신이 하는 행동이 어떠한 효과를 가져올지 제대로 이해하고 판단하지 못하며, 피해자가 죽음을 원하고 죽어가며 자신에게 고마워할 것으로 생각한다. 그는 자신의 행동이 사회적으로 지탄받을 행동이며 그 결과 자신도 처벌받거나 고통을 겪을 수 있다는 판단을 하지 못하며, 평소와는 완전히 다른 사고방식과 감정상태, 가치관 등을 보인다고 하자.

이런 사람이라면 당연히 강제입원이 필요할 것이다. 이 상황에는 이 사람이 고통을 겪고 있고 치료가 도움이 될 것이란 점을 추가 조건으로 두지는 않겠지만, 아마 이 사람 역시 치료를 통해 도움이 얻을 수 있을 것이다. 입원의 근거가 제3자를 보호하기 위함이라는 점도 큰 문제는 되지 않을 것인데, 입원을 통해 치료를 받을 수 있다는 점 말고도, 지금 이 사람이 평소와 다른 모습이고 정신능력이 저하된 상태이기 때문에 자율성의 침해가 크지 않다는 점도 고려할 수 있기 때문이다.

입원하지 않으면 자살할 위험이 크고, 위와 마찬가지로 정신능력의 저하를 보이며 평소의 모습이 아닌 사람도 필요시 강제입원을 통해 보호받을 수 있어야 한다. 자해로 심각하게 다칠 위험이 있는 사람 또한 정신능력의 저하 및 평소와 다른 모습을 보인다면 강제입원이 가능해야 할 텐데, 다만 이 경우에는 치료 가능성도 강제입원 조건에 포함되어야 할 것이다. 입원을 하지 않음으로써 발생할 수 있는 피해가 매우 큰 경우가 아니라면 입원을 통해 이러한 피해를 방지하는 것 외에도 추가적인 이익을 얻을 수 있어야 할 것이다.

앞서 나는 자타해 위험이 있다 해도 정신질환자가 아닌 사람은 강제로 가둬두지 않는다고 이야기하였다. 그러나 일반적인 원칙은 그러할지라도, 실제 현실은 더 복잡하다. 이제부터는 이 부분을 설명하려고 한다.

타해 위험

결핵과의 비교 타해 위험이 있는 사람이라도 실제 위험한 행동을 하기 전에는 가둘 수 없는 것이 일반적이지만, 한 가지 흥미로운 예외가 신체질환과 관련하여 존재한다. 결핵을 앓고 있으며 전염력이 강한 사람 중 자발적으로 치료를 받지 않는 사람은 강제입원 또는 격리가 가능한 경우가 있다.[35] 그렇다면 어쩌면 타해 위험이 있으면서 병도 앓고 있다면, 앞서 이야기한 추가적인 특징들은 필요 없이 이 두 가지 사실만으로도 강제입원이 가능한 것일지 모른다.

정말로 그럴까? 이를 확인해 보려면 결핵이라는 병의 특징을 살펴보아야 할 것이다. 결핵을 앓으면 강제입원이 가능한 이유로는 두 가지 점을 꼽아볼 수 있다. 첫째, 결핵은 사망에 이르게 될 수도 있는 매우 심각한 병이며 전염성도 매우 강하다. 둘째, 타해 위험이 있으나 병을 앓지는 않는 사람과 달리 결핵 환자는 자유를 제한당하는 대신 적어도 치료라는 보상을 얻을 수 있다.

위의 두 번째 내용은 타해 위험이 있는 정신질환자들에게도 적용되겠지만, 첫 번째 내용은 그렇지 않다고 나는 생각한다. 전염력이 강한 결핵 환자가 자유롭게 돌아다님으로써 심각한 위험을 야기할 가능성은 매우 크다. 그러나 위험해 보이는 정신질환자가 실제로 타인을 심각하게 해칠 가능성은 그렇게 크지 않다. 신체질환의 경우에도 위험이 그만큼 명백하지 않다면 강제입원 또는 격리를 시키지는 않는다. 예를 들어 우리는 HIV 감염 환자가 성적 활동을 지속하면서 파트너에게 감염 사실을 알리지 않고, 안전한 성관계를 위한 조치를 취하지도 않더라도 그 환자를 강제입원시키지는 않는다. 그 이유 중 하나는 아마도 HIV의 감염 위험이 결핵만큼 크지 않기 때문일 것이다(감염된 후의 위험은 더 클 수 있더라도 말이다).[36] 마찬가지로 한센병도 전염성이 있는 심각한 질병이지만, 전염력이 그렇게 강하지는 않기 때문에 우리는 보균자들을 격리하지 않는다.

그렇다면 타해 위험이 있는 정신질환자들을 강제입원시킨다면 그 근거는 앞서 설명한 특징적인 모습들을 환자가 보이기 때문이어야 할 것이다. 즉, 환자가 정신능력의 저하를 보이고 정신질환으로 인해 성격이 왜곡되어 본래의 모습이라면 하지 않을 행동을 하는 경우여야만 할 것이다. (입원 치료가 환자에게도 도움이 된다면 이는 추가적인 이득일 테지만, 이 조건이 반드시 필요한 것은 아니다. 치료가 불가능한 결핵 환자라 해도 강제입원이 필요할 수 있는 것과 마찬가지이다.) 정신능력이 저하된 상태에서의 선택을 존중하지 않는 것이 그 사람의 인격을 크게 훼손하지는 않는다.

타해 위험이 있는 정신질환자들을 가두어 두는 주된 이유는 물론 우리 자신을 보호하기 위해서이지만(덜 침해적인 다른 방법으로 위험한 행동을 저지할 수 있다고 확신할 수가 없어서이지만), 스스로를 제어하기 어려워하는 환자를 돕기 위해서이기도 하다. 대부분의 사람은 자신의 행동을 직접 통제하기 어려울 때 다른 사람이 자신을 도와 위험한 행동을 막아주기를 원할 것이다. 남을 해치고 싶지 않아서이기도 하고, 감옥에 장기간 수감되는 것보다 정신병원에 잠시 입원하는 편이 더 낫다고 생각해서이기도 하다. 그렇기 때문에 환자는 강제입원을 통해 설령 치료효과는 얻지 못하더라도 다른 이익을 얻을 수 있다. 그렇다면 결론적으로 타해 위험이 있는 사람의 강제입원은 허용될 수 있을 것이다.

타해 위험의 정도와 가능성 어느 정도의 타해 위험이 어떤 확률로 예상될 때 강제입원이 허용될 수 있을까? 그 사람으로 인해 다른 사람이 사망에 이르거나 심각한 부상을 입을 가능성이 매우 높다면 당연히 강제입원은 허용될 것이다. 그 근거는 전염력이 강한 결핵 환자를 입원시키거나 흉악범죄 혐의자를 구속시키는 근거와 같다. 상당한 위험이 예상된다면 우리는 우리 자신을 보호해야 한다.

그리고 정신질환자의 경우에는 위보다 예상 위험의 정도나 가능성이 더 낮더라도 강제입원이 허용될 수 있다고 나는 생각한다. 위험한 행동이 정신능력이 크게 저하되고 성격이 돌변한 상태에서 나오는 것이라면 이러한 행동을 존중할 이유가 크지 않기 때문이다. 그렇기 때문에 타인의 건강에 (결핵 환자의 경우처럼) 거의 확실한 위협이 되는 경우가 아니더라도 정신질환자의 강제입원은 허용될 수 있을 것이다. 그러나 예상 위험의 정도는 심각해야 한다. 다른 사람의 다리를 부러뜨리거나 피범벅이 되도록 구타할 위험은 강제입원 사유에 해당되지만, 단순히 싸움을 벌일 위험은 해당되지 않아야 할 것이다. 타인에게 재산상의 피해를 줄 위험 역시 강제입원 사유에 포함되지 않아야 할 것이다.[37] 위협적인 언행으로 공포심을 유발하는 것 역시 그것이 실제 폭력의 전조행동이 아니라면 입원 사유가 될 수 없다고 나는 생각한다.[38] 단, 흉기를 들고 위협 행동을 한 경우라면 예외일지 모른다.

내가 타해 위험의 기준을 이렇게 높게 잡는 이유는 무엇일까? 타해는 어쨌든 다른 사람에게 해를 끼치는 것이고, 다른 사람이 입는 피해는 상당할 수도 있다. 이를 예방하는 것은 좋은 일이 아닌가? 그러나 강제입원으로 인한 피해도 상당하기 때문에, 입원을 하지 않아 발생할 수 있는 피해도 마찬가지로 큰 경우에만 강제입원을 시행해야 한다고 나는 생각한다.

정신질환자들이 병원 대신 감옥으로 몰리게 된다는 지적 그렇다면 강제입원 조건에 해당되지는 않을 정도의 타해 위험을 보이는 환자들은 어떻게 해야 할지 궁금해 하는 독자들도 있을 것이다. 그런 환자들은 비정신질환자들과 마찬가지로 실제로 범죄행동(모욕이나 협박, 재물손괴도 이 경우에는 포함될 것이다)을 저지르면 체포가 가능할 것이다. 환자가 원하면 경찰서 대신 병원으로 환자를 데려가 치료를 받도록 할 수는 있겠지만, 위 위험만을 근거로 환자를 강제입원시킬 수는 없다.

하지만 이렇게 타해 위험의 기준을 높게 잡아 병원이 아닌 감옥에 가는 환자들이 증가한다면 이는 바람직하지 않은 결과가 아닌가? 위협적인 언행을 보이는 환자는 강제입원 대상은 아니지만 형사처벌 대상은 될 수 있고, 병원에서 보냈을 시간보다 더 긴 시간을 감옥 안에서 보내게 될 수도 있다. 길에서 괴성을 지르는 사람도 마찬가지이다. 이 사람들을 병원에 보내 치료하지 않고 감옥에 가도록 놔두는 것이 과연 좋은 일일까? 강제입원 기준을 강화한 결과 정신질환자가 범죄자가 되는 경우가 증가하였다고 이야기하는 사람은 많다.[39] 실제로 LA 교도소가 LA에서 가장 큰 정신병원이기도 하다는 점은 널리 알려져 있다.

이는 당연히 좋지 않은 일이라고 독자들은 말할 것이다. 감옥에서 환자는 적절한 치료를 받기가 어렵다. 전과 기록이 남을 수도 있다. 환자의 취약한 상태를 악용하려는 다른 범죄자들과 얽힐 수도 있다. 그런데도 왜 나는 타해 위험의 기준을 높이자고 하는 것일까?

이에 대한 대답은 어떤 사람은 강제입원보다 감옥을 더 선호할 수도 있기 때문이라는 것이다. 그리고 그 사람은 자신이 선호하는 바를 첫 치료 후, 병의 고통과 치료효과 양쪽 모두를 경험한 후 건강해진 상태에 이야기해두었을 것이다(나의 제안에서는 첫 치료 후 환자가 앞으로의 치료에 대한 사전지시서를 작성할 수 있음을 기억하라). 그 사람은 감옥에서는 일거수 일투족을 관찰하지는 않는다는 점을 좋아할 수도 있다. 감옥에서는 병원에서보다 더 인격적 대우와 존중을 받는다고 느낄 수도 있다. 정신질환자라는 꼬리표보다는 전과자 꼬리표가 더 낫다고 생각할 수도 있다(그리고 그 생각이 맞을 수도 있다). 그리고 마지막으로, 병원에 가는 것보다 감옥에 가면 더 빨리 풀려날 수 있다고 생각할 수도 있다(그리고 이 경우에도 역시 그 생각이 맞을 수도 있다). 이유야 어쨌든, 그 사람은 병원보다는 감옥을 선택한 것이고 우리는 그 선택을 존중해야 한다. 그 사람이 수감생활을 한 번도 경험해 보지 못하였기 때문에 그런 선택을 한 것일 수도 있지만, 감옥에 다녀온 후 생각이 바뀐다면 그때 얼마든지 다른 선택을 하면 된다.

이 입장을 취할 때는 한 가지 주의해야 할 점이 있다. 경찰이 정신질환자를 유치장으로 데려가기 전에 먼저 환자에게 병원에 입원해서 치료를 받을 의향이 있는지 물어보는 과정을 생략해서는 안 된다는 것이다. 나는 치료를 받고자 하는 환자에게는 치료를 제공해야 한다고 믿는다. 경찰은 환자에게 선택의 기회를 주어야 한다. 사소한 범죄로 인해 환자가 병원이 아닌 감옥에 가게 된다면 이는 분명 바람직하지 않은 결과이다.

미국에서 경찰이 환자에게 왜 치료 의사를 먼저 묻지 않는지 그 이유는 이 책의 접근방식의 한계와도 관련이 있다. 내가 이 책에서 주로 다루는 것은 치료를 원치 않는 환자들에 대한 내용이다. 하지만 오늘날 미국의 정신건강복지체계에 있어 가장 핵심적인 문제는 치료 의사가 없는 사람을 강제로 치료하는 것이 아니라, 치료 의사가 있는 사람들에게 제대로 된 치료를 제공하지 못하는 것이다.[40] 치료를 원하는 환자들

을 위한 의료서비스가 부족한 것이 진짜 문제이다.[41]

오늘날 미국의 공공의료기관에서는 강제입원 조건이 충족되지 않은 환자들은 아예 받지 않는 일이 흔하다.[42] 경찰이 환자를 병원으로 데려가지 않는다면 이 이유 때문인 경우가 많다. 환자가 치료 의사를 밝히더라도 자타해 위험이 심각하지 않다면 입원이 불가능한 것이다.

이는 내가 제안하는 강제입원의 기준과는 상관이 없는, 공공의료기관의 입원 정책과 관련된 문제이다. 치료를 원하는 사람이 아닌 강제입원 조건을 충족하는 사람에게만 의료자원을 할애하는 것은 합리적이지 않다. 자원은 이를 원하는 사람에게 제공되었을 때 가장 잘 쓰인 것일지 모른다. 즉, 정리하자면 타해 위험의 기준을 높게 잡으면 환자들이 병원이 아닌 감옥에 몰리게 될 것이라는 문제에 대한 해결책은 타해 위험의 기준을 낮추는 것이 아니라, 우리의 입원 정책을 바꾸어 치료를 원하는 환자는 강제입원이 아니더라도 치료를 받을 수 있도록 하는 것이다.

자해 위험과 중증의 장애

자신의 건강이나 안전에 해를 끼칠 위험 또는 중증의 장애가 있을 경우 강제입원이 가능하도록 하는 조항과 관련해서는 어떤 점들을 고려해야 할까? 나는 먼저 신체질환자의 경우 실제 현장에서의 법 적용은 어떠한지를 살펴보며 환자가 의사무능력 상태가 아니더라도 강제개입을 하며 환자를 돕고자 했던 전례들이 있음을 설명할 것이다. 이어, 그렇다면 정확히 어떤 상황에서 이러한 강제개입이 가능할 것인지를 논의할 것이다. 그리고 흔한 자해 위험들에 대해 각각의 경우 내가 제안한 강제입원 기준에 따르면 입원이 가능할지를 따져 볼 것이다.

신체질환자의 경우 신체질환자의 경우 환자의 사전 동의 없이는 치료를 진행할 수 없다는 것이 기본 원칙이다. 치료를 받지 않으면 환자의 건강이 악화될 수 있는 경우라도 마찬가지이다. 치료를 받던 환자가 치료중단을 요청하는 것 역시 가능하다.

그러나 실제 현장에서는 항상 이 원칙을 고수하지는 않는다. 특히 환자의 생사가 달리거나 건강에 심각한 문제가 발생할 수 있는 경우라면 더욱 그렇다. 한 예를 들자면, 복통으로 병원에 갔다가 맹장염이 의심된다는 소견을 들은 나의 친구가 있었다. 수술을 받을지 말지 망설이는 친구에게 의사는 그냥 집으로 돌아가는 것은 허락할 수 없다고 이야기하였다. 물론 이는 그냥 의사들이 흔히 쓰는 표현이었을 수도 있다. 친구가 수술을 원치 않는다고 강하게 말했다면 병원에서는 (아마도 각서 여러 장에 서명하도록 한 뒤) 친구를 집으로 돌려보냈을 것이다. 하지만 의사의 말이 친구에게는 충분히 강압적이었고, 친구는 수술을 받았다.

비슷한 예로 로버트 버트는 『내 손에 맡겨진 모르는 사람Taking care of Strangers』[7]에서 데이비드 G.의 사례를 이야기한다. 데이비드 G.는 심각한 화상을 입고 치료의 고통을 감당하기 힘들어하며 치료중단을 요청했고, 정신감정 결과 의사능력에는 전혀 이상이 없다는 판정을 받았다. 그러나 의사들은 그의 결정을 무시하고 치료를 강행하였다. 데이비

7) 원서의 제목은 'take care of'가 누군가를 돌본다는 뜻과 함께 속어적으로는 누군가를 제거해버린다는 뜻도 가짐을 이용한 것이다. 로버트 버트는 고통받는 사람을 마주할 때 우리는 이와 같은 양가감정을 갖게 된다고 주장한다(역자 주).

드 G.는 결국 살았고, 지금 살아있는 것은 기쁘다고 말했지만, 당시에 의사들이 죽음을 택했던 자신의 결정을 무시한 것이 화가 나고 원망스럽다고도 했다.

물론 연명의료의 거부나 중단 요청이 받아들여지는 경우도 있다. 환자의 삶이 몇 개월 남지 않고 남은 삶 동안 극심한 고통을 겪거나 의식을 잃고 다시는 이를 회복하지 못할 것으로 예상되는 상황 등에서 환자가 자신의 합리적인 판단에 따라 연명의료 거부를 결정한다면 우리는 그 결정을 존중할 것이다. 캘리포니아 법정에서는 말기환자가 아닌 환자가 관을 통한 영양 공급의 중단을 요청한 경우에도 환자의 손을 들어준 사례가 두 건 있다.[43] 영양분의 공급은 일반적으로는 중단 가능한 연명의료로 분류되지는 않는 것으로, 다른 주의 법정이라면 아마도 다른 판결을 내렸을 것이다.

캘리포니아 법정에서도 만약 환자의 병이 아주 경미한 것이었다면 다른 판결을 내렸을지 모른다. 예를 들어 어떤 환자가 치료가 가능한 수준의 결핵을 앓으며 경관 급식을 받고 있었다고 하자. 그런데 환자가 지금이 자살할 적기라고 생각하며 관의 제거를 요청했다면, 아마도 이러한 요청은 받아들여지지 않을 것이다. 법원의 판결은 어떠할지 몰라도 (감옥에서 단식투쟁을 하는 사람에게도 무조건 강제급식을 할 수는 없음을 떠올려 보라) 의사들은 판결과는 상관없이 환자에게 계속 영양 공급을 할 가능성이 높다.

이 점은 중요하다. 캘리포니아 법정에서는 영양 공급을 환자의 뜻에 따라 중단할 수 있도록 했지만 (그리고 두 환자 모두 판결 이후에는 마음을 바꿨지만) 캘리포니아에서든 다른 주에서든 의사들은 죽음이 임박하여 치료가 명백히 무의미한 환자가 아니라면 생명 유지를 위한 조치는 강행하는 경우가 많다. 의사능력이 온전한 환자는 치료를 거부할 수 있다는 것이 법상의 기본 원칙이지만 의사들이 이러한 원칙을 무시하더라도 환자들이 할 수 있는 일은 거의 없다. 법정에서 이 문제를 다투더라도 환자가 생명을 유지하게 된 것을 피해 발생으로 보기는 어렵다는 판결이 나오는 경우가 많다. 정신적 피해가 인정될 수는 있지만, 보상금액은 크지 않다. 종합해 보면, 의사능력이 있는 환자는 생명 유지를 위한 치료를 거부할 수 있다는 원칙은 사실상 지켜지지 않을 때가 더 많은 듯하다.[44]

이러한 예로는 심폐소생술을 거부했음에도 이를 실시하는 경우,[45] 여호와의 증인 신도에게 수혈을 하는 경우,[46] 환자의 동의 없이 요양병원에 입원시키는 경우 등이 있다.[47] 의사든 판사든, 생명을 구할 수 있는 치료를 환자가 거부하는 것은 (말기 환자의 몇몇 특수한 상황을 제외하고는) 허용하지 않는 경향이 있다.

그렇다면 이러한 전례를 근거로 자해 위험이 있는 정신질환자들도 강제로 입원을 시킬 수 있을까? 답은 '그렇지 않다'이다. 신체질환자들의 강제치료가 때로는 용인되곤 하지만, 이 사례들을 더 찬찬히 살펴보면 이때의 상황은 자해 위험이 있는 정신과 환자를 강제입원시키는 상황과는 다름을 알 수 있다. 우리가 생사의 기로에 놓인 신체질환자의 치료거부를 받아들이지 않는다면 그 이유는 이처럼 중요한 문제에 대한 결정은 환자가 의사능력을 확실히 갖춘 상태에서 내려져야 한다고 생각하기 때문일 것이다. 그뿐만 아니라 우리는 환자가 병으로 인해 성격이 바뀐 상태가 아닌 진정한 자신의 모습에서 이러한 결정을 내리는 것임을 확인하고 싶어 한다. 설령 환자가 심리적으로 문제가 없어 보이더라도 응급상황에서는 이를 확실히 확인할 시간이 부족하므로 우리는 일단 환자의 의사능력이 손상되었다고 가정한다. 치료거부 결정에 따른 다음에는 상황을 돌이킬 수 없기 때문이다.

둘째, 신체질환자들을 강제로 치료하는 경우는 우리가 정신질환자들을 강제입원시키는 경우보다 더 드물다. 의사능력이 있는 환자의 결정을 존중해야 한다는 기본 원칙에 따라 생명을 구할 수 있는 치료라도 환자가 거부하면 강제하지 않는 의사들도 있다. 또한 환자의 생명 유지 자체는 피해로 인정하지 않더라도 정신적 피해에 대해 적어도 원칙적으로는 상당한 보상 책임을 인정하는 법원이 일부 있을 수 있으므로 이러한 위험을 피하기 위해 환자의 결정에 따르는 의사들도 있을 수 있다. 마지막으로, 응급상황에서의 강제치료가 아닌 지속적인 치료가 필요한 환자의 경우 치료 개시 전에 환자가 이를 거부하는 소송을 제기하고 법원에서 의사능력을 인정받아 자의퇴원하는 것이 가능하다. 설령 퇴원하면 환자가 사망할 것이라 예상되는 경우라도 우리는 이러한 퇴원을 막을 수 없다.

정리하자면, 신체질환자를 강제로 치료하는 경우도 있기 때문에 정신질환자들의 강제입원 역시 정당화될 수 있다는 주장이 제기될 수는 있지만, 신체질환자의 강제치료는 이론적으로는 허용되지 않고, 실제 현장에서 자주 있는 일도 아니며, 이를 설명하기 위해 오히려 반대로 정신질환자들의 강제치료 사례를 끌어오는 경우가 많다. 즉, 신체질환을 앓으면 환자는 종종 공포와 무력감을 느끼고 심리적으로 퇴행하여 정신능력의 저하를 보이기 때문에 강제치료가 가능하다고 설명하는 것이다. 그러나 위 사실들을 고려하더라도 자해 위험이 있는 정신질환자들을 입원시키는 것은 우리의 일반적인 관행과 동떨어진 행동이라고는 볼 수는 없을 것이다.

정신질환자의 강제입원 조건 앞서 살펴보았듯이 신체질환자를 강제로 치료한 사례는 자해 위험 또는 중증의 장애를 보이는 정신질환자들의 강제입원에 있어서도 어느 정도 전례로 작용할 수 있다. 그러나 이것이 정신질환자들이 병으로 고통을 겪고 있고 치료 가능성이 있기 때문에 강제입원이 가능하다는 전례가 되는 것은 아님을 유의해야 한다. 그러려면 지금보다 훨씬 더 많은, 온갖 종류의 신체질환자에 대해서도 강제개입이 이루어지고 있어야 할 텐데 이는 사실이 아니기 때문이다. 그리고 신체질환자는 생명이 위험한 경우 강제치료를 하는 것이 일반적이지만 정신질환자는 그 정도로 큰 위험이 그 정도로 확실하게 예견되지 않더라도 강제입원의 대상이 되기 때문에, 자해 위험에 추가하여 정신능력의 저하와 평소와 다른 모습, 그리고 (입원하지 않으면 사망에 이를 것이 확실한 경우를 제외하고는) 치료 가능성을 강제입원 조건에 포함시켜야 할 것이다. 그리고 앞에서 이야기했듯이 정신능력의 저하는 신체질환자를 강제치료할 때에도 우리가 암묵적으로 가정하곤 하는 조건이다.

위에서 말했듯 치료 가능성도 (입원하지 않으면 환자가 죽을 것이 확실한 경우를 제외하고는) 정신질환자의 강제입원 조건에 포함되어야 한다.[48] 반드시 완치가 예상되어야 한다는 것은 아니다. 그러나 최소한 상태가 어느 정도는 나아질 수 있다는 가능성이 보여야 한다. 그렇지 않으면 환자는 계속 중증의 정신질환을 앓고 정신능력이 저하되었으며 평소의 모습이 아닌 상태로 여전히 자해 위험을 보일 것이다. 그렇다면 환자의 입원 기간은 기약 없이 길어질 것이고 환자가 이를 통해 얻는 유일한 이익은 자해 행동을 할 수 없다는 것뿐일 것이다. 환자는 자유를 빼앗긴 대신 고통의 경감을 얻지 못하며 따라서 입원을 통해 얻는 것이 잃는 것보다 더 크다고는 하기 어렵다. 더욱이 이러한 득실은 환자 혼자 부담하는 것이기 때문에 (타해 위험처럼 입원을 하지 않으면 다른 사람도 피해를 입을 수 있는 것이 아니기 때문에) 이 경우 환자에게 입원을 강요할 수는 없다. 반면 입원하지 않으면 환자가 사망할 것이 확실한 경우라면, 이를 방지하기 위한 강제입원은 충분히 정당화될 수 있다. 죽음은 한 개인에게 발생할 수 있는 가장 큰 피해이며, 돌이킬 수도 없는 피해이기 때문이다.[49]

강제입원이 허용될 위험의 예 자해 위험을 근거로 강제입원을 시킬 때 위험의 기준은 어떻게 정해야 할까? 환자가 자해 행동을 할 것이 확실하고 그 결과 사망이나 신체의 중대한 손상이 발생할 확률이 높다면 강제입원은 당연히 허용될 것이다. 정신질환을 앓지 않는 사람도 그 정도의 위험이 그 정도의 확률로 예상될 때에는, 적어도 응급상황에서는 강제개입이 허용되곤 한다.

그러나 환자가 이보다 덜 극단적인 자해 행동을 보이는 경우에는 강제입원을 해서는 안 될 것이다. 환자들은 자살 의도나 심각한 상처를 낼 의도가 없이도 다양한 이유로 자해 행동을 하곤 한다. 피부를 칼이나 가위로 긋기도 하고, 불로 지지기도 하며, 손톱으로 긁기도 한다. 이때 발생하는 상처는 대부분 경미하다.[50]

이러한 행동을 보는 다른 사람들은 (행동을 하는 환자 자신도 그렇지만) 큰 불편감을 느낀다. 그러나 불편감의 이유는 단지 이러한 행동이 너무나도 일반적이지 않은, 보통 사람은 납득하기 어려운 행동이기 때문이다. 환자에게 개입하여 강제로라도 치료를 받게 해야 한다는 생각이 본능적으로 들지라도 이는 합리적인 생각은 아닌데, 위와 같이 눈에 띄는 자해 행동은 아니지만 실제 건강에는 더 해가 될 수 있는 과식이나 흡연에 우리는 개입하지 않기 때문이다. 문신이나 피어싱을 하며 신체를 훼손하는 사람들에게도 마찬가지이다. 단지 그 행동이 우리의 규준에서 벗어났다는 이유로 자해 행동에 개입한다면 이는 우리와 다른 모습의 사람을 차별하는 것이다. 환자의 행동이 본인에게는 괴롭지 않다든가, 이 행동을 안 할 수 있게 도울 방법은 없다는 이야기를 하려는 것이 아니다. 다만 환자의 의사에 반해 개입을 해야 할 정도로 이러한 자해 행동이 위험한 것은 아니라는 점을 나는 이야기하고 싶다.

아니면, 어쩌면 내가 너무 성급하게 결론을 내린 것일 수도 있다. 어쩌면 작은 자해 행동을 그대로 두면 사람들은 점점 더 위험한 행동을 하게 될 수도 있다. 우리가 개입하지 않으면 환자는 어쩌면 자살을 하기에 이를지도 모른다. 이는 중요한 지적이고, 이러한 위험에 대해서는 당연히 더 많은 연구가 필요하다. 그러나 현재까지의 자료를 내가 이해한 바로는 이러한 우려는 불필요한 것으로 보인다. 자해 행동을 한 환자들은 대부분 자살 의도는 없었다고 말한다. 사람들이 왜 그런 행동을 하는지 설명하는 이론들에 따르면 환자는 무감각함에서 벗어나려고, 마음을 가라앉히려고, 죄책감을 덜려고 등의 이유로 자해를 하며, 이때 심한 상처를 내거나 큰 고통을 느끼는 것은 중요하지도 필요하지도 않다고 한다. 물론 앞서 말했듯 이 부분에 대해서는 아직 더 많은 연구가 필요하다. 하지만 연구 결과가 자해 환자에게 무조건 강제개입이 필요하다는 쪽으로 나오지는 않으리라는 것이 나의 느낌이다. 강제개입을 하려면 적어도 해당 환자의 자해 행동이 점점 더 위험해질 것이라는 추가적인 증거가 필요할 것이다.[51]

마지막으로, 객관적 기준에서는 위의 자해 행동보다 더 해롭지만, (적어도 첫 번째 치료 이후에는) 강제입원에 이르지 않을 행동들이 있다. 노숙과 재산의 탕진이 그것이다. '객관적'으로 평가한다면 이 행동들은 경미한 자해보다 더 위험할 수 있다. 자해 행동에 우리가 개입하고 싶어 하는 것은 단지 그 행동이 우리의 마음속 깊이 자리 잡은 금기 사항을 건드리기 때문일 것이다. 저런 행동 뒤에 저 환자는 도대체 무슨 행동을 할까? 이러한 두려움은 자연스러운 것이긴 하지만, 실제 자료들로 볼 때 합리적인 두려움은 아닌 듯하다.

나는 심각한 자해 위험이 있는 경우에만 강제입원이 허용될 수 있다고 주장하지만, 이때 자해가 반드시 의도적인 자해일 필요는 없다. 예를 들어 중증의 당뇨병을 앓는 정신질환자가 정신능력의 저하로 혈당 관리를 제대로 하지 못하는 경우를 상상해 보자. 이 환자는 식이조절을 하지 않고, 인슐린 주사도 주기적으로 챙겨 맞지 않는다. 그리고 환자는 당뇨병성 혼수상태로 몇 차례나 응급실에 실려 온 적이 있다고 가정해 보자. 만약 환자가 병으로 인해 제대로 된 사고를 할 수 없어 이러한 행동을 하는 것이라면 환자를 치료하는 것은 정당한 개입일 것이다. 환자는 사망하거나 건강이 심각하게 악화될 위험을 안고 있으며, 이 위험은 병 때문에 발생한 위험이기 때문이다. 강제입원 후에 환자는 스스로 건강관리를 할 수 있을 원래의 모습으로 돌아갈 수 있을지도 모른다.[52]

안전하지 못한 성관계는 어떠한가? 안전하지 못한 성관계를 하는 사람들은 항상 있기 마련이다. 매춘을 하는 사람도 그렇고, 무모하거나 부주의한 청소년들도 그렇다. 그러나 우리는 안전하지 않은 성관계를 맺는 청소년들을 잡아 가두지는 않는다. 정신질환자의 경우에는 아마도 환자가 얼마나 큰 위험에 노출될 만한 행동을 하는지에 따라 강제입원 가능 여부가 달라질 것이다. 예를 들어 환자가 하루에도 몇 번씩 모르는 사람들과 항문성교를 하고 그 결과 HIV 감염 위험이 매우 높다면, 이 경우에는 강제입원이 가능할지 모른다.

일반인들도 이와 비슷한 정도로 안전하지 않은 성관계를 맺곤 하지만, 일반인들은 정신질환자의 강제입원 조건에 해당할 정도의 정신능력 저하를 보이지 않는다는 점에서 차이가 있기 때문에 아마도 강제입원 대상은 되지 않을 것이다. 청소년들도 마찬가지이다. 14세 경이 되면 청소년들은 성인과 비슷하게 추상적 사고가 가능해진다고 한다. 삶의 경험이 아직 부족하여 판단력은 성인보다 떨어질 수 있지만, 심리적 기능은 대체로 중증 정신질환자들보다 더 온전하다. 게다가 청소년들을 강제입원시켜 어른이 될 때까지 병원에 두려면 입원 기간은 굉장히 길어진다.[53]

정신능력의 저하를 보이는 정신질환자 중 다른 사람을 자극하는 행동을 하여 폭행을 당할 위험이 높은 사람은 어떠할까? 여기서 따져봐야 할 것은 이러한 일이 발생할 가능성과 그때 환자가 입을 수 있는 부상의 정도이다. 예를 들어 어떤 환자는 조증상태가 되면 위험한 동네들을 돌아다니며 사람들에게 시비를 걸다가 여러 번 얻어맞곤 하였다. 그 정도가 심했던 날은 사람들이 환자를 둘러싸고 전철 선로로 그를 밀어버리겠다고 협박한 적도 있었다. 그렇다면 다음 조증 발현 시 이 환자는 크게 다칠 가능성이 상당히 높다고 볼 수 있을 것이다. 그리고 심각한 정도의 위험이 높은 확률로 예상된다면 이 경우도 다른 자해 위험의 경우와 마찬가지로 강제입원이 가능할 것이다. 가해자가 아닌 피해자를 가두게 된다는 점은 마음에 걸리나, 경찰이 언제 어디서든 환자를 지켜줄 수는 없는 것이다. 이 부분에 대해서는 향후 정신질환자들의 취약성을 이용하여 환자에게 위해를 가한 사건은 가중 처벌하는 식으로 접근해 볼 수 있을 것이다.

또 다른 경우도 살펴보자. 어떤 사람이 정신질환으로 인해 노숙을 하게 되었고, 노숙 생활 때문에 건강을 해칠 위험이 있는 경우이다.[54] 이러한 경우도 병으로 인한 자해 위험 또는 중증의 장애를 겪는 경우라고 해석이 가능할지 모른다. 더 나아가 정신질환으로부터 회복된다면 이 사람은 일을 해서 스스로 돈을 벌고, 더 이상 노숙을 하지 않을 것이라 상상해 보자. 이는 어려운 사례인데, 노숙은 그 자체만으로도 매우 끔찍한 경험이며, 이에 따르는 감염이나 부상의 위험 등도 만만치 않기 때문이다.

이 경우에는 두 가지 측면에서 상황을 따져봐야 한다고 나는 생각한다. 이 사람이 노숙을 하게 된 것은 순전히 정신질환 때문인가, 아니면 가난이 더 근본적인 원인일까? 이 사람은 노숙을 하더라도 최소한 다른 노숙인 만큼은 안전한 생활이 가능한가? 가장 핵심적인 질문은 어떤 종류의 위험이 어느 정도의 확률로 그 사람에게 닥칠 수 있는가이다. 나는 환자가 겪게 될 것으로 예상되는 위험이 상당히 심각한 종류의 것일 때에만 강제입원이 허용될 수 있다고 생각한다. 예를 들어 이 사람이 극단적인 영양실조 상태이거나, 동사 위험이 있거나, 자주 폭행을 당한다면 강제입원이 가능할 것이다. 위험의 발생 가능성 또한 상당히 높아야 한다. 위 상황으로 인한 위험은 갑자기 닥치는 것은 아니기 때문에 시간을 두고 환자를 지켜보아 왔다면 그 발생 가능성을 상당히 정확하게 평가할 수 있을 것이다. 강제입원 대상이 될 환자는 이미 오랜 기간 동안 스스로를 제대로 챙기지 못하는 모습을 보여 왔을 것이다.

이것이 어려운 사례인 이유는 노숙은 아무리 좋게 표현하더라도 부러워할 만한 상황은 아니기 때문이다. 그 사람이 건강을 되찾아 살 곳을 얻을 정도로 회복되면 좋은 일이 아니겠는가? 그러나 이에 대해서는 세 가지를 짚어봐야 한다. 첫째, 강제입원이 어떤 결과를 가져올지 우리는 일반적으로 알 수 없다. 그 사람이 노숙을 하는 것이 정신질환 때문이고 우리가 그를 치료하면 그는 노숙을 그만두고 살 곳을 찾을 것이라 확신할 방법은 없는 것이다.

둘째, 설령 그 사람이 노숙을 하는 이유가 정신질환 때문이라 하더라도, 그 사람이 겪는 위험이 사망이나 신체의 심각한 손상 위험처럼 큰 것이 아니라면 강제입원은 정당화되지 않을 것이다. 우리는 약간의 부상 위험은 있지만 나름대로 생활을 잘 영위해나가고 있는 노숙인들을 전부 모아 노숙인 쉼터나 주거시설로 보내지는 않는다. 케네스 도날드슨의 연방대법원 판례에서는 '사람은 병원의 쾌적함보다 집에서 지내는 생활을 더 선호할 수 있다'고 하였다. 이 판결은 지금처럼 노숙인이 많지는 않던 시절의 판결이다. 지금이라면 우리는 '사람은 병원의 쾌적함보다 길에서 지내는 생활을 더 선호할 수 있다'고도 말할 수 있을 것이다.

셋째, 노숙을 하는 정신질환자가 강제입원 조건에는 해당되지 않더라도 치료를 원한다면 앞에서 말했듯 우리는 그 사람을 치료할 수 있어야 한다. 정신질환자들을 위한 주거복지도 더 많이 제공되어야 한다. 환자에게 강제입원이 반드시 필요한 상황이 아니고 비용 면에서도 주거시설 제공이 더 부담이 적은데도 노숙을 한다는 이유만으로 정신질환자를 병원에 가둔다면 이는 납득하기 어려운 일이다.

물론 어떤 정신질환자가 노숙을 하며 스스로의 건강과 안전을 전혀 돌볼 수 없는 상태이고, 강제입원보다 덜 침해적인 다른 대안은 없다면, 환자의 상태가 개선될 때까지의 강제입원은 허용될 수 있을 것이다. 단, 이 경우도 다른 경우와 마찬가지로 환자는 정신능력이 저하되고 평소의 모습이 아니며, 치료 가능성이 있어야 할 것이다. 이런 환자는 자해 위험 또는 중증의 장애를 보인다 할 수 있을 것이다. 환자는 노숙 생활에 따르는 일반적인 위험들보다도 더 큰 위험에 노출되어 있으며, 그 원인은 환자가 앓는 정신질환에 있을 것이기 때문이다.

환자가 치료 여부를 결정할 의사능력을 상실하였을 때

강제입원 조건으로 내가 마지막으로 언급한 조항은 환자가 현재 의사능력을 상실하여 입원에 동의할 수 없으나,[55] 만약 의사능력이 온전했다면 입원을 선택했을 경우이다.[56] 이러한 조항이 강제입원 관련 법에 포함된 경우는 아직 많지 않으나 나는 이 상황에서 강제입원은 정당화될 수 있다고 생각한다. 기존의 법에 이 조항이 없다면 아마도 의사능력이 온전한 환자라면 강제입원을 선택하지 않을 것이라고 가정하였기 때문일 것이다. 하지만 나는 그 관점에 동의하지 않는다. 고통을 겪으며 도움을 받기 위해 자발적으로 병원을 찾는 사람도 많다. 그리고 이는 당연히 합리적인 행동이다.

어떤 사람들은 이때 우리가 알아봐야 할 것은 의사능력이 있는 사람 중에 자발적으로 입원을 원할 사람이 있을지가 아니라, 의사능력이 있는 사람 중에 미래에 자신이 의사능력을 상실한 상태에서 입원을 거부한다면 우리가 그를 강제로라도 입원시키기를 원하는 사람이 있을지가 되어야 한다고 지적할 수도 있다. 나는 이 경우에도 대답은 그렇다가 될 수 있다고 생각한다. 적어도 일부 사람들은 이를 원할 수 있다. 우리는 환자들 각각에 대해 이를 조사해 보면 되는 것이다. 이 환자가 의사능력이 있었다면 어떤 결정을 내렸을지 판단하기에 충분한 정보가 우리에게 있는가? 첫 번째 치료 후 환자들에게 직접 이를 물어보는 것은 좋은 방법이 될 것이다. 그리고 실제로 그렇게 해 본다면 어떤 환자들은 병의 재발 시 강제로라도 자신을 입원시켜주기를 원한다는 결과가 나올 것이라 나는 예상한다.

정신질환자가 자신에게 도움이 될 입원치료를 거부하는 원인이 병으로 인한 의사능력의 손상에 있다면, 이러한 거부는 받아들이지 않아야 한다. 의사능력을 상실한 상태에서의 결정은 존중받을 가치 있는 결정이 아니며, 이러한 결정에 따르지 않는 것이 자율성 존중의 원칙을 훼손하는 것도 아니다. 의사능력이 온전하지 않은 상태에서 치료의 득과 실을 따져 결정을 내리도록 하기에 정신질환은 너무나 버거운 병이다.

자율성을 최대한 존중하려면, 환자가 의사능력이 온전했다면 입원을 선택했을 경우에만[57] 환자의 현재 결정을 무시하고 입원을 강행할 수 있을 것이다. 환자가 미리 입원에 대한 의사를 밝힌 바가 없다면 첫째, 입원이 그 사람을 위한 최선이고, 둘째, 우리가 아는 그 사람의 평소 모습으로 미루어볼 때 입원을 선택하는 것이 그의 가치관에 부합할 때에만 우리는 그 사람이 의사능력이 온전했다면 입원을 선택했을 것으로 판단할 수 있을 것이다.

그런데 의사능력이 왜 그렇게 중요하기에 의사능력이 온전하지 않은 상태에서의 결정은 따르지 않아도 된다고 하는 것일까? 이를 이해하기 위해 다음의 상황을 상상해 보자.[58] 당신은 외계행성에 불시착하여 그 행성의 외계인에게 붙잡혀 있다. 당신은 이 외계인의 언어를 알지 못한다. 외계인은 당신이 한 번도 본 적이 없는 이상한 기계장치 두 개를 보여주며 그중 하나를 고르라고 하는 것 같다. 외계인이 각각의 장치가 어떤 장치인지 설명해 주는 것 같지만 당신은 전혀 알아들을 수가 없다.

하지만 외계인은 두 장치 중 하나는 처참한 죽음을 가져오고, 다른 하나는 당신의 모든 소원을 이루어줄 것이란 사실을 알고 있다. 이때 당신이 직접 두 장치 중 하나를 선택하도록 해야지만 당신의 자율성을 존중하는 것일까? 외계어를 이해하는 존재가 선의를 갖고 선택을 대신해 준다면 그편이 더 낫지 않겠는가?

위 상황을 상상해 보면 의사능력은 정말 중요함을 알 수 있을 것이다. 의사무능력 상태에서의 결정은 여러 이유로 존중될 수 없다. 어떤 사람이 자신의 결정이 가져올 결과를 예측하고 이해하지 못한다면 그 사람은 자신의 가치관을 추구하기 위해 어떤 결정을 해야 하는지 추론할 수가 없다. 그리고 외계행성에서 고통스러움 죽음을 가져오는 장치를 선택하는 사람처럼 의사무능력 상태에서는 좋지 않은 결정을 할 위험도 크다. 어떤 사람의 결정이 그 사람이 생각하는 최선의 이익에 도움이 안 된다면 이 결정은 어떤 면에서는 그 사람의 결정이 아니라고 볼 수도 있다. 그 사람이 중요하고 필요하다고 생각하는 것들이 반영되지 않은 결정이기 때문이다.

그러나 환자의 의사능력이 온전했다면 입원을 선택했을 경우에 관한 조항을 강제입원 관련 법령에 포함시키는 것과 관련해서는 또 다른 질문이 등장할 수 있다. 강제입원에 대한 사전지시서를 환자가 작성할 수 있다면 이 조항은 불필요한 것이 아닌가? 의사능력이 온전했다면 입원을 원했을 사람들은 이미 그러한 내용의 사전지시서를 작성하지 않았을까? 이에 대해서는 세 가지 측면에서 답변이 가능하다. 첫째, 나의 제안에 따르면 중증 정신증을 보이는 환자들만이 첫 증상 발현 시 강제치료의 대상이 된다. 그러나 중증 정신증이 아니더라도 환자는 정신질환으로 인해 의사능력을 상실할 수 있고, 만약 의사능력이 온전했다면 치료를 원했을 수 있다. 이런 환자들은 사전시지서를 작성할 기회를 미처 얻지 못한 것뿐이다.

둘째, 이전에 치료를 원치 않는다는 내용의 사전지시서를 작성한 후 마음이 바뀌었으나 아직 사전지시서를 수정하지 못한 환자들도 있을 수 있다. 다만 이 논리는 남용될 위험이 있기 때문에 이를 근거로 환자를 강제입원시키려면, 그 환자가 의사능력이 있었다면 강제입원을 원했을 것이라는 증거를 합리적인 의심의 여지 없이 제시하여야 할 것이다.

셋째, 어떤 환자들은 강제입원을 하겠다고 미리 의사를 밝히는 것을 불편해하지만, 자신의 현재 상태를 미리 볼 수 있었다면 의사능력이 있는 상태에서 치료를 원했을 수 있다.

정리하자면, 환자가 의사능력을 현재 상실했지만 만약 의사능력이 온전했다면 강제입원을 원했을 경우 입원이 가능하도록 하는 것은 자율성을 존중하는 것이며, 우리는 이러한 조항을 강제입원 관련 법에 추가할 필요가 있을 것이다.

결론

3장의 내용은 치료를 원하지만 도움을 받지 못하는 환자보다는 치료를 원치 않는 환자에게 더 초점을 맞춘 것이었다. 서론에서 언급했듯이 내가 법학자로서 다룰 수 있는 문제는 후자이기 때문이다. 미국의 법체계는 적극적 자유, 즉 정부에 의해 생활을 보장받을 권리보다는 소극적 자유 즉, 정부로부터 원치 않는 침해를 받지 않을 권리의 보호를 더 중시한다. 그렇기 때문에 법학자들이 예를 들어 헌법적 논증을 통해 우리 정부가 정신질환자의 치료에 더 적극적으로 나서야 한다는 주장을 펼치려면 갈 길이 멀 것이다. 사회가 어떤 부류의 사람들을 얼마나 도울지는 정치 영역의 문제이고, 이때 필요한 것은 학술 문헌의 집필이 아니라 사회운동을 통한 지속적인 안건 발의이다. 이 문제에 있어서는 예산이 가장 핵심이다.

우리 사회는 정신건강 서비스를 필요로 하고 원하는 사람들 모두를 돕기 위해 적극적으로 나서야 한다. 그러나 그렇다고 해서 치료를 원치 않는 사람들의 자율성 보호는 중요하지 않다는 것은 아니다. 우리의 지원 부족으로 치료를 제대로 받지 못하는 많은 사람들을 생각하면 강제입원으로 인한 자율성 침해 문제는 상대적으로 크지 않다고 이야기하는 사람도 많지만, 어느 문제가 더 심각한지를 보여주는 연구는 아직까지 없는 것으로 알고 있다. 입원을 원하지만 병원에서 그냥 돌려보내지는 사람들이 더 많은가? 아니면 입원을 원치 않지만 강제입원을 경험하는 사람이 더 많은가? 이 질문에 대한 답을 구할 수 있다면 흥미로운 자료가 될 것이다. 그러나 답이 어떻든 간에, 환자 중에는 자신의 자유와 자율성을 더 중시하는 사람도 많음은 명백한 사실이며, 우리의 법체계가 이러한 환자들의 목소리를 반영하려면 어떻게 해야 할지 우리는 고민해 보아야 한다.

어쩌면 더 중요한 점은, 치료를 원치 않는 사람들의 권리를 보호한다고 해서 치료를 원하는 사람들의 권리를 소홀히 할 필요는 없다는 사실이다. 강제입원 기준과 공공병원에서 환자를 입원시키는 기준을 분리한다면, 치료를 원하는 사람은 치료받을 수 있게 될 것이다. 현재 미국에서 이 두 기준이 묶여 있는 것은 자유주의나 인권보호와는 아무 상관이 없다. 오히려 인권보호 측면에서는 치료를 원하는 사람들에게 치료를 제공해야 할 것이다. 치료받지 못하는 사람이 미국에 많은 것은 강제입원 기준이 지나치게 엄격해서가 아니라, 자원이 부족해서이다.

물론 치료를 원치 않는 환자에게도 때로는 치료가 필요하고 도움이 될 수 있다. 이러한 치료 필요성을 놓쳐서는 안 된다는 의견과 환자의 자율성은 보호되어야 한다는 의견 양쪽 모두를 반영하여 나는 첫 정신증 발현 시와 이후 상황을 구분하여 강제입원 기준을 두 가지로 제안하였다. 나는 이러한 두 가지 기준이 왜 필요한지를 설명하고, 흔히 볼 수 있는 다양한 사례에 이 기준이 어떻게 적용될지를 보여주었다. 어떤 의미에서 나의 기준은 1장에서 등장한 의사와 변호사의 관점 양쪽 모두를 따르는 것이다. 즉, 첫 정신증 발현 시에는 의사의 관점을, 이후 재발 시에는 변호사의 관점을 따르는 것이라 할 수 있다. 의사와 변호사의 관점은 둘 다 옳을 수 있다. 다만 언제 옳은지는 치료의 진행과정에 따라 달라질 것이다.

4

강제투약: 신경정신약물과 환자의 치료거부 권리

1950년대에 신경정신약물이 우연히 발견된 이후 주요 정신질환의 치료 방식은 혁신적인 변화를 맞이하였다.[1] 정신증에는 항정신병제, 조증에는 기분조절제, 우울에는 항우울제, 불안에는 항불안제 등을 사용할 수 있게 된 것이다. 이 중 불안을 제외한 나머지 세 증상은 입원이 필요할 정도로 악화되는 경우가 많았는데, 약물치료가 발달하면서 이러한 환자들도 이제 지역사회에서 자신의 역할을 하며 만족스러운 삶을 살 수 있게 되었다. 그러나 이 약물들, 특히 항정신병제에는 심각한 부작용의 위험도 따른다. 이러한 부작용에는 약물유도성 파킨슨증, 좌불안석, 무감동, 우울부터 드물게는 사망까지 포함될 수 있으나, 그중 가장 문제가 되는 것은 아마도 지연성 운동장애의 발생 위험일 것이다. 지연성 운동장애는 입, 혀, 입술, 사지나 손가락, 발가락 등의 비정상적인 움직임을 가져올 수 있는 비가역적인 신경학적 장애이다.[2] 최근에 개발된 약물들은 심각한 위험이나 부작용은 줄이면서도 치료효과는 동등하거나 더 뛰어나다고 한다. 정신건강 전문가들은 이러한 약물은 환자 대부분을 고통에서 벗어나게 해줄 구원자라고 보는 경향이 있으며, 환자가 이를 거부한다면 병으로 인해 그러한 것으로 생각하곤 한다. 반면 변호사들은 약물을 거부하고자 하는 것 또한 환자들의 지극히 합리적인 결정이라고 보며, 환자의 자율적인 선택권에 대해 이야기한다. 변호사들은 또한 사회가 사람들의 정신세계를 조종하려 들 위험을 거론하기도 한다. 마지막으로 어떤 사람들은 현대 사회가 화학물질에 지나치게 의존하고 있다고 비난하기도 한다.

내가 제안하는 기준

환자의 약물치료 거부에 대한 의사와 변호사의 시각을 더 살펴보기에 앞서 나는 추상적인 차원에서 강제투약의 기준은 어떻게 되어야 할지, 약물치료와 강제입원의 차이를 비교하며 논의해 보고자 한다.[3]

강제입원한 정신과 환자들의 약물치료를 정당화할 수 있을 근거로는 어떤 것들을 꼽을 수 있을까?[4] 첫째, 치료를 통해 입원 기간을 단축할 수 있다면 정부의 입장에서는 그것이 더 이익이라는 주장이 제기될 수 있다. 둘째, 강제입원의 경우와 마찬가지로 정부는 자타해 위험을 막기 위해 경찰권을 근거로 환자에게 강제투약을 할 수 있다는 주장도 가능하다. 셋째, 역시 강제입원의 경우와 마찬가지로 정부는 후견권을 근거로 고통과 장애를 겪고 있는 환자를 돕기 위해 강제투약을 할 수 있다는 주장도 가능할 것이다.

그러나 첫 번째 주장은 합법적인 근거는 될 수 없을 것으로 보인다. 강제입원보다 약물치료가 비용적으로 더 부담이 적을 수는 있지만 단지 비용 때문에 치료거부 권리라는 중요한 권리를 제한하는 것은 절대 정당화될 수 없을 것이다. 사람들이 하는 선택 중에 많은 것(예를 들어 흡연)은 사회적 손실을 가져오지만 우리는 그런 선택을 강제로 막지는 않는다. 혹자는 입원보다 약물치료가 환자의 자유를 덜 침해하기 때문에 강제입원을 줄이기 위한 강제투약은 정당하다고 생각할 수도 있다. 그러나 정말로 그러한지는 알 수 없다. 이에 대해서는 아래에서 좀 더 살펴볼 것이다. 그리고 환자의 자유를 덜 침해하는 것이 목적이라면, 환자에게 강제입원과 약물치료 중 원하는 것을 선택하도록 하면 되지 않겠는가? 만약 환자가 강제입원을 선택한다면, 그 환자에게는 강제 약물치료로 인한 자유의 침해가 더 큰 것이다. 그러나 환자가 정신능력이 손상된 상태라면 문제는 좀 더 복잡해지는데, 이 부분도 뒤에 다시 이야기하려고 한다.

강제입원에 초점을 맞추다 보면, 강제입원 가능 여부가 어떤 정신질환의 심각성을 말해주는 것처럼 생각하게 될 위험도 있다. 즉, 입원이 필요할 정도로 병이 심각하다면 강제 약물치료도 허용된다고 생각하게 되는 것이다. 그러나 그렇다면 이때는 강제입원 기간을 줄이기 위해 약물치료를 하는 것이 아니라, 환자의 병과 고통을 완화해주기 위해 약물치료를 시행하는 것이 된다. 이는 앞서 이야기한 강제투약의 세 번째 근거에 해당하는 내용이기 때문에 그때 다시 설명하겠다.

강제입원 기간을 줄이기 위한 목적의 약물치료는 허용될 수 없다면, 자타해 위험을 방지하기 위해 약물치료를 할 수 있다는 주장은 어떠한가? 환자가 자타해 위험 때문에 입원을 한 상태이더라도 입원만으로 이러한 위험이 이미 충분히 줄어들었다면 강제 약물치료는 필요하지 않을 것이다. 그러나 병동 내에서도 환자가 계속 위험한 행동을 시도할 경우 강제투약을 실시할 수도 있을 것이다. 이에 대해서는 5장과 6장에서 격리 및 강박을 포함한 응급 시 조치 방법에 대해 논의할 때 다시 이야기하겠다.

세 번째 주장은 정신질환자의 고통과 장애를 완화하기 위해 강제투약을 실시할 수 있다는 주장이다. 이 경우는 환자가 중증의 병세를 보일 때로 한정해야 할 것이고, 이러한 중증도는 객관적인 기준으로(예를 들어 강제입원 조건의 충족 여부를 기준으로) 평가가 가능해야 할 것이다. 그러나 이때도 역시 선택은 환자에게 맡겨야 하는 것이 아니냐는 질문이 등장할 수 있다. 앞서 강제입원과 강제 약물치료 중 환자가 원하는 것을 선택할 수 있어야 한다고 했듯이, 강제 약물치료보다 고통과 장애를 겪는 편이 더 낫다고 생각하는 환자는 그렇게 선택할 수 있어야 하는 것이 아닐까? 치료를 하면 환자의 병세가 완화될 것이기 때문에 강제투약은 정당화될 수 있다고 주장한다면, 신체질환자들도 강제치료의 대상이 되지 않을 이유가 없다. 하지만 우리는 신체질환자들에게는 치료를 강요하지 않는다.

그렇다면 3장의 질문이 다시 등장하게 된다. 정신질환자들은 어떤 특징들을 보이는가? 우리는 어떤 경우 정신질환자들을 다르게 대할 수 있을까? 강제입원의 경우와 마찬가지로 이 경우에도 한쪽 끝에는 환자가 겪는 괴로움이 크기 때문에 개입이 가능하다는 주장이 있을 것이고, 다른 쪽 끝에는 환자가 의사무능력 상태일 때만 개입이 가능하다는 주장이 있을 것이다. 그 중간에는 정신질환자들은 많은 경우 정신능력의 저하를 보이고, 평소의 모습이 아니며, 자타해 위험이 있고, 치료가 이들에게 도움이 될 가능성이 있으므로 개입이 가능하다는 주장이 있을 것인데, 강제입원과 관련하여 3장에서 나는 이 중간의 입장을 취하였다.

그렇다면 강제 약물치료에 대해서는 어떤 입장을 취해야 할까? 나는 환자가 의사무능력 상태일 때만 강제 약물치료가 허용될 수 있다고 생각한다. 즉, 정신질환자도 신체질환자와 동일하게 의사무능력 상태가 아닌 이상 치료를 거부할 수 있어야 하는 것이다. 나는 강제입원과 관련하여 내가 택하였던 중간의 입장을 약물치료에도 적용하는 것은 부적절하다고 생각하며, 이보다 더 완화된 기준은 더더욱 사용할 수 없다고 본다. 그러나 처음 한 번에 한해서는 강제입원과 마찬가지로 별도의 완화된 기준으로 강제 약물치료를 시도할 수 있어야 한다고 생각한다.

3장에서는 환자가 정신능력의 저하와 함께 평소와 다른 모습을 보이면 강제입원이 가능하다고 하였으면서, 왜 이 장에서는 환자가 의사무능력 상태인 경우에만 강제투약이 가능하다고 하는 것일까? 이에 대한 답을 위해 강제입원과 강제투약을 비교해 보자. 언뜻 보기에는 강제입원이 더 신중히 시행되어야 할 것으로 보이고, 약물치료는 강제입원보다 덜 엄격한 기준에 따라도 될 것으로 보인다. 미국에서 강제입원은 공개적으로 기록이 남는 재판을 통해 이뤄지기 때문에 낙인 효과가 더 클 수 있지만, 약물치료는 그렇지 않다.

그뿐만 아니라 자유의 제한도 약물치료의 경우가 더 적다. 적어도 가장 기본적으로 드러나는 부분에 있어서는 그렇다. 약물치료는 입원처럼 환자를 특정한 장소에 가두지 않고, 언제 누구를 만날 수 있는지 제한을 두지도 않기 때문이다. 마지막으로, 약물치료는 입원보다 환자의 상태를 더 크게 개선해 줄 수 있다. 약물치료는 정말로 치료효과를 기대할 수 있는 반면, 입원은 기껏해야 안전한 피난처를 제공해 주는 정도이다. 입원만으로 정신질환이 관해상태에 도달하는 경우는 거의 없다(이는 신경정신약물의 등장 전후 정신병원의 입원 환자 수가 어떻게 변화하였는지만 확인하여도 쉽게 알 수 있다).

그러나 반대로 강제 약물치료를 시행할 때 더 신중을 기해야 한다는 주장도 있는데, 나는 이 두 번째 주장이 더 설득력 있다고 느낀다. 강제투약이 낙인 효과는 더 적을 수 있지만 건강에 미치는 위험은 더 크다. 최악의 경우 환자는 부작용으로 인해 사망할 수도 있고, 그렇지 않더라도 상당한 불편을 겪거나 기괴해 보일 수 있는 운동장애를 갖게 될 수 있다.[5] 게다가 운동장애의 발생 위험까지 고려하면 약물치료에 따르는 낙인이 강제입원으로 인한 낙인보다 훨씬 클 수도 있다. 이러한 운동장애를 겪는 환자는 누가 보더라도 정신질환자처럼 보이기 때문이다.

그리고 자유의 제한은 강제입원 시 더 클지라도 환자 내면의 침해는 약물치료가 더 심하다고 볼 수도 있을 것이다. 약물치료는 그 사람의 사고과정 자체를 바꾸며, 이에 대해서는 어떤 저항도 불가능하다. 사람들은 아마도 이동의 자유보다 사고의 자유를 더 소중히 여길 것이다. 그렇다면 사고의 자유를 제한할 때 더 엄격한 기준에 따라야 한다.

또한 정신건강 증진 측면에서는 약물치료가 강제입원보다 더 이익이 되더라도 자타해 위험 방지 측면까지 고려하면 전체적으로 강제입원이 환자에게 더 큰 이익이 될 수도 있다. 내가 제안한 기준에 따르면 환자의 자타해 위험이 심각한 경우에만 강제입원이 허용되기 때문이다. 정신건강을 되찾는 것이 환자에게 아무리 큰 이익이 된다고 하더라도 사망이나 심각한 부상을 막는 것만큼의 큰 이익은 아닐 것이다. 약을 먹지 않은 상태를 더 선호하는 사람은 있을 수 있다. 약에는 부작용의 위험도 따르고, 병을 앓음으로써 환자가 얻는 이익도 있을 수 있기 때문이다. 그러나 사망이나 심각한 부상을 입원보다 더 선호하는 사람이 많을 것이라고는 상상하기 어렵다.

물론 자타해 위험성을 우리가 잘못 예측해서 위험하지 않은 환자를 강제입원시킬 가능성이 있는 것은 사실이다. 반면 정신건강이 악화되지 않은 사람을 잘못 보고 강제 약물치료를 할 가능성은 낮다. 그러나 어쨌든 우리의 의도는 자타해 위험 예측을 최대한 신중하게 하겠다는 것이고, 악화된 정신건강에 약물치료가 도움이 될 것이라는 예측도 마찬가지로 빗나갈 수 있다.

마지막으로, 강제입원을 겪지 않을 권리를 강화하는 경우와는 달리 환자들의 치료거부 권리를 적극적으로 인정하는 것은 치료관계에 도움이 되는 측면이 있다. 강제입원을 피하게 된 환자는 병원을 떠나 더는 의사의 영향권 아래에 놓이지 않는다. 환자의 행동이 의사에게 영향을 미쳐 치료관계의 변화를 불러일으키지도 않는다. 하지만 환자가 약물치료를 거부할 수 있도록 하는 것은 치료관계에 긍정적인 변화를 가져올지 모른다. 환자들은 자존감이 높아질 뿐만 아니라, 의사들과 협상을 할 수 있는 도구를 갖게 되는 것이다. 그리고 환자가 (병원에 있든 집에 있든) 어느 정도 안전한 상태일 것이기 때문에 우리는 환자를 설득하거나, 더 중요하게는 환자 스스로 약을 받아들이도록 환자 내면의 역동을 변화시켜보려는 시도를 할 수 있을 것이다. 강제입원을 결정할 때처럼 상황이 긴급한 것은 아니기 때문에 우리는 치료에 대한 환자의 동의를 얻어내려는 노력을 할 수 있다.

그렇다면, 강제 약물치료가 강제입원보다 더 정당화되기 어렵다는 생각이 맞다면, 나는 왜 대부분의 환자가 (적어도 입원과 약물치료 둘 다를 경험해 본 뒤에는) 약물치료를 더 선호할 것이라고 예상할까? 물론 이는 나의 직관적인 예상일뿐이고 이를 뒷받침하는 자료가 현재 있는 것은 아니지만, 나로서는 환자들이 약물치료를 더 선호할 것이라는 생각이 강하게 든다. 그럼에도 불구하고 내가 강제 약물치료의 조건이 더 엄격해야 한다고 말하는 이유는 무엇일까? 이에 대해서는 몇 가지 이야기를 할 수 있을 것이다. 첫째, 입원보다 약물치료를 더 선호하는 환자라도 강제 약물치료는 강제입원보다 더 피하고 싶을 수 있다. 즉, 선택의 여지가 있을 때는 약물치료를 택할 환자라도, 강제투약이 강제입원보다 더 싫을 수 있는 것이다. 다른 말로 하자면, 약을 거부하는 (또는 거부하려고 생각하고 있는) 환자에게 강제로 투약을 할 때 환자가 느끼는 모욕감은, 입원을 거부하는데도 강제입원을 하게 될 때 느끼는 모욕감보다 더 클 수 있다.

입원 중에 투약을 거부하면 입원 기간이 길어질 수 있다는 점을 알면서도, 혹은 외래진료를 받으며 약을 복용하지 않으면 강제입원을 하게 될 수 있다는 점을 알면서도 약을 거부하는 환자들은 제법 많다. 이런 환자들은 약을 복용하지 않은 상태를 심지어 자유보다도 더 소중히 여기는 것이다. 물론 그렇지 않은 환자들도 있을 수 있고, 어느 쪽이 더 수가 많은지는 위 사실만으로는 알 수 없지만, 자신의 내면을 침해당하지 않는 것을 그만큼 중요하게 여기는 사람도 있는 것이다.

그리고 여기서 더 중요하게 살펴봐야 할 것은 단순히 약물치료냐 강제입원이냐가 아니라, 정신질환의 병세를 완화시키기 위한 약물치료냐 자타해 위험을 막기 위한 강제입원이냐이다. 나는 강제입원보다 약물치료를 더 선호하는 사람들이 많을 것으로 생각하지만, 이 사람들도 자신의 생명을 구하기 위한 강제입원은 자신의 증상을 완화시키기 위한 약물치료보다 더 선호할 수 있다. 즉, 내가 제시한 기준에 따라 강제입원이 허용될 상황이라면, 대부분의 환자는 강제입원이 약물치료보다 더 도움이 된다고 볼 것이라는 게 나의 생각이다.

혹자는 동일한 상황을 놓고 본다면 강제입원에서 자유의 제한이 더 크다고 반박할 수도 있다. 그러나 나는 이에 동의하지 않는다. 어떤 환자를 지역사회에 그대로 둔 채 강제투약을 하면 자타해 위험을 방지할 수 있는 경우라도, 강제입원을 통해 마찬가지로 자타해 위험을 방지할 수 있다면 우리는 강제입원 쪽을 택해야 한다. 실제로 그 방법이 우리가 현재 사용하는 방법이기도 하다.[6] 그리고 만약 강제투약이 아닌 강제입원만으로도 환자의 증상 완화가 가능하다면, 우리는 강제투약보다는 강제입원 쪽을 택해야 할 것이다. 앞서 이야기하였듯 약물치료에는 건강상의 위험이나 환자 내면에 대한 침해 문제 등이 따르기 때문이다.

이러한 이유로 나는 강제 약물치료의 기준이 강제입원 기준보다 더 엄격해야 한다고 생각하며, 그 기준은 환자의 의사능력 상실이 되어야 한다고 본다. 강제 약물치료는 환자의 고통과 괴로움 및 장애의 완화와 관련된 것이고, 강제입원은 환자의 생명 유지와 관련된 것이기 때문에 후자의 이익이 훨씬 더 크다. 정신질환으로 인한 고통과 괴로움, 장애는 비가역적인 손상을 가져오는 것은 아니며, 죽음이나 심각한 부상의 위험을 크게 높이지는 않는 경우가 일반적이다. 게다가 강제 약물치료를 통해 얻는 정신상태의 변화는 생명의 유지보다 더 모호하고 확인이 어려운 개념이다. 실제로 과거 오랫동안 법정에서는 정신적 피해만 발생한 사건에 대해서는 배상책임을 묻기 어렵다고 보았다.[7]

그뿐만 아니라, 나는 정신건강의 회복을 환자가 치료를 통해 얻게 될 이익으로 분류했지만, 실제 환자 중에는 병을 앓는 상태를 더 선호하는 사람도 있을 수 있다. 정신이 건강한 것이 과연 좋은 것인지 사람들에게 묻는다면, 생명이 과연 좋은 것인지를 물을 때보다 훨씬 더 다양한 의견이 나올 것이다. 어떤 사람은 심지어 정신건강이란 라이프스타일의 하나일 뿐이라고 보기도 한다. 어떤 환자들은 자신의 정신상태에 만족한다. 이런 환자들에게는 사회가 약물치료를 강요하며 사람들의 머릿속을 조종하려 든다는 주장이 그럴듯하게 들릴 수 있다.

이를 종합하면, 환자가 정신능력의 저하를 보이고, 평소의 모습이 아니며, 치료가 도움이 될 수도 있다는 근거만으로 환자의 고통과 장애를 완화시키기 위한 목적의 강제 약물치료를 시행할 수는 없을 것이다. 강제 약물치료는 환자가 약물치료에 대해 결정할 수 있는 의사능력을 상실했으나 만약 의사능력이 온전했다면 이를 선택했으리라 판단될 때만 허용될 수 있다. (의사능력을 어떻게 정의할지는 7장에서 논의하겠다.)

이렇듯 환자가 의사무능력 상태일 때에만 후견권을 근거로 강제치료를 시행할 수 있다는 원칙에 다만 한 가지 예외를 두고 싶다. 3장에서의 제안과 마찬가지로, 중증 정신증의 첫 발현 시에는 약물치료가 도움이 될 것으로 판단된다면 그 판단만으로 강제 약물치료를 시도할 수 있도록 하는 것이다. 강제입원에 이러한 예외를 두는 것이 정당화될 수 있다면 약물치료의 경우에도 같은 예외를 두는 것이 당연히 타당할 것이다. 약물치료야말로 환자의 고통과 장애를 완화시키고 환자를 본래의 모습으로 돌려놓을 수 있는 방법이기 때문이다. 그리고 환자가 회복 후 이러한 개입에 고마워 한다면 우리의 행동은 정당화될 것이다. 첫 약물치료 후에는 환자가 온전한 (혹은 이전보다는 온전해진) 정신상태로 직접 앞으로의 치료에 대한 결정을 내릴 수 있을 것이다.

하지만 나는 방금 강제투약은 강제입원보다 더 문제의 소지가 많다고 이야기하였다. 그렇다면 이처럼 쉽게 강제 약물치료를 허용하자는 것은 어떻게 설명할 수 있을까? 내가 위에서 주장한 것은 환자의 증상을 완화시키기 위한 강제투약은 생명이나 신체의 안전을 보호하기 위한 강제입원보다 더 문제의 소지가 많다는 것뿐이다. 그러나 내가 제안한 첫 정신증 발현 시 강제입원의 목적은 환자의 정신상태 개선을 위한 것이기 때문에, 이때는 강제입원과 동일한 목적으로(즉, 환자의 고통 완화를 위해) 동일한 기준에 따라 강제 약물치료가 허용되어야 한다는 것이다. 그리고 이 목적에는 사실 입원보다는 약물치료가 더 부합할 수 있다. 치료 면에서는 강제 약물치료가 더 효과적이기 때문이다. 만약 강제입원만 허용이 되고 환자를 효과적으로 도울 수 있는 유일한 수단인 약물치료는 허용되지 않는다면, 첫 정신증 발현 시 강제입원에 대한 나의 주장은 아무 의미가 없을 것이다. 그러므로 3장에서 설명한 첫 정신증 발현 시 강제입원의 필요성에 공감한 독자라면 지금의 나의 주장도 납득이 가능할 것이다.

나는 첫 정신증을 겪는 환자에게 강제치료를 하는 것이 합리적이라고 생각하지만, 이때 환자의 자율성이 침해된다는 사실은 잊지 않아야 한다. 그뿐만 아니라 환자와 의사 간의 상호 합의에 따라 치료가 이루어질 경우 치료효과는 더 높게 나타난다는 연구 결과도 있다.[8] 따라서 환자가 직접 치료에 동의한다면 그편이 훨씬 더 바람직하다. 그리고 첫 정신증으로 입원한 환자는 병동이라는 비교적 안전한 환경에 있어서 우리에게는 환자의 동의를 구하고자 노력할 시간 여유도 있다. 실제로 처음에는 치료를 거부하던 사람이 점차 마음을 바꿔 치료에 동의하게 되는 경우는 흔하다.

그러나 그렇다고 해서 의무적으로 일정 기간 환자의 동의를 기다리도록 하는 것은 무의미하다. 만약 예를 들어 환자에게 2주의 시간을 주고 그사이 환자가 약물치료에 동의하지 않으면 자동으로 강제투약의 절차를 밟는다고 해보자. 이러한 규정을 미리 들은 환자들은 자신에게는 진정한 선택권이 없다고 생각할 것이고, 이 규정을 모르고 있다가 2주가 지나 강제투약의 시점에서야 이를 알게 된 환자들은 자신이 속았다고 느낄 것이다. 그뿐만 아니라 결국엔 강제투약이 가능하다는 사실을 아는 의사들은 환자를 굳이 설득하려는 노력을 소홀히 할 수 있다.

나는 환자를 설득하려는 의사들의 노력을 유도할 방안이 필요하다고 본다. 강제입원의 경우와 마찬가지로 강제 약물치료도 시행 전에 의사가 환자의 동의를 얻기 위해 진지한 노력을 기울여야 할 것이며, 어쩌면 이러한 내용을 기록으로 남기도록 제도화할 필요도 있을지 모른다.

첫 치료의 효과가 나타나면 환자는 앞으로도 강제 약물치료를 받고 싶은지를 판단할 수 있는 입장이 될 것이다. 환자는 자신이 정신능력이 저하되었지만 의사무능력 상태는 아닐 때에 강제투약을 원한다는 혹은 원치 않는다는 내용의 사전지시서를 작성할 수도 있고, 사전지시서 작성을 거부할 수도 있다. 환자가 사전지시서 작성을 원치 않는다고 하여도 (사전지시서 작성과 관련하여 발생할 수 있는 문제는 8장에서 다룰 것이다) 앞으로 병을 어떻게 관리하고 치료를 어떻게 받을지 생각해 보도록 우리는 환자를 독려해야 할 것이다.

치료에 대해 미리 결정하기를 망설이는 환자도 있겠지만, 환자가 결정을 내렸다면 치료진은 이후에는 그 결정에 따라야 한다. 그러나 기본 원칙은 환자가 의사무능력 상태이면서 의사능력이 온전했다면 치료를 원했을 경우에만 치료 목적의 강제투약이 허용될 수 있다는 것이다.

이러한 기본 원칙을 이야기하는 이유는 앞서 말했듯 사전지시서 작성을 하지 않는 환자들이 있고, 사전지시서를 작성한 뒤에 마음이 바뀌는 환자들도 있기 때문이다. 사전지시서 작성 후 환자가 마음을 바꾸었다면, 얼마나 의사능력이 온전한 상태에서 마음을 바꾼 것인지 확인을 해야 할 텐데 이는 쉽지 않은 일이다.[9] 즉, 환자의 어떤 결정을 존중해야 할지 알기 어려운 때가 있으므로 이러한 기본 원칙이 필요한 것이다. 하지만 기본 원칙을 남용하지는 않아야 하며, 환자가 의사능력이 온전한 상태에서 마음을 바꾼 것으로 충분히 짐작이 가능한 경우에는 환자의 결정에 따라야 한다.

지금까지 정신과 입원 환자의 약물치료 거부 권리에 대한 나의 입장을 정리해 보았다.[10] 그리고 나는 입원 환자가 아니더라도 현재 의사무능력 상태이나 의사능력이 온전했다면 치료를 원했을 정신질환자라면 강제치료 대상이 될 수 있다고 생각한다. 미국의 많은 주에서는 현실적인 이유로 환자가 병원 밖에 있을 때에는 강제치료를 하지 않는다. 환자들이 치료받으러 나타나지 않으면 이를 강제할 방법이 없기 때문이다. 소위 외래치료명령제도가 널리 활용되지 않는 이유도 바로 여기에 있다.[11] 하지만 나는 충분한 의지만 있다면 이 문제는 극복할 수 있다고 믿는다. 보건인력이 환자의 가정을 방문하며 약 복용을 도울 수도 있고, 보호의무자나 공공후견인이 환자를 데리고 치료기관을 방문할 수도 있다.

외래환자들을 대상으로 강제치료를 시행하지 않는 또 다른 이유는 아마도 우리가 강제개입을 최소로 하고 싶어 하기 때문일 수도 있다. 강제 약물치료가 가능한 대상을 입원 환자로 한정한다면 정부에 의해 비자발적으로 약을 먹어야 하는 사람의 수는 줄어드는 것이다. 비자발적으로 약물치료를 받는 환자의 수를 줄일 방법은 여러 가지가 있지만(예를 들어 머리카락이 특정 색인 사람만 강제치료의 대상으로 삼는 것), 중요한 것은 부당한 강제치료를 줄이는 것이 전체 강제치료를 줄이는 것이 아니라고 생각한다. 그리고 의사무능력 상태로 치료에 대한 결정을 할 수 없는 환자에게 하는 치료는 부당한 강제치료가 아니다. 약물치료는 대부분 좋은 일이고, 이 환자들은 이론적으로나 정책적으로나 약물치료를 가장 필요로 하는 대상일 것이다.

외래환자들은 강제입원 대상에도 해당되지 않는 환자들이고, 강제약물치료의 기준은 강제입원의 기준보다 더 높음을 지적하는 사람도 있을 것이다. 하지만 자타해 위험이 없고 중증의 장애를 보이지 않는 사람 또는 입원에 대한 결정을 내릴 의사능력을 상실하지 않은 사람이라도, 약물치료에 대해 결정할 의사능력은 상실했을 수 있다. 의사능력은 사안에 따라 개별적으로 판단해야 하며, 외래환자도 약물치료에 대해 결정할 수 있는 의사능력을 상실한 경우가 있을 수 있다.

강제 약물치료 대상을 입원 환자로 한정하는 마지막 이유는 어쩌면 병원에 있는 환자들은 이미 자유를 잃은 상태이기 때문일 수도 있다. 어떤 사람들은 강제입원이 강제 약물치료보다 더 침해적이라고 생각하기 때문에 (그러나 이 생각 자체가 잘못되었다는 것이 나의 의견이다) 이를 방지하기 위해 강제로라도 약물치료를 할 수 있다고 주장할지 모른다. 그러나 나는 앞에서 이미 강제입원을 줄이기 위한 강제투약은 허용될 수 없다고 이야기하였다. 그리고 이러한 논리는 입원 환자들뿐만 아니라 외래환자들에게도 똑같이 적용될 수 있다. 외래환자 중 강제입원의 위험이 높은 환자는 강제 약물치료를 받을 수 있다고 주장할 수 있는 것이다. 그리고 마지막으로, 중요한 자유 하나를 이미 잃은 상태라고 해서 다른 자유를 더 잃어도 된다는 의미가 되지는 않는다.

이를 종합하면, 외래환자들도 다음 경우에는 강제 약물치료 대상이 될 수 있을 것이다. 첫째, 입원 환자와 마찬가지로 외래환자도 의사무능력 상태이나, 의사능력이 온전했다면 약물치료를 원했을 경우라면 강제투약이 가능할 것이다.[12] 이 환자들은 자신의 이익을 스스로 보호하기 어렵기 때문에, 이들이 의사능력이 온전했다면 했으리라 판단되는 선택에 우리가 따르는 것이 그들의 자율성을 존중하는 길일 것이다. 둘째, 사전지시서를 통해 향후 자신이 정신증을 보이고 정신능력이 저하될 경우 강제투약을 원한다고 환자가 밝혔다면, 해당 상황 발생 시 환자가 입원 중이든 아니든 우리는 환자를 치료해야 할 것이다. 이런 경우라면 외래로 강제투약을 하는 것도 허용될 수 있다.

어떤 주에서는 외래치료명령제도를 통해,[13] 환자가 지금은 자타해 위험을 보이지 않더라도 치료를 받지 않으면 향후 상태가 악화되어 높은 확률로 위험해질 것이라 예상되는 경우 환자를 강제치료하기도 하는데[14] 이는 어떻게 봐야 할까? 이 경우 환자가 강제입원의 기준에 해당되지 않는 데에도 정부는 환자에게 개입하는 것이다. 즉, 정부의 통제 범위가 넓어지는 것이다. 그리고 이러한 강제치료는 적어도 부분적으로는, 환자의 상태가 악화되어 강제입원에 이르게 되는 것을 예방하기 위하여 시행하는 것이다. 그러나 나는 앞서 이러한 이유는 강제투약의 근거가 될 수 없다고 하지 않았던가?

내가 그렇게 이야기한 것은 사실이다. 하지만 예를 들어 강제입원을 피하거나 입원 기간을 줄이기 위해 강제 약물치료를 시행하는 것은 허용될 수 없다 하더라도, 환자에게 강제 약물치료와 강제입원 중에 선택을 할 수 있도록 하는 것은 가능할지도 모른다. 나는 앞에서 환자는 강제 약물치료보다 강제입원을 더 선호할 수 있다고 이야기하였다. 지금의 제안에서 우리는 환자에게 이를 직접 물어볼 수 있는 것이다. 강제 약물치료는 환자가 의사무능력 상태이거나 자타해 위험이 높은 응급상황이 아니라면 허용되어서는 안 되겠지만, 환자에게 미래의 강제입원 또는 현재의 강제 약물치료 중 하나를 고르는 어려운 선택지를 던져주는 것은, 앞으로 닥칠 위험을 막기 위해 (물론 환자가 언제 어떻게 위험한 행동을 할 것이라 정확히 예측할 수 있는 것은 아니다) 그리고 강제입원에 따르는 피해를 줄이기 위해, 허용이 가능할지도 모른다.

그러나 나는 이러한 경우에도 일반적으로는 외래치료명령이 허용되어서는 안 된다고 본다. 다만 강제입원의 경우처럼 처음 한 번에 한해서는, 환자가 의사무능력 상태가 아니고 외래치료명령을 원한다는 사전지시서를 작성한 바가 없더라도 외래치료명령을 시도해 볼 수 있을 것이다. 내가 외래치료명령이 일반적으로는 허용되어서는 안 된다고 하는 이유는 무엇일까? 외래치료명령이 확실히 효과적이라는 증거들이 존재하지 않는가? 외래치료명령과 적극적인 사례관리를 6개월 이상 병행하면 재입원을 반복하는 환자들의 비율이 확연히 줄어들며, 치료명령이 끝난 후에도 환자가 자발적으로 치료를 계속 받게 될 가능성이 높아진다고 한다.

그러나 이러한 결과는 단지 두세 건의 연구로부터 도출된 것이기 때문에 연구를 반복해도 같은 결과가 나오는지 우리는 확인할 필요가 있다. 그뿐만 아니라 반대의 결과를 보여주는 연구들도 있음을 잊지 않아야 한다. 더 중요한 것은, 외래치료명령을 통해 도움을 받은 환자의 비율만을 살피는 것이 아니라 외래치료명령을 받았음에도 결국 별다른 치료효과를 얻지 못한 환자가 입은 피해도 함께 고려해야 한다는 점이다. 외래치료명령보다 적극적인 사례관리(예를 들어 환자가 외래진료 날짜에 병원을 방문하지 않을 경우 사례관리자가 환자의 가정을 방문하여 상황을 살피도록 하는 조치 등)가 더 효율적이지는 않을지에 대해서도 체계적으로 연구를 해야 할 것이다.

마지막으로, 강제입원이 예상될 때 무조건 외래치료명령을 시행하는 것보다 환자에게 선택권을 주는 것이 더 낫긴 하지만, 후자는 환자에게 선택을 강제하는 것이며, 의사능력이 있는 사람에게 과연 선택을 강제해도 되는 것인지는 명확하지 않다. 이런 이유들로 나는 강제입원을 예방하기 위한 외래치료명령은 일반적으로 허용이 되어서는 안 된다고 생각한다.

그러나 일부 특정 상황에서는 한 번에 한해 외래치료명령을 허용하여도 좋을 것이다. 이러한 상황의 예로는, 환자가 퇴원 후 재입원을 무수히 반복하였고 이로 미루어볼 때 이번에도 그대로 두면 상태가 악화되어 자타해 위험이 발생할 것이 거의 확실한 경우 등이 있을 것이다. 그리고 환자는 의사무능력 상태는 아니더라도, 적어도 외래치료명령을 결정할 당시에는 정신증을 보이며 정신능력이 저하된 상태이어야 할 것이다. 외래치료명령의 기간은 6개월 또는 환자가 자발적으로 치료에 순응하게 되는 데까지 필요한 기간(여러 연구를 검토하여 이를 위해 가장 적절하다고 판단된 기간)으로 할 것을 제안한다. 우리의 자원은 한정되어 있고, 외래치료명령 이후 환자들이 자발적으로 치료를 받게 된다면 이는 한정된 자원을 잘 활용한 것이라고 나는 생각한다.

외래치료명령에 환자가 따르지 않는다면 그때에는 어떻게 해야 할까? 어떤 주에서는 이 경우에도 환자가 강제입원 조건에 해당할 때에만 환자를 재입원시킨다. 다른 주에서는 정당한 사유 없이 외래치료명령에 불응하는 것은 강제입원 사유가 된다. 전자라면 외래치료명령의 구속력은 거의 없지 않은가 싶을 수 있다. 치료명령에 따르지 않더라도, 원래 강제입원이 될 상황에서만 입원을 하게 되기 때문이다. 그러나 그렇더라도 외래치료명령이 환자에게 미치는 영향이 있긴 하다. 치료명령에 불순응하면 경찰이 일단 치료기관으로 환자를 데려갈 수도 있고, 그러면 치료기관에서 환자에게 입원이 필요할지를 평가하거나 약을 먹도록 환자를 설득할 수도 있기 때문이다. 환자는 상태를 최소한 더 일찍 점검받게 되는 것이다.

그뿐만 아니라 어떤 환자들은 외래치료명령은 반드시 따라야만 하는 것으로 생각하고 치료에 응할 수도 있다. 만약 환자가 단순히 법원의 명령을 존중하는 차원에서 그러는 것이라면 내가 볼 때 이는 문제가 아니다. 그러나 만약 환자가 자신이 약을 안 먹으면 누군가 자신에게 강제로 약을 먹일 것이라고 잘못 이해하여 그런 것이라면 이는 문제가 될 수 있다. 환자들이 실제로 이런 오해를 하곤 한다는 자료도 있으며, 어떤 의사는 일부러 오해를 부추기기도 한다. 그러나 치료명령을 거부할 때 실제로 겪게 되는 불이익은 강제입원의 가능성이 높아지는 것이지 강제로 약을 먹게 되는 것이 아님을 환자들이 알 수 있어야 한다.

치료명령에 따르지 않더라도 정부에서는 자신을 더 자주 점검할 뿐 그 외 별다른 제재를 가하지는 않는다는 사실을 알게 된다면 환자로서는 치료명령에 따를 유인이 별로 없을 것이다. 그러므로 나는 외래치료명령에 불응할 경우 환자를 강제입원시킬 수 있어야 한다고 생각한다. 물론 이때에도 환자에게 강제입원을 할지 외래치료명령에 따를지 선택권이 주어져야 할 것이다.[15] 이로 인한 환자의 자유 박탈 등 피해는, 6개월간 환자가 약 복용을 하며 생활을 잘 영위함에 따르는 이익,

그리고 더 나아가 이후 환자가 자발적으로 치료를 받게 될 수도 있다는 이익을 고려하면 정당화될 수 있을지 모른다.[16]

하지만 앞서 우리는 첫 정신증 발현 시 강제입원 및 강제 약물치료가 가능하도록 하였기 때문에, 그 경험을 바탕으로 사전지시서를 작성하면서 환자는 외래치료명령에 대한 부분도 결정할 수 있는 것이 아닐까? 그리고 환자의 사전지시서에 외래치료에 대한 내용이 없다면, 환자가 의사능력을 상실하거나 자타해 위험이 심각해지기 전까지는 외래치료를 강요해서는 안 되는 것이 아닌가? 그러나 환자는 지역사회에 머물면서 외래치료를 받는 것의 장점을 직접 경험해 보기 전에는 모를 수도 있다. 그렇기 때문에 강제로라도 6개월간 외래치료를 받은 후 환자가 이 문제에 대해 결정하도록 하는 것이 필요할지 모른다. 퇴원 당시 환자는 약 없이도 병원 밖에서 잘 지낼 수 있다고 잘못 생각했을 수도 있고, 강제입원의 불쾌했던 경험을 약물치료가 불쾌한 것으로 오해했을 수도 있다. 어느 쪽이든, 6개월간 외래치료를 받으며 지역사회에서의 생활을 잘 유지해 본 후에야 환자는 앞으로도 계속 치료를 받으며 이러한 생활을 지속하고 싶다는 마음이 생길지 모른다.

첫 외래치료명령이 끝난 후, 환자는 이제 강제치료뿐만이 아니라 외래치료명령에 대해서도 결정할 수 있는 입장이 될 것이다. 그리고 환자는 자신이 치료를 꾸준히 받으려면 외래치료명령이 필요하다고 생각할 수도 있다. 이전의 사전지시서에 의해서도 상태 악화 시 강제 약물치료를 받을 수 있지만, 이는 외래치료명령에서처럼 장기간 지속되는 것은 아니기 때문이다. 아니면 환자는 외래치료명령은 강제입원과 외래치료 중 선택을 강요하는 것이기 때문에, 이에 대한 사전지시가 문자 그대로 강제투약을 받겠다는 사전지시보다 더 낫다고 여길 수도 있다. 전자가 더 자신의 자율성과 건강 양쪽 모두에 도움이 된다고 생각할 수 있기 때문이다.

요약하자면 강제 외래치료가 허용될 수 있는 경우는 환자가 의사능력을 상실하였거나, 환자가 이를 원한다는 내용의 사전지시서를 작성했거나, 특정 상황에서 강제입원을 예방하고자 할 때이다. 이 중 마지막 경우는 최초 한 번만 허용될 수 있을 것이고, 이때 외래치료명령의 목적은 환자가 앞으로 자발적으로 치료를 받도록 이끌기 위함이어야 한다.

환자의 치료거부 이유와 강제치료

환자가 치료를 거부할 때 그 이유가 전형적으로 무엇일지에 대해 의사와 변호사는 서로 다른 의견을 내놓곤 한다.[17] 예를 들어 의사들은 환자가 정신활동의 자유(미국 수정 헌법 제1조)[8)]를 주장하거나 정부는 개인의 자유를 뺏어서는 안 된다는 조항(미국 수정 헌법 제14조)을 언급하며 치료를 거부할 때에만 환자의 주장을 받아들일 수 있다고 생각하곤 한다. 환자들이 이런 용어들을 사용하는 경우는 당연히 많지 않다. 그러나 환자의 말을 자세히 들어보면 내포된 의미는 위 용어들로 표현이 가능함을 알 수 있을 것이다.[18]

의사들은 또한 환자의 치료거부는 병으로 인한 것이기 때문에 무

---

8) 미국 수정 헌법 제1조에서는 종교의 자유, 언론 및 출판의 자유, 집회의 자유 등을 언급하는데, Shapiro (1974) 등은 이에는 사고 및 정신활동의 자유가 포함된다고 해석한다(역자 주).

시해도 된다고 생각하곤 한다.[19] 그러나 나는 이러한 생각에 동의하지 않는다. 환자의 치료거부가 병과 관련이 있을 때도 있지만 그렇다고 해서 이를 병의 증상이라고 보기는 어려울 때가 많다. 정신과 환자들도 (본인이 이를 깨닫든 깨닫지 못하든) 신체질환자들과 같은 이유로 치료를 거부하곤 하는데, 우리는 신체질환자의 치료거부 권리를 박탈하지는 않는다. 게다가 환자의 이러한 치료거부 동기들은 유감스러운 것일 수는 있어도 충분히 이해 가능하고 정상적인 것들이다.

마지막으로, 환자가 치료를 거부하는 이유들은 일반적으로 강제투약 이후에도 바뀌지 않는다.[20] 환자가 약 복용에 대해 특정한 두려움을 갖고 있었던 경우, 예를 들어 약이 자신의 모습을 어떻게 바꿔 놓을지, 효과와 부작용은 어떨지에 대한 걱정으로 치료를 거부했던 몇몇 경우를 제외하고는 강제투약만으로 환자의 거부감을 줄일 수는 없다. 약 복용에 대한 환자 내면의 갈등은 상담과 정신치료를 통해 다루어야 하지, 강제력을 동원하는 것으로 해결되지는 않는다. 환자들이 손쉬운 해결책만을 찾아다닌다는 말이 있지만, 의사들도 마찬가지로 손쉬운 해결책만을 제공하려는 경우가 있음은 부정하기 어려울 것이다. 그러나 어떤 문제들은 길고 고통스러운 과정을 거쳐야지만 본질적인 해결이 가능하다.

환자가 치료를 거부하는 전형적인 이유는 대부분 정신능력의 저하에서 비롯된 것이 아닌, 존중받을 가치가 있는 이유이다. 이 부분에 대해서는 변호사들의 의견이 맞으며, 의사들이 오해하고 있다. 그러나 그럼에도 불구하고 나는 환자가 내면의 갈등을 극복하고 약을 먹게 된다면 그것이 환자 자신을 위해 더 나은 일이라고 믿는다. 이 부분은 변호사들이 잘못 생각하곤 하며, 의사들의 의견이 맞다. 일부 변호사들은 심지어 정신과 약물치료를 세뇌와도 비슷한, 허용되어서는 안 될 개입처럼 묘사한다. 그러나 이러한 표현은 오해의 소지가 다분함을 뒤에서 설명하겠다. 의사들이 약물치료는 세뇌와는 전혀 관련이 없다고 부인하는 것 또한 해당 문제가 지닌 복잡성을 무시하는 것이다. 어쨌든 나는 환자가 내면의 갈등을 극복하고 약을 복용할 수 있도록 이끌 최선의 (그리고 어쩌면 유일한) 방법은 의사가 환자와 적극적으로 대화하며 정신치료를 진행하는 것이라고 생각한다. 그렇기 때문에 앞서 내가 제안한 강제치료 기준은 정책적인 측면에서도 합리적이다. 우리 사회가 심리적 문제를 점점 더 약물에 의존하여 해결하려고 하는 경향에 대해서는 이 책의 마지막 부분에서 좀 더 이야기하려고 한다.

환자들이 약을 왜 거부하는지 나는 과연 어떻게 알 수 있을까? 이를 다루는 문헌들이 있기 때문이다.[21] 외뢰인으로 또는 내담자로 나를 찾아오는 많은 환자를 통해 얻은 경험도 있다. 마지막으로 인간의 본성, 특히 병에 의해 왜곡된 본성에 대해 내가 이해하는 바를 바탕으로[9)] 추리한 내용도 있다. 이 책에서는 망상이나 환각에 의한 치료거부는 논외로 하고[22] 의사능력을 인정받을 수 있을 만한 치료거부의 이유들을 다루려고 한다. 이러한 치료거부의 전형적인 이유들을 〈표 1〉에 정리하였다.[23]

---

9) 저자는 이 책을 쓴 이후에 본인의 조현병 병력을 밝혔다(역자 주).

약물치료 경험이 없는 환자	약물치료를 받아본 환자
약 복용에 대한 두려움 · 신체적 부작용에 대한 두려움 · 위험성에 대한 두려움 · 정신적 부작용에 대한 두려움 · 변화에 대한 전반적인 두려움	**약 복용에 대한 비선호** · 신체적 작용/부작용을 싫어함 · 정신적 작용/부작용을 싫어함 · 다른 두려움들이 (약간은 줄어들었을지언정) 그대로 남아 있음
병을 앓는 상태를 선호 · 일차적 이득 때문에 · 이차적 이득 때문에 · 병이 있는 상태의 자신과 동일시하기 때문에 · 병을 앓음으로 자신을 처벌하고 싶어 하기 때문에	· 왼쪽과 동일(그러나 현재 약 복용 중이라면 선호의 정도는 약간 줄어들 수도 있음)
자기애 손상을 피하고자 함 · 외부의 도움에 기대어서는 안 된다고 합리화 · 스스로 노력하여 나아져야 한다고 합리화	· 왼쪽과 동일
부정 · 정말로 병이 있는 것은 아니라고 생각 · 만약 병이 있다고 해도 의지로 증상을 조절할 수 있다고 생각 · 선에는 약이 필요했을지 몰라도 더 이상은 아니라고 생각	· 왼쪽과 동일(현재 약 복용 중이라면 첫 번째 생각은 약간 줄어들 수 있으나, 두 번째 및 세 번째 생각은 더 강해질 수 있음)
반응성 거부 · 가족 또는 치료진과의 거리를 조종하려 약을 거부 · 짜증이나 화가 날 때 액팅아웃의 형태로 거부 · 약 복용을 협상 수단으로 삼기 위해 거부	· 왼쪽과 동일

〈표 1〉 전형적인 치료거부 이유

약 복용을 한 번도 한 적이 없는 환자들은 약물이 신체적, 정신적으로 어떻게 작용할지, 부작용과 위험성은 어떠할지 등에 대해 두려움을 가질 수 있다. 부작용으로 사망하는 드문 사건이 바로 나에게 발생하면 어쩌지? 돌이킬 수 없는 운동장애가 발생해서 평생 정신질환자라는 티를 내며 살게 되면 어떡하지? 약을 먹으면 몸이 떨리거나 안절부절못할 수도 있다는데 그게 어느 정도로 심할지? 환자는 집중력 저하와 같은 정신적 부작용에 대해서도 걱정할 수 있다. 그뿐이 아니다. 환자는 약이 자신의 정신을 침범해 들어오는 것에 대해 큰 두려움을 느낄 수도 있다. 약은 자신의 생각과 감정을 바꿀 것이라는 점을 환자는 알고 있다. 의사는 약이 단순히 그를 원래의 모습으로 돌려놓을 것이라고 말하지만, 그 말을 확실히 믿어도 될까? 어쩌면 의사는 사실을 어느 정도 호도하고 있을지 모른다. 약을 먹은 후 환자는 자신도 알아볼 수 없을 정도의 모습으로 바뀌어 버릴 수도 있다. 곁에서 아무리 안심시키는 말들을 해 준다 해도 실제로 약효가 나타나기 전까지는 약이 자신을 어떻게 바꿀지 알 수 없는 것이고, 알게 된 다음에는 이미 너무 늦었을지 모른다. 지금의 나는 혐오할 모습을, 바뀐 나는 마음에 들어 할 수도 있다.

변화에 저항하는 모습은 어느 환자에게서나 나타난다. 정신분석을 받는, 기능이 좋은 환자들도 예외는 아니다.[24] 익숙한 상태에 머무는 것은 편안하고 변화를 시도하는 것은 두렵기 때문이다. 정신분석은 적어도 대화를 통해 이루어져서 변화를 거부하는 것이 가능한데도 (적어도 가능하다고 생각할 수 있는데도) 두려움을 느낀다면, 약물치료처럼 절대 저항할 수 없는 변화를 앞둔 환자의 두려움은 얼마나 더 크겠는가. 그렇기 때문에 첫 번째 그룹의 치료거부 이유들은 상당히 강력할 수 있다.

두 번째 그룹에 속하는 치료거부 이유들은 앞선 이유들보다 더 바꿔기 힘들 수 있다. 이 그룹의 이유들은 모두 병을 앓는 상태를 선호하는 것과 관련이 있다. 혹자는 병을 앓는 상태를 좋아하는 사람이 도대체 왜 있을지 의문을 품을 수도 있다. 그러나 환자는 병을 통해 일차적 이득 및 이차적 이득을 얻을 수도 있다. 일차적 이득은 병의 증상 그 자체로부터 환자가 얻는 이득으로, 증상이 불안과 고통으로부터 유발된 것이라면 이러한 불안과 고통을 덜 느낄 수 있다는 것이 대표적인 일차적 이득이 될 것이다. 조증 환자가 들뜬 기분을 통해 고통을 직면하지 않게 되는 것이나, 정신증 환자가 정신증 속에서 전지전능함을 느끼는 경우도 일차적 이득의 예이다. 환자들은 (실제로 이를 알아차리고 인정하는 경우는 드물더라도) 이런 상태에 지극히 만족할 수 있다. 반면 이차적 이득은 병에 대한 주변인들의 반응으로부터 얻어지는 부수적인 이득으로, 환자 역할을 하며 보살핌을 받는 만족감이 그 대표적인 예이다. 환자들은 누군가가 자신을 돌보아 주고, 자신은 일하거나 돈을 벌지 않아도 되며, 남이 자신을 먹여주고 입혀주는 상황을 좋아할 수도 있다. 환자들은 어쩌면 의사가 약을 복용하라고 자신을 소위 쫓아다니는 것에 성적인 자극을 느끼며 설레할 수도 있다. 환자는 또한 자신의 삶이 너무나 황량해서 병을 앓는 상태를 더 선호할 수도 있다. 삶의 비참함보다는 병의 고통이 더 나은 것이다. 이는 일차적 이득이나 이차적 이득, 혹은 양쪽 모두에 해당될 수 있다.

아니면 환자는 병을 앓는 모습을 자신의 진짜 모습으로 받아들이기 때문에 그 상태에 머물고 싶어 할 수도 있다. 약 복용을 한 번도 해보지 않은 환자는 약을 먹어 모습을 바꾸는 것은 자기 자신을 배반하는 것이라고 느낄 수 있으며, 이러한 생각은 약을 거부하는 강력한 동기가 될 수 있다.

마지막으로 환자는 병을 통해 자기 자신을 벌하고 싶어 할 수도 있다. 어떤 일로 환자는 죄책감을 품게 되었고, 환자의 초자아는 복수의 한 방법으로 약을 거부하며 환자가 병을 계속 앓도록 하는 것이다. 정신분석가들에 따르면 신경증 환자들의 부정적 치료반응도 이러한 역동에 의한 것일 수 있다고 한다. 이 역시 사람들이 나아지기를 거부하는 강력한 이유일 수 있다.

세 번째 그룹에 속하는 치료거부 이유들은 자기애 손상과 관련된 것이다. 화학 물질의 도움을 받아야만 정상적인 정신상태가 될 수 있다는 사실을 인정함으로써 발생하는 자기애 손상을 환자는 막고자 하는 것이다. 자신에게 이러한 종류의 도움이 필요함을 받아들이면 환자의 자존감은 급락할 수 있다. 자신은 불량품이고 부적응자라고 느낄 수 있는 것이다. 약 복용은 자신이 고장 난 사람이라는 사실을 매일 상기시켜주는 사건이다. 병을 앓고 있다는 사실은 환자에게 큰 상처이고, 약은 그 상처를 더 자극한다. 더 이상의 자기애 손상을 피하고 싶다는 마음은 (사실 이 마음은 아래에서 언급할 다른 치료거부 이유들의 배경이 될 수도 있다) 외부의 도움에 기대어서는 안 된다거나 스스로 노력하여 나아져야 한다는 생각의 형태로 나타날 수도 있다. 외부의 도움에 기댄다는 표현은 어쩌면 자기애적 취약성을 가진 환자들이 느끼는 감정을 잘 말해주는 것일지 모른다. 이 환자들은 절뚝거리는 자신의 모습을 떠올리며 치료를 거부할지 모른다.

네 번째 그룹에 속하는 이유들은 세 번째 그룹과 관련이 있다. 환자는 (아마도 자기애 손상을 피하기 위해) 어떤 식으로든 병을 부정하기 때문에 치료를 거부한다. 한 번도 신경정신약물을 복용한 적이 없는 환자들은 자신이 진짜로 병을 앓는 것은 아닐 것이라 생각한다. 지금 여러 가지로 힘들고 기분이 좋지 않지만, 병은 아니라고 생각한다. 아니면 자신에게 어떤 병의 증상들이 나타나고 있음은 인정하면서도 스스로의 의지로 이를 조절할 수 있다고 믿는다. 즉, 증상을 겪고 안 겪고는 자신이 선택할 수 있는 일이고, 조금만 더 노력한다면 해결될 일이라고 보는 것이다. 또는 자신이 예전에 병을 앓았음은 인정하지만, 지금은 다 나았고 더 이상 약은 필요하지 않다고 생각할 수도 있다. 병이 실제로 나은 것이 아니라 기분만 약간 나아진 경우에도 환자는 위와 같이 생각할 수 있다.

마지막 그룹에 속하는 이유들은 반응적인 것들이다. 환자는 치료진이나 가족이 너무 가깝게 다가오거나 너무 멀어진다고 느끼면 이를 조절하기 위해 약을 거부하기도 한다. 일반적으로 환자는 이들이 자신에게 다가오기를 바라면서 (어쩌면 심지어 위압적인 모습으로 좇아와 자신에게 명령해대길 바라며) 약을 거부한다. 아니면 짜증 나고 화가 나는데 자신이 할 수 있는 일은 너무나도 적기 때문에, 몇 안 되는 할 수 있는 행동 중 하나인 약 복용 거부를 통해 불쾌감을 드러내는 것일 수 있다. 또 어떤 환자들은 자신의 불행한 운명에 만성적으로 화가 나 있으며 약을 거부하는 것으로 화풀이를 하기도 한다. 마지막으로 어떤 환자들은 복용하는 약의 종류와 양을 협상하기 위해 전략적으로 치료를 거부하기도 한다.

과거에 약물치료를 받은 적이 있거나 현재 약 복용 중인 환자들이 치료를 거부하는 이유도 위와 비슷할까? 만약 한 번 약물치료를 시작한 환자는 더 이상 위와 같은 이유로 치료거부를 하지 않는다면 우리에게는 강제투약을 실시할 이유가 (정당한 이유는 아닐지라도) 충분히 있는 것이다. 이 환자들은 약의 효과로 건강해진 후 우리에게 고마워할 가능성이 높고, 더 나아가 그 뒤로는 스스로 약을 챙겨 먹게 될 수도 있기 때문이다. 그러나 이제 설명하겠지만 강제치료 후에도 환자가 치료를 거부하는 이유들 대부분은 바뀌지 않는다. 치료에 잘 따르게 되는 환자들도 일부 있겠지만, 그렇지 않은 환자들도 많다. 강제치료는 안정적인 해결책은 절대 아니다.

치료거부 이유 중 강제치료 이후 바뀔 가능성이 가장 높은 것은 첫 번째 그룹에 속하는 약의 위험 및 작용과 부작용 그리고 전반적인 변화에 대한 두려움이다. 약을 일단 복용해 보면 환자는 그 작용과 부작용에 대해 알게 될 것이다. 그다음에는 자신이 경험한 약의 작용이 마음에 들지 않아 치료를 거부할 수도 있지만, 두려워했던 것보다 약의 작용과 부작용이 나쁘지 않다고 느끼는 사람도 있을 것이다. 더 나아가 약이 자신에게 잘 맞는다는 사실을 발견하는 환자도 있을 것이다.

두려움이 전부 사라지는 것은 아닐 수도 있다. 약의 작용과 부작용을 알게 되었더라도 위험성은 이와는 별개의 문제이다. 그러나 첫 치료에서 위험한 일이 발생하지 않았다면 환자는 자신이 위험성을 과대평가했음을 깨닫고 안심할지 모른다(그리고 어쩌면 이제는 위험성을 과소평가하게 될 수도 있다). 과거에 약물치료를 받았으나 현재는 약을 복용하지 않고 있는 환자라면 다시 약을 먹는 것이 두려울 수 있다. 변화에 대한 두려움, 특히 정신상태의 변화에 대한 두려움은 예전에 비슷한 변화를 겪어봤다고 해서 쉽게 사라지지는 않는다. 게다가 이번에 약을 먹었을 때의 작용과 부작용은 이전과는 다를 수도 있는 것이다.

그렇다 해도 대부분의 환자는 일단 치료를 시작하면 약에 대한 두려움에서 벗어난다. 그리고 과도한 용량을 사용하지 않는다면 약의 작용과 부작용은 크게 불편하지 않은 경우가 일반적이다. 적어도 병의 증상보다는 확실히 더 견딜 만하다. 그래서 환자들 대부분은 약을 복용하게 된다. 간혹 약 복용을 거부하거나 빼먹을 때가 있더라도 말이다. 그러나 일부 병원에서는 무성의한 처방이 이루어지기도 하는데, 과다 용량이나 특정 환자에게 맞지 않는 약을 사용할 경우 부작용은 상당히 심각할 수 있다. 마찬가지로 환자 중에는 작은 부작용도 견디기 힘들어하는 이들이 있을 수 있다. 하지만 대부분의 경우, 의사들이 환자의 불만에 진지하게 귀를 기울인다면 심하게 불쾌한 부작용은 없이 약 복용이 가능할 것이다(그리고 환자의 치료거부 권리를 적극적으로 인정하는 것은 의사들이 환자의 말에 귀 기울일 유인이 됨을 기억하라).

첫 번째 그룹에 속하는 치료거부 이유들은 이렇듯 (물론 설득을 통해 바뀌면 더 바람직하지만) 강제투약으로도 바뀔 수 있지만, 나머지 그룹의 이유들은 바뀔 가능성이 더 낮다. 두 번째 그룹에 속하는 이유로 치료를 거부하는 환자는 일차적 또는 이차적 이득 때문에, 또는 병에 걸린 상태가 자신의 진짜 모습이라 생각해서, 또는 자신을 벌하고 싶기 때문에 병을 앓는 상태를 더 선호한다. 강제치료를 받은 후 현재 약을 복용 중이라도 환자는 이전 상태로 돌아가고 싶어 할 수 있다. 정신증이나 조증 같은 증상들이 다시 나타나기 시작할 때 환자는 자기도 모르는 사이에 이에 현혹되어 약을 거부하게 될 수 있다. 아니면 환자는 건강하게 지내는 것은 자신의 진정한 모습을 배신하는 것이라 생각하여 죄책감을 느낄 수도 있다. 많은 환자들이 약을 먹은 후의 자신의 정신상태는 인위적으로 만들어 낸 것이기 때문에 진짜가 아니라고 느끼고, 본래의 모습을 되찾아야 한다고 생각하곤 한다. 어쩌면 자신이 반칙을 하고 있다고 느낄 수도 있다. 또 다른 환자들은 자신을 벌하기 위해 다시 병을 앓고 싶다는 욕망을 무의식 속에 가질 수도 있다.

그러나 이 환자들은 한 번도 약을 복용한 적이 없는 환자에 비해서는 아마도 이러한 동기에 덜 휘둘릴 것이다. 현재 약을 복용 중인 환자는 건강한 상태와 병을 앓는 상태를 저울질해 볼 수 있다. 전에 병으로부터 일차적 또는 이차적 이익을 얻었더라도 환자는 건강으로부터도 큰 이익을 얻고 있을지 모른다. 마찬가지로 환자는 병을 앓는 상태가 아닌 건강한 상태가 자신의 진짜 모습이라고 생각하고 싶을 수도 있고, 스스로를 벌하고자 하는 마음도 누그러졌을 수 있다. 실제로 이러한 요인들이 병에 대한 선호를 누르게 되는 사람도 많다. 그러나 어떤 사람에게는 여전히 병을 통해 얻는 것들이 포기하지 못할 정도로 클 수 있다. 분명한 것은 치료를 받은 후 현재 약을 끊고 병이 재발한 사람은, 한 번도 치료를 받지 않은 사람과 마찬가지로 계속 이러한 상태에 머물고자 하는 동기가 강할 수 있다는 점이다.

자기애 손상을 피하고자 하는 마음에서 비롯된 세 번째 그룹의 치료거부 이유들은 환자가 한 번도 치료를 받아본 적이 없든, 치료 이후 약 복용을 끊었든, 아니면 지금도 계속 약을 복용하고 있든 상관없이 강력하게 작용할 수 있다. 환자들은 약을 먹어야 한다는 사실에 대해 상당한 수치심을 느끼곤 하며, 약 복용을 하다 보면 이러한 수치심이 줄어든다는 증거도 없다. 게다가 첫 치료를 강제로 받았다면 환자가 느끼는 수치감과 모멸감은 더더욱 클 수 있다. 이러한 자기애 손상이 환자들이 약을 거부하는 가장 큰 이유일 것이라고 나는 생각한다. 자기애 손상을 피하고자 하는 마음은 나머지 이유에도 영향을 미친다. 환자는 자신에게 치료가 필요하다는 사실을 더 강하게 부정하고, 약을 먹어야 하는 자신의 처지에 분노하며 반응성 투약거부로 화풀이를 할 수도 있다. 아니면 일종의 반동형성으로 병을 앓는 상태가 자신은 더 좋다고 말할 수도 있다. 뒤에서 보겠지만 신체질환자들이 치료를 거부하는 이유도 이러한 자기애 손상과 관련이 있곤 하다. 만약 환자가 치료를 거부하는 주된 이유가 자기애 손상을 피하기 위한 것이라면 강제치료 이후 환자의 치료거부는 줄어들기보다는 오히려 더 심해질 가능성이 있다.

치료 필요성의 부정과 관련된 네 번째 그룹의 치료거부 이유들 역시 강제치료 이후에도 계속 나타날 수 있는데 단, 부정의 정도와 구체적인 내용은 달라질 수 있다. 환자들이 가장 강하게 자신의 병을 부정하는 때는 주로 증상이 가장 심할 때이다. 부정은 병을 향한 일종의 항변일 수 있기 때문이다. 그렇다면 현재 약을 복용 중인 환자는 치료를 받은 적이 없거나 약을 중단하여 증상이 돌아온 환자보다 부정의 정도는 약할 수 있다. 그러나 그렇다 해도 자신의 병을 완전히 받아들이는 것은 힘든 일이며, 자신에게는 약이 필요하지 않다는 생각을 증명해 보이고 싶어 치료를 거부하는 환자들도 있을 것이다.

현재 약을 복용 중인 환자는 자신의 자유의지로 증상을 관리할 수 있다는 생각에 빠질 수도 있다. 자신에게 병이 있다는 사실은 인정하면서도 자신의 정신상태는 자신이 만들어 내는 것이라 믿는 것이다. 이 환자들은 어떻게 하면 자신의 증상이 악화되거나 나아지는지 알고, 다른 사람들에게 증상을 숨기는 것도 어느 정도 가능하다. 그러다 보니 환자는 자신의 뜻대로 증상을 완전히 조절할 수 있다고 생각할 수도 있다. 이러한 경향은 특히 환자가 건강을 유지하며 전반적으로 의지력을 잘 발휘하고 있을 때 (그리고 어쩌면 자기애 손상을 피하기 위해 병을 앓던 때에 대한 기억은 왜곡되었을 때) 더 강하게 나타날 수 있다. 현재 약을 복용 중인 환자들은 또한 전에야 어땠든 지금은 약이 더 이상 필요하지 않다고 생각할 수 있다. 증상이 없으므로 자신이 다 나았다고 느끼는 것이다. 병이 있다면 이렇게 잘 지낼 리 없지 않겠는가? 아마 병은 이제 사라졌나 보다, 환자는 생각할 수 있다. 처음 치료를 받는 환자도 치료 초기에 상태가 좋아지면 이런 생각들을 할 수 있지만, 약을 계속 복용하며 오랫동안 증상 관리가 잘 된 환자들에게서 이런 경향은 가장 강하게 나타난다. 정신질환이든 다른 병이든, 증상이 없으면 환자가 임의로 치료를 그만두는 경우는 비교적 흔하다.[25]

마지막 다섯 번째 그룹의 치료거부 이유들은 반응성 거부와 관련된 것으로, 치료를 받았다 하여 크게 바뀌지는 않는다. 약을 먹으면 환자는 적응적인 대처 방식을 사용하기가 좀 더 수월해질 수는 있지만, 자동으로 그것이 가능해지는 것은 아니다. 특히 병원 등 폐쇄적인 시설에서 생활하는 환자는 성숙한 방어기제를 발달시킬 여지가 거의 없곤 하다. 입원 상황 자체가 환자의 퇴행을 유발하기도 하고, 환자에게 주어지는 권한이 너무나 적기 때문에 환자는 자신이 할 수 있는 몇 가지 안 되는 일(예를 들어 약 복용)을 무조건 무기로 삼으려 들 수 있다. 그리고 강제투약은 환자들의 이러한 경향을 오히려 더 강화시킬 수 있다. 얼마 있지 않은 권한을 또 빼앗겼다고 느끼는 환자는, 자신의 약 복용이 치료진에게는 중요한 문제임을 알게 되었기 때문에 더더욱 이 무기를 포기하지 않으려 할 수 있다. 이런 경우라면 약 복용을 강제하지 않는 것이 더 현명한 길일 것이다.

환자의 치료거부 이유들로부터 우리는 무엇을 알 수 있을까? 첫째, 강제투약으로 해결될 가능성이 높은 것은 첫 번째 그룹에 속하는 치료거부 이유들뿐이다. 두려움 때문에 약을 거부하는 경우에만 (그리고 정신증 환자들은 특히 두려움에 취약하곤 하다) 강제로라도 약을 먹임으로써 이를 변화시킬 수 있다. 그다음에는 물론 막연한 두려움이 아니라 약의 작용과 부작용에 대해 직접 경험하여 아는 것을 바탕으로 환자는 치료를 거부할지 모른다. 그러나 적어도 치료가 적절히 이루어졌다면 대부분의 환자는 약의 효과로 상태가 훨씬 좋아졌음을 깨닫고 우리의 개입에 대해 고마워할 것이다.

두 번째 그룹의 치료거부 이유들은 강제치료의 영향을 약간은 받을 수 있다. 그러나 환자의 건강을 되찾아주는 것만으로 이러한 치료거부가 크게 줄어들 것이라 기대하기는 어렵다는 것이 나의 생각이다. 이러한 치료거부는 어떻게 보면 건강과 병 중에서 병을 택하겠다는 선호의 문제이기 때문이다. 세 번째, 네 번째 그리고 다섯 번째 그룹에 속하는 치료거부 이유들은 강제치료 이후에도 바뀌지 않을 가능성이 더 높다. 환자가 자신이 병을 앓는다는 사실을 완전히 부정하기 때문에 치료를 거부하던 경우만 예외적으로 치료 후 부정의 정도가 약해질 수는 있지만, 이 경우도 항상 그런 것은 아니다.

그렇다면 강제 약물치료는 안정적인 해결책이 될 수 없는 것이다. 약을 먹지 않고자 하는 동기들이 치료 후에도 그대로 남아 있다면 환자는 임의로 약 복용을 중단할지 모른다. 그뿐만 아니라 강제치료는 자기애 손상을 더 자극할 수 있다. 병을 앓고 약을 먹어야 한다는 사실만으로도 상처는 심각할 수 있는데, 강제투약은 이 상처를 더 헤집는다. 이는 환자를 전혀 존중하지 않는 행동이며, 환자의 자존감을 깎고 환자를 수동적으로 만들 수 있다.

치료를 거부하는 환자들에게 가장 필요한 것은 대화이지 강제력이 아니다. 이는 급성 정신증 환자의 경우도 마찬가지이고, 그 환자가 치료를 거부하는 이유가 첫 번째 그룹에 해당될 때에도 마찬가지이다. 치료에 앞서 환자의 동의를 구하는 것은 치료적 차원에서도, 환자의 존엄성 존중 차원에서도 훨씬 도움이 되는 일이다. 물론 급성 정신증 환자가 심층 정신치료에 응할 가능성은 낮다. 그러나 이러한 환자도 치료진이 부드럽게 설득하면 그 목소리에 담긴 염려를 알아채고 반응할 수도 있다. 만약 환자가 약의 작용과 부작용을 두려워하는 것이라면 세심하게 설명을 해 주면 된다. 다른 환자들이 경험담을 들려주는 것도 도움이 될지 모른다.

이렇게 대화를 시도해도 환자가 꿈쩍하지 않는다면 강제입원 기간 중 한 번은 강제 약물치료를 시도해 볼 수 있을 것이다. 그 근거 중 일부는 3장에서 설명했고, 나머지 일부는 앞에서 설명한 치료거부 이유들로 설명이 가능할 것이다. 첫째, 어떤 환자들은 약의 작용과 부작용, 그리고 약이 자신의 정신에 어떤 영향을 미칠지에 대한 두려움이 너무 크기 때문에 치료에 대한 결정을 내리지 못한다. 신체질환자들은 이런 종류의 두려움은 느끼지 않는다. 둘째, 정신과 환자들은 정신능력이 저하된 상태이며 본래의 모습이 아니다. 약 복용을 통해 환자들은 건강에는 어떤 이점들이 있는지 경험해 볼 수 있게 되고, 건강한 상태가 자신의 진짜 모습이라고 생각하게 될 수도 있다. 치료 후 환자는 우리의 개입에 감사하며 앞으로 계속 치료를 받겠다고 마음을 굳힐 수도 있다. 이러한 결과를 얻을 가능성이 있기 때문에 나는 첫 정신증을 겪는 환자들에게 한 번의 강제치료를 하는 것은 허용될 수 있다고 주장하는 것이다.

하지만 첫 치료 이후에는 이렇듯 완화된 조건의 강제치료가 불가하기 때문에 우리는 다른 방법을 동원하여 환자의 치료순응도를 높여야 한다. 첫 치료의 약효가 어느 정도 나타나기 시작하면 치료진은 이제 정신치료에 집중하며 약 복용에 대한 환자 내면의 걸림돌 탐색을 도와야 한다. 환자는 자신에게 병을 좋아하는 면도 있다든지, 병을 통해 자신이 얻는 이익이 있다든지 등을 깨달을 수도 있다. 병에 대한 분노나 슬픔, 수치심을 이야기하게 될 수도 있다. 정신치료를 통해 환자는 향후 자신이 약 복용을 거부하더라도 이에 응하지 말고 치료를 계속해달라는 내용의 사전지시서를 작성하게 될 수도 있고, 아니면 더 바람직하게는 스스로 꾸준히 치료를 받는 모습으로 변화할 수도 있다. 강제투약이 아니라 바로 정신치료를 통해 이러한 변화를 이끌어내야 한다.

여러 약에 대한 연구는 활발히 진행되어 왔다. 그러나 상담과 정신치료를 통해 환자의 치료순응도를 높이는 방법에 대한 연구는 많지 않다.[26] 우리는 강제치료에 너무 손쉽게 의존하게 된 것이다. 앞으로는 위 분야에 대한 연구도 더 활발히 이루어지게 되기를 바란다.

물론 나의 제안을 실현하려면 큰 비용이 필요하고, 어떤 사람은 이것이 불필요한 지출이라고 생각할 수도 있다. 환자들의 치료거부 동기가 강제치료 이후에도 바뀌지 않는 경우가 많기 때문에 강제치료가 안정적인 해결책이 아니라면, 치료거부를 아예 선택지에서 제외하면 된다는 것이다. 환자가 임의로 치료를 중단하지 못하게 계속 강제투약을 하고, 외래치료명령을 무기한 시행하면 된다. 그러나 이는 가장 문제가 많은 방법이다. 약을 먹고 완전히 건강해진 사람, 의사능력이 온전할 뿐만 아니라 정신능력의 저하도 없는 사람에게 계속 약 복용을 강요하는 것이 어떻게 정당화될 수 있을까? 약을 끊으면 상태가 악화될 가능성이 높은 환자들에 한해 이를 실시하고 싶을 수는 있다. 하지만 스스로 생각하고 판단할 수 있는 사람에게 이를 강제하는 것은 인간을 대하는 우리의 기본 태도에 어긋난다. 환자를 위해 무엇이 좋은지는 환자 자신보다 우리가 더 잘 안다고 생각할 수 있겠지만, 사실은 그렇지 않을 수 있다. 예를 들어 어떤 사람의 삶이 암울하고 앞으로도 이런 상황은 바뀌지 않을 것 같다면, 그리고 이 사람 고유의 성향을 고려한다면, 그 사람에게는 병을 앓는 상태가 실제로 더 나을 수도 있는 것이다.

그렇다면 무기한은 아니고, 환자가 정신증을 다시 보일 때 강제투약을 실시하는 것은 어떨까? 즉, 의사무능력을 기준으로 삼는 것이 아니라 정신증을 기준으로 삼는 것이다. 이러한 제안은 앞의 제안보다는 낫지만, 나는 여전히 의사능력의 유무가 강제투약의 기준이 되어야 한다고 생각한다. 게다가 이 환자가 사전지시서로 치료거부 의향을 명확히 밝힌 적은 없더라도, 치료 후 의사능력이 회복된 상태에서 계속 약 복용을 중단하는 것을 보면 이 환자는 의사능력이 온전한 상태에서도 병을 앓는 편을 더 선호하는 것이다.[27] 그리고 이 사람에게 무엇이 더 나은지는 우리보다 그 사람 본인이 어쩌면 더 잘 알지 모른다. 그리고 바로 이런 상황을 위해 우리는 사전지시서 작성을 독려해야 한다는 점도 다시 이야기하고 싶다.

그렇다면 환자에게 무기한 투약이 가능하지 않은 한 강제치료는 매우 불안정한 해결책이 될 수밖에 없다. 환자의 치료거부 동기가 강제투약 이후에도 크게 바뀌지 않고 강제투약은 엄격한 기준에 의해 시행되어야 한다면 환자는 언젠가는 약 복용을 중단할 수 있을 것이다. 강제투약 기준을 완화하여 예를 들어 환자가 정신증을 보이고 이후 상태가 더 악화될 것으로 예상되는 경우 투약이 가능하도록 한다 해도 환자는 치료진과 끝없는 술래잡기를 벌일 수 있다. 환자는 약 복용을 거부하고, 상태가 악화되고, 치료진은 다시 강제투약을 하고, 환자는 다시 약 복용을 거부하기가 반복될 수 있는 것이다. 그렇게 되면 환자는 거의 절반의 날들을 약 복용을 중단하고 상태가 악화된 상태로 지낼지 모른다.

더 나은 해결책은 정신치료에 노력을 집중하며 환자가 약 복용을 받아들일 수 있도록 돕는 것이다. 환자가 강제투약과 치료거부를 반복하며 롤러코스터를 탄 듯 정신건강의 개선과 악화를 번갈아 경험하기보다 자발적으로 꾸준히 치료를 받을 수 있기를 우리는 바랄 것이다. 물론 정신치료 후에도 환자가 사전지시서를 작성하지 않거나 치료거부를 계속할 가능성은 있다. 그러더라도 우리 생각과는 달리 환자에게는 그것이 오히려 더 나은 일일 수도 있음을 잊지 않아야 한다.

지금까지 이야기한 환자의 치료거부 이유들과 강제투약이 환자의 치료거부에 미치는 영향을 보면, 현실은 '환자가 치료를 받고 본래의 모습으로 돌아온 후 우리에게 감사한다'는 그림처럼 단순하지는 않다. 그 그림 속 환자는 건강을 되찾고 앞으로도 건강을 유지하겠다는 결심이 선 사람이다. 그 환자는 건강을 좋아하며, 약을 먹어야 건강을 유지할 수 있다면 꾸준히 약을 복용할 것이다. 물론 스트레스를 받으면 가끔 증상이 일부 다시 나타날 수도 있겠지만 (그렇기 때문에 사전지시서가 필요한 것이겠지만) 적어도 건강한 상태에서 그 환자는 우리에게 감사할 것이고 우리의 개입을 계속 받아들일 것이다.

그러나 현실은 이 그림보다 더 복잡하다. 환자의 치료거부 이유들을 살피면서 우리는 병이 나아 감사하는 환자라도 여전히 의식적으로 또는 무의식적으로 자신의 병에 대해, 약 복용에 대해, 그리고 약을 필요로 하는 자신의 모습에 대해 갈등을 느낄 수 있음을 보았다. 치료불순응과 관련된 환자 내면의 문제들은 대부분 약으로는 해결되지 않으며, 세심한 정신치료를 통해 다루어져야 한다.

그렇다면 강제투약을 통해 얻을 수 있는 효과를 우리는 지나치게 기대해서는 안 될 것이다. 나는 여전히 중증 정신증에 대해 한 번의 강제 약물치료를 시도하는 것은 합리적이라고 믿는다. 어떤 환자들은 그것만으로도 회복되고 앞으로 계속 치료를 받겠다는 마음을 갖게 될 수 있으며, 다른 많은 환자들은 그 정도까지는 아니더라도 정신치료를 시도할 수 있을 정도까지는 적어도 회복할 것이기 때문이다. 상당수의 환자에게서 이런 결과를 기대할 수 있기 때문에 위 개입은 정당화될 수 있다. 하지만 이러한 개입이 장기적인 해결책은 될 수 없음을 분명히 강조하고 싶다.

어떤 독자는 내가 애당초 앞서의 이유들을 의사능력을 인정받을 수 있을 만한 치료거부 이유라고 제시한 것에 대해 의문을 품을 수도 있다. 위 이유들을 보면 병으로 인해 환자는 치료거부를 한다는 의사의 말이 당연히 맞는 것 같아 보이기 때문이다. 물론 환자를 설득하고 정신치료를 통해 치료에 대한 동의를 이끌어내는 것이 좋은 일이긴 하지만, 환자가 의사무능력 상태일 때에는 강제 약물치료가 가능하다고 했고, 지금 이 이유들로 치료거부를 하는 환자는 의사무능력 상태가 아닌가?

그러나 나는 위 이유로 치료거부를 한다는 사실이 환자의 의사무능력을 보여준다는 주장에는 전혀 동의하지 않는다. 의사능력에 대해서는 7장에서 자세히 다룰 것이지만, 여기에서 먼저 몇 가지 중요한 부분을 짚어보겠다. 첫째, 약에 대한 두려움이나 환자가 경험한 약의 작용, 부작용, 위험성 등 때문에 치료를 거부하는 것은 누가 보더라도 용인 가능한 치료거부이다. 다른 어떤 치료이든 사람들이 치료를 거부할 때에는 보통 이 이유를 가장 많이 들곤 한다(그 이면에는 또 다른 진짜 이유가 있을지 몰라도 적어도 겉으로는 그렇다). 그리고 증상이 명백히 드러나는데 이를 부정하는 것도 무조건 의사무능력의 근거로 볼 수는 없다는 것이 나의 생각이다.

환자들이 이야기하는 다른 치료거부 이유들도 충분히 의사능력을 인정받을만한 것들이다. 이 이유들 각각은 모두 신체질환자의 치료거부 시에도 등장하지만, 그렇다고 이 신체질환자들의 의사능력을 의심하는 사람은 없을 것이다. 신체질환자도 병으로부터 이차적 이득을 얻을 수 있고(일차적 이득을 얻는 것도 예를 들어 통증을 좋아하는 사람이라면 가능할 것이다), 병을 앓는 모습을 자신의 진짜 모습으로 받아들이고 이를 바꾸는 것에 대해 죄책감을 느낄 수 있으며, 병을 통해 자신에게 벌을 내리고 싶어 할 수 있다. 신체질환자도 병을 부정하거나 의지로 증상을 조절하는 것이 가능하다고 생각할 수 있다. 증상이 사라지면 병이 다 나은 것으로 생각하고 약을 끊는 일은 매우 흔하다. 그리고 신체질환자도 때로는 반응적 치료거부를 할 수 있다.

정신질환자들은 신체질환자들과 거의 같은 이유로 치료를 거부하는 것이다. 나는 그중 자기애 손상을 피하고자 하는 마음이 환자가 치료를 거부하는 가장 주된 이유일 것이라고 생각한다. 병 때문에 약 복용이, 그것도 장기간 필요하다는 사실을 받아들이는 것은 힘든 일이다. 환자는 그 사실에 상처를 받고 치료를 거부함으로써 이에 항변하는 것일 수 있다. 그들은 자신이 온전한 사람이라고 믿고 싶은 것이다. 정신질환의 경우 특히 자기애 손상이 심할 수 있는데, 몸뿐만 아니라 자신의 본질인 정신에, 자신의 인격에 결함이 있다고 환자는 받아들일 수 있기 때문이다. 그러나 신체질환자들도 자신과 자신의 몸을 동일시하며 자신의 신체에 결함이 있다는 사실에 상처받을 수 있다. 신체질환자든 정신질환자든, 병이 있음을 인정하는 것은 넘어야 할 중요한 과정이다. 나의 요점은 신체질환자에게서도 자기애 손상과 관련된 치료거부가 흔히 나타난다는 것이다.

실제로 여러 문헌에서 각종 환자의 치료불순응에 대한 내용을 찾아볼 수 있다.[28] 정신과 환자들은 통찰력과 판단력이 떨어진다는 말이 있지만, 그렇다면 다른 모든 환자들도 그러한 것이다. 한 연구에서는 고혈압 치료제를 복용하는 환자들이 약을 중단한 비율이 정신과 환자들이 약을 중단한 비율과 비슷한 것으로 나왔다. 만약 정신과 환자가 위에서 열거한 이유들로 치료를 거부하는 것이 의사능력이 손상되었다는 증거라면 신체질환자들도 의사능력이 손상되었다고 봐야 한다.

물론, 그렇다면 신체질환자도 의사능력이 손상된 것으로 보는 게 맞는다고 주장하는 독자도 있을 것이다. 그러나 이는 매우 극단적인 입장으로 치료 관련 우리의 법적 규준을 완전히 뒤엎어 놓을 것이다. 이러한 입장이 왜 잘못된 것인지는 7장에서 설명하겠다.

의사들은 계속해서, 치료거부가 의사무능력 상태에서 나온 것은 아니더라도 병의 영향을 받은, 즉 말 그대로 건강하지 않은 선택이기 때문에 무시하거나 아니면 최소한도로만 존중해야 한다고 할 수도 있다. 그러나 나는 환자의 치료거부가 정신질환의 산물이라는 주장에 반대한다. 치료거부 이유 중 어느 것도 정신질환의 증상은 아니다. 신체질환자들도 같은 이유로 치료를 거부하곤 한다는 점을 기억하라. 치료거부가 무의식적 갈등과 두려움에서 비롯된 것일 수는 있다. 환자의 궁극적 이익을 반영한 것은 아니라는 면에서는 비합리적일 수도 있고,[29] 치료를 통해 변화가 가능할 수도 있다. 그렇다면 치료거부는 병의 증상은 아니더라도 집중적인 치료의 대상은 될 수 있는 것이다. 치료거부는 그 사람이 겪고 있는 문제 내지는 이슈라고 보는 것이 더 맞을 것이다. 아니, 이러한 표현도 어쩌면 잘못된 것일지 모른다. 병을 앓는 상태를 선호하는 것은 문제점이 아니라 단순히 그 사람의 선택일 수도 있다.[30]

그뿐만 아니라 환자의 치료거부가 실제로 병의 영향을 받은 것이라 하더라도 그것이 환자의 의사를 존중하지 않아도 될 근거가 되는 것은 아니다. 그렇기 때문에 의사들의 주장이 맞다 하더라도 환자는 여전히 치료거부를 할 수 있어야 한다. 자율성을 존중하는 것은 매우 중요하며, 환자의 결정에 약간은 문제가 있다 하더라도 우리는 이를 존중함으로써 자율성을 지키는 모습을 보여줄 수 있다.

마지막으로 의사들은, 치료거부 이유들은 법에서 보호하고자 하는 권리들과는 거리가 멀기 때문에 존중할 필요가 없다는 듯한 입장을 취하곤 한다.[31] 즉 헌법상의 권리를 근거로 치료거부를 한다면 적법한 주장이 될 수 있겠지만, 환자가 치료를 거부하는 이유는 이러한 권리와는 아무 상관이 없다는 것이다.

그러나 앞서 이미 이야기했듯이 환자들의 치료거부 이유들도 표현만 달리하면 헌법으로 보호되는 기본권과 관련된 것이다. 즉, 자신의 신체와 정신에 대한 결정을 내림에 있어 원치 않는 외부의 간섭을 받지 않을 자유가 있으므로 환자는 약의 작용과 부작용이 두렵거나 싫다는 이유로 치료거부를 할 수 있다. 자기애 손상을 피하기 위한 치료거부도 마찬가지이다. 반응성 거부는 자신이 원하는 목표, 예를 들어 치료진이 자신에게 다가오게 하고 싶다는 목표를 추구할 자유에 해당한다. 환자의 자유에는 또한 자신은 병이 심하지 않다고 생각할 자유, 그리고 자신의 의지로 증상을 조절하려 시도해 볼 자유도 포함된다. 마지막으로 환자가 자신은 병을 앓는 상태가 더 좋다고 말하고 이런 마음을 바꾸고 싶지 않아 한다면, 그는 정신활동의 자유를 주장하는 것이다. 그렇기 때문에 이 치료거부들도 충분히 존중받아야 할 성격의 것들이다.

우리가 살펴본 전형적인 치료거부 이유들을 고려하면 내가 제안한 강제치료 기준은 합리적이다. 의사들이 환자의 치료거부는 병에 의한 것이고 존중할 필요가 없다고 생각한다면 이는 잘못된 생각이다. 그러나 이어 설명하겠지만, 변호사들이 신경정신약물의 사용은 마음을 부당하게 조종하는 것으로 생각하는 것 역시 잘못된 생각이다. 왜 그럴지는 지금부터 살펴보자.

강제치료는 타인의 마음을 조종하는 행위일까?

미국의 변호사나 법정은 강제치료를 타인의 마음을 조종하는 행위에 비유하곤 한다. 이들은 신경정신약물은 세뇌와도 비슷하게 환자의 머릿속을 바꾸거나, 환자의 사고를 억제한다고 표현하기도 한다. 그렇다면 약물은 의심스러운 물질이고, 강제투약은 아예 금지되거나 극히 예외적인 경우에만 허용될 수 있을 것이다.[32] 의사들의 표현은 정확히 그 반대이다. 의사들은 이 약들이 특정 사고를 만들어 내거나 억제할 수는 없으며, 환자를 세뇌하거나 환자의 마음을 조종한다고 볼 수도 없다고 이야기한다. 의사는 또한 약은 사고를 '정상화'하는 것이기 때문에 마음 조종과는 상관이 없다고 주장하기도 한다.[33]

변호사와 의사는 둘 다 이 문제를 지나치게 단순하게 보고 있다. 의사들의 주장과는 달리 약은 실제로 어떤 사고는 억제하고 또 다른 사고는 촉진한다. 그러나 변호사들의 주장처럼 약이 마음을 조종하기 때문에 금지되어야 하는 것은 아니다. 약이 마음을 조종한다고 해도 이는 극히 미미한, 어쩌면 흥미를 끌 정도도 안 되는 수준에서이며, 이를 부당한 마음 조종이라 보기는 어렵다. 의사들이 약은 사고를 정상화시키는 효과를 가진다고 지적한 부분은 맞다. 다만 이 지적에 대해서는 좀 더 자세히 짚어보아야 할 점들이 있는데, 이는 뒷부분에서 다시 이야기하겠다.

항정신병제의 주된 효과는 정신증을 가라앉히는 것이다. 항정신병제를 복용하면 환자는 지리멸렬한 사고나 망상 및 환청에서 벗어나게 된다. 그렇다면 약은 정신증적 사고를 억제하고 대신 비정신증적 사고를 하게 만든다고 볼 수도 있을 것이다. 약은 환자가 자신의 망상을 더 이상 믿지 않게 만든다. 환자에게 여전히 본인이 신이라 생각하는지 물어본다면, 아니라고 대답할 것이다. 그렇다면 약은 분명 환자의 머릿속을 바꾸는 것이며, 마음을 조종하는 것이라는 표현도 아마 가능할 것이다. 정신증적 사고과정을 억제하고 비정신증적 사고를 촉진하는 것도 조종이기 때문이다.

그렇다면 이제 따져봐야 할 것은 이러한 조종이 부당하다거나 심각한 문제가 될 만한 방식의 조종인지이다. 생각해 보면 우리가 타인에게 그리고 타인과 하는 많은 일들은 상대방을 변화시킨다는 면에서 그 사람의 마음을 '조종'하는 것이다. 약의 작용은 훨씬 빠르고 저항이 불가능해 더 문제가 될 수 있지만, 우리는 신체질환에 대해서도 약을 사용하여 마음을 '조종'하고 있는데도 이에 대해 이의를 제기하는 사람은 아무도 없다. 예를 들어 심한 통풍으로 고생하는 사람에게 특정 약을 주어 통증을 완화시킨다고 해보자. 더 나아가 약 덕분에 이 사람은 기분이 밝아지고, 자신이 예전이 즐기던 활동들에 대한 열정을 되찾는다고 해보자. 이 경우도 부당하게 마음을 조종하는 것이 될까?

이에 대한 답을 위해 먼저, 약으로 마음을 조종하는 것이 문제가 될 경우는 어떤 경우들일지 짚어보며 신경정신약물의 사용이 이에 해당하는지를 살펴보자. 첫째, 만약 항정신병제 투약으로 단순히 비정신증적 사고를 촉진하는 것이 아니라 특정 사고를 구체적으로 불어넣을 수 있다면, 다시 말해 사고의 형태뿐만 아니라 사고의 내용에도 영향을 미칠 수 있다면 이는 문제가 될 것이다. 어떤 약을 먹으면 환자는 '내 재산 전부를 당신에게 줄게요' 또는 '이제부터는 공화당에만 투표해야겠어요'라고 생각하게 된다고 상상해 보자. 신경정신약물은 보통 이런 종류의 생각을 촉진하지는 못하지만, 특정 생각을 하게 만들 수 있는 것은 사실이다. 앞서 말했듯 약은 환자가 자신이 이전에 믿었던 망상이 실제로는 사실이 아니라고 생각하게 만든다. 그리고 예를 들어 치료진을 의심하던 환자의 편집증을 없애 치료진을 신뢰하도록 만들기도 한다.

만약 이러한 점들만으로 약이 충분히 부당하게 마음을 조종한다고 볼 수 있다면, 약은 부당하게 마음을 조종하는 것이다. 어쩌면 단순히 특정 생각을 유발한다고 해서 이를 부당한 마음 조종이라 볼 수 있는 것은 아닐지 모른다. 어쨌든 약을 먹기 전에는 병도 그 환자에게 여러 생각들을 불어넣고 있었다. (사실 우리의 생각은 상당히 많은 부분이 외부의 영향으로 만들어지는 것일지 모른다. 철저한 결정론자라면 지금 이 논의 자체가 무의미하다고 생각할 것이다.) 그러나 약으로 인해 생겨나는 생각들이 그 약을 준 사람에게 유리하게 작용하는 것이라면, 그래서 자신의 이익을 위해 상대방에게 약을 먹이는 것도 가능한 상황이라면, 이 경우는 어떻게 봐야 할까? 약을 이용해 상대방이 돈을 전부 나에게 주도록 한다거나, 나에게 투표하도록 하는 것은 부당한 마음 조종에 해당할 것이다. 그리고 앞서 이야기하였듯 약이 이러한 생각을 만들어 낼 수 있을 가능성은 낮지만, 약은 환자의 모습을 온순하게 바꿔 의사에게 큰 도움을 줄 수는 있다. 약을 먹으면 환자는 통제가 쉬워지고 의사의 지시에 좀 더 기꺼이 따르게 되기 때문이다.

어쩌면 의사가 오직 자신의 이익만을 위해서 약을 사용하는 것이라면 이는 정말로 부당하지만, 환자에게도 도움이 되기 때문에 그러는 경우라면 용납이 가능하다고 생각할 수도 있다. 그러나 이 경우는 다섯 가지 측면에서 문제가 될 수 있다. 첫째, 그렇다면 우리는 치료자의 사적인 동기를 점검하기 시작해야 하는데, 이는 문제의 소지가 많다. 둘째, 의사를 자신의 이익을 위해 다른 사람의 생각과 행동을 바꿔놓을 수 있는 약을 손에 쥔 사람으로 보게 된다면 이는 무서운 일이다.

셋째, 만약 약을 통해 상대방을 조종하여 자신의 권력을 키울 수 있다면 이는 부당한 마음 조종이라 생각할 수 있을 것이다. 약을 이용해 상대방이 나에게 투표하게 하거나 나에게 집을 넘겨주도록 할 수 있다면 이는 끔찍하고도 무서운 일이다. 하지만 실제로 약은 의사의 권력을 증대시켜주는 경우가 많다. 앞서 이야기했듯 약을 복용하면 환자는 다른 사람의 통제에 훨씬 더 잘 따르게 된다. 약의 효과로 환자가 치료자에게 더 호의적으로 변하고 치료자의 권위를 더 인정하게 되는 경우도 흔하다.

넷째, 신경정신약물을 먹여 환자를 자신과 비슷한 모습으로 바꿀 수 있다면 이는 부당한 마음 조종에 해당할 것이다. 어떤 사람이 스스로를 복제해낼 능력을 갖게 된다는 것은 상상만 해도 무서운 일이다. 하지만 항정신병제는 실제로 이와 비슷한 일을 할 수 있다. 약을 먹으면 환자는 치료진처럼 건강을 가치 있다고 생각하게 될 수 있고, 사고나 행동도 치료진과 비슷한 형태를 띠게 될 수 있다. 그런 의미에서 약은 환자를 치료진과 닮은 사람으로 만든다.

다섯째, 신경정신약물이 어떤 모습이든 환자를 현재와는 다른 모습으로 바꾼다면 이는 부당한 마음 조종이라 생각할 수도 있다. 약이 환자의 정체성을 변화시킨다면 이는 문제가 될 것이다. 자기 자신을 잃어버린다는 것은 큰 상실이며, 한 사람에게 다른 사람을 새로운 모습으로 창조할 권한을 준다는 것은 무서운 일이다. 하지만 약은 실제로 환자를 거의 새로운 사람으로 바꾼다. 유쾌하지만 산만하고 충동적이던 환자가 안정적이지만 무기력한 성격의 소유자로 변하기도 하고, 그 반대의 변화가 일어나기도 한다.

그러나 이러한 문제점들이 있다 하더라도 나는 신경정신약물이 부당하게 마음을 조종한다고 생각하지는 않는다. 예를 들어 다음과 같이 정말로 무서운 상황을 상상해 보자. 한 미치광이 과학자가 사람의 성격을 완전히 바꿔놓을 수 있는 약을 개발했다고 하자. 약이 상대방을 어떻게 바꿀지는 과학자가 정할 수 있다. 과학자는 그 사람이 어떤 생각을 하고, 어떤 신념을 가지며, 무엇을 좋아하고 싫어하는지, 성격 특성은 어떠할지, 그 사람은 어떤 목표를 갖고 살아갈지 등을 마음대로 바꿀 수 있다. 그리고 어떤 신기한 방법을 써서 과학자는 앞으로도 계속 그 사람을 조종할 수 있기 때문에, 예를 들어 선거 때마다 누구에게 투표할지를 새롭게 입력할 수 있다.

그러나 신경정신약물의 힘은 이에는 전혀 미치지 못한다. 약에 의해 사람이 달라질 수는 있지만, 구체적으로 어떻게 달라질지를 우리가 정할 수 있는 것은 전혀 아니다. 대부분의 경우 큰 틀에서의 성격이나 삶의 목표는 바뀌지 않으며, 병과 밀접하게 관련된 성격이나 목표 일부가 달라질 수는 있으나 어떤 방향으로 달라질지는 아무도 예측할 수 없다. 변호사로 일하던 환자가 치료 후에는 의사가 되겠다고 결심할 수도 있다.

그뿐만 아니라 이러한 변화도 단지 가능성이 있다는 것뿐이다. 약 복용 후에도 환자는 전혀 달라지지 않을 수도 있다. 약을 먹기 전에 통제가 되지 않던 환자는 약을 먹은 후에도, 이번에는 병 때문이 아니라 그 사람이 고집이 세고 화를 잘 내는 사람이기 때문에, 통제가 되지 않을 수 있다. 의사에 대한 편집증적 의심을 보이던 환자는 약을 먹은 후에도, 병 때문이 아니라 의사가 실제로 자신의 잇속만을 챙기는 모습을 보이기 때문에, 의사를 계속 의심할 수 있다. 세무조사관으로 일하는 환자 역시 약을 먹은 후에도 납세자들을 계속 의심할 것이다. 탈세를 감시하는 것이 그 사람의 일이기 때문이다.

마지막으로, 한 번 치료를 했다고 해서 그 사람을 계속 조종할 수 있는 것은 전혀 아니다. 약을 주는 것은 상대방에게 앞으로 어떻게 살라고 지시하는 것이 아니기 때문이다. 약효가 나타난 후에 환자는 앞으로 어떻게 살지 많은 부분을 직접 결정할 수 있다.

그러나 위에서 상상해 본 미치광이 과학자의 약과 신경정신약물은 불편할 정도로 닮은 면이 있는 것은 사실이다. 미치광이 과학자의 약보다는 더 단편적이고 덜 무시무시한 방식이긴 하지만 신경정신약물의 작용도 이와 똑같이 문제가 될 수 있음을 우리는 앞에서 살펴보았다. 이 두 약의 차이점은 얼마나 넓은 범위의 변화가 가능한지, 변화의 방향을 우리가 조종할 수 있는지, 이러한 조종은 얼마나 오랫동안 가능한지이다. 새롭고 더 효과적인 약물들이 등장하여 미치광이 과학자의 약과 같은 기능이 점점 더 가능해지는 것을 우리는 경계해야 할 것이다.

그래서, 신경정신약물은 부당하게 마음을 조종하는 것일까? 의사들의 주장 중 이번에는 약은 건강을 되찾아 주고 병에 걸린 상태를 '정상화'시킨다는 주장을 살펴보자. 이 표현은 두 가지 의미로 해석할 수 있다. 하나는 약이 정신질환을 고쳐준다는 의미이고, 또 하나는 약이 환자를 원래의 진정한 모습으로 되돌려둔다는 의미이다.

이 중 첫 번째 의미는 약이 마음을 조종하는지에 대한 답은 되지 않는다. 이 주장은 약이 마음을 조종하더라도 환자에게 이익이 되는 쪽으로 조종한다는 이야기는 될 수는 있지만, 그것도 당사자가 건강을 병보다 가치 있게 생각할 때 한하여 그렇다. 바로 여기에 허점이 있다. 환자 본인은 건강을 원치 않을 수도 있다. 그뿐만 아니라 약을 통해 위에서 묘사한 것처럼 사람을 완전히 바꾸고 그 사람의 모든 면을 지속적으로 통제할 수 있다고 상상해 보자. 그런 경우에도 환자의 변화가 건강해지는 방향이기만 하다면, 강제투약이 용납될 수 있을까? 즉, 약은 건강을 찾아주는 것이면서도 동시에 부당하게 마음을 조종하는 것일 수 있다.

약이 더 유익한 작용을 통해 건강을 되찾아 준다는 관점도 가능할 것이다. 정신질환은 말하자면 어떤 이물질 같은 것이고, 약은 이를 제거하여 환자의 본래 모습이 드러나도록 한다는 것이다. 이 관점은 위에서 말한 두 가지 의미가 합쳐진 관점이다.

이때의 가정은 사람은 각각 어떤 본성을 갖고 있고, 이것을 회복시키면 환자는 자신의 원래 모습에 따라 행동하게 되리라는 것이다. 즉 환자의 변화는 약에 의한 것이 아니라 그 사람의 본성이 돌아오면서 나타나는 것이다. 곰곰이 생각해 보면 이는 설득력이 있는 주장이다. 예를 들어 자신만의 뚜렷한 성격을 갖고 있던 한 스무 살 청년에게 누군가가 몰래 어떤 물질을 주입하여 사람을 완전히 바꿔놓았다고 하자. 그 청년을 본래의 모습으로 돌아오게 해 주는 약이 있다면, 이 약의 투여를 우리는 반대할까? 반대하지 않을 것이라고 나는 생각한다.

그렇게 생각할 수 있는 이유 중 하나는 애초의 변화를 일으킨 원인

인자가 명확하기 때문이다. 그뿐만 아니라 이러한 원인인자를 제공한 외부의 범인도 있다. 여기에 더해 우리는 그 사람의 성격이 돌변하였지만 뚜렷했던 원래의 성격은 잠재된 상태로 남아있어 다시 회복될 여지가 있다고 가정하였다. 마지막으로 우리는 해독제와 같은 약이 있어 범인이 등장하기 이전의 모습으로 청년을 정확히 되돌려줄 수 있다고 가정하였다.

이 시나리오에서는 대부분의 사람이 해독제를 투여하는 것이 정당하다고 말할 것이다. 이 청년이 현재의 바뀐 모습 그대로 있고 싶다고 말한다고 하더라도 말이다. 해독제를 투여하는 것은 마음 조종이지만 그 사람의 원래 모습을 회복시켜주는 것이기 때문에 부당한 마음 조종이라 보기는 어려울 것이다.

하지만 여기서 가정을 약간 바꿔 다른 시나리오를 생각해 본다면 우리의 결론은 달라질지 모른다. 이번에는 이물질을 주입한 범인은 없으며, 그 청년이 아침에 눈을 떠 보니 다른 사람이 되어있었다고 가정해 보자. 그리고 달라진 모습은 예전 모습보다 훨씬 더 낫거나, 아니면 적어도 어느 쪽이 더 나은지 판단이 어렵다고 해보자. 게다가 이 청년은 이전의 삶을 전혀 아쉬워하지 않고 새로운 삶을 지금 당장 시작할 수 있으며, 바뀐 현재의 모습을 유지하고 싶어 한다. 다른 사람도 이로 인해 손해 보는 것은 없다. 그렇다면 이 청년에게 해독제를 주어야 할 것인가? 이때의 해독제 투여는 부당한 마음 조종에 해당할까?

신경정신약물은 환자의 본래 모습을 되찾아 주는 것이기 때문에 문제가 없다는 입장과 관련하여 첫 번째로 확인해야 할 것은 환자의 사정이 위 두 시나리오 중 어느 쪽에 더 가까울 지이다. 정신질환의 경우 외부의 범인이 없음은 분명하다. 그러나 두 번째 시나리오와는 달리 병으로 인해 달라진 모습이 전보다 더 낫다고 생각할 사람은 거의 없을 것이다. 물론 환자 본인은 다르게 생각할 수도 있고 결정은 환자 본인이 직접 할 수 있어야 할지 모른다. 앞서 강조하였듯이 무엇을 정신질환으로 보아야 할지에 대한 판단은 가치관의 영향을 받을 뿐만 아니라, 건강한 상태에 대한 선호가 반드시 옳다고 정당화될 수 있는 것도 아니기 때문이다. 이 부분은 단순히 철학적인 문제일 수 있지만 짚고 넘어가야 한다.

두 번째로 생각해 봐야 할 것은 신경정신약물은 성격을 바꾸는 이 물질에 대한 '해독제'는 아니라는 점이다. 어떤 사람들은 정신질환을 앓아서 성격이 바뀐 것이 아니라 원래 의심이 많고 대인관계를 힘들어했을 수 있다(그리고 병에 걸려 이러한 면이 더 심해졌을 수는 있다). 그랬던 사람이 약 복용 후 처음으로 사람들을 신뢰하고 관계 맺음을 잘하는 성격이 될 수도 있는 것이다. 마찬가지로 평생 강박적이고 지나치게 생각이 많았던 사람이 약 복용 후에는 더 이상 그런 모습을 보이지 않을 수도 있다. 그렇다면 약은 이전의 모습을 되찾아 주는 것이 아니라 새로운 모습을 만드는 것이다. 마찬가지로, 만성적으로 모든 일에 무관심하고 무기력하던 사람이 약을 먹고는 성격이 밝아지는 경우도 있을 수도 있다. 만약 신경정신약물이 이런 식으로 작용할 때가 많다면, 약은 환자의 진정한 원래 모습을 되찾아 주는 것뿐이기 때문에 부당한 마음 조종을 하는 것이 아니라는 주장은 할 수 없다. 약은 완전히 새로운 모습을 창조하는 것이다.

어떤 사람은 환자가 이전에 사람을 신뢰하는 모습이나, 강박적이지 않은 모습이나, 밝은 모습을 한 번도 보여준 적은 없었지만, 환자는 이러한 면을 항상 갖고 있었으며 단지 병 때문에 이 모습이 왜곡되어 있었을 것이라 주장할 수도 있다. 그러나 이 주장은 문제가 상당히 심각하다. 다른 모든 변화도 그렇게 설명할 수 있기 때문이다. 예를 들어 LSD 사용에 대해서도, 환각을 경험하지 않는 것은 그 사람의 진정한 모습이 아니며 LSD는 단지 그 사람을 원래의 모습으로 되돌려주는 것뿐이라고 할 수 있을까?

여기서 다시 한번 건강이나 정상 상태란 얼마나 규정하기 어려운 개념인지 언급할 필요가 있다. 이 상태는 건강한 상태인가, 아니면 단순히 특정 사람들이 선호하는 상태인가? 이 상태는 어떤 사람이 정상으로 돌아오고 건강해진 상태인가, 아니면 새로운 다른 사람이 된 상태인가? 이 둘은 어떻게 구분하는가? 우리는 앞서 정신질환의 개념과 관련된 일부 문제는 파고들다 보면 철학적 회의주의에 대한 논의만 남게 됨을 보았다. 그렇기 때문에 특별히 회의적이지 않은 대부분의 사람들은 신경정신약물은 건강한 모습을 되찾아주지만, LSD는 당연히 그렇지 않다는 데에 동의할 것이다. 그러나 우리가 정신질환을 어떻게 정의하느냐에 따라 위 질문들에 대한 답이 달라진다는 점은 과도하게 회의적이지는 않은 시각으로 보아도 알 수 있을 것이다. 특히 내가 예로 들었던 강박이나 무기력함 등은 병이 아니라 단지 그 사람의 특성일 수도 있다. 즉, 병이 그 사람의 진정한 모습을 가리고 있던 것이 아니라, 그 모습이 바로 그 사람의 진정한 모습일 수도 있는 것이다.

그러나 그럼에도 불구하고 나는 약은 진정한 모습을 되찾아주는 것이기 때문에 부당한 마음 조종이 아니라는 주장에 어느 정도 찬성한다. 위에서 상상해 본 여러 상황들을 통해 볼 때 이는 설득력이 있기 때문이다.

그렇다면 결론은 어떻게 정리될 수 있을까? 신경정신약물이 마음을 조종하는 것인지에 대한 의사와 변호사의 주장은 양쪽 모두 잘못되었다. 약이 사고과정을 통제하는 것이 우려할 만한 일은 아니라고 하는 의사들의 생각은 잘못된 것이다. 앞에서 우리는 약의 작용이 문제가 될 수 있을 경우들을 확인하며 신경정신약물도 이와 똑같은 작용을 할 수 있음을 보았기 때문이다.

하지만 마음 조종이라는 표현에서 사람들이 떠올리는 방식처럼 신경정신약물이 작용하는 것은 아니다. 이는 약의 실제 사용 용도와는 거리가 먼 표현을 변호사들이 잘못 사용한 것이다. 다시 말해, 마음 조종이란 표현을 문자 그대로 본다면 의사들의 주장이 잘못된 것이고, 사람들이 받아들이는 느낌 위주로 본다면 변호사들의 주장이 잘못된 것이다. 그리고 어느 쪽이든 신경정신약물이 부당한 마음 조종을 하는 것은 아니다. 하지만 미래에는 더 성능이 좋은 약들이 등장할 수도 있고, 그때에는 이 문제를 다시 검토해야 할 것이다.

신경정신약물이 마음을 조종한다고 생각하는 변호사들은 강제투약은 불가피한 경우가 아니면 허용되어서는 안 된다고 주장할 수 있다. 약물이 사람들을 통제할 목적으로 사용될 위험을 고려하면 강제투약은 아예 전면 금지되어야 한다고 생각하는 변호사도 있다. 아니면 최소한 강제투약을 할 때마다 그것이 왜 필요한지 그 근거를 철저히 점검할 필요가 있을 것이다. 반면 의사들은 약은 마음을 조종하는 것이 아니라 건강한 본래의 모습을 되찾아 주는, 무해한 것이기 때문에 강제투약은 허용될 수 있다고 말한다. 약이 환자에게 의학적으로 최선의 이익을 가져다주기만 한다면 무조건 강제로라도 투약을 해야 한다고 생각하는 의사도 많다.

나는 이 둘의 중간 정도 입장이 옳다고 생각한다. 신경정신약물은 부당하거나 위험하게 마음 조종을 하는 것은 아니기 때문에 사용이 원칙적으로 금지될 필요는 없다. 그러나 그렇다고 해서 무분별하게 강제투약을 시행할 수 있어서는 안 될 것이다. 약이 사람의 정신에 영향을 미칠 수 있는 것은 사실이기 때문에 강제투약은 그 필요성이 확실히 입증된 경우에만 허용되어야 한다. 신경정신약물이라고 해서 특별히 더 그래야 하는 것은 아니며, 이는 다른 모든 치료에 대해서도 마찬가지이다. 앞에서 보았듯 어떤 치료든 정신활동에 영향을 미칠 수 있기 때문이다.

우리 사회가 점점 더 지나치게 약에 의존해서 정신적 어려움을 해결하려 한다는 비판은 어떠한가? 이 역시 불필요한 우려일까? 다음 절에서는 이 질문을 다뤄보려고 한다.

우리는 약에 지나치게 의존하게 되었는가?

4장의 주제는 치료거부 권리였지만 나는 지금까지 쭉 약물치료는 대부분의 사람들에게 도움이 되고, 이러한 측면에서는 의사들의 주장이 옳다는 입장을 취하였다. 그리고 나는 환자들이 내면의 갈등을 극복하여 약 복용을 꾸준히 하게 된다면 대부분의 환자에게는 그것이 더 좋은 일이라고 이야기하였다. 그러나 이러한 입장은 나의 오해에서 비롯된 것일 수도 있다. 어떤 사람은 신경정신약물은 의존성이 있고, 사람들이 쉬운 해결책만을 찾게 만들기 때문에 문제가 된다고 생각하기도 한다(그렇다면 스스로의 힘으로 나아지고 싶다고 치료를 거부하는 것은 자기애 손상과 상관없이 매우 타당한 치료거부 이유가 될 것이다). 그리고 사람들은 주어진 상황에 만족하거나 최선을 다해 이를 바꾸려고 노력하는 대신, 점점 더 화학물질을 많이 소비하며 자신의 정신상태를 조작하려 들지 모른다. 마지막으로 약은 언젠가는 우리가 유전공학을 생각할 때 떠올리는 힘보다 더 강력한 힘을 갖추게 될지 모른다.

이러한 우려에 대해서는 다음의 몇 가지를 이야기할 수 있을 것이다. 첫째, 항불안제를 제외한 대부분의 신경정신약물은 중독성이 없다. 예를 들어 클로르프로마진을 암시장에서 구하려는 사람은 없을 것이다. 장기간 약 복용을 하는 사람들이 있긴 하지만, 이는 그 사람의 병이 계속되어서이지 약에 대한 신체적 의존이 생겼기 때문은 아니다.

둘째, 약을 복용하는 것이 쉬운 해결책만 찾는 것이라는 생각은 오해이다. 약이 없으면 아예 기능을 전혀 하지 못하는 사람도 많다. 신경정신약물이 사용되는 정신질환은 많은 경우 약 없이는 관리가 불가능한 질환들이고, 이는 아무리 많은 노력을 통해서도 바꿀 수 없다.

사람들이 점점 더 화학물질의 소비에 의존하며 자신의 정신상태를 조작하려 들 위험에 대해서는 조금 뒤에 다시 이야기하기로 하고, 먼저 약이 현재의 유전공학만큼 강력한 일들을 하게 될 수도 있다는 우려를 살펴보자. 이러한 약은 앞서 이야기한 미치광이 과학자가 만든 약과 비슷할 것이다. 차이점은 앞의 시나리오에서는 과학자가 마음대로 다른 사람에게 약을 주입하였고, 지금 우려하는 상황에서는 환자 자신이 스스로 약을 이용하여 원하는 효과를 만들어 낸다는 것이다. 그러나 현재의 기술로 이런 일은 불가능하다. 약은 유전공학과 비교할 만큼 강력하지 않다. 만약 미래에 더 새로운 힘을 가진 약이 등장한다면, 이 문제는 그때 다시 다루어야 할 것이다.

그렇다면 마지막으로 남은 우려 사항은 사람들이 약을 이용하여 자신의 정신상태를 마음에 들 때까지 조작하려 들 것이고 우리 사회에는 이를 위한 화학물질의 소비가 만연할 것이란 우려이다. 이는 앞서 제기된 다른 우려 사항보다 더 심각하게 다루어야 할 문제이다. 이 장에서는 중증 정신질환의 약물치료를 주로 이야기하였지만, 이보다 덜 심각한 정신질환이나, 중증 정신질환이라도 덜 심각한 증상에 대해 약물을 사용할 수도 있다. 예를 들어 심한 우울증으로 아침에 침대에서 나오는 것도 힘들어하는 사람이 아니라 단순히 늘 기분이 약간 처져 있는 사람도 SSRI와 같은 항우울제를 사용하여 성격을 약간 긍정적으로 바꿀 수 있을지 모른다. 아니면 중증 우울증 환자가 자신의 약간 강박적인 면(하루에 예를 들어 50번씩 샤워를 해야 하는 중증도의 강박증이 아니라 약간 침습적 사고가 있고 현관문이 잠기었는지 여러 번 확인해야 하는 정도의 특징)을 줄이기 위해 정량보다 더 많은 SSRI를 복용할 수도 있을 것이다.

이런 식으로 약을 사용하는 것은 바람직한 일일까? 자신의 몸과 마음을 어떻게 할지는 본인이 직접 결정할 수 있어야 한다는 것은 맞는 말일 것이다. 하지만 중증 정신질환에 대한 약물치료를 권장하다 보면 중증이 아닌 정신질환에 대해서도 약을 사용하라는 분위기가 형성될 수 있다. 조금이라도 약이 도움이 될 것 같으면 약을 복용하라는 압력이 미묘하든 노골적으로든 작용할 수 있는 것이다. 내가 아는 환자 중 몇몇은 거의 강박적으로, 불편한 증상이 (혹은 불편한 감정이?) 완전히 없어질 때까지 온갖 약을 추가하고 빼기를 반복한다. 이 환자들은 중증 정신질환을 실제로 앓고 있지만, 아주 작은 문제에까지 약을 찾게 된 것은 사회화 때문이라 할 수 있다. 약물치료를 권장하면 이러한 효과가 나타날 수 있는 것이다. 마찬가지로 단지 약간의 힘든 일을 겪고 있을 뿐인 환자들도 의사의 권유나 친구들 또는 TV에서 들은 이야기의 영향으로 정신과 약을 복용하게 될 수 있다. 프로작이 등장한 것은 1980년대 후반이지만 이후 이 책을 쓸 때까지의 10년 사이에 이미 3,500만 명이 넘는 사람들이 프로작을 복용하였다고 한다.

이것은 좋은 일일까? 증상을 일일이 쫓아다니며 이를 없애려고 약을 계속 미세하게 더하고 빼는 것은 임상적으로 그다지 효과가 없다고 정신약리학자들은 말한다. 그러나 만약 실제로 모든 불편한 증상을 약으로 없앨 수 있다면 어떠할까? 그렇게 하면 우리는 전부 똑같은 모습으로 바뀔 수도 있을 것이고, 그것이야말로 사람들을 본래의 모습에서 멀어지도록 하는 일일 것이다. 감정을 느낀다는 것은 지극히 인간적이다. 애도의 감정을 전부 없애는 약이 있다고 상상해 보라. 그리고 내가 어떤 인간인지는 내가 어떤 감정을 느끼는지와 떼어 놓을 수 없다. 감정을 바꾸기 위해 약을 복용하는 것은 바로 나 자신을 바꾸는 것이며 이는 바람직하지 않다.

약 복용을 반칙과 연관 지어 생각해 볼 수도 있을 것이다. 스테로이드를 사용하여 경기력을 향상시키는 것과 신경정신약물의 사용은 비슷한 면이 있을까? 약이 어떤 정신적 능력을 향상시키지는 않더라도, 노력을 하는 만큼 성과를 얻는다는 관계를 왜곡시킴으로써 문제가 되지는 않을까?

앞서 나는 중증 정신질환자들이 약 복용에 대해 갖는 우려들은 정신치료를 통해 해결해야 할 문제점들인 것처럼 이야기하였다. 그러나 이런 우려 중 일부는 우리 사회가 지나치게 약에 의존한다는 점과 관련하여 우리가 느껴야 할 정당한 우려일지 모른다. 그렇다면 중증 정신질환자들의 약물거부 이유는 우리가 생각하던 것보다 더 타당할 수 있다. 기술적으로 더 발전된 약들이 등장하여 정신상태를 더 정교하게 조절하는 것이 가능해진다면 우리가 우려해야 할 부분도 더 커질 것이다. 물론 현재로서는 약의 남용으로 사람들은 모두 다 같은 모습이 될 것이라든가, 사람들은 자신의 목표를 위해 더 이상 노력을 쏟지 않게 될 것이라든가, 사람들은 자신의 정신상태가 정확히 마음에 들 때까지 약을 과소비하게 될 것이라든가, 유전공학으로 우리 자신 또는 우리가 낳을 아이들을 디자인하는 것과 같은 정도의 문제가 신경정신약물의 사용으로도 발생할 수 있다 하는 우려는 과할 수 있다. 이 문제들에 대해서는 앞으로 생각할 시간이 충분할 것이다. 그러나 약에 대한 지나친 의존이 문제가 된다면, 강제투약은 우리가 약 복용을 긍정적으로 보도록 만듦으로써 자발적 약 복용도 부추기며 위 문제를 더 악화시킬 수 있음을 유의해야 한다.

결론

정신과 입원 환자들은 의사무능력 상태가 아닌 이상, 치료 목적의 투약을 거부할 권리를 가져야 한다(자타해 위험이 있는 경우에 대하서는 6장에서 다룰 것이다). 의사들은 환자가 입원한 상태에서 한 번, 그리고 특정한 경우에는 외래치료명령을 통해 한 번, 완화된 기준으로 강제투약을 시도해 볼 수 있어야 한다. 그렇게 하는 이유는 강제로라도 약을 복용함으로써 환자는 치료에 대한 막연한 두려움을 떨치고 앞으로는 스스로 꾸준히 치료를 받게 될 가능성이 있기 때문이다. 이러한 첫 치료 후에 환자는 앞으로도 강제치료를 받고 싶은지, 받는다면 어떤 경우에 받고 싶은지 등을 결정할 수 있어야 한다. 우리는 환자의 결정을 돕기 위해, 그리고 약 복용에 대해 환자가 느끼는 갈등을 다루기 위해 집중적인 정신치료를 시도해야 하며, 이를 위한 효과적인 방법에 대해서는 더 활발한 연구가 이루어져야 한다. 이 장을 통해, 그리고 이 책 전체를 통해 내가 이야기하고자 하는 강제력의 사용보다는 대화가 항상 더 낫다는 것이다.

5

격리: 가장 손쉬운 해결책?

보스턴 주립병원의 환자들은 병원의 격리 방침에 항의하며 소송을 제기하였다. 병원이 속한 매사추세츠의 주법에 따르면 격리는 환자가 심각한 폭력성 또는 자해 행동을 보이거나 자살 시도를 하는 경우에만 사용될 수 있었다. 그러나 병원에서는 폭력적이라 보기 힘든 행동인 탈출 시도, 약 복용 거부, 성관계, 나체로 돌아다니기, 자위행위, 큰 소리로 떠들기, 스스로에 대해 부정적인 말하기 등에 대해서도 격리를 시행하곤 하였다. 심지어 다나 헌트라는 지적장애 환자는 각종 행동치료 명분으로 매일 일정 시간 격리를 당하였다. 다나 헌트가 15개월 동안 격리실에서 보낸 시간은 총 1,800시간이 넘으며, 이는 하루 평균 4시간에 해당한다. 통제가 어렵던 다나 헌트의 행동은 결국 차분해졌다. 법원은 이 중 많은 건은 폭력의 방지가 아닌 처벌 목적으로 격리를 시행한 것이기 때문에 적법하지 않다고 판단하였다(*Rogers v. Okin,* 478 F. Supp. 1342 [1979]).

격리를 위와 같이 시행하는 것, 그리고 격리 및 강박 현행 전반에 대해 우리는 어떻게 생각하는가?[1] 이 장과 다음 장에서는 격리 및 강박에 대한 우리의 반응을 정리해 보고, 이에 비추어 관련 법체계는 어떤 모습이어야 할지 논의하고자 한다. 앞의 장들에서처럼 나는 먼저 비슷한 상황에서 비정신질환자를 대할 때 우리는 어떻게 하는지 알아볼 것이다. 그리고 정신질환자에게 격리나 강박을 시행하는 근거로 제시되는 주장들은 과연 타당한지 평가할 것이다. 마지막으로는 이들 조치는 어떤 규정에 따라 시행되어야 할지 제안하려고 한다.

비정신질환자가 위험한 행동을 하려 할 때

나는 이 책에서 줄곧 중증 정신질환을 앓는다고 하더라도 그 자체만으로는 환자를 다르게 대할 근거가 될 수 없다고 이야기하였다. 건강한 사람들에게는 하지 않을 조치를 정신질환자에게 취할 때에는 정신질환의 어떤 특징적인 모습이 나타났기 때문이어야만 한다. 3장에서 이야기했듯 똑같이 자타해 위험 또는 중증의 장애를 보이더라도 건강한 사람들은 강제입원 대상이 되지 않으나 정신질환자는 강제입원이 가능하다면, 환자가 정신능력의 저하를 보이고 평소의 모습이 아니며 일부 추가 조건으로 치료가 도움이 될 것이라 예상되기 때문이어야 한다(물론 건강한 사람들은 마지막 추가 조건에 해당될 일은 당연히 없을 것이다). 그리고 4장에서 이야기했듯 강제 약물치료는 정신질환자나 신체질환자나 동일하게 환자가 현재 의사무능력 상태이나 만약 의사능력이 온전했다면 치료를 원했을 것으로 판단되는 경우에만 허용되어야 한다.[2]

이 장에서 나는 격리 및 강박 역시 정신질환자와 일반인에게 똑같이 적용되어야 함을 설명하려 한다. 어떤 사람이 위험한 행동을 하려고 할 때 그 사람의 행동을 막는 것은 일반적으로도 허용이 되며, 죄수나 부상 위험이 높은 신체질환자의 경우 억제대 등을 사용하여 움직임을 더 확실히 제한하기도 한다. 나는 정신질환자들은 죄수들보다 더 나은 대우, 그리고 일반인들에 비해서도 못하지 않은 대우를 받아야 한다고 생각하며, 일부 신체질환과는 달리 정신질환의 특징 중에는 과도한 강박을 정당화할 수 있는 특징은 없다고 생각한다. 따라서 나는 정신질환자에 대한 격리 및 강박은 정신질환을 앓지 않는 일반 시민들을 대할 때와 비슷해야 한다고 본다.

위험한 행동을 막기 위해 우리가 비정신질환자의 움직임을 제한하는 경우가 있을까? 물론 있다. 술집에서 친구가 다른 손님과 말다툼을 벌이는 장면을 상상해 보자. 친구는 이제 말뿐이 아니라 행동으로 상대방에게 뭔가를 보여주려는 것 같다. 친구는 주먹을 쥐었다 폈다 하며 얼굴에는 핏대가 섰다. 목소리는 점점 더 커진다. 친구는 자리에서 일어나 그 손님에게 다가가며 네 머리통을 날려버리겠다고 소리친다. 상대방도 비슷한 반응을 보이고 있다. 이런 경우라면 당신이나 다른 사람들이 나서서 친구와 상대방을 붙잡는 것은 전혀 문제가 되지 않을 것이다. 오히려 어떤 상황에서는 그렇게 하지 않는 것이 더 부적절한 대응일 것이다.

이러한 예를 생각해 보면 임박한 신체적 폭력을 예방하거나 최소화하기 위해 그 사람의 움직임을 제한할 수 있다는 것에는 이의가 없을 것이다. 자해의 경우도 마찬가지이다. 어떤 사람이 스스로를 칼로 찌르려 하거나 자신의 옷에 불을 붙이려고 하는 장면을 목격한다면 우리는 당연히 이를 막을 것이다. 그러나 여전히 논란이 될 수 있는 부분은 그 사람이 이런 위험한 행동을 실제로 실천에 옮길 가능성은 얼마나 될지, 그 결과는 얼마나 심각할지, 이를 막기 위한 우리의 개입은 어느 선까지 허용될 수 있을지다.

위에서 예로 든 술집에서의 싸움의 경우 상황은 상당히 심각해 보였다. 그렇기 때문에 두 사람을 서로 떼어 놓아 상대방을 공격하지 못하도록 하고, 말로 달래가며 이 둘이 화를 누그러뜨리고 평정심을 되찾도록 하는 것이 보편적인 반응일 것이다.

정신병원의 격리나 강박 환경은 물론 위 예시와는 비교가 되지 않을 정도로 열악하다. 격리를 하게 되면 환자는 삭막한 작은방에 갇히게 된다. 자타해 도구로 사용될만한 물건들을 모두 치웠기 때문에 방 안에는 찢어지지 않을 튼튼한 매트리스 하나가 있을 뿐 잡지, 연필과 종이, 라디오 등은 찾아볼 수 없을 것이다. 전등은 천장의 보호판 뒤에 설치되어 있고, 창문에는 창살이 있으며 유리는 깨지지 않는 특수 유리일 것이다. 철제문에도 작은 창이 있어 직원들은 이 창으로 환자의 상태를 확인할 것이다. 환자는 사복을 입고 있었다면 강제로 탈의를 하고 환자복으로 갈아입어야 할 것이다. 이곳에서 환자는 대화를 나눌 사람도, 할 일도 없이 격리 해제 시까지 머물게 된다.

강박 환경은 이보다도 더 열악하다. 환자는 흔히 억제대로 양 손목과 양 발목을 대大자로 침대에 고정 당하게 되는데 그 과정은 매우 불편하고 모멸적이다. 억제대 외에도 보호복이나 보호 조끼를 사용하는 병원도 있다. 강박은 흔히 격리실에서 시행되기 때문에 환자는 격리만 할 때와 마찬가지로 대화를 나눌 사람도 없이 외부 자극이 거의 차단된 상태로 계속 묶여 있게 된다.[3]

정신병원 밖에서도 격리 및 강박을 시행하는 경우가 있을까? 만약 아니라면 정신병원에서의 격리 및 강박은 정당화될 수 있을까? 먼저 격리에 대해 생각해 보자. 완전히 같은 것은 아니지만 격리와 비슷한 조치를 정신병원 밖에서도 취하는 경우가 있다. 예를 들어 우리는 훈육을 위해 자녀를 방에 들어가 있도록 하거나, 타임아웃 시간 동안 집안의 구석진 장소에 혼자 있도록 한다. 그렇게 하는 이유는 격리의 이유와 비슷하다. 감정을 가라앉힐 수 있는 시간을 주고, 자극을 차단하고, 앞으로의 행동을 바꾸려는 것이다. 죄수들도 마찬가지로 남을 해치지 못하게 하려고, 또는 그 사람의 행동을 바꾸려고, 또는 단순히 벌을 주려고 독방에 보내지기도 한다.

정신병원에서 격리를 할 때에는 아동의 훈육 시보다 더 많은 강제력을 사용하게 된다. 환자를 격리실에 들어가게 할 때도 그렇고, 나오지 못하게 할 때도 그렇다. 자극의 차단도 격리실이 대부분의 가정이나 독방보다 더 심하다. 어떤 정신건강 전문가들은 격리에는 치료적 목적도 있다고 하며, 처벌을 위해 격리를 시행해서는 안 된다고 이야기한다. 정신병원의 격리 환경도 병원 밖에서의 격리 환경과 비슷해져야 할지, 그렇다면 왜 그럴지 나는 좀 더 뒤에서 살펴볼 것이다.

강박은 어떠한가? 폭력적이거나 도주의 우려가 있는 죄수에게 우리는 수갑이나 족쇄를 채우곤 한다. 요즘 미국의 교도소에서는 보호의자도 빈번하게 사용된다. 침대에 사지강박을 실시하는 경우도 있긴 하나 보호의자의 사용만큼 빈번하지는 않으며 주로 정신질환을 앓는 죄수들이 그 대상이 되곤 한다. 아동의 경우 정신질환을 앓거나 범죄를 저지른 경우가 아니라면 강박 대상이 되지 아니하며, 단순히 훈육을 위해 강박을 시행한다면 이는 아동학대라 불릴 것이다.

반면 신체질환자들은 병원에서 억제대를 착용하게 되는 경우들이 있다.[4] 그러나 흥미로운 사실은, 이러한 신체질환자들은 거의 전부 신체질환 외에 정신질환도 함께 앓고 있거나 인지능력이 손상된 상태라는 점이다. 예를 들어 환자가 지나치게 흥분한 경우 또는 침대에서 억지로 일어나려다가 다치기 쉬운 경우에 우리는 억제대를 사용하는데, 이러한 모습을 보이는 환자들은 정신질환을 앓고 있는 경우가 많다. 아니면 환자가 의식이 명료하지 않은 상태에서 자신의 몸에 삽입된 관들을 자꾸 제거하려 할 때 우리는 천으로 된 억제대로 환자의 손목만 침대에 고정하기도 한다. 마지막으로, 낙상 위험이 높은 노인 환자의 경우 침대 난간을 높이거나 가슴 억제대로 상체를 침대에 고정하기도 하고 안전바를 설치한 휠체어를 사용하기도 한다.

이를 종합하여 보면 격리와 유사한 조치는 비정신질환자에게도 취해지곤 하지만, 강박, 특히 사지강박은 정신병원 밖에서는 거의 사용되지 않음을 알 수 있다. 사지강박과 같이 모멸적인 조치가 과연 필요한 것인지 그리고 정당한 것인지는 명확하지 않다. 교도소에서조차 사지강박보다는 보호의자를 더 많이 사용하며, 설령 교도소에서의 사지강박 사용이 정당화될 수 있다 하더라도, 정신질환자들은 죄를 짓고 교도소에 수감된 죄수들보다는 더 인격적인 대우와 존중을 받아야 할 것이다.

신체질환자의 경우 상황에 따라 억제대의 광범위한 사용이 정당화될 수도 있을 것이다. 예를 들어 건강상의 이유로 환자가 침대에만 머물러야 한다면 보호의자 등 다른 강박 방식은 사용이 불가능하다. 그리고 환자가 침대를 벗어나면 다칠 위험이 크다면 신체 여러 부위를 침대에 고정하는 것도 필요할 수 있다. 하지만 정신질환은 반드시 침대에 머물러야 하는 병이 아니기 때문에 덜 침해적인 다른 강박 방식을 사용할 수 있을 것이다.

이 장과 다음 장의 이어지는 내용에서는 건강한 일반인들을 대하는 방식을 참고하여 정신질환자의 격리 및 강박은 언제 허용될 수 있을지 제안하려고 한다. 앞에서 이야기하였듯 정신질환을 앓는다는 사실만으로 환자에게 다른 대우를 해서는 안 되며, 건강한 일반인에게 억제대를 사용하는 것이 (몇몇 어쩔 수 없는 극단적인 상황을 제외하고는) 지나치게 잔인하고 비인간적이라면, 정신질환자에게도 억제대 사용을 해서는 안 될 것이다.

격리로 인해 환자가 입게 되는 피해

정신건강의학 문헌에서는 거의 다루어지지 않지만, 격리를 시행함으로써 환자가 입게 되는 피해는 상당하다.[5] 첫째, 환자는 자유를 박탈당한다. 이동의 자유는 한두 평짜리 방 안으로 제한된다. 가족과 친구 및 지인 등과 어울릴 자유는 완전히 사라진다. 활동의 자유 역시 방안을 서성거릴 자유를 제외하고 모두 사라진다. 외부 자극은 모두 차단된다.

둘째, 격리 과정은 환자에게 모멸감을 줄 수 있다. 격리는 아동이나 죄수에게나 하는 일이다(아니 사실 동물이나 우리 안에 가두지 사람을 가두는 일은 거의 없다). 환자는 자신이 아동보다 나을 게 없고 어쩌면 동물과 같은 수준이라고 생각해야 하는 것일까? 그렇다면 격리는 환자의 존엄감을 심각하게 훼손하는 것이다.

셋째, 자유의 박탈과 존엄감의 훼손 모두 환자에게 심리적으로 악영향을 미칠 수 있다. 환자는 지루해할 수 있고, 아무리 해도 격리실을 벗어날 수 없다는 사실에 공황에 빠질 수도 있고, 무슨 일이 일어나고 있는 것인지 이해하지 못해 겁에 질릴 수도 있다. 자존감이 낮아질 수도 있다. 수치심과 분노를 느끼기도 한다. 감각박탈로 인한 여러 어려움을 겪기도 한다. 그리고 많은 연구에 따르면 감각박탈은 정상인도 환각을 경험하게 될 정도로 불쾌한 것이다.[6] 정신질환자들은 감각박탈의 영향을 크게 받지 않는다는 일부 주장이 있으나, 이에 대한 확실한 증거가 있는 것은 아니다. 그뿐이 아니다. 격리를 마치고 나온 환자를 병동의 다른 환자들은 무서워하거나 업신여길 수도 있는데, 이 역시 환자에게 심리적으로 안 좋은 영향을 미칠 수 있다.

마지막으로, 격리과정에서 환자는 부상을 입을 수 있다. 환자가 격리를 거부하며 직원들과 몸 씨름을 벌이게 된다면 환자도, 직원도 다칠 수 있다. 몇몇 연구에 따르면 직원들의 부상은 대부분은 격리 및 강박 과정에서 발생한다고 한다(이는 애초에 폭력적인 환자들이 격리 및 강박 대상이 되기 때문일 수도 있고, 아니면 격리가 오히려 환자의 폭력 사용 가능성을 높이기 때문일 수도 있다). 격리 중에 환자의 부상 위험은 자해로든 사고로든 오히려 더 증가할 수 있으며, 환자가 직원들의 시야에서 벗어나 있기 때문에 이러한 부상은 늦게 발견될 수도 있다.

정리하자면 격리로 인해 환자는 자유, 존엄성, 신체적 및 심리적 건강 측면에서 상당한 피해를 입게 된다.[7] 그럼 반대로 격리를 통해 얻을 수 있는 이익에는 어떤 것들이 있을까? 이러한 이익이 격리로 인한 사익의 침해를 정당화할 수 있을까? 격리의 기대효과에 대한 주장은 네 가지로 정리할 수 있을 것이다.[8] 첫째, 격리는 치료적 효과가 있다는 주장이다.[9] 둘째, 환자의 폭력을 방지하기 위해 격리가 필요하다는 주장이다. 셋째, 격리를 통해 병동환경을 보존할 수 있다는 주장이다. 넷째, 격리는 효과적인 처벌 방식으로 사용될 수 있다는 주장이다.[10]

첫 번째 주장은 격리를 통해 외부 자극 및 대인관계의 스트레스를 일시적으로 차단하는 것이 환자에게 치료적일 수 있다는 주장이다. 두 번째 주장에서 격리는 환자의 타해 행동을 막기 위한 것이기 때문에 잠재적 피해자를 보호한다는 명백한 효과를 가져올 뿐만 아니라, 환자 본인도 남을 해치지 않음으로써 자존감 및 대인관계를 보존하는 효과를 얻을 수 있다. 세 번째 주장의 기대효과는 주로 병동의 다른 환자들이 얻게 될 이익에 관련된 것이지만, 환자 역시 주변 환자들과의 관계가 악화되는 것을 방지함으로써 얻는 이익이 있을 수 있다. 네 번째 주장은 격리가 환자의 행동수정에 도움이 될 수 있거나(이 부분은 치료적 효과로 분류할 수도 있을 것이다) 또는 바람직하지 않은 행동을 예방하는 데에 도움이 될 것이란(이 부분은 병동환경의 보존 효과로 분류할 수도 있을 것이다) 주장이다.

격리의 근거로 거론되는 기대효과들

치료적 효과에 대한 주장

다른 기대효과들도 간접적으로 치료적 이익을 가져올 수 있지만(예를 들어 환자가 주변 사람들과 우호적 관계를 유지함으로써 부차적으로 얻어지는 치료적 효과가 있을 수 있지만) 격리가 직접적인 치료 역할을 할 수 있다는 이론도 두 가지 이상 찾아볼 수 있다.[11] 첫 번째는 격리를 통해 환자는 대인관계의 스트레스에서 벗어나 안정감을 되찾을 수 있다는 이론이다. 어려운 상황으로부터 잠시 떨어져 있음으로써 환자는 마음을 가다듬을 기회를 갖게 된다. 취약한 상태에서 주변 사람들과의 마찰이 커지던 환자에게 이러한 기회는 치료적일 수 있다.

두 번째는 격리는 외부 자극을 차단해 주기 때문에 치료적이라는 이론이다. 이 이론에서는 환자들, 특히 정신증 환자들은 외부 자극에 지나치게 민감하다고 가정한다. 환자는 중요한 자극을 선별하여 받아들이고 그렇지 않은 자극은 걸러낼 수 있는 능력을 상실한 상태이기 때문에 감각기관에 입력되는 작은 정보 하나하나까지도 전부 예민하게 인식할 수밖에 없다는 것이다. 그러다 보니 환자는 자극들에 압도당하고 혼란에 빠질 수 있다. 이때 환자를 조용한 격리실로 옮기는 것은 치료적으로 큰 도움이 될 수 있다. 격리실의 단조롭고 칙칙한 환경이야말로 환자가 안정을 되찾는 데에 필요한 것이다.

격리에 치료적 효과가 있다는 주장에 따르면 보스턴 주립병원의 환자들은 아마도 전부 격리 대상이 될 수 있을 것이다. 환자들은 모두 와해되거나 비순응적인 행동을 보였고, 이는 정신상태가 악화된 환자들에게서 볼 수 있는 모습이다. 그렇다면 격리의 치료적 효과는 틀림없이 이 환자들에게도 유익하게 작용할 것이다. 스스로에 대해 부정적인 이야기를 계속하는 환자에게도 마찬가지이다. 그러나 일반적으로 치료 목적의 격리는 환자가 흥분이나 초조가 점점 더 심해지는 등 상태가 눈에 띄게 악화되고 있을 때 시행되며, 위의 환자들 전부가 격리 대상이 될 수 있다고 주장하는 것은 다소 무리일 것이다.

격리에 이런 치료적 효과가 있다면 앞서 이야기한 피해를 감안하더라도 격리를 시행하는 것이 정당화될 수 있을까? 그렇지는 않을 것이라는 게 나의 생각이다. 첫째, 덜 침해적이면서도 치료효과는 유사한 다른 대안이 있는 경우가 대부분일 것이라고 나는 생각한다. 더욱이 격리는 한 번 사용하기 시작하면 계속 반복 사용하게 될 위험이 있기 때문에 대안이 없는 경우가 아니라면 처음부터 허용되지 않아야 한다. 둘째, 이 이유가 더 중요한데, 나는 격리가 치료 방법이 될 수 있다는 의견에 회의적이다. 격리의 치료효과를 입증할 자료는 아직 부족하다. 셋째, 설령 격리에 정말 치료적 효과가 있고, 덜 침해적인 다른 대안은 없다 하더라도, 격리의 이익이 환자가 입는 피해를 상쇄할 만큼 크다고 나는 생각하지 않는다.

대인관계의 스트레스나 과도한 자극으로부터 환자가 벗어날 수 있도록 돕는 것은 덜 침해적인 다른 방법으로도 가능할 때가 많다. 환자가 다른 사람과 마찰을 빚으며 심한 감정의 동요를 보이기 시작할 때 우리는 환자를 환자의 병실 안으로 데리고 들어갈 수도 있고, 환자에게 잠시 방해받지 않을 혼자만의 시간을 줄 수도 있고, 병동 밖을 산책하도록 할 수도 있다(마지막 경우 직원이 동행해야겠지만, 혼자 산책하는 것과 비슷한 효과가 나도록 직원은 되도록 환자에게 간섭하지 않아야 할 것이다). 격리처럼 취미활동도 하지 못하게 되어야 하는 것은 아니다. 환자가 자신의 병실 안에서 책을 읽거나 음악을 들을 수 있다면 오히려 진정에 도움이 될 수도 있다.

과도한 자극을 줄이는 것 역시 격리가 아닌 다른 방법으로도 가능할 것이다. 환자가 병동 내 조용하고 자극이 적은 장소에 가 있을 수 있도록 하는 것도 하나의 방법이다. 그 장소는 환자의 병실이 될 수도 있고 아니면 해당 목적을 위해 별도로 마련해 둔 곳이 될 수도 있다. 그러나 반드시 좁고 가구가 전혀 없거나 감옥 같은 곳이어야 할 필요는 없을 것이다. 문이 밖에서 잠기어야 할 필요는 더더욱 없다. 어떤 환자들에게는 격리실의 삭막한 환경 자체가 오히려 갇혔다는 느낌과 함께 공포심을 자극하고 무서운 상상들을 불러일으킬 수 있는데, 이는 자극 차단과는 정반대의 결과이다.[12]

이렇게 덜 침해적인 대안으로 동등한 치료적 효과를 기대할 수 있더라도 환자가 이에 협조하지 않을 가능성은 물론 있다. 그렇다면 그때에는 어쩔 수 없이 격리를 시행해야 하지 않을까? 그러나 나는 덜 침해적인 대안이 있든 없든 치료적 목적으로 격리를 시행해서는 안 된다고 생각한다. 앞서 내가 이야기한 두 번째 이유 때문이다.

앞에서 나는 격리의 치료적 효과를 입증할 증거가 부족하다고 이야기하였는데, 이것이 치료 목적의 격리 시행에 내가 반대하는 두 번째 이유이자 더 강력한 이유이다. 만약 환자가 다른 대안에 협조하기를 거부한다든지, 다른 대안은 격리만큼 효과적이지 않다고 가정해 보자. 그렇다고 해서 격리를 시행한다면 과연 환자가 대인관계의 스트레스나 과잉자극으로 인한 어려움에서 확실히 벗어날 수 있을까? 많은 의사나 전문가들이 격리는 치료적으로 효과가 있다고 말하며 실제로 격리가 도움이 되었던 사례들을 언급한다. 한 연구에서는 격리 시행 시 환자들은 강박을 했을 때보다 더 빨리 안정을 되찾았다는 결과가 나왔다.[13] 또 다른 연구에서는 환자들이 흥분 상태가 심해지고 과잉자극을 겪는 듯한 모습을 보였던 경우를 묘사하며, 이 환자들에게 격리를 시행한 결과 환자들은 진정하고 원래의 모습으로 돌아왔다고 이야기한다.

하지만 '격리를 시행한 결과'라는 표현이 문제이다. 환자들에게 격리를 시행하였고, 환자들은 안정을 되찾았다. 하지만 격리 덕분에 안정을 되찾은 것일까? 환자들이 강박 시보다 격리 시 더 빨리 안정되었다면 이는 환자들이 강박을 격리보다 더 굴욕스럽게 느끼고 싫어하며 더 거세게 저항했기 때문은 아닐까? 격리도 강박도 하지 않았다면 환자는 가장 빨리 진정되지는 않았을까? 내가 아는 한 격리의 치료효과에 대한 대조군 연구는 없다. 그리고 대조군 연구 없이 어떤 방법이 효과가 있는지를 확실히 아는 것은 불가능하다. 앞으로는 환자가 당장 심각한 위험 행동을 하려는 상황이 아니라면 이러한 연구를 시행할 수도 있을 것이다. 정신의학의 역사를 보면 이미 사혈요법이며 전두엽절제술, 수년간의 강박부터 메가비타민 요법에 이르기까지, 한때에는 인기를 끌었으나 안타깝게도 결국 효과가 불분명한 것으로 밝혀진 치료 방법들이 수없이 많다.

게다가, 격리가 치료적이라고 볼 만한 이론적 근거들이 있다면 반대로 격리는 반치료적이라고 볼 만한 이론적 근거들도 있다. 일반인을 대상으로 한 것이긴 하지만 감각박탈의 악영향을 보여준 연구들을 떠올려 보아라. 아니면 다른 사람들의 반응에 민감한 환자가 남들이 자신에 대해 어떻게 생각할지 확인할 길 없이 격리실 안에서 좋지 않은 상상을 키워가며 초조해하는 모습을 떠올려 보아라. 이 환자는 상대방의 반응을 직접 볼 수 있다면 그렇게까지 불안해하지는 않을 것이다. 그럼 이런 경우 격리는 환자의 상태를 더 악화시킬 수 있는 것이다. 격리의 치료적 효과가 더 클지 반치료적 효과가 더 클지 대조군 연구 없이는 알 수 없다.

그뿐만 아니라 격리가 치료적이라고 믿는 편이 의사에게는 더 이익이라는 점도 우리는 주의해야 한다. 격리는 사회통제의 중요한 수단이자 병원 입장에서는 편리한 방법이기도 하기 때문에, 환자에게도 격리가 치료적으로 도움이 된다고 생각해야 의사는 양심의 가책을 덜 수 있을 것이다. 그렇다면 의사들이 보는 치료적 효과는 완전히 객관적인 시각에 의한 것은 아닐 수 있다.

마지막으로, 논리적인 이유는 아니지만, 격리는 치료처럼 보이지가 않는다. 그렇게 보이기에는 너무 야만적이다. 물론 아무리 야만적으로 보이는 개입일지라도(예를 들어 환자의 다리를 절단하는 것이라도) 치료적으로 필요하고 그 효과가 입증되었다면 전혀 문제가 되지 않을 것이다. 하지만 격리의 치료적 효과는 아직 입증되지 않았다. 그리고 이렇게 특히 더 야만적인 개입일수록 그 효과가 확실히 증명된 뒤에 허용되어야 할 것이다.[14] 또한 격리는 환자에 대한 부정적 시선을 강화할 위험이 높기 때문에(환자를 마치 철창 속 사나운 짐승이나 사악한 범죄자처럼 보이게 할 수 있기 때문에) 이를 치료로 받아들이는 것은 매우 신중하게 이루어져야 한다. 비유하자면 환자를 때리는 것이 치료 방법이 될 수 있다고 주장하는 의사가 있다고 상상해 보자. 그리고 우리가 그 주장을 받아들이려면 어떤 근거를 어느 정도 수준으로 요구할지 생각해 보자.

치료 목적으로 격리를 시행하는 것에 내가 반대하는 세 번째 이유는, 설령 실제로 격리가 치료적 효과가 있다 하더라도 격리로 인한 피해를 상쇄할 정도는 아니라고 생각하기 때문이다. 이는 부분적으로는 기대효과 자체가 그다지 대단하지는 않기 때문이다. 만약 격리를 해서 중증 정신질환을 고칠 수 있다면 이는 또 다른 이야기일 것이다. 하지만 실제 주장은 격리를 통해 환자들이 약간 진정이 될 수 있다는 것뿐이다(투약은 그런 면에서 격리보다 훨씬 더 도움이 된다).

반면 격리의 피해는 막대하다. 앞서 언급하였듯이 격리는 환자의 자유와 존엄감을 해치며, 신체적으로나 심리적으로나 환자에게 해가 될 수 있다. 특히 이 책에서는 정신질환자들에 대한 부당한 차별이나 낙인찍기를 주의해야 한다고 거듭 강조하고 있는데, 그런 면에서 격리가 미치는 악영향은 매우 크다. 따라서 나는 치료 목적의 격리는 정당화될 수 없다고 생각한다.

마지막으로, 설령 치료 목적의 격리가 정당화될 수 있다 하더라도, 환자들은 의사능력이 있는 한 다른 치료들처럼 격리도 거부할 수 있어야 할 것이다. 격리 대상이 되는 환자 중 일부는 의사능력을 인정받지 못할 정도로 혼란을 겪는 상태일 수 있다(다만 격리가 필요한 응급상황에서 이를 확인할 시간적 여유는 부족할 것이다). 하지만 의사능력을 인정받을 수 있는 환자도 많을 것이고, 이러한 환자들에게는 강제로 격리를 시행해서는 안 될 것이다. 그렇다면 치료 목적의 격리를 실제 활용할 수 있는 경우는 매우 제한적일 것이다. 그리고 어쨌든 위의 이유들을 종합하면 치료 목적의 격리는 허용되어서는 안 된다는 것이 나의 결론이다.

폭력 방지 효과에 대한 주장

격리의 두 번째 기대효과는 격리를 통해 환자의 폭력 행사를 방지할 수 있다는 것이다. 다른 사람과 강제로 분리되면 환자는 상대방을 해칠 수 없게 된다(물론 격리과정에서 직원을 해칠 위험은 있으나 환자가 자유롭게 돌아다닐 때에 비해 그 피해는 더 제한적일 것이다). 이 주장에 따르면 문제 행동들을 보이던 다나 헌트는 그 행동들이 실제로 타해 행위로 이어질 위험이 있을 때 격리 대상이 될 수 있을 것이다. 와해된 행동을 보이던 다른 환자들도, 만약 그러한 행동들이 폭력의 명백한 전조라면 격리 대상이 될 것이다.

폭력을 방지하기 위해 격리를 시행하는 것은 언뜻 보기에 매우 합당한 일로 여겨진다. 정신질환자이든 아니든 어떤 사람이 폭력을 행사하고 있거나 곧 행사하려 할 때 우리는 그 사람을 저지한다. 정식으로 격리실을 사용하는 것은 아니고, 그 사람을 남들로부터 떼어 놓는 시간도 보통의 격리 시간보다는 짧지만, 그래도 이 조치들은 격리와 유사한 것이다. 예를 들어 술집에서 주먹질하려는 사람들이 있다면 우리는 그 사람들을 서로 다른 방에 떼어 놓는다. 아이들이 싸울 때 각자의 방에 들어가 있으라고 명령하는 경우는 흔하다. 위험한 범죄자들을 사회로부터 격리하기도 한다.

타해 위험이 있는 사람을 나머지 사람들과 분리하는 것은 심각한 부상 발생을 방지한다는 이익이 있기 때문에 정당화될 수 있다. 이런 면에서 우리는 정신질환자들을 비정신질환자와 다르게 대하는 것은 아니다. 하지만 어떤 위험이 어느 정도 확률로 예상될 때 격리가 허용될 수 있을까? 그리고 격리하기 전에 어떤 대안들을 먼저 시도해 봐야 할까? 마지막으로, 폭력 방지 목적으로 격리를 시행할 때 격리 환경은 어떠해야 할까?

첫 번째 질문에 대한 답은 말로 하기는 쉽지만, 실제 적용하기는 어렵다. 우리는 급박하고 심각한 타해 위험을 보이는 사람에게만 격리를 시행해야 한다.[15] 어떤 사람이 폭력을 행사하는 중이고 격리 외에는 그 사람을 저지하거나 재빨리 안정시킬 방법이 없다면 그때는 당연히 격리가 허용될 것이다. 아니면 당장이라도 폭력을 행사할 것 같은 사람, 예를 들어 의자를 머리 위로 치켜들거나 (의자보다는 덜 극적이지만) 주먹을 치켜들고 상대방을 죽여 버리겠다고 소리치며 누군가에게 달려드는 사람 역시 격리 대상이 될 것이다.

위의 예들은 쉬운 사례들이다. 다른 예들은 이보다 좀 더 어렵다. 예를 들어 어떤 환자가 점점 더 흥분하여 걸음걸이는 빨라지고, 병동 안을 서성대며 혼잣말로 욕설을 퍼붓고 마구 손짓을 하기 시작하였지만, 특별히 누구 한 사람에게 화가 난 것 같지는 않아 보인다고 상상해 보자. 만약 그 환자가 이런 모습을 보인 후에는 항상 바로 누군가를 공격했다면, 위 모습만으로도 환자를 격리할 수 있을 것이다. 앞서 술집에서 싸움을 하려는 친구의 예처럼 이 경우도 급박한 타해 위험이 있다고 판단할 수 있을 것이기 때문이다.

반면 환자가 이런 모습을 보인 것은 이번이 처음이라고 가정해 보자. 그렇다면 판단은 더 어려워진다. 합리적인 의사나 간호사라면 어떤 결정을 내려야 할까? 이는 부분적으로는 임상적 판단에 맡겨야 할 문제이다. 한 가지 방법은 이 경우도 급박한 위험이 닥칠 것으로 예측하고 선제적으로 격리를 시행하는 것이다. 환자는 점점 흥분이 커지고 통제력을 상실해가는 것처럼 보이며, 직원들은 이 환자가 다른 환자 또는 직원을 공격할까 봐 우려하고 있다. 누군가 정말로 다치게 되기 전에 환자를 격리하는 것이 좋지 않을까? 만약 환자가 곧 폭력적으로 될 것이라 볼 근거가 충분하다면, 게다가 피해 정도는 심각할 것이라 우려된다면, 실제 피해가 발생할 때까지 기다릴 필요는 없지 않을까?

격리를 옹호하는 사람들은 가까운 미래의 폭력 발생 가능성에 대한 의사들의 예측은 장기적 폭력성에 대한 예측보다 더 정확하다고 주장하기도 한다.[16] 그러나 정말로 그러한지는 명확하지 않다. 예를 들어 격리 및 강박 과정 자체가 환자를 자극하여 발생하게 된 폭력도 통계에 포함되었을 수 있고, 위협적인 언행도 실제 폭행과 똑같이 분류되었을 수도 있다. 마지막으로 의사가 일반인들보다 더 폭력을 정확히 예측한다는 증거는 내가 아는 한 없으며, 정신질환자들의 폭력은 일반인의 폭력보다 더 적은 단서로도 예측 가능하다는 증거 또한 없다.

그렇다면 환자가 실제 폭력을 행사할지에 대한 예측은 보수적으로 해야 한다. 위험하지 않은 상황을 위험하다고 보아 불필요하게 격리를 시행하는 일이 없도록 우리는 노력해야 한다. 이러한 측면에서 위의 예를 살펴본다면, 병동 안을 서성대며 욕을 하는 환자를 성급히 격리하기 전에 우리는 먼저 환자를 진정시킬 다른 방법은 없을지 찾아봐야 할 것이다. 첫 번째 질문인 언제 격리가 허용될 수 있을지의 문제와 두 번째 질문인 격리 전 어떤 대안들을 시도해 봐야 할지의 문제는 밀접하게 연관되어 있는 것이다.

흥분된 모습을 보이는 환자들 중에는 강제력을 사용하지 않고도 진정이 가능하거나, 진정이 불가능하다면 덜 침해적인 방법으로 위험 행동을 막을 수 있는 환자도 많을 것이다. 강제력을 동원하는 것은 환자의 폭력 행동을 더 자극하는 결과를 가져올 수도 있기 때문에 심리적인 방법으로 환자를 진정시킬 수 있다면 그렇게 하는 것이 항상 더 낫다. 대화를 해보고, 관심을 다른 곳으로 돌려보고, 다른 행동을 유도하거나 직접적으로 지시를 해도 반응하지 않는 환자라면, 여전히 격리보다는 덜 침해적인 다른 대안으로 위험 방지를 시도해봐야 한다. 예를 들어 전담 직원을 배정하여 환자의 곁을 계속 지키도록 한 후, 환자가 폭력을 행사할 것 같으면 그 직원이 곧바로 대응하도록 할 수도 있을 것이다. 타해 행동을 할 가능성이 있다고 우리가 예측한 환자 중 많은 수는 실제로 폭력을 행사하기에 이르지는 않기 때문에, 이처럼 환자를 특별 관찰할 직원을 배정하는 것은 위험의 큰 증가 없이 불필요한 격리를 방지할 수 있는 좋은 대안이 될지 모른다. 아니면, 격리보다 손목 억제대 착용

을 더 선호하는 환자에게는 손목 억제대를 사용할 수도 있을 것이다.[17]

나는 해당 환자에게 이러한 덜 침해적인 대안을 시도했다가 실패한 적이 있더라도 적어도 몇 번은 더 시도를 해봐야 한다고 생각한다. 이번에는 결과가 다를 수 있기 때문이다. 예전에 그 방법이 효과가 없었다고 하여 이 환자에게는 강제력 외의 다른 방법은 통하지 않는다고 결론지어 버린다면 이는 불행한 일이다. 물론 어느 정도 노력을 반복하여도 같은 결과가 나온 후에는 더 이상의 시도는 무의미하다고 판단할 수 있을 것이다.

격리를 시행하기 전에 반드시 먼저 덜 침해적인 방법들을 시도해보도록 하는 규정을 마련함으로써 우리는 정신과 환자들도 다른 사람들과 동일한 대우를 받을 가능성을 높일 수 있다. 즉 위험한 행동이 예상될 때에는 먼저 말로 그 사람을 진정시켜보고, 그 사람의 곁에 있고, 행동을 막을 때에는 몸으로 직접 그 사람을 붙잡는 것이다. 다른 방에 가두는 것은 최후의 수단으로서만 사용해야 한다. 가급적이면 정신질환자에 대한 불필요한 차별을 하면 안 된다는 것이 이 책에서 제안하는 원칙이다.

세 번째 질문은 폭력 방지 목적으로 격리를 시행할 때 격리 환경은 어때야 할지이다. 나는 현재의 격리는 과도하게 침해적이라고 생각한다. 외부 자극을 차단하기 위해서가 아니라 폭력 방지를 위해 격리를 시행한다면 지금처럼 삭막한 격리실에 환자를 두는 것은 지나친 조치이다. 자해 위험이 없다면 환자는 격리 중에도 음악을 듣거나 책이나 잡지를 읽고, 종이와 연필을 사용할 수 있어야 한다. 기물을 파손할 위험이나 우발적으로 위험한 행동을 할 위험이 있는 환자에게도 읽을거리가 제공되지 못할 이유는 없으며, 환자가 좋아하는 음악을 틀어주는 것 등도 가능할 것이다.

이는 이단적인 제안으로 들릴지 모른다. 격리의 핵심은 아무것도 없는 방에 환자를 두는 데에 있지 않은가? 하지만 이러한 관행이 과연 합리적인지 나는 의문을 제기하지 않을 수 없다. 우리는 가능한 환자들을 존중하고, 인간적인 대우를 해야 한다. 만약 격리의 목적이 단지 폭력의 예방뿐이라면 삭막한 환경에 환자를 격리해야 할 이유는 없다. 격리실이 만약 가고 싶은 곳이 된다면 환자들이 오히려 더 폭력적인 행동을 많이 하지 않겠냐는 우려에 대해서는, 나는 환자들은 원할 때 격리실을 이용할 수 있어야 한다고 답할 것이다. 그렇다면 격리실에 가려고 일부러 폭력을 행사할 필요는 없는 것이다.

정리하자면 두 번째 기대효과인 폭력의 예방과 방지는 격리 시행의 근거로 적절해 보인다. 정신질환자이든 아니든, 폭력을 행사 중이거나 곧 행사할 것으로 보이는 사람에게는 격리를 시행할 수 있을 것이다. 그러나 위험해 보이는 환자 중 일부만이 실제로 폭력을 행사하기 때문에 우리는 격리보다 먼저 덜 침해적인 다른 대안, 예를 들어 전담 직원을 통한 특별 관찰 등을 먼저 시도해 봐야 할 것이다. 그리고 격리 중에도 환자는 책을 읽거나 글을 쓰고, 음악을 듣고, 전화 통화 등을 할 수 있어야 한다.

치료 환경 보존 효과에 대한 주장

세 번째로 살펴볼 격리의 기대효과는 치료 환경의 보존이다. 여기서의 전제는 정신과 병동의 환자는 평화롭고 예측 가능하며 불쾌감을 유발하지 않는 환경에서 생활할 권리가 있다는 것이다. 어떤 환자가 위협적이지는 않더라도 다른 환자들을 방해하는 행동을 한다면, 적절한 행동을 할 수 있을 때까지 그 환자를 격리하는 것이 때로는 병동의 평화 유지를 위해 필요할지 모른다.

보존되어야 하는 치료 환경에 무엇을 포함시킬지에 따라 달라지겠지만(이에 대해서는 곧 설명하겠다) 보스턴 주립병원의 사례에서 몇몇 행동은 격리를 요하는 행동이라 볼 수 있을 것이다. 벌거벗고 병동 내를 걸어 다닌다든지 남들 앞에서 자위행위를 하는 것은 확실히 치료 환경을 해치는 행동이다. 반면 성관계를 한다든지 탈출을 시도하는 것은, 병동 규칙의 위반이 곧 치료 환경을 해치는 것이라고 우리가 정의할 때에만 격리 대상이 될 것이다. 큰 소리로 떠드는 행동 등은 그 중간이 될 것인데, 얼마나 자주 얼마나 시끄럽게 떠드는지, 다른 환자들이 이 환자를 피해 조용한 곳으로 자리를 옮기는 것이 얼마나 용이할지에 따라 답이 달라질 것이다.

비정신질환자도 비슷한 이유로 사회에서 격리되는 경우가 있을까? 그렇다고 할 수 있다. 조엘 파인버그(Feinberg 1985)는 형법에는 해악의 원리뿐 아니라 불쾌감유발행위의 원리도 적용됨을 이야기하였다. 파인버그가 제시한 불쾌감유발행위의 판별 기준(합당한 목적에 의한 것인지, 타인에게 불편을 야기하는지, 타인이 이러한 상황을 쉽게 회피할 수 있는지 등)을 구체적으로 설명하지는 않겠지만, 대략 역겹거나 수치스럽거나 불안한 마음상태 등을 유발하고 평화롭게 생활을 영위하는 것을 방해하는 행동은 불쾌감유발행위에 해당한다고 할 수 있다.

우리는 이러한 행위를 법으로 제재한다. 미국에서는 소란을 피우거나 공공장소에서의 알몸으로 돌아다니는 사람을 체포할 수 있다. 불쾌감유발행위는 해악과는 다른 방식으로이긴 하지만 마찬가지로 유해한 것이며, 때로는 그런 행동을 하는 사람을 대중으로부터 잠시 격리하는 것만이 피해의 진행을 막을 수 있는 (그리고 향후 비슷한 행동을 예방할 수 있는) 유일한 방법이다. 정신질환으로 인해 그러한 행동을 한 듯한 사람은 흔히 병원으로 보내진다. 아니면 유치장에 구금되는 사람도 많다. 요지는 우리는 더 이상의 피해를 방지하기 위해 가해자를 사회로부터 강제로 분리하곤 한다는 것이다.

아이들의 경우도 마찬가지이다. 우리는 아이가 말썽을 부리며 다른 가족들을 계속 방해한다면 방에 들어가 있으라고 명령한다. 학교에서라면 수업에 지장이 되지 않게 교실 밖으로 내보내어 교장실에 가 있도록 한다. 술집에서 지나치게 목소리가 커지거나 거칠어지며 다른 사람들을 불편하게 만드는 손님이 있다면 가게에서는 그 손님에게 나가달라고 부탁하거나 직접 데리고 나가기도 한다.

그렇다면 주변 환경에 피해를 줄 때 정신질환자를 격리하는 것은 차별이 아니다. 게다가 이때의 격리는 나머지 환자들을 존중하는 것이기도 하다. 이 환자들이 각자의 생활을 침해당하지 않고 평화 속에서 지낼 수 있도록 하기 위한 것이기 때문이다. 정신질환자들도 일반인들과 똑같이 타인의 불쾌한 행동으로부터 보호받을 권리가 있다. 아니, 더 많이 보호받아야 하는 것인지도 모르는데, 병동 안을 벗어날 수 없는 환자들은 이러한 행동을 피하는 것이 훨씬 더 어렵기 때문이다.

그러나 이때 우리는 격리 대상자가 아닌 그 외의 사람들이 얻는 이익을 근거로 격리를 정당화하고 있음은 분명히 짚어봐야 한다. 물론 격리 대상 환자도 주변 환자들과의 관계를 해치지 않게 된다거나, 나중에 부끄러울 수 있는 일을 부분적으로 방지한다는 면에서는 얻는 이익이 있을지 모른다. 하지만 여기서 초점은 다른 사람들을 위해 평화로운 환경을 유지해야 한다는 것에 맞춰져 있다. (타해 위험 방지를 위해 격리를 시행해야 한다는 주장 역시 다른 사람이 얻는 이익에 초점을 맞춘 것이지만, 이때에는 당사자가 얻는 이익도 작지 않을 것이며 격리를 시행하는 상황도 응급상황이기 때문에, 뒤에 내가 요구할 보호 장치를 마련할 필요는 없을 것이다.)

이제 생각해 봐야 할 문제들은 다음과 같다. 치료 환경을 해치는 행동은 어떤 기준으로 정해야 할까? 치료 환경의 보존을 위해 격리 보다 덜 침해적인 다른 대안을 활용할 수는 없을까? 불안정하고 이상 행동이 심해 잦은 격리를 겪는 환자들을 위한 병동을 따로 마련한다면, 이 환자들은 자유를 더 누릴 수 있고 나머지 환자들은 나머지 환자들대로 더 평온한 생활이 가능할까? 병동환경의 보존을 목적으로 격리를 시행할 때에 격리 환경은 어떠해야 할까? 마지막으로 이 기대효과를 근거로 격리를 시행한다면 절차상의 어떤 보호 장치가 필요할까?

이 중 가장 중요한 것은 아마도 치료 환경을 해치는 행동의 판단 기준을 정하는 일일 것이다. 이를 위해 (1) 병동 밖에서도 범죄에 해당할 행동, (2) 병동 밖에서 반드시 유치장에 구금될 정도는 아니지만 다른 환자들을 방해할 수 있는 행동, (3) 병동 규칙을 어겨 단체 생활의 일과에 지장을 준다는 측면에서만 다른 환자들에게 피해가 되는 행동의 세 가지 후보를 생각해 볼 수 있다.

첫 번째는 명백히 병동의 환경을 해치는 행동이며 특정 조건 아래에서는 충분히 격리 대상이 될 행동이다. 지역사회에서 심한 난동을 부리는 사람은 유치장에 구금될 수 있는데, 이는 부분적으로는 지역사회 사람들의 평화로운 삶을 보장하기 위해서이다. 정신과 입원 환자들도 마찬가지로 평화로운 생활을 영위할 수 있어야 한다.

그러나 불안정한 환자들은 불안정한 행동을 할지 모른다는 사실은 충분히 예상할 수 있기 때문에 사람들은 정신과 병동에서 평화와 고요함을 크게 기대하지는 않는다는 것도 사실이다. 그리고 환자들은 건강한 사람들보다 스스로의 행동을 통제할 수 있는 능력이 떨어지기 때문에 이러한 행동에 대해 똑같이 처벌받는 것은 공정하지 않을 수도 있다. 그뿐만 아니라 지금 불편을 겪는 환자들도 때로는 병으로 인해 본인도 다른 환자들을 불편하게 할지도 모른다. 그렇다면 지금 약간의 피해를 감수하는 것이 나중에 반대의 입장이 되었을 때에는 도움이 될지 모른다. 하지만 그럼에도 불구하고 어떤 행동들은 병동에서 용납 가능한 범위를 넘어서는 것이다. 심한 난동을 부리는 것, 남들 앞에서 나체로 돌아다니거나 자위행위를 하는 것, 다른 환자들에게 노골적으로 시비를 거는 것 등은 덜 침해적인 다른 방법으로 통제가 되지 않는다면, 격리 대상이 될 수 있을 것이다.

소리를 지르거나 고함을 치는 것도 격리 대상이 될지는 판단이 애매한데, 격리실 안에서 고함을 치는 것도 병동 안에서 고함을 치는 것과 마찬가지로 치료 환경을 해치기 때문이다. 하지만 격리를 하면 벽이 소리를 어느 정도는 차단하고, 병동 내 다른 환자들은 격리실 안의 소리를 가능한 덜 듣고 싶으면 어디로 가야 할지 알 수 있으며, 그 환자가 고함만 치는 것이 아니라 난폭한 행동도 시작하지 않을까 불안해하던 환자들은 안심할 수 있게 된다. 그리고 어떤 격리실은 병동 밖에 있기도 하고, 방음 장치가 되어 있는 경우도 있다.

나는 사람들이 정신과 병동에서는 지역사회에서 만큼의 평화와 고요함을 기대하지 않을 것이라고 이야기했다. 그렇다면 병동에서 격리와 같이 침해적인 개입을 할 때에는 소란이나 방해의 정도가 상당히 심각한 수준이어야 할 것이다. 그러나 위에서 언급한 기준의 두 번째 후보에 따르면, 지역사회에서 구금될 행동이 아니더라도 격리 대상이 되는 행동이 있을 수 있다. 그렇다면 이 두 번째 기준을 제시하는 근거는 무엇일까?

이 기준을 주장할 때의 근거는 환자들은 병동을 벗어날 수 없기 때문에 다른 환자의 불쾌한 행동을 회피하기가 더 어렵고 따라서 더 강력한 보호 장치가 필요하다는 것이다. 이 관점에 따르면 조금 큰 소리로 웃거나 떠드는 정도의 행동도 격리 대상이 될 수 있다. 몸을 잘 씻지 않아 냄새가 나는 환자도 비슷한 이유로 격리할 수 있을 것이다. 지역사회의 사람들은 냄새나는 사람을 피하려면 다른 곳으로 가면 되지만 정신과 병동의 사람들은 그럴 수 없기 때문이다.

이러한 주장도 설득력이 있긴 하지만, 이에 반대하는 주장들이 더 설득력이 크다. 먼저, 병동 안은 정말로 비좁아서 다른 환자를 전혀 피할 수 없을 정도는 아니다. 그리고 어떤 행동은 격리실 안에서 행해지더라도 병동 안에서 행해질 때와 마찬가지로 다른 환자들에게 불쾌감을 줄 수 있다. 게다가 격리가 아닌 다른 방법으로도 문제를 해결할 수 있는 경우가 많다. 예를 들어, 냄새가 나는 환자에게는 샤워하도록 지시할 수도 있는 것이다. 마지막으로, 앞서 이야기하였듯 동료 환자의 행동을 서로 어느 정도는 용인하는 편이 반대의 입장이 되었을 때는 도움이 될 수 있다.

세 번째 후보는 직접적으로 다른 환자를 방해하는 것은 아니지만 마음을 불편하게 할 수 있는 행동들이다. 어떤 환자들은 예측 가능한 환경에서만 안전함을 느끼기 때문에 병동의 질서가 흐트러지면 불안해할 수 있다. 또 다른 환자들은 동료 환자가 설령 남들이 보지 못하는 장소에서 어떤 행동을 했다 하더라도, 그 행동을 했다는 사실 자체에 불쾌함을 느낄 수도 있다.

이 세 번째 기준에 따르면 소리를 지르거나 남들 앞에서 자위행위를 하는 등 병동의 평화를 직접적으로 해치는 환자뿐만 아니라, 병동의 규칙을 어기는 환자는 누구든 격리 대상이 될 수 있다. 그렇다면 보스턴 주립병원에서 탈출을 시도하거나, 성관계를 하거나, 약을 먹지 않은 환자를 격리한 것은 적절한 조치가 될 것이다. 병동 모임이나 일과 프로그램에 참여하지 않는 환자들도 마찬가지로 이 기준에 따르면 격리 대상이 된다.

나는 이 세 번째 기준은 '치료 환경의 보존'이라는 명분을 왜곡 적용하는 것이며 이것이 격리 시행의 기준이 되어서는 안 된다고 생각한다. 병동 규칙이 잘 지켜지지 않을 때 환자들이 느낄 불안이나, 다른 환자의 부적절하거나 부도덕한 행동으로 인해 느낄 불쾌함을 방지하기 위함이라 하더라도 이 기준은 정당화될 수 없다. 그 첫 번째 이유는 환자들이 이러한 심리적 피해를 입을 수 있다는 것은 단지 추정에 불과하기 때문이다. 두 번째 이유는 실제로 심리적 피해가 발생한다고 하더라도 그 정도가 심각할 것이라 보기는 어렵기 때문이다. 마지막 이유는 이렇듯 심각하지는 않을 피해를 방지하기 위해 격리를 시행한다는 것은 비례에 맞지 않는 극단적인 조치이기 때문이다.

형법에서도 이와 유사한 기준을 찾아볼 수는 있다. 직접적으로 타인에게 해악이나 불쾌감을 주는 행위는 아니지만, 사회에서 그러한 행위가 용인된다는 사실 자체에 사람들이 불행함을 느낄 수 있을 행위, 즉 소위 풍속범죄 또는 피해자 없는 범죄를 법으로 제재하는 경우가 그것이다. 이에 대한 논의를 여기서 길게 설명하지는 않겠지만, 많은 형법학자들은 이러한 행위를 범죄화하는 것에 대해 회의적이다.[18] 타인에게 피해를 주지 않는 이상 사람들은 자신이 생각하는 자신의 이익을 추구할 최대한의 자유를 누릴 수 있어야 한다는 것이다.

혹자는 정신병원과 같이 좁은 공간에서 여러 사람이 함께 생활하는 경우 규칙을 지키는 것이 더욱 중요해지지 않느냐고 반문할 것이다. 사소한 규칙 위반도 그대로 두면 그 정도가 점점 심해져서 질서 유지에 꼭 필요한 규칙들마저 무시하는 분위기가 자리 잡을 수 있는데, 이는 심각한 문제라는 것이다. 그러나 이러한 우려가 현실적인지는 불분명하다. 그리고 그런 이유로 격리를 시행하는 것은 환자들보다는 직원들의 심리적 안정감을 위한 조치일 것이다. 사실 나는 병동의 평화를 직접적으로 훼손하는 행동이 아니라도 '치료 환경의 보존'을 위한 격리대상이 된다면 이는 주로 직원들을 위한 것으로 생각한다. 환자들을 통제할 수 있고 병동의 질서를 유지할 수 있다고 느낄 때 직원들은 안정감을 느끼기 때문이다. 물론 직원들이 안심하고 편안히 일할 수 있는 것도 중요하고, 이는 환자들에게도 긍정적 영향을 미칠 수 있다. 하지만 그렇다고 해도 그것이 격리를 정당화할 정도는 아니다.[19]

마지막으로 병동의 규칙 위반을 '치료 환경의 보존'을 위한 격리 대상에 포함시키지 않아야 할 어쩌면 가장 강력한 이유는, 이때의 격리는 치료 환경의 보존과는 아무 상관이 없다는 것이다. 규칙 위반은 이미 과거에 일어난 일이다. 소란을 피우는 환자라면 격리를 통해 소란을 줄일 수 있고, 남들 앞에서 자위행위를 하는 환자라면 격리실 안에서는 더 이상 남들 앞이 아닌 게 되지만, 예를 들어 병동 모임에 참석하지 않는 환자를 격리하는 것은 병동 모임에 참석시키는 것이 아니다.

즉, 규칙 위반을 이유로 환자를 격리한다고 해도 현재 발생 중인 피해로부터 다른 환자들을 보호하지는 못하는 것이다. 만약 환자가 앞으로는 격리를 피하기 위해 규칙을 더 잘 지키게 되고 따라서 직원들과 다른 환자들은 더욱 편안한 병동 생활을 할 수 있다고 주장한다면, 이는 처벌로서 격리의 기대효과에 관한 주장이다. 다시 말해 이때의 격리는 어떤 행동을 처벌하여 앞으로 이러한 행동을 하지 않도록 하는 것이지, 현재의 행동을 막기 위한 것이 아니다. 그리고 격리의 기대효과 중 처벌 방법으로서 효과는 이다음에 다룰 항목이다.

지금까지 치료 환경을 해치는 행동의 기준이 무엇이 되어야 할지에 대해 다루었으니, 두 번째로 다루어야 할 질문은 이에 대해 격리보다 덜 침해적인 대안을 사용할 수 있을지다. 이 질문에 대한 답은 어렵지 않다. 예를 들어 소란을 일으키는 환자가 있다면 말로 진정시키고, 병실 안에 들어가 있도록 하고, 산책을 데리고 나가 보아야 한다. 이 모든 방법이 효과가 없다면 그다음에는 격리가 필요할 수도 있다. 벌거벗고 돌아다니는 환자가 있다면 옷을 입게 도와주고, 다시 벗으면 다시 옷을 입혀주면 된다. 만약 직원이 어떻게 하던 환자는 절대로 옷을 입고 있지 않으려는 것이 확실해지고, 그뿐만 아니라 벗은 채 남들 앞에 돌아다니려고 한다면, 그때에는 격리를 시행할 수 있을 것이다. 남들 앞에서 자위행위를 하는 경우도 비슷하게 남들이 볼 수 없는 곳으로 그 환자를 데려가는 것을 먼저 시도해야 한다. 이러한 방법들은 시간이 오래 걸리지만, 불필요한 격리를 방지하는 것은 그만큼 중요한 일이다.

세 번째 질문은 두 번째 질문과도 관련이 있는데, 증상이 심하여 치료 환경을 자주 해치게 되는 환자들을 위한 병동을 따로 지정하면 이 환자들은 자유를 더 누릴 수 있고 나머지 환자들은 더 평온한 생활이 가능할지이다. 이러한 방식도 덜 침해적인 대안의 하나가 될 수 있을까?

치료 환경을 해친다고 격리를 하며 다른 환자와 상호작용하거나 이동할 자유를 거의 전부 박탈하는 것은 극단적인 조치이다. 환자를 반드시 좁은 격리실에 두어야 할 필요가 과연 있을까? 한 병동 전체를 비슷한 환자들을 위해 할당하는 것은 어떨까? 물론 증상이 심한 환자라고 해서 항상 상태가 악화되어 있는 것은 아니다. 그러나 자신의 상태가 양호해졌을 때에 나머지 중증 환자들에 의해 불쾌감이나 불편을 겪는 것은, 자신이 다시 상태가 악화되어 문제 행동을 하는 반대의 입장이 되었을 때에 더 많은 자유를 누릴 수 있다는 점을 고려하여 어느 정도는 받아들일 수 있는지도 모른다. 아니면 다른 방법으로, 병원 내의 넓은 공간 몇 곳을 환자들이 액팅아웃할 때 머물 곳으로 지정할 수도 있을 것이다. 환자는 상태가 악화되면 이곳에 보내어졌다가 이후 회복이 되면 자신의 병동으로 돌아갈 수 있을 것이다.

일단 위와 같은 방식이 떠오르지만, 이것이 실제로 실현 가능한 방식인지 판단하려면 앞으로 더 철저한 검토와 연구를 수행해야 할 것이다. 예를 들어, 공간 하나를 통째로 이런 환자들을 위해 배정하는 것은 지나치게 부담이 크지 않을까? 환자들은 격리를 덜 겪고 자유를 더 누릴 수 있다 하더라도 별도의 병동으로는 가는 것은 꺼리지 않을까? 소란을 부리는 환자들을 따로 모아 놓으면 일종의 전염효과로 인해 환자들의 문제 행동이 더 악화되지는 않을까? 직원들이 이 병동에서의 근무를 기피하지는 않을까? 이는 모두 중요한 질문들이다.

치료 환경의 보존을 위해 격리를 시행할 때 격리 환경은 어떠해야 할까? 나는 앞서와 마찬가지로 이 경우에도 오늘날의 일반적인 격리실처럼 삭막한 환경에서 격리를 시행하여서는 안 된다고 생각한다. 격리 중인 환자도 책을 읽고, 종이와 연필을 사용하고, 음악을 들을 수 있어야 한다. 동료 환자들이나 면회객의 방문도 환자에게 해가 되지 않는다면, 그리고 방문객들이 환자의 상태에 대한 설명을 미리 들었다면 가능해야 할 것이다. 치료 환경의 보존을 위해 격리를 할 때 반드시 불쾌한 환경에서 격리가 이루어져야 할 이유는 없다.

격리 절차는 어때야 할까? 이 경우에는 다른 사람들을 위해 격리를 시행하는 목적이 크기 때문에, 환자가 부당하게 자유를 뺏기지는 않도록 특히 주의해야 한다. 예를 들어 직원들은 문제가 되는 환자의 행동을 관찰하고 왜 그러한 행동을 하는지 설명할 기회를 환자에게 주어야 할 것이다.

마지막으로 가장 중요한 것은 격리 시간의 상한선을 정하는 것이다. 환자는 당장의 타해 위험을 보이거나 하지는 않는다는 점을 기억하라. 환자는 단지 병동의 생활을 약간 덜 쾌적하게 만들고 있을 뿐이다. 그렇다면 환자의 기본권을 지나치게 박탈하는 것은 비례에 맞지 않는다. 범죄로 치자면 환자의 행동은 주로 경범죄에 해당할 것으로, 타인에게 가해지는 피해도 제한적이고 문제 행동도 오래 지속되지는 않는 경우가 대부분이다.

그렇다면 예를 들어 한 시간가량 후에는 격리를 해제하도록 규정을 정해야 할 것이다. 그때까지도 환자가 문제 행동을 계속하고 있다면, 격리가 환자의 상태를 개선하는 것이 아니라 악화시키고 있는 것일 수도 있으므로 격리를 해제한 후 환자의 행동을 다시 살펴봐야 할 것이다. 게다가 앞서 말했듯 그 행동은 남에게 그렇게까지 피해를 주는 것은 아니다. 만약 격리 해제 후 다시 예를 들어 한 시간이 지났는데도 환자가 비슷한 문제를 계속 보인다면 다시 격리를 시행하고, 한 시간 후에 또다시 격리 해제를 하는 방식을 택해야 한다. 그렇게 하면 격리로 인한 자유의 침해와 다른 환자들이 겪는 불편함 사이의 균형을 맞출 수 있을 것이다(물론 한 시간을 다 채워 격리해야 할 필요는 없다. 환자가 문제 행동을 멈춘다면 즉시 격리를 해제해야 한다).

요약하자면 치료 환경의 보존이라는 기대효과는 격리 시행의 타당한 근거가 될 수 있으나, 그러기 위해서는 치료 환경을 해치는 행동이 무엇일지에 대한 기준을 좁게 잡아야 하고, 격리 시행 전에 먼저 덜 침해적인 대안들을 시도해 보아야 하며, 격리 환경을 보다 인간적으로 개선하여야 하고, 격리 시간의 상한선을 엄격히 정하는 등의 절차상 보호장치를 마련하여야 한다.

처벌 수단으로서의 효과에 대한 주장

환자들이 잘못된 행동을 할 때 처벌로서 격리를 시행하는 것은 어떠한가? 이러한 근거로 격리를 한다면 보스턴 주립병원 사례에서 등장한 모든 사례들, 폭력적 행동뿐만 아니라 소란 피우기, 탈출 시도 및 스스로에 대해 부정적인 말하기 등에 대해서도 격리를 시행할 수 있을 것이다.

바깥세상에서 처벌은 여러 가지 목적으로 사용된다. 이러한 목적 중 일부는 정신병동에서도 적용이 가능할 것이고 일부는 아닐 것이다. 처벌 그 자체가 목적인 처벌, 즉 그 사람이 잘못을 저질렀고 고통받아야 마땅하기 때문에 벌을 준다는 의미에서의 처벌은 정신병원에서 할 일이 아니다.[20] 응보적 처벌은 제정된 법률에 따라서만 가능하기 때문이다.[21] 정신질환자는 법을 어긴 것이 아니며, 그런 의미에서 직원은 환자를 처벌할 권리가 없다. 그리고 어떤 정신질환자들은 자신의 행위에 대해 책임질 수 있는 능력이 떨어지기 때문에 오히려 감형 대상이 될 것이다.

즉, 응보적 처벌 수단으로서의 격리는 논의 대상이 될 수 없다. 그렇다면 행동치료를 위한 처벌 수단으로서 격리에 대한 논의는 가능할까? 가능할 수도 있다. 격리가 행동치료에 효과적이라면 재활에 도움이 되고 따라서 치료적 이익을 가져오며, 병동의 질서 유지에도 도움이 된다는 주장에 따라 격리는 정당화될 수 있을지 모른다.[22] 이러한 기대효과는 앞서 살펴본 치료적 효과나 치료 환경의 보존 효과와 부분적으로 겹침은 쉽게 알 수 있을 것이다.

격리를 이용한 행동수정과 치료 행동수정을 위한 처벌 방식으로 격리를 활용하는 것은 정당화될 수 있을까? 특히 행동수정이 환자의 치료에 도움이 된다는 이론에 따라 격리를 시행하는 것은 허용 가능할까? 환자는 예를 들어 스스로에 대한 부정적인 이야기를 더 이상 안 할 수 있게 될지 모른다. 아니면 남들 앞에서 옷을 벗고 자위행위를 하지 않게 될 수 있을지 모른다. 어쩌면 감정을 조절하는 방법을 배워 통제 불능 상태에 빠지는 일이 줄어들지도 모른다. 그렇다면 이는 당연히 환자에게 이익이 아닐까?

그러나 행동수정을 위해 격리를 시행하는 것이 치료의 일환이라면, 앞서 격리의 치료적 효과에 대한 주장과 관련하여 내가 지적했던 내용의 많은 부분이 여기에도 적용될 것이다. 즉 첫째, 의사능력이 있는 환자는 자신이 원치 않는 치료를 거부할 권리를 갖기 때문에 실제 격리의 활용도는 상당히 낮을 것이다. 둘째, 덜 침해적이고 더 인간적인 대안으로도 같은 목적을 달성할 수 있는 경우가 많을 것이다. 셋째, 격리를 이용한 행동수정의 치료적 효과에 대한 증거는 (격리의 다른 치료적 효과에 대한 증거들보다는 낫지만) 불충분하다. 마지막으로, 설령 치료적 효과가 있다 하더라도 격리로 인한 피해가 치료적 이익보다 더 클 수 있다. 격리가 남용될 경우 특히 그렇다.

의사능력이 온전한 환자들은 행동수정을 위한 격리를 거부할 수 있어야 한다는 점은 상당히 큰 난관이 될 수 있다. 앞서 언급한 치료 목적의 격리도 거부할 수 있지만, 그때와 달리 행동수정을 위한 격리는 혼란 상태나 의사무능력 상태가 전혀 아닌 환자들을 대상으로 하는 경우가 많을 것이기 때문이다. 게다가 행동수정을 위해 격리를 해야 하는 순간은 환자들이 매우 화가 나 있고 기분이 상해 있는 순간과 정확히 일치하곤 해서 환자들은 높은 확률로 격리를 거부할 것이다. 의사능력이 있는 환자들에게 치료의 일환으로 격리를 이용한 행동수정을 시도하는 것은 실패할 가능성이 높다.

덜 침해적이고 더 인간적인 대안을 사용할 수 있는 경우도 많을 것이다. 행동수정은 어떤 혐오자극으로라도 가능하며 대개의 혐오자극은 격리보다는 환자 개인의 자유를 덜 침해한다. 예를 들어 격리 대신 좋아하는 음식을 못 받게 하거나 좋아하는 프로그램에 참여하지 못하게 할 수도 있으며, 산책을 금지시킬 수도 있다. 많은 병동에서는 환자들을 몇 단계의 등급으로 나누어 높은 등급에 속하는 환자에게 더 여러 가지 활동을 허용하는데, 문제 행동을 하면 등급을 한 단계 강등시킬 수도 있을 것이다. 그 외에도 덜 침해적이며 보다 인격적인 다른 혐오자극을 사용할 수도 있을 것이다.

하지만 환자가 가장 아래 등급에 속하여 더 이상 박탈할 특권이 없다면 어떻게 할까? 이런 환자들은 좀 더 강한 혐오자극이 있어야 행동을 수정할 수 있지 않을까? 하지만 그렇게 따지자면 격리 중인 환자에게도 더 강한 혐오자극이 필요할 수도 있는 것이다. 우리는 어딘가에는 선을 그어야 한다. 정말로 강한 제재를 사용한다면, 예를 들어 행동을 고치지 않으면 다리를 절단하겠다고 한다면, 대부분의 환자는 지시에 따를 것이다. 하지만 그런 방법은 지나치게 잔인하기 때문에 허용해서는 안 되는 것이다. 미국 헌법에도 잔인하고 비정상적인 형벌을 금지하는 조항이 있음을 생각해 보라. 환자에게 덜 침해적인 대안을 사용했을 때 효과가 없었고 격리를 하면 효과가 있을 것 같더라도, 격리로 인한 피해는 잠재적 이익보다 더 클 수 있다.

행동수정을 위한 격리 사용이 정당화되려면 그 치료적 효과가 더 확실히 밝혀져야 한다. 물론 원치 않는 행동을 줄이기 위해 격리를 혐오자극으로 이용할 수 있다는 주장은 격리의 다른 치료적 효과에 대한 주장과는 달리 적어도 그럴듯하게 들리기는 한다. 행동수정은 치료 방법으로서의 역사도 길고 이론적 근거도 강력하기 때문이다.[23] 그러나 어떤 환자들에게 어떤 혐오자극이 효과적일지에 대한 부분은 더 많은 연구가 필요하다. 다른 혐오자극으로도 비슷한 결과를 얻을 수 있지는 않을까? 중증 정신질환자도 행동수정에 적절히 반응할까? 격리가 환자에게 미치는 악영향이 상당함을 감안한다면, 치료효과를 주장하며 격리를 시행하려면 더 확실한 증거가 필요하다.

그리고 설령 격리의 치료적 효과가 입증되더라도, 그 효과는 격리로 인한 피해를 정당화할 정도는 아닐 것이라는 것이 나의 생각이다. 격리는 가장 침해적인 방법 중 하나이기 때문에 상대적으로 환자의 존엄성을 덜 해칠 다른 혐오자극을 찾는 것은 어렵지 않을 것이다. 우리가 죄수나 어린아이들에게 격리와 유사한 조치를 취하곤 하는 것은 사실이고, 그 때문에 정신질환자에 대한 격리가 크게 야만적이라고 느껴지지 않을 수는 있지만, 병원의 격리실은 아이들의 방과 비교해서는 말할 것도 없고 감옥의 독방보다도 더 가혹한 환경일 때가 많다. 그리고 정신질환자는 죄수나 어린이들보다 더 인격적인 대우와 존중을 받아야 한다.

한편, 중증 지적장애나 자폐증 환자들의 수용시설에서는 더 극단적으로 강한 혐오자극을 사용하기도 하는데, 이러한 경우는 어떻게 봐야 할까? 이러한 시설에서는 격리뿐만 아니라 심지어 전기충격기를 사용하기도 한다.[10] 죄수나 어린이와는 달리 이들은 환자이다. 만약 지적장애나 자폐증 환자들의 행동수정을 위해 격리를 사용할 수 있다면, 보통의 정신질환자에게도 마찬가지로 격리를 사용할 수 있어야 하는 것이 아닐까?

그러나 여기에 대해서는 몇 가지 반론이 가능하다. 첫째, 자폐증이나 지적장애는 대인관계능력이나 인지능력에 심각한 손상을 가져올 수 있는 병이며, 그러한 환자들에게는 행동수정이 유일한 치료 방법일 수도 있다. 그러나 이와 달리 정신질환자들은 대부분 약물치료가 가능하다. 둘째, 자폐증 환자나 중증 지적장애 환자들은 많은 경우 치료에 대해 결정할 의사능력을 상실한 상태이며 따라서 타인이 이들의 치료 방법을 선택하는 것이 가능할지 모른다. 셋째, 이 환자들에게 격리를 시행하는 것 자체가 우리 사회가 이들에 대해 갖고 있는 잘못된 인식 때문일 수도 있다. 마지막으로, 자폐증이나 지적장애 환자들의 행동수정을 위

10) 미국 FDA는 이 책이 집필된 이후인 2020년도에 이러한 전기충격기(Graduated Electronic Decelerator, GED)의 사용을 금지하였다(역자 주).

해 이처럼 극단적인 혐오자극을 사용하는 것이 옳은지 나는 확신할 수가 없다. 이러한 환자들에게 격리가 사용되기 때문에 다른 정신질환자들에게도 격리를 사용할 수 있다고 말하기 전에 먼저 이 관행이 과연 적절한 것인지 우리는 신중하게 검토해 보아야 할 것이다.

그뿐만 아니라 행동수정에 격리가 효과적이더라도, 앞서 이야기한 격리의 다른 치료적 기대효과와 마찬가지로 환자가 얻는 이익은 제한적일 가능성이 높다. 행동수정은 사람들의 행동방식을 바꿀 수 있을지는 몰라도 자기 자신에 대한 이해를 높이거나 정신건강을 증진시키지는 못한다. 말하자면 내적인 변화를 이끌어내지는 못하는 것이다. 행동수정은 정신증적 사고과정을 바꾸지 못하기 때문에 중증 정신질환에 특화된 치료법이라 볼 수는 없다. 그렇다면 환자가 겪을 피해를 감수하고도 격리를 시행할 만큼의 이익이 있는 것은 아니다.

마지막으로, 설령 행동수정 내지는 치료 목적의 격리 시행이 허용된다고 하더라도 격리의 빈도나 시간의 상한선은 명확히 정해야 할 것이다. 앞서 말했듯이 혐오자극이 더 강력할수록 행동수정의 효과도 더 커지는 면이 있기 때문이다. 보스턴 주립병원의 사례에서 다나 헌트는 15개월 동안 총 1,800시간을 행동수정 프로그램의 일환으로 격리실에서 보냈다. 헌트는 실제로 나아진 모습을 보이기는 했지만, 헌트의 사익을 덜 침해하는 다른 방법으로도 같은 결과를 얻을 수 있었을지 모른다.

격리를 이용한 행동수정과 병동 질서 유지 병동의 질서 유지를 목적으로 격리를 시행하여 규칙을 어기는 환자의 행동수정을 시도하는 것은 어떠한가? 예를 들어 반복적으로 다른 환자와 성관계를 갖는 환자에게 격리를 시행하는 것이다. 탈출 시도를 반복하는 환자도 이 목적에 따르면 격리가 가능할 것이다. 심지어 병동 활동에 참여를 거부하거나 침대에 누워있으려고만 하는 환자도 격리 대상이 될 수 있을 것이다. 이러한 목적의 격리를 옹호하는 사람들은 직원들은 어떻게 해서든 병동 질서를 유지할 수 있어야 한다고 주장한다. 그렇지 않으면 혼돈상태가 닥칠 수 있다는 것이다. 만약 좋은 말로 부탁해서 환자들이 따르지 않는다면 강제로라도 규칙을 지키게 만들어야 하는데, 그러한 방법 중 하나는 벌을 주겠다고 경고하거나 실제로 벌을 주는 것이다. 그리고 격리는 매우 강력한 벌이 될 수 있다.

이런 면에서 격리는 보통의 처벌과 마찬가지로 일반억제 및 특별억제 효과를 가져올 수 있다. 일반억제 효과로서 환자들은 병동규칙을 지키지 않으면 응당 처벌을 받게 된다는 사실을 보고 규칙을 지키려 노력할 수 있다. 특별억제 효과로서 격리를 한 번 겪은 환자는 앞으로는 격리를 피하고자 규칙을 잘 지키게 될 수 있다.

이런 목적의 격리는 당사자에게나 동료 환자들과 직원들 모두에게 이익이라고 주장할 수도 있을 것이다. 그러한 주장에서는 격리를 통해 행동을 수정하게 되는 것을 당사자가 얻는 이익으로 꼽는데, 이는 위에서 이미 행동수정을 통한 치료와 관련하여 내가 언급한 후 반박한 내용이다. 다른 환자들이 얻게 되는 이익은 안정감이다. 앞서 격리의 치료환경 보존 효과와 관련하여 언급한 것처럼 환자들은 자신이 예측 가능하고 일상적인 병동 생활을 할 수 있으며, 이러한 일상을 깨뜨리는 사람은 제재를 받게 될 것임을 알면 마음의 평화를 얻을 수 있다. 직원들도 자신이 병동의 규율을 유지할 수 있다는 사실에서 편안함과 안정감을 느낄 것이다.

그러나 이러한 목적의 격리 시행은 허용되어서는 안 된다. 만약 환자가 타해 위험을 보이거나 심한 소란으로 병동환경을 해치고 있다면 격리가 가능할 것이지만, 이는 앞서 이미 다룬 부분이다. 격리를 정당화하기 위해 행동수정 효과를 추가로 거론할 필요는 없다.

위 두 가지에 해당하지 않는 행동은 격리 시행을 정당화할 만큼 타인에게 피해를 주지는 않는다. 성관계를 하는 환자들이라면 앞으로 더 주의 깊게 관찰하고, 산책 등 허용되던 활동을 줄이고, 둘을 서로 다른 병동으로 분리하면 된다. 그러나 격리해서는 안 된다. 병동 프로그램에 참여를 거부하는 환자라면 말로 설명하고, 회유를 해보고, 허용되던 활동을 줄이고, 그래도 계속 참여를 거부한다면 그냥 내버려 두면 된다. 격리를 해서는 안 된다. 격리는 비례에 맞지 않는 가혹한 조치임을 우리는 잊지 않아야 한다.

동료 환자가 규칙을 어기는 모습을 보면 다른 환자들이 불안해하지 않을까? 그러나 그럴 것이라는 증거는 아직 없다. 환자들은 어쩌면 직원들이 너무 약하다고 걱정하기보다는, 유연하다고 반가워할지 모른다. 직원을 무른 존재로 보는 것보다 엄격하고 처벌적인 존재로 보는 것이 환자에게 더 해로울 수 있다. 다른 환자가 격리당하는 것을 지켜보는 것은 무서운 경험일 수 있고, 규칙을 어긴 것 정도로 격리를 하는 이 세상은 잔인한 곳이라고 환자들은 느낄 수도 있다.

병동의 규율을 유지할 수 없으면 직원들의 근무 의욕이 떨어지지는 않을까? 직원들은 병동 질서 유지를 위해 자신이 사용 가능한 방법이 많을수록 더 편안함을 느낄 것이라는 점에는 나도 동의한다. 하지만 내가 염려하는 것은 직원들보다는 환자들이다. 병동이 당장 통제 불능 상태에 빠질 것이 아니라면 (그리고 이러한 경우는 앞서 따로 다루었다) 엄격한 규율 유지는 격리를 정당화할 만큼 중요한 사안은 아니다.

정리하자면 행동수정을 위한 처벌로서의 격리는, 설령 치료적 효과가 있고 병동 질서 유지에도 도움이 된다고 하더라도 허용되어서는 안 된다. 앞에서 행동수정에 대한 내용을 제외하고는 동일한 효과를 위한 주장을 살펴보았었기 때문에 이 결론은 의외의 결론은 아닐 것이다. 환자를 감옥의 죄수 또는 동물원의 짐승처럼 보이게 할 수 있는 격리는 결코 가벼이 사용되어서는 안 된다.

결론

격리는 환자들의 자유과 존엄성을 중대히 침해하는 행위이다. 이 장에서는 이러한 격리를 정당화할 수 있을 근거로 제시되는 네 가지 기대효과에 대한 주장을 살펴보았다. 치료적 효과, 폭력 방지 효과, 치료 환경 보존 효과, 처벌로서의 효과가 그것인데, 나는 두 번째와 일부 상황에서는 세 번째 기대효과만이 격리의 타당한 근거가 될 수 있다고 생각한다. 다른 기대효과에 대한 주장들은 충분한 증거가 없으며, 침해되는 사익에 비해 얻을 수 있는 이익도 한정적이다.

나는 격리 환경 또한 현행보다 더 인도적으로 바뀌어야 한다고 생각한다. 격리실이 지금과 같은 모습인 것은 아마도 치료진들이 위의 근거 여럿을 한꺼번에 주장하며 격리를 시행해왔기 때문이 아닐까 하는 것이 나의 짐작이다. 예를 들어 타해 위험 방지뿐만 아니라 자극 차단 효과도 주장하며 격리를 시행한다면, 격리실에 읽을거리 등은 당연히 두지 않을 것이다. 하지만 거듭 말하지만 나는 타해 위험 방지나 치료 환경의 보존 외 다른 기대효과들은 격리의 타당한 근거가 될 수 없다고 생각한다. 이 기대효과들을 다른 기대효과와 함께 주장할 때에도 마찬가지이다. 격리는 최대한 인도적 환경에서 이루어져야 한다.

물론 격리에 대한 연구들은 아직 본격적으로 이루어지지 않았으며, 앞으로 추가적인 자료들을 얻게 된다면 위의 판단은 달라질 수도 있다. 격리에 대한 더 많은 연구가 필요함은 분명하다. 중요한 연구 주제 중 하나는 환자들의 격리에 대한 반응이 될 것이다. 대부분의 연구에 따르면 환자들은 격리를 매우 부정적으로 받아들이는데, 이는 격리가 환자에게 도움이 되고 환자들도 격리 후 긍정적인 반응을 보인다는 치료진의 주장과는 상반된다.[24] 격리의 장점을 환자들에게 교육해야 한다고 제안하는 문헌들도 있다.[25] 그러나 어쩌면 더 자연스러운 반응은 치료진들에게 환자 입장에서의 격리의 단점을 교육해야 한다는 것이 될 수도 있다.

격리에 정말 치료적 효과가 있는지도 더 연구가 필요하다. 타해 위험이 있거나 병동환경을 해치는 환자들은 격리가 가능하다고 했는데, 이때 격리를 시행하면서 외부 자극의 차단이 환자들의 감정을 가라앉히는 데에 도움이 되는지 아니면 감각박탈의 악영향을 가져오는지 함께 연구할 수 있을 것이다. 환자들은 격리 중에 환각을 더 많이 경험할까? 이상적으로는 같은 상황의 환자 중 일부에게는 격리를 시행하고 일부에게는 다른 개입을 시도하면서 대조군 연구가 가능할 것이다. 격리와 다른 개입 방법 간의 효과 차이를 비교해 보는 것도 흥미로운 연구가 될 것이다. 격리 외에도 환자를 진정시킬 수 있는 효과적인 방법들이 있을까?

마지막으로, 타해 방지를 위한 격리와 관련하여, 의사들은 과연 폭력 발생 위험을 얼마나 정확히 예측할 수 있는지에 대한 더 많은 연구가 필요하다. 이상적으로는 대조군 연구를 실시하며 위협적인 모습을 보이는 환자 중 어느 정도가 실제로 폭력을 행사하는지 조사할 수 있을 것이다. 만약 그 비율이 높지 않다면 불필요한 격리를 줄이기 위한 다른 대안도 충분히 효과적으로 사용할 수 있을까? 아니면 그렇게 하면 직원이나 환자들의 부상 위험이 지나치게 높아질까?

이러한 연구 결과들이 나오기 전까지 격리는 급박하고 심각한 폭력을 방지하거나 예방하기 위해서, 또는 병동의 환경을 심각히 해치는 행동을 막기 위해서만 시행 가능해야 할 것이다. 이제 다음 장으로 넘어가 격리보다도 더 극단적이고 가혹한 개입 방법인 강박에 대해 이야기하겠다.

6

강박: 매듭을 풀기

줄리아는 얼마 전 입원한 정신증 환자이다. 병동에서 점심을 먹던 중 줄리아는 갑자기 플라스틱 숟가락을 부러뜨린다. 줄리아는 재밌어하면서도 약간은 놀라고 무서워하는 표정이고, 살짝 반항기도 엿보인다. 직원이 줄리아에게 강박을 해야겠다고 말한다. 줄리아가 저항하자 보안요원 여섯 명이 달라붙어 줄리아를 침대에 눕히고, 몸부림을 치는 줄리아의 손목과 발목을 두꺼운 가죽띠로 침대에 고정시킨다. 마지막으로는 가슴 억제대로 상체도 고정시킨다. 5포인트 강박을 당한 줄리아는 침대에 대大자로 묶여 전혀 움직일 수가 없다.

시간이 지날수록 줄리아가 느끼는 불편함과 통증은 심해진다. 손목과 발목은 멍이 들고, 같은 자세로 옴짝달싹할 수 없는 몸은 욱신거린다. (많은 환자가 그러듯) 줄리아는 자신을 풀어달라고 애원하지만, 직원은 억제대를 풀어주거나 언제 강박을 해제할 것인지 알려주지 않는다. 곁에는 아무도 없고, 겁먹고 몸은 아픈 줄리아는 다시 몸부림을 치기 시작한다. 이를 본 직원은 강박 시간을 더 늘려야겠다고 생각한다. (Saks 1986, p. 1836)

이번 장에서 나는 강박을 통해 얻을 수 있는 기대효과와 피해는 각각 무엇일지 이야기할 것이다. 그리고 이 둘의 균형을 맞추기 위해 강박 현행은 어떻게 바뀌어야 할지를 제안하고자 한다.

강박으로 인해 환자가 입게 되는 피해

줄리아와 같은 환자가 강박으로 인해 입게 되는 피해는 상당하다. 강박 시 환자는 자유와 존엄성을 침해당하고 신체적 및 정신적 피해를 입는데, 그 정도는 격리의 경우보다 더 크다.[1] 격리 중인 환자는 적어도 격리실 안에서는 돌아다닐 수 있지만 4포인트 또는 5포인트 강박으로 침대에 묶인 환자는 전혀 움직일 수 없기 때문이다. 이는 가장 근본적인 자유를 빼앗는 것이다. 몸을 움직일 수 없으면 인간으로서 필요한 가장 기본적인 활동조차 할 수 없게 된다.

게다가 강박은 문명사회에서 허용된 행위 중 사람의 존엄성을 가장 심각하게 해치는 행위이다. 이 이유만으로도 강박은 금지되어야 할지 모른다. 동물을 우리에 가둬 놓는 일은 많다. 목줄을 채워둘 때도 있다. 하지만 동물조차도 사지를 각각 묶어 전혀 움직일 수 없게 하지는 않는다. 만약 그렇게 한다면 잔인한 행동이라 비판받을 것이다.

사람을 침대에 묶어두는 것은 왜 존엄성을 해치는 일이 될까? 답은 어렵지 않다. 첫째, 그렇게 하는 것은 그 사람이 너무나 위험하기 때문에 몸을 움직이게 놔두는 것조차도 안심할 수 없다는 의미가 되기 때문이다. 또한 강박 중에는 갓난아기처럼 무력한 존재가 되어 혼자서는 아무것도 할 수가 없는데, 성인으로서 인정받는다는 것은 자신의 의지대로 행동하며 주위 환경을 이용하거나 극복할 수 있다는 것과 밀접한 관련이 있다. 그뿐만 아니라 강박 중에는 완전한 무방비 상태로 스스로를 보호할 수도 없고, 용변을 보는 것이나 식사를 하는 것 같은 기본적인 활동도 타인의 도움을 받아서만 가능하다. 더구나 대자로 침대에 묶인 자세는 보기에도 굴욕스러우며, 심지어 피학성애적인 연상을 불러올 수 있는데 이는 환자에게 전혀 이롭지 않은 일이다.

강박으로 인한 부상의 위험도 고려해야 한다.[2] 몸을 움직일 수 없다는 것은 매우 불편할 뿐만 아니라 고통스러운 일이다. 여덟 시간에서 열 시간 동안 강박을 겪은 환자들은 팔다리의 극심한 통증을 호소한다. 억제대를 지나치게 강하게 결박하여 혈액순환에 이상이 발생하는 경우도 많다. 강박 상태에서 심장마비로 사망하거나, 구토 후 토사물에 기도가 막혀 질식사하는 환자의 수도 적지 않다. 한 연구에 따르면 1989년부터 1999년 사이 미국에서 강박 중 혹은 강박 직후 사망한 환자의 수는 142명에 이른다고 한다. 하버드 위험분석센터의 연구자는 보고되지 않은 사망자 수는 이보다 더 많은 연간 50명에서 150명에 이를 것으로 추정하였다. 이는 매주 1~3명에 해당하는 수이다.[3]

사망까지는 아니더라도 일시적으로 다치는 경우는 더 흔하다. 이는 모든 병원에서 그러한 것은 아니지만 강박을 지나치게 장시간 시행하기 때문에 발생하는 일이다. 강박 시간이 어느 정도를 넘지 않아야 하는지에 대한 인식은 미국의 주마다, 그리고 병동마다 다르다.[4] 예를 들어 뉴욕에서는 두 시간마다 억제대를 풀어주고, 네 시간을 넘겨 강박을 지속하려면 환자의 상태를 재확인하도록 법에 명시되어 있다. 그 결과 흥미롭게도 대부분 환자들은 이 시간 내에 강박이 해제된다.[5]

반면 코네티컷의 어떤 병원에서는 한 환자를 2년 넘게 거의 항상 강박 상태로 두었으며, 또 다른 병원에서는 환자들을 종종 수 주씩 강박하곤 하였다. 같은 시에 위치한 또 다른 병원에서는 강박을 평균적으로 더 자주 시행하였으나 시행 시간은 훨씬 짧았다. 이러한 차이는 각 병원의 환자 유형이 서로 달랐다는 말로는 설명이 안 되며, 병원마다 갖고 있는 강박에 대한 인식의 차이에서 비롯된 것이라 봐야 할 것이다. 그리고 중요한 것은 그렇게 장시간 강박이 허용된 곳이 있었다면, 다른 곳에서도 환자가 심각한 통증을 겪을 정도로 오래 강박을 지속하는 경우가 흔했을 것이란 점이다.

신체적 위험 중 가장 심각한 것이 사망 위험이라는 사실을 생각한다면, 자해 행동으로부터 환자를 보호하기 위해 강박을 시행하는 것이 과연 타당한지 우리는 의문을 품지 않을 수 없다. 이 점에 대해서는 뒷부분에서 다시 다루겠다.

마지막으로 강박으로 인해 발생하는 정신적 피해도 상당하다. 앞서 짚어본 자유와 존엄성의 침해, 신체적 문제는 모두 정신적 피해로도 이어질 수 있다. 몸을 움직여 원하는 곳에 가고 원하는 일을 하는 것이 불가능해지면 갑갑하고 화가 날 수 있다. 존엄성을 침해당하면 굴욕감을 느끼고 자존감이 하락할 수 있다. 무방비 상태로 남에게 의존해야만 하는 것 역시 속이 상하며 두려울 수 있다. 여기에 더불어 신체적 고통도 정신에 악영향을 미칠 수 있다. 실제로 거의 모든 환자가 강박을 극도로 싫어한다고 이야기한다. 내가 아는 한, 강박에 대한 모든 조사 결과에서 환자들의 반응은 부정적이었다.[6] 강제투약, 격리, 강박 중 선호하는 것을 순서대로 이야기하도록 했을 때 환자들은 거의 항상 강박을 마지막으로 꼽았다.[7] 이는 강박으로 인한 정신적 피해에 대한 환자들의 증언이라 볼 수도 있을 것이다.

그뿐만 아니라 강박은 반치료적 효과를 가져올 수도 있다. 강박은 (격리도 마찬가지이지만) 환자들의 자기통제 능력을 약화시킬 수 있으며 그 결과 환자들은 강박이 오히려 편하다고 느끼고 일부러 폭력적인 행동을 하며 강박을 유도할 수도 있다. 강박을 통해 피학성애적 욕구를 충족시키는 환자도 있을 수 있다. 아니면 강박 중에 직원들이 자신을 돌보아주기를 기대하거나, 더 나아가 어쩌면 직원과 몸이 닿기를 바라며 강박을 유도하는 환자도 있을 수도 있다. 마지막으로 강박 과정이 자극이 되어 환자는 더 폭력적인 행동을 하게 될 수도 있다.

그렇다면 강박은 환자의 자유와 존엄성을 침해하고, 신체적 건강을 해치며, 심리적으로도 악영향을 미침을 알 수 있을 것이다. 나는 강박으로 인한 이러한 피해는 격리의 경우보다 더 심각하다고 생각한다. 강박은 격리보다 훨씬 더 침해적인 수단이며, 만약 격리만으로도 필요한 기대효과를 얻을 수 있다면 항상 강박 대신 격리를 사용하여야 한다.

강박의 기대효과: 타당하지 않은 주장들

위와 같은 강박의 피해에도 불구하고 얻을 수 있는 기대효과가 있다면 어떤 것들일까? 격리와 마찬가지로 치료 환경의 보존 효과, 처벌 내지는 행동 수정 효과, 치료적 효과, 자타해 위험 방지 효과 등을 꼽을 수 있을 것이다.[8]

이 중 앞의 두 기대효과는 바로 고려 대상에서 제외할 수 있다. 환자가 병동에서 소란을 피운다면 강박이 아닌 격리를 하는 편이 훨씬 더 낫다. 그 환자를 격리실에 둔다면 다른 환자들이 입을 피해를 최소화할 수 있기 때문이다. 격리는 강박보다 덜 침해적인 방법이면서도 치료 환경의 보존에는 동일하거나 더 나은 효과를 보이기 때문에, 이 목적을 위해서는 항상 강박보다는 격리를 시행하여야 한다.

행동수정 효과를 주장하며 강박을 시행하는 것 역시 허용되어서는 안 된다. 앞 장에서 나는 행동수정을 위해 격리를 시행하는 것에 반대하였는데 이보다 더 침해적인 방법인 강박은 더더욱 사용해서는 안 될 것이다. 행동수정을 위해서는 다른 더 인도적인 방법들도 얼마든지 사용할 수 있을 것이다. 강박은 혐오자극으로 사용하기에는 지나치게 잔인한 방법이다.

강박의 기대효과: 보다 가능성 있는 주장들

치료적 효과에 대한 주장

치료적 효과를 위해 강박을 시행할 수 있다는 주장은 어떠한가? 이러한 주장은 설득력이 크지 않다. 강박의 치료적 효과에 대한 이론적 근거는 격리의 치료적 효과에 대한 근거보다도 더 약하다. 일부 정신건강 전문가들은 환자가 스스로를 통제하지 못할 때 강박을 하면 환자가 안전함을 느끼고 자신을 더 잘 추스를 수 있게 된다고 주장하기도 한다.[9] 그러나 덜 침해적인 다른 방법으로도 같은 효과를 얻을 수 있는 경우가 많을 것이기 때문에 위 주장은 강박을 시행할 근거가 될 수는 없다. 강박이 치료적이라고 확실하게 판단하기는 어려우며, 설령 그렇게 판단된다고 하더라도 강박을 통해 얻을 수 있는 이익은 침해되는 사익보다 크지 않다.

강박을 통해 환자가 안전함을 느낀다면, 이익을 덜 침해하는 다른 방법을 통해서도 마찬가지로 안전감을 줄 수 있을지 모른다. 예를 직원이 해당 환자 가까이 머물며 환자를 특별 관찰하거나, 환자가 움직이지 못하게 잠시 몸을 붙잡고 있을 수도 있다. 강박처럼 거칠고 비인간적인 방법이 아니더라도 위험을 방지하고 환자를 안심시킬 방법은 많다. 그뿐만 아니라 강박이 치료적이라는 정신건강 전문가들의 판단은 격리의 치료적 효과에 대한 그들의 주장과 마찬가지로 (혹은 그 이상으로) 편파적일 수 있다. 대조군 연구를 통해 강박의 치료적 효과가 입증된 적은 없다. 설문조사 시 드러난 강박에 대한 환자들의 반응은 매우 부정적이었으며, 강박이 심리적 안정에 도움이 된다고 대답한 환자는 없었다. 오히려 이와 반대로 강박이 반치료적 효과를 가져온다고 볼 이론적 근거는 있다.[10]

의사들의 입장에서는 강박이 치료적이라 생각하는 편이 더 이득이라는 점도 감안해야 한다. 강박을 시행하면 의사들은 병동 내 사건·사고의 발생 염려를 덜 수 있고, 환자 문제로 호출을 받아 병동에 가는 일도 줄어들고, 편하게 병동을 관리할 수 있기 때문이다. 설령 이러한 이득이 없다 하더라도 자신이 비인간적인 행동을 한다고 느끼고 싶지 않기 때문에 의사는 강박이 치료적이라 생각하고 싶을 수 있다. 강박이 치료를 위한 것이라면 양심의 가책을 줄일 수 있기 때문이다.

마지막으로, 격리 관련하여서도 언급하였지만, 강박은 치료처럼 보이지 않는다. 물론 실제로는 치료효과가 있을 수도 있지만, 겉보기에 명백히 치료진에게 이득이 되는 조치이면서 야만적이고 환자들에 대한 부정적인 이미지를 강화할 수 있는 조치라면, 치료로 인정하기 전에 먼저 그 효과를 매우 엄격하게 검증하여야 할 것이다. 그리고 강박이 설령 치료효과가 있다 하더라도 얻을 수 있는 이익이 강박으로 인한 피해를 정당화할 수 있는 것은 아니다. 사람들이 주장하는 효과는 단지 환자가 강박을 통해 진정되고 안전함을 느낄 수 있다는 것뿐이다. 다른 탁월한 효과를 주장하는 사람은 없다. 강박이 정신증을 낫게 할 수 있는 것도 아니다.

반면 강박으로 인한 자유와 존엄성의 침해는 극도로 크며 신체적 및 심리적 피해 또한 심각하다. 강박은 정신질환자들은 마치 거친 짐승과도 같다는 인상을 주는데, 실제로는 짐승조차도 그런 식으로 묶어 두지는 않는다. 이런 처우를 감수할 만큼의 치료적 이익을 강박이 가져다주는 것도 아니다. 그리고 치료적 이익이 크든 작든, 의사능력이 있는 환자는 다른 치료를 거부할 수 있듯 치료 목적의 강박도 거부할 수 있어야 한다. 그렇다면 현실적으로 정신병원에서 이 목적의 강박을 시행할 수 있는 경우는 매우 제한적일 것이다.

폭력 방지 효과에 대한 주장

폭력의 예방이나 방지를 위해 강박을 시행한다는 것은 표면적으로는 강박 근거 중 가장 설득력이 있어 보인다. 일반적으로 이 목적의 강박이 시행되는 경우는 환자가 급박한 자해 위험을 보일 때이다. 격리만으로는 예를 들어 벽에 머리나 몸을 세게 부딪치는 자해 행동을 막을 수 없기 때문이다. 타해 위험은 격리만으로도 충분히 방지할 수 있는 경우가 대부분이지만, 격리실이 사용 불가능하거나 환자 곁에 반드시 누군가가 있어야 하는 상황이라면 타해 위험 방지를 위해서도 강박이 필요할 수 있다.

자해 위험의 경우 사지강박과 같이 극단적 형태의 강박은 절대로 자해 방지 목적으로 사용되어서는 안 된다. 이보다 덜 침해적인 대안을 사용할 수 있는 경우가 대부분이며, 드물게 다른 대안을 찾을 수 없는 경우라도 사지강박은 허용되어서는 안 된다. 이것이 허용되다 보면 불가피하지 않은 상황에서도 단지 치료진의 편익을 위해 (사고가 발생하여 혹시라도 책임져야 할 일이 생기는 것을 피하고 싶고, 가장 편리한 대처방법을 사용하고 싶다는 등의 이유로) 환자를 강박하는 일이 늘어날 수 있기 때문이다.

강박 없이도 자해 방지가 가능한 경우가 대부분이라는 나의 주장에 반발하는 독자들도 있을 것이다. 환자가 흥분하여 통제가 전혀 안 되는 상태로 격리실 안에서 팔다리를 마구 휘두르고, 벽으로 돌진하고, 머리를 계속 박아대었던 사례들을 언급하는 의사도 있을 것이다. 약물을 투여하여 환자를 진정시킬 수도 있겠지만 약효가 나타날 때까지는 시간이 걸리고, 그전에 환자가 크게 다치거나 심지어 사망할 수도 있다. 강박을 하면 환자가 안정되거나 적어도 자해는 멈추게 된다. 자유와 존엄성의 희생이 따르는 것은 사실이지만, 생명과 건강을 지키기 위해 그 정도는 감수할 수 있지 않을까?

그러나 나는 위 주장의 두 가지 전제에는 모두 문제가 있다고 생각한다. 먼저 정말로 자해나 자살을 하려고 마음먹은 환자는 강박 중에도 얼마든지 위험한 행동을 할 수 있다. 예를 들어 환자는 혀를 세게 깨물어 과다 출혈로 사망하는 방법을 택할 수도 있다. 억제대를 착용한 상태로 심하게 몸부림을 치다가 탈진으로 사망할 수도 있다. 팔다리에 멍이나 상처가 생길 수도 있다. 게다가 자살을 의도하지 않았던 환자도 사망할 위험이 있다는 점이 가장 중요한데, 강박 중에는 토사물에 기도가 막히거나, 억제대에 목이 졸리거나, 심장마비로 사망하는 등 심각한 사고도 발생하곤 한다.

강박 상태에서는 환자가 자해나 자살 방법을 덜 고민해 볼 가능성은 있다. 하지만 일단 자살이나 자해를 결심한 환자를 강박으로 보호하기는 어렵다. 더 중요한 점은 격리만 한 환자보다 강박까지 한 환자의 사망 가능성이 더 높을 수 있다는 것이다. 이 부분은 앞으로 연구를 통해 확인이 필요하다. 하지만 지금까지 알려진 강박 중 사망 사건의 수는 경각심을 불러일으키기에 충분하다. 설령 벽에 머리를 박는 등의 자해 행동을 막을 다른 방법이 없다 하더라도, 강박 중 사망하는 환자의 수가 격리 중 뇌진탕으로 사망하는 환자의 수보다 과연 더 적을지는 최소한 조사해 보아야 한다. 강박을 사용하지 않는 국가에서 환자들이 격리 중 자해로 사망하였다는 소식이 끊이지 않는 것은 아니다. 하지만 잘 알려졌다시피 강박을 허용하는 국가에서 환자들이 강박 중 사망하는 사건은 끊임없이 발생한다.

두 번째로 지적할 내용은 자해 행동을 막기 위해 강박보다 덜 침해적인 방법을 사용할 수 있는 경우가 대부분이라는 점이다. 사람들이 상상하는, 격리실에서 광포하게 날뛰다가 크게 다치거나 죽는 환자의 모습은 실제 환자의 모습과는 거리가 있다. 영국에서는 이백 년 넘게 강박을 거의 사용하지 않았다는 놀라운 사실을 생각해 보라. 영국에서 강박을 사용한다면 주로 환자를 병원으로 이송하는 동안만이다. 이를 보면 환자들의 건강과 안전을 크게 해치지 않고도 강박 사용을 중지하는 것은 가능하다.

물론 영국의 환자들도 자해 행동을 할 때가 있을 것이다. 그럴 때 영국의 치료진은 어떻게 할까? 환자가 벽에 머리를 계속 부딪치는데 이를 그냥 내버려 두지는 아마 않을 것이다. 영국에서의 나의 짧은 경험에 비추어보면 직원들은 먼저 말로 환자를 진정시키려고 시도한다. 그리고 환자가 안정을 되찾고 차분해질 때까지 환자의 곁에 머문다. 직원이 몸으로 환자를 붙들어 자해 행동을 막는 경우도 있다. 당연히 투약도 한다. 내가 경험한 바로는 그렇게 하면 심각한 자해는 항상 막을 수 있었다.

다른 방법으로 자해를 방지하는 것도 가능할 것이다. 먼저 격리실 벽에 완충매트를 설치할 수 있을 것이다. 미국 병원에서 이런 격리실을 더 이상 사용하지 않는 것은 아마도 완충 매트가 환자들에 대한 부정적인 인식을 강화시킬 수 있다거나 매트에 냄새가 배면 청소가 힘들다는 이유에서일 것이다. 그러나 침대에 사지가 묶여 있는 모습이 완충매트보다 훨씬 더 환자에 대한 부정적인 인식을 강화할 수 있으며, 약간 냄새나는 방에 있는 것은 침대에 묶여 있는 것보다 훨씬 더 견딜만하다. 그리고 완충매트를 사용하면 심각한 자해는 대부분 막을 수 있을 것이다.

완충매트가 있더라도 작정하고 다칠 때까지 머리를 계속 세게 부딪칠 것 같은 환자나, 아니면 아직 완충매트를 설치하지 못한 병원에 입원한 자해 위험이 높은 환자에게는 헬멧 형태의 머리보호대를 착용시킬 수 있을 것이다. 지적장애 환자나 자폐증 환자에게도 우리는 이러한 머리보호대를 사용하곤 한다. 이 역시 강박의 한 형태이긴 하지만 사지 강박보다는 훨씬 덜 모욕적이고 덜 침해적인 방법이다. 오토바이 운전자처럼 머리 부상의 위험이 높은 사람들에게 헬멧 착용을 법으로 강제하는 경우는 흔하다. 머리보호대의 착용으로 심각한 부상은 방지할 수 있으리라는 것이 나의 생각이다.

아니면 타해 위험이 크지 않은 일부 환자는 직원이 직접 붙잡고 있는 것이 가장 효율적이고 덜 침해적이면서도 안전한 방법이 될 수도 있을 것이다.[11] 물론 환자가 덩치가 크고 힘이 세다면 직원이 부상을 입을 위험이 높아지기 때문에, 직원도 그만큼 힘이 세거나 여러 직원이 한꺼번에 동원될 수 있는 상황이 아니라면 이 방법은 피해야 할 것이다.

이 방법이 환자에게 과연 좋은 방법일지 염려하는 사람들도 있다. 예를 들어 어떤 환자는 직원이 자신을 붙잡고 있는 것을 억제대 착용보다 더 싫어할 수도 있다. 그러나 그런 환자가 많지는 않으리라는 것이 내 생각이다. 반대로 어떤 환자는 직원이 붙들고 있을 때의 신체 접촉을 좋아해서 일부러 위험한 행동을 하며 이를 유도할 수도 있다. 그러한 환자들에게 이 방법을 사용해서는 안 될 것이다. 하지만 기본적으로는 억제대 착용보다 직원이 직접 환자를 붙잡는 방식을 택해야 한다는 것이 내 생각인데 그 이유는 첫째, 이 방법을 위해서는 직원들이 시간을 많이 투자해야 하기 때문에 억제대 이용 시보다 강박 횟수 및 강박 지속시간이 줄어들 것이고 둘째, 그럼에도 이 방법을 사용할 때에는 피해보다 얻는 이익이 더 클 것이기 때문이다. 위험한 행동을 몸으로 저지하는 것은

---

11) 미국이나 영국을 포함한 많은 나라에서 이렇듯 직원이 직접 환자의 몸을 붙잡는 형태의 신체적 강박(physical restraint)을 억제대 등을 사용한 도구적 강박(mechanical restraint)이나 약물을 사용한 화학적 강박(chemical restraint) 등과 마찬가지로 공식적인 강박 방법의 하나로 사용한다(역자 주).

상대방이 비정신질환자일 때에도 우리가 취하는 조치이며, 정신질환자들을 다른 사람들과 똑같이 대하는 것은 그들을 더 존중하는 길이다.

마지막으로, 환자가 자해 행동을 멈추지 않는다면 때로는 약물을 이용하여 환자를 진정시키는 것이 바람직할 수도 있다. 일반적인 치료 목적의 용량보다 더 많은 양의 약물을 투여하여 환자의 힘을 빼는 것이 억제대를 이용하여 환자를 물리적으로 강박하는 것보다 더 낫다는 것이 나의 생각이다. 물론 해당 약물의 위험성과 환자의 자해 위험 중 어느 쪽이 더 클지는 비교해 봐야 할 것이다. 뒷부분에서 나는 언제 어떤 격리 및 강박 방식을 사용할지에 대한 결정은 어떻게 이루어져야 할지 이야기하려고 한다.

위 내용들을 종합하면 강박은 자해를 막기 위한 용도로 시행되어서는 안 될 것이다. 물론 다른 모든 방법이 소용이 없는 경우도 분명 있을 것이다. 직원들은 인간적으로 가능한 만큼 오랫동안 환자를 붙잡고 있었고, 투약 후 충분한 시간이 지나 약의 효과가 나오기 시작한다고 판단하여, 머리보호대를 착용한 환자를 완충매트가 설치된 격리실에 두었다. 그런데 우리가 잠시 눈을 돌린 사이 환자가 완충매트가 설치된 벽으로 돌진하여 사망한다고 해보자. 이런 일이 발생한다면 끔찍하지 않을까? 이렇게 다른 모든 방법이 통하지 않는 환자라면 강박을 해서라도 위험을 방지해야 하지 않을까?

물론 이는 끔찍한 일이다. 하지만 그런 일이 발생할 가능성은 적으며, 우리의 두려움을 근거로 강박을 시행하는 것은 정당화될 수 없다. 앞서 말했듯이 억제대를 사용하여도, 아니면 오히려 억제대를 사용할 때 사고는 더 많이 발생할지 모른다. 그리고 더 중요한 것은 이런 일을 방지하기 위해 강박을 시행한다면, 이렇게까지 자해 행동을 하지는 않을 나머지 다수의 환자는 불필요한 강박을 겪게 된다는 점이다.

만약 강박을 사용할 수 있는 여지가 주어진다면 치료진들은 자해 사고가 발생하고 본인이 책임을 떠안게 되는 일을 피하기 위해서도 강박을 사용할 것이다. 반대로 강박이 필요하지 않은 데에도 부적절하게 강박을 시행했다고 치료진이 책임을 지게 되는 일은 거의 없다. 후자의 경우 환자가 치료진을 상대로 소송을 제기하는 경우는 드문데, 이때 발생한 정신적 피해가 인정되더라도 배상금액은 크지 않고, 법정에서 공개적으로 자신이 겪은 일을 말하는 과정 자체가 환자들에게는 낙인이 될 수 있기 때문이다. 그렇다면 강박을 줄이려면, 강박을 시행하지 않아 발생한 사고에 대한 치료진의 배상 책임도 축소하는 방향으로 변화가 일어나야 할 것이다. 즉, 일반적인 상식을 갖춘 의사가 해당 환자를 보았을 때 심각한 자해를 예상할 수 있었을 것임에도 강박을 시행하지 않아 사고가 발생한 경우에만 배상 책임을 지도록 해야 할 것이다.

이러한 제안은 합리적이지만[11] 이러한 변화만으로는 충분하지 않을 수도 있다. 최근 내 생각은 자해 방지 목적의 강박은 아예 허용하지 않는 편이 더 바람직하다는 것이다. 강박 없이도 자해를 막을 수 있는 경우가 대부분이며 강박이 오히려 부상 위험을 높이는 면도 있기 때문이다. 그리고 그렇게 하면 방어 진료로 인한 불필요한 강박도 막을 수 있다.

강박이 잔인하고 야만적인 방식임을 우리는 다시 한번 잊지 않아야 한다. 강박으로 인해 환자가 입게 되는 피해는 극심하며, 강박이 아닌 다른 방법으로도 자해를 방지할 수 있고 강박 중의 부상 발생 위험도 크다는 사실을 고려한다면, 자해 방지 목적의 강박은 정당화될 수 없다.

타해 위험의 경우 타해 위험을 방지하기 위해 강박을 사용하는 것은 어떠한가? 이것이 정당화될 때가 있을까? 언뜻 보기에는 아닌 것처럼 보인다. 어떤 경우라도 격리라는, 강박보다 덜 침해적인 방법을 사용할 수 있을 것 같기 때문이다. 그러나 항상 격리가 가능한 것은 아니기 때문에 때로는 강박을 시행하여 타해 위험을 방지해야만 하는 경우도 있을 것이다. 일단 떠오르는 것은 세 가지 상황인데 환자를 구급차에 태워 병원으로 이송할 때, 응급실 안에서, 그리고 병동 안에서의 일부 특수한 상황에서이다.

환자를 응급실로 이송할 때 또는 응급실에서 다른 병원으로 이송할 때 구급차 안에서 환자가 난폭한 행동을 한다면 강박을 시행할 수 있을 것이다. 구급차 안에 격리실을 둘 수는 없기 때문이다. 환자를 몸으로 제압할 수 있을 만큼 충분한 수의 직원을 동승시키는 것도 비현실적이다.

구급차 안에서 환자의 난폭한 행동은 큰 사고로 이어질 수 있다. 환자가 동승한 구급대원을 해칠 수도 있고, 난동을 부리며 운전을 방해하다 보면 교통사고를 유발하여 여러 명이 다칠 수도 있다. 자해 위험이 있는 환자들은 동승한 사람이 있다면 대부분 구급차 안에서 위험한 행동을 하지는 않지만, 자해를 계속 시도하는 환자가 있고 구급대원이 이를 직접 몸으로 저지하다가 다칠 위험이 있다면, 이러한 환자들도 강박 대상이 될 것이다. 운전 중 사고는 치명적일 수 있기 때문에 통제가 안 되는 환자의 행동을 그대로 둘 수는 없다. 그러나 이 환자가 난동을 부릴 수 있다는 예측을 말하는 것은 너무나 쉬움을 감안하면, 그리고 강박은 매우 비인간적인 조치임을 고려하면, 합리적 의심의 여지 없이 환자의 폭력이 예상될 때에만 강박은 허용되어야 할 것이다. 예를 들어 환자가 극도로 흥분한 상태이거나, 심각한 위해를 가하려는 모습이 분명할 때에만 강박을 해야 할 것이다.

이와 더불어 나는 비인격적인 사지강박 대신 보다 간단한 형태의 강박을 사용할 것을 제안한다. 예를 들어 손목에만 수갑 형태의 억제대를 채운 후, 이 억제대를 끈 등으로 구급차 한편에 고정시킬 수 있을 것이다. 경찰이 흉악범을 이송할 때도 보통은 수갑만을 사용하곤 한다. 겁먹고 혼란스럽고 힘들어하는 정신과 환자가 흉악범보다 못한 대우를 받아서는 안 된다.

타해 위험 방지를 위해 정신과 환자를 강박할 수 있을 두 번째 상황은 환자가 응급실에 있을 때이다. 정신과 전문 병원이 아닌 병원 중에는 격리실을 설치할 만한 공간이 부족한 병원들도 있다. 그리고 응급실에 근무하는 의사는 환자의 상태를 파악하고 어떤 치료가 필요할지 결정하기 위해 환자에게 안전하게 접근할 수 있어야 한다. 그렇다면 설령 격리실이 있다 하더라도 환자를 마냥 격리할 수는 없고, 약물을 사용하여 환자를 진정시키는 것도 진찰이 끝나기 전까지는 곤란하다(진찰 결과 진정제가 필요하지 않을 수도 있고, 약기운이 지나치면 환자가 진찰에 응하지 못할 수도 있기 때문이다).

격리실을 갖추지 못한 병원들이 있다는 점은 문제이다. 앞으로는 대부분의 병원에 격리실이 마련되기를 나는 바랄 뿐이다. 그러면 진찰을 위해 강박을 했던 환자들을 입원실 자리가 날 때까지 계속 강박 상태로 두는 일은 막을 수 있을 것이다. 하지만 격리실을 충분히 마련하기에는 (특히 도심의 병원에서는) 비용적 부담이 너무 큰 경우도 있으므로 때로는 강박을 시행하여 의료진과 응급실의 다른 환자들을 보호할 필요가 있을 수 있다.

그리고 앞에서 이야기했듯, 격리실이 있더라도 폭력적인 환자를 진찰하려면 강박이 필요할 수 있다. 혹자는 환자가 격리나 강박이 필요할 정도의 소란을 부리고 있다면 진찰할 필요도 없이 환자의 상태는 심각한 것이 아니냐고 반문할 것이다. 하지만 어떤 이유로 상태가 심각한 것인지는 확인을 해야 알 수 있다. 환자는 정신증을 보이고 있는가? 분노조절을 못하는 상태인가? 마약에 취했는가? 이를 파악하기 위해서 환자를 면담하고 검사를 실시해야 하는 것이다. 이러한 진찰은 금방 끝나기 때문에 격리실이 있다면 곧 억제대를 풀어 줄 수 있을 것이지만, 그래도 강박을 시행할 때에는 신중한 기준에 따라야 한다. 먼저, 우리는 환자가 위협적인 언사뿐만 아니라 심각한 폭력 행동을 명백히 보일 때만 강박을 시행할 수 있을 것이다. 말로만 위협적인 모습을 보이는 환자라면 보안 요원이 환자 근처에 머물며 비상 상황에 대비하다가, 실제로 폭력 행동을 하면 그때 환자를 격리 또는 강박하면 될 것이다. 만약 격리실이 있다면 격리를 우선 실시하고, 의료진이 환자와 직접 접촉을 해야 할 때에만 강박을 시행하되 강박 시간은 한 시간 이내로 제한할 것을 나는 제안한다.

그리고 침대에 환자를 눕히고 사지강박을 시행하는 대신 수갑형 억제대를 사용하거나 무거운 의자에 환자의 손목만 고정할 것을 제안한다. 또한 환자가 저항을 멈추면 바로 강박을 풀어주어야 하고, 환자에게도 이럴 것이라는 계획을 미리 알려주어야 한다. 그리고 최소 한 시간에 한 번은 환자를 억제대에서 풀어주면서, 앞으로 더 이상 위험한 행동을 하지 않으면 이대로 강박을 끝낼 수 있지만 그렇지 않으면 다시 강박을 해야 한다고 설명해야 할 것이다. 그러는 동안 환자가 계속 진정되지 않은 모습을 보이면 바로 다시 억제대를 채울 수 있도록 보안요원을 곁에 대기시킬 수도 있다.

폭력 발생 가능성을 지나치게 높게 보는 것이 사람의 특성이기 때문에 강박 시간을 최소화하기 위해서는 이런 절차상의 보호 장치가 필요하다고 나는 생각한다. 참고로 뉴욕에서는 두 시간마다 억제대를 풀어주도록 법으로 정한 결과 대부분의 강박이 이때 해제되었다고 하며, 이 제도를 시행하는 데에 별다른 문제는 없었다고 한다.[12] 위와 같은 규칙이 없다면 강박 시간이 지나치게 길어질 수 있기 때문에 이런 보호장치는 반드시 필요하다. 어떤 지역에서는 정신과 병동이 부족하다 보니 환자들이 며칠씩 응급실에서 대기하는 상황도 발생하기 때문이다.

타해 위험 방지를 위해 강박이 필요할 수 있을 세 번째 상황은 정신과 병동에의 일부 특수한 상황이다. 진찰을 받아야 하는 환자가 계속 난동을 부린다면 의료진의 안전을 위해 환자를 강박할 필요가 있을 수 있다. 병동 안에서 폭력을 사용하여 격리실에 보내지게 된 환자가 격리실까지 가는 도중 직원을 해칠 위험이 있다면 환자에게 먼저 억제대를 착용시킬 필요가 있을 수 있다. 마지막으로 병동 내에서 대규모 폭동이나 싸움이 벌어져서 격리실이 부족할 경우에도 강박을 시행할 수 있을 것이다.

그러나 나는 응급실이 아닌 정신과 병동에서 환자를 진찰할 때 강박이 반드시 필요할지에 대해서는 회의적이다. 입원 첫날이라면 어쩌면 진료를 위해 한 시간 미만의 강박을 시행할 필요가 있을 수도 있다. 그러나 이후에는 의사가 격리실 문을 사이에 두고 큰 소리로 환자와 이야기하는 것이 가능할 것이다. 만약 채혈이나 투약이 필요하다면 억제대 착용 대신 직원이 잠시 환자를 붙잡고 있어도 될 것이다.

환자를 격리실로 데려갈 때에도 반드시 억제대가 필요한 것은 아닐 것이다. 그 정도의 야만적인 과정을 감수한 만큼 직원들의 안전이 크게 더 보장될 것이라고는 여겨지지 않기 때문이다. 억제대를 채우는 과정에서 직원의 부상 위험은 환자를 그냥 붙잡고 격리실로 데려가다가 부상 당할 위험과 크게 다르지 않다. 그리고 실제로 많은 병원이 두 번째 방법을 사용한다. 환자를 억제대 없이 격리실로 데려갈 경우 직원들이 훨씬 큰 위험에 노출된다는 증거가 나타나기 전까지는 나는 이러한 강박 시행에 반대할 것이다. 다만 격리실이 병동에서 매우 멀리 떨어져 있는 병원이라면 예외적으로 억제대 사용을 허용할 수 있을 것이다.

격리실이 부족하여 강박을 시행하는 경우에 대해 나는 우려가 크다. 병원들은 격리실을 충분히 갖춰야 한다는 것이 나의 생각이다. 그렇지 않을 경우에는 일시적으로 환자를 다른 병원으로 이송하는 것도 하나의 방법이다. 이 문제에 대해서는 추후 충분한 논의가 이루어져야 할 것이다.

아무튼 정신과 병동의 이러한 특수한 상황에서 강박을 시행하게 된다면 언제나 가능한 간략한 형태의 강박부터 시도해야 할 것이다. 아마도 수갑 형태의 억제대를 가장 먼저 사용해 볼 수 있을 것이다. 아니면 보호의자에 환자를 앉히고 양 손목을 고정시킬 수도 있다. 타해 위험 방지 목적으로 사지강박을 시행하는 것은 지나친 인격의 침해이므로 허용되어서는 안 된다.

어떤 독자들은 내가 타해 위험 방지를 위한 강박은 허용하면서 왜 자해 방지를 위한 강박에는 반대하는지 의아해할 것이다. 그러나 내가 강박을 허용한 것은 현실적으로 매우 제한된 상황에서만이다. 즉, 나는 구급차나 응급실, 그리고 정신과 병동의 몇몇 특수한 상황에서만 강박을 시행할 수 있다고 이야기하였다. 그뿐만 아니라 나의 제안에서 강박 시간은 매우 짧다. 위 상황에 해당하는 시간 자체가 길지 않을뿐더러 내가 구체적인 상한선을 정했기 때문이다. 게다가 타해 위험 방지는 환자의 신체 움직임을 약간 제한하는 것으로도 가능하지만, 즉 다른 사람에게 접근할 수 없도록만 하면 그 환자는 남을 해칠 수 없지만, 자해를 막기 위해서는 신체 움직임의 더 많은 제한이 필요할 것이다.

둘째, 타해 위험 방지를 위해 강박이 필요할지 판단하는 기준으로 내가 제안한 것은 일반적인 자해 위험의 판단 기준보다 더 엄격하다. 나는 환자가 실제로 폭력을 행사하거나, 폭력행사를 시도한 경우에만 강박이 가능하다고 제안하였다. 그리고 내가 제시한 상황에서는 격리로 타해 위험을 막는 것이 불가능했다. 그러나 자해 위험은 격리만으로도 상당히 줄일 수 있다. 완충매트가 있는 격리실 안에서 약물투여나 머리 보호대 착용 등을 시행하고 필요시 직원이 환자를 붙잡고 있다면, 환자가 심각한 자해를 할 방법 자체가 거의 사라진다. 격리실 안에서 환자가 자해로 부상을 입을 위험은, 타해 방지를 위해 강박이 필요하다고 내가 언급한 상황에서 다른 사람이 환자에 의해 부상을 입을 위험보다 훨씬 낮다.

셋째, 타해는 다른 사람을 해치는 것이지만 자해는 스스로를 해치는 행동이란 점은 매우 중요하다. 이 차이점은 여러 면에서 고려되어야 한다. 먼저 다른 사람에 의해 부상을 입게 되는 것은 스스로 부상을 입는 것보다 안 좋은 일이라 볼 수 있다. 전자가 더 예상하지 못하고 원치 않았던 일일 것이기 때문이다. 그러므로 부상의 정도가 비슷하다면, 타해 위험을 방지하지 못해 발생한 부상이 더 큰 해악이 된다고 할 수 있다. 이에 대한 반론도 있을 수 있다. 자해로 부상을 입은 사람이 나중에, 도대체 내가 왜 일부러 나 자신을 다치게 했을까 생각하며 더 속상함을 느낄 수도 있다는 것이다. 그러나 나는 기본적으로 사람들은 자신이 스스로를 해쳤을 때보다 남이 자신을 해쳤을 때 더 속상해하리라 생각한다. 그러한 세상이 훨씬 더 예측 불가능하고 위험하며, 미리 대비를 할 수 없는 곳이라 여겨지기 때문이다.

게다가 자해 위험을 막는 것은 타해 위험을 막는 것보다 당사자에게 더 모욕적으로 느껴질 수 있다. 스스로에게 뭐가 좋은지는 내가 직접 선택할 수 있는 것이 아닌가? 설령 내게 자해를 멈추고 싶은 마음이 있더라도 강박은 더 싫을 수도 있으니, 뭘 원할지 결정은 내가 해야 하는 것이 아닌가? 이러한 점들을 감안하면 자해 위험이 있다고 강박을 시행하는 것은 타해 위험 방지를 위해 강박을 시행하는 것보다 환자에게 더 큰 해악이 될 수 있다. 그리고 만약 강박이 꼭 필요하다면 타해 위험 방지를 위한 강박보다도 자해 위험 방지를 위한 강박이 더 엄격한 기준에 따라 시행되어야 할 것이다.

정리하자면 강박은 자해 위험 방지를 근거로는 정당화될 수 없으며, 타해 위험 방지를 위해서는 일부 특수한 상황에서만 허용될 수 있을 것이다. 나는 강박의 전면 금지가 더 바람직하다고 생각한다. 하지만 어쩔 수 없이 강박을 시행해야 하는 경우도 있을 수 있음에 동의한다.

강박에 대한 의견 정리

강박을 병동환경의 보존이나 행동수정의 목적으로 시행하는 것은 정당화될 수 없다. 치료 목적도 마찬가지이다. 만약 이러한 목적의 강박이 허용된다면 이 장의 도입부에서 등장한 줄리아의 강박도 문제가 없어지는데, 이는 누가 보더라도 잘못된 일일 것이다.

나는 자해 방지를 위해 정신과 병동에서 강박을 시행하는 것에 반대하며, 필요시 머리보호대를 착용시키는 정도만이 허용될 수 있다고 본다. 그러면 줄리아가 침대에 10시간 넘게 묶여 있을 일은 사라질 것이다. 줄리아의 타해 위험을 살펴보더라도, 줄리아가 남을 해칠 가능성이 크다고 볼 수는 없으므로 병동에 격리실이 있든 없든 줄리아에게 강박을 시행해서는 안 될 것이다(그리고 애당초 격리실이 부족한 일은 발생하지 않아야 한다는 것이 내 생각이다).

강박은 자해 위험 방지 목적으로는 절대 시행되어서는 안 된다. 타해 위험 방지 목적으로는 격리가 불가능한 상황이거나 환자를 가까이서 진찰할 필요가 있는 경우에만 정해진 시간 한도 내에서 허용될 수 있을 것이다. 그리고 이때에도 수갑 형태의 손목 억제대를 사용하거나, 보호의자에 환자의 손목만 고정하는 등 가능한 간략한 형태의 강박을 사용하여야 한다.

문명국가에서 환자의 사지를 침대에 묶는 일은 사라져야 한다. 영국은 이미 강박을 거의 사용하지 않는다. 우리도 그렇게 할 수 있고, 해야만 한다.

응급상황에서 환자가 격리 및 강박 방법을 선택할 수 있을까

지금까지 나는 자타해 위험이 임박한 응급상황에서 이를 막기 위한 조치를 취할 때 환자의 선택권은 중요하지 않은 것처럼 이야기하였다. 실제로 우리는 술집에서 행동이 점차 험악해지는 사람에게 다가가 어떻게 저지당하는 편이 더 나을지 물어보지는 않는다. 하지만 정신병원은 술집과는 다르며, 응급상황이 발생하기 전에 환자가 선호하는 조치를 미리 알아두려고 노력하는 것이 필요할지 모른다. 이어지는 내용에서는 격리 및 강박을 환자가 요청할 수 있도록 하는 것이 애당초 합리적일지 먼저 살펴본 뒤, 격리 및 강박 방법에 대한 환자의 선택권에 대해 다루고자 한다.

환자가 격리 및 강박을 요청할 수 있도록 해야 할까?

답을 먼저 말하자면 나는 격리 및 간단한 형태의 강박은 요청할 수 있게 하되, 사지강박에 대한 요청은 허용해선 안 된다고 생각한다.

환자들은 어떤 상황에서 격리 및 강박을 요청할까? 각 상황에 따라 환자의 요청을 받아들일 수 있는 여부가 달라질까? 왜 사지강박에 대한 요청은 받아들이면 안 되고 다른 요청은 받아들일 수도 있는 것일까? 의사능력이 있는 환자가 자신은 예를 들어 사지강박을 원한다고 할 때 우리가 이를 거부할 수 있을 근거는 무엇일까? 환자는 다음의 몇 가지 이유로 격리를 원할 수 있다. 환자는 스스로가 이성을 잃어가고 있음을 알아챘을 수 있다. 환자는 자신이 폭력적으로 되어 남을 해치거나 자해 행동을 할 것을 걱정하며 이를 막고 싶어 할 수 있다. 스스로가 자제력을 잃어가고 있는지는 환자 자신이 잘 알 수 있고, 실제로 이것이 폭력으로 이어지게 되면 심각한 결과를 초래할 수 있기 때문에, 이 경우 우리는 당연히 환자의 요청을 존중해야 한다. 그리고 환자가 자신이 격리실을 탈출할까 봐 걱정한다면 우리는 격리실 문을 밖에서 잠가 줄 수도 있을 것이다. 이는 일종의 환자의 사전지시에 따른 조치라고도 볼 수 있을 것이다.

환자는 때로는 병동 내의 자극들을 버거워하며 잠시 혼자 조용히 있고 싶어 할 수도 있다. 나는 외부 자극 차단 효과를 근거로 강제 격리를 시행하는 것에는 반대하지만, 같은 효과를 위해 스스로 격리를 택하는 것은 합당하다고 생각한다. 환자는 스스로의 상태 및 본인에게 무엇이 필요한지를 잘 알 수 있는 입장이기 때문에 우리는 환자의 요청을 존중해야 한다. 이 경우 격리실 문을 잠가야 할 이유는 아까보다 더 적겠지만, 환자가 그래야지만 안전함을 느끼고 자신이 정말 격리 중이라고 느낀다면 문을 잠가도 될 것이다.

어떤 환자들은 자극 차단이 정신건강을 위해 반드시 필요해서가 아니라 단순히 혼자 조용히 있고 싶어서 격리를 요청할 수도 있다. 병동의 소란스러움에서 벗어나 책이나 종이 등이 있는 격리실 안에서 시간을 보내는 것은 편안하고 즐거울 수도 있다. 이러한 이유로 환자가 격리를 요청하는 것도 받아들여야 할까? 그렇게 되면 어떤 환자들은 격리를 남용하며 병동 활동에도 참여하지 않고 지나치게 긴 시간을 혼자 자신만의 세계에서 보내게 될 것이라고 직원들은 우려할 수도 있다. 아니면 격리가 너무 편안하면 환자들이 너도나도 격리를 신청할 것을 우려할 수도 있다. 그런 환자들을 모두 수용하기에는 격리실이 부족한 것이다.

그러나 이러한 우려에도 불구하고 나는 환자의 격리 요청은 대부분 받아들여야 한다고 생각한다. 잠시 혼자만의 시간을 갖고 싶다는 것이 잘못된 일일까? 바깥세상의 보통 성인들처럼, 환자들도 혼자 있고 싶다는 판단은 할 수 있는 것이 아닐까? 만약 그렇게 하는 것이 치료에 큰 방해가 된다고 하면 그때에는 환자의 요청을 거부할 수 있을지 모른다. 하지만 기본적인 원칙은 환자의 격리 요청을 들어주는 것으로 해야 한다. 사실 환자가 정말로 격리실에 가려고 마음먹는다면 문제 행동을 함으로써 자신의 목적을 달성할 수도 있는 것이다. 만약 격리실이 정말로 다 찬다면 그때에는 당연히 격리를 원하더라도 환자는 기다리는 수밖에는 없을 것이다. 하지만 환자의 자발적인 격리 요청을 받아들였던 병원들의 예를 보면, 격리 요청이 지나치게 많아 심각한 문제가 되는 경우는 없는 듯하다.

환자의 격리 요청 중에는 그 의도를 의심해 보아야 하는 요청들도 있을 수 있다. 환자는 직원의 시선을 끌고 싶어서, 거칠고 통제가 필요한 상남자처럼 보이고 싶어서, 어떤 사람에게 화가 나서 그 사람이 자신을 찾을 수 없는 곳으로 들어가 있고 싶어서 격리를 요청할 수도 있다. 사람이 어떤 행동을 할 때의 동기는 저마다 모두 다를 수 있으며, 격리를 요청하는 동기도 마찬가지일 것이다. 하지만 앞서 이야기했듯이 환자가 격리를 지나치게 자주 요청하고 이를 들어주면 환자에게 치료적으로 상당한 악영향을 미칠 것으로 판단되는 경우에만, 환자에게 격리가 지금은 왜 도움이 되지 않을지 설명하며 환자를 설득하려고 노력한 후, 그다음에 환자의 요청을 거절할 수 있을 것이다.

환자가 강박을 원할 때에도 그 이유는 여러 가지일 수 있다. 환자는 예를 들어 자신이 원치 않게 남을 해치게 될 것 같다고 느끼지만, 격리실에는 들어가지 않고 남들과 계속 어울리고 싶어서 손목 억제대 착용을 요청할 수도 있다. 마찬가지로 자신이 머리를 박아대며 자해를 할 것 같다고 느끼는 환자는 머리보호대를 착용하고 완충매트가 설치된 방에 있고 싶다고 요청할 수도 있다. 이러한 요청들은 대부분 존중해야 할 것이다.

사지강박 등 더 극단적인 형태의 강박을 요청하는 환자도 있을 수 있다. 어떤 환자는 그래야지만 자신이 자해를 하지 못할 것 같다고 생각할 수도 있고, 어떤 환자는 이전에 사지강박에서 만족감을 느꼈기 때문에 이를 다시 원할 수도 있고, 어쩌면 어떤 환자는 억제대를 채우는 직원과의 신체접촉 때문에 사지강박을 원할 수도 있다. 사지강박을 하면 자신은 자제력을 발휘해야 할 필요가 없어지기 때문에 이를 좋아하는 환자도 있을 수 있고, 더 안전함을 느낄 수 있기 때문에 사지강박을 원하는 환자도 있을 수 있다. 나는 이러한 종류의 요청은 절대로 받아들여서는 안 된다고 믿는다.

왜 그런가? 환자들이 사지강박을 원하는 이유는 다른 형태의 강박이나 격리를 원하는 이유와 전혀 다르지 않다. 일부는 환자에게 치료적으로 도움이 되는 합당한 이유이고, 일부는 그렇지 않다. 같은 이유로 격리나 다른 강박을 요청하는 것은 받아들이면서 사지강박 요청은 거절할 수 있다면 왜 그럴까? 답은 사지강박이 다른 방법들보다 훨씬 더 침해적이기 때문이다. 사지강박 시에는 자유가 더 극단적으로 제한되고 환자가 겪는 고통도 훨씬 더 크다. 격리와는 달리 사지강박은 덜 침해적인 다른 대안들을 통해서도 환자가 원하는 목적을 달성할 수 있는 경우가 대부분이기 때문에 꼭 필요하다고 보기도 어렵다. 그리고 가장 중요하게는, 한 사람의 사지를 침대에 대자로 묶는 것은 너무나도 비인간적이기 때문에 이를 요청하는 것은 받아들여서는 안 된다고 나는 생각한다.

하지만 설령 사지강박이 이러한 면에서 격리나 다른 강박보다 더 침해적이라 하더라도, 환자 본인 입장에서는 사지강박을 통해 얻는 이익이 더 클 수도 있는 것이 아닌가? 그리고 환자가 의사능력이 있다면 이 이익을 원할지 환자가 직접 결정할 수 있어야 하는 것이 아닐까? 이 환자는 사지강박을 통해 얻는 건강상의 이익이 존엄감의 침해를 감수할 만큼 크다고 느낄 수도 있는 것이다. 그렇다면 환자의 결정을 우리는 받아들여야 하는 것이 아닌가?

그러나 우리는 의사능력이 있는 사람이 내린 결정이라고 해서 무조건 받아들이는 것은 아니다. 그러기에는 너무나 끔찍한 결정들도 있기 때문이다. 예를 들어, 어떤 사람이 살해나 신체 훼손을 당하겠다는 동의서를 작성한다면 우리는 그 효력을 인정하지 않는다. 오늘날 범죄자는 수감기간을 줄이는 대신 곤장을 맞거나 형틀에 묶이거나 강제로 기저귀를 착용하는 형벌을 선택할 수 없다. 의사능력이 온전한 상태에서 자발적으로 이런 선택을 하더라도 왜 이를 인정하지 않을지는 우리의 자율성 존중의 원칙과 관련하여 흥미로운 주제가 될 것이다. 그러나 어쨌든 지금 내가 말하고자 하는 점은, 사지강박은 매우 비인간적인 조치이므로 환자가 이를 선택하도록 허용할 수는 없다는 것이다.

둘째, 환자가 자발적으로 선택한 사지강박이라면 피해보다 이익이 더 클 수 있고 따라서 그 선택이 정당화될 수 있다 하더라도, 이 자발성이라는 것을 곧이곧대로 받아들일 수 없는 경우가 많기 때문에 우리는 사지강박 요청을 허용해서는 안 된다. 만약 환자의 요청에 따라서만 강박을 시행할 수 있다면 직원들은 환자가 이를 요청하도록 열심히 유도할 수도 분명 있을 것이다. 설득은 점차 강요로 변질되기 쉽다. 정신병원같이 환자가 24시간 생활을 의존하는 기관에서는 더욱 그렇다.

셋째, 설득과는 거리가 먼, 더 노골적인 압박에 의해 환자가 사지강박을 선택할 수밖에 없었음이 분명한 경우에도 차트에는 환자가 이를 요청한 것으로 기록하는 것도 가능하다. 이런 경우는 흔하다. 보안요원들이 환자를 둘러싸고 얌전히 강박에 응하지 않으면 팔다리를 붙잡아 억제대를 채우는 수밖에 없다고 말한 후, 환자가 이에 수긍하면 기록에는 환자의 의지에 따라 강박을 시행했다고 적는 것이다.[13] 자유의지의 의미를 따지기에 직원들은 적절한 철학자가 아니다.

넷째, 강박 요청이 허용된다면 환자들은 자신도 가끔은 이를 요청해야만 한다고 생각할 수 있다. 환자들은 어떤 환자가 강박을 요청하면 직원들의 관심이 그 환자에게 쏠리는 것을 보고, 해당 환자는 위험하거나 심지어 '쿨한', 특별한 사람이라고 생각하게 될지 모른다. 강박을 요청한 환자도 강박이 얼마나 좋은지 자랑하고 떠들어 대며 이런 생각을 부추길지 모른다. 만약 그런 식의 강박은 문제가 많다고 생각한다면 환자들의 강박 요청을 받아들여서는 안 된다.

환자들이 사지강박을 요청하는 경우가 있긴 하지만 영국처럼 장기간 사지강박을 시행하지 않은 나라에서 그런 요청을 하는 환자는 드물다는 사실은 마지막으로 짚어볼 흥미로운 점이다. 영국의 환자들은 대신 약을 달라고 하거나 조용한 방에서 쉬고 싶다고 이야기한다.

미국과 영국의 이러한 차이에 대해서는 두 가지 이상의 해석이 가능하다. 첫째, 미국의 환자들은 사지강박의 장점을 직접 봐 와서 알지만, 영국의 환자들은 그런 적이 없기 때문에 이를 요청할 생각 자체가 불가능하다는 것이다. 둘째, 사지강박에 대해서는 영국의 환자들도 들어본 적이 있거나 영화에서 본 적이 있지만, 제정신으로 이를 원할 환자는 아무도 없기 때문에 영국의 환자들은 사지강박을 요청하지 않는다는 것이다. 즉, 직원들이 은근히 또는 직접적으로 압력을 넣으며 환자들을 부추길 때만 환자들은 사지강박을 요청한다는 것이다.

오늘날 사지강박을 요청하는 환자들은 대부분 과거에 이러한 강박을 겪었던 환자란 점은 안타까운 사실이다. 이들이 사지강박을 요청하는 이유는 앞서 이야기했듯 다양하다. 환자는 과거에 강박이 정말로 도움이 된다고 경험했을 수도 있고, 강박을 통해 피학적인 만족감을 얻어서 또는 돌봄 욕구를 충족하고 싶어서 또는 직원들의 생각이 맞는다고 생각하며 따르는 것이 편안하고 좋아서 그럴 수도 있다. 아니면 환자는 은근한 압박 또는 강요를 받아서 그러는 것일 수도 있다. 강박은 일종의 폭력의 악순환 고리가 될 수 있다. 강박이라는 폭력을 불러오기 위해 환자가 스스로 폭력적으로 될 수도 있는 것이다.

정리하자면 환자의 의사능력이 온전하더라도 사지강박 요청은 받아들여서는 안 된다. 사지강박은 끔찍한 선택이라는 점에서도 그렇고, 그러한 선택이 정말로 환자가 자발적으로 한 선택인지를 확인하기 어렵다는 점에서도 그렇다.

격리 및 강박 방법을 환자가 선택할 수 있게 해야 할까?

자해 또는 타해 위험을 방지하기 위한 여러 방법이 효과 면에서는 거의 동등한 경우도 있을 것이다. 예를 들어 타해 위험을 막는 데에는 격리나, 환자의 손목을 억제대로 한 곳에 고정시키는 것 둘 다가 효과적일 수 있다. 자해 위험을 막는 데에도 마찬가지로 직원이 몸으로 환자를 잡고 있는 것과 완충매트가 설치된 방에 환자를 두는 것은 비슷한 효과가 있을 수 있으며, 후자는 다시 완충매트가 구비되지 않은 방에서 벽에 머리를 박고 있는 환자에게 머리보호대를 착용시키는 것과 효과가 비슷할 수 있다. 고용량의 약물을 투여하여 화학적 강박을 시행하는 것도 가능한 방법이다. 약물을 충분히 많이 사용하면 환자를 잠에 빠지게 할 수도 있다. 화학적 강박은 약효가 나타날 때까지 시간은 조금 걸릴지 모르지만 자타해 방지 효과는 격리 또는 물리적 강박과 비슷할 수 있다.

응급상황에서 화학적 강박은 아니지만, 일반적인 치료 목적 용량의 약을 투여하여 환자의 증상을 완화시키는 것은 별도로 다루어야 할 주제이다. 이 방법은 자타해 위험을 막는 데에 있어 격리나 강박만큼 효과적일 수도 있고 그렇지 않을 수도 있다. 그리고 격리 또는 강박과 동시에 이 방법을 사용한다면 효과는 가장 뛰어날 수도 있다. 환자의 치료거부 권리가 이러한 목적의 투약에까지 미칠지에 대한 논의는 이다음 절에서 따로 이야기하겠다.

환자를 격리시키는 것과 손목에만 억제대를 채우는 것의 타해 방지 효과가 동일하다면, 둘 중 어느 것이 덜 침해적인 대안이 될까? 내가 수업 중 학생들에게 이러한 질문을 던지며 여러 가지 격리 및 강박 방식의 침해성을 순서대로 나열해 보도록 하면 학생들은 온갖 답변을 제시한다. 예를 들어 환자가 더 자유롭게 움직일 수 있는 격리가 더 낫다고 하는 학생도 있고, 손목 억제대를 사용하여 환자가 계속 다른 사람들과 함께 있을 수 있도록 하는 방식이 더 낫다고 하는 학생도 있다. 반대로 남들 앞에서 억제대를 착용한 모습을 보이는 것이 환자에게는 수치스러울 수 있다고 말하는 학생도 있다.

단순한 예이지만 여기서 볼 수 있듯이 '덜 침해적인 대안'이라는 개념은 모호하고 실제 적용이 쉽지 않은 개념이다. 그러나 이는 침해의 정도를 판단할 수 있는 가장 중요한 기준은 환자 본인이 될 수 있음을 의미하기도 한다. 만약 환자가 움직임의 자유보다는 남들과 함께 있는 편을 더 좋아하고, 억제대를 착용한 모습을 보이는 것은 크게 개의치 않는다면, 이 환자에게는 손목 억제대 착용이 덜 침해적인 대안이 될 것이다.

그렇다면 환자는 자신이 선호하는 방법을 직접 선택할 수 있어야 할 것이다.[14] 그리고 어쩌면 의사능력을 인정받지 못하는 환자들도 그런 결정은 직접 내릴 수 있도록 해야 할지 모른다. 여러 조치들이 동등하게 효과적이라면 환자가 무엇을 원하는지가 가장 중요한 결정 요인이 될 수 있고, 의사능력이 없는 환자라 하더라도 원하는 것은 있을 수 있기 때문이다. 만약 효과성 측면에서든 기본권 제한 측면에서든 어떤 결정이 더 옳을지 명확하지 않다면, 환자가 선택하도록 하는 것이 가장 낫지 않겠는가? 그러한 선택을 통해 가장 큰 영향을 받는 것은 환자의 자신의 편안함과 존엄성이기 때문이다.

나는 그렇게 하도록 하는 것이 합당하다고 생각한다. 이 방법을 현장에 어떻게 적용할 수 있을지는 이제부터 고민해야 할 질문이다. 예를 들어 자타해 위험이 발생하고 있는 순간에 환자의 선택을 물어보는 것은 당연히 불가능할 것이다. 그러나 그렇다고 해서 입원 수속 시에 이러한 질문을 한다면 환자는 겁에 질릴지 모른다. 게다가 환자가 정신과 병동에 입원하는 것이 이번이 처음이라면 환자는 어떤 선택이 좋을지 판단할 경험이 부족할 수도 있다.

언제 환자의 선택을 물어보는 것이 가장 치료적으로 도움이 될지에 대한 연구가 앞으로 이루어져야겠지만, 일단은 입원 수속 시에는 (적어도 이번이 첫 입원이라면) 이러한 이야기를 꺼내지 않았다가, 병동에서 환자가 며칠을 보낸 후 또는 이렇듯 며칠이 지나기 전에 환자가 격리나 강박을 겪게 되었다면 (첫 격리 및 강박 방법은 치료진이 선택한 후) 그 이후에 환자의 의사를 확인하는 것을 시도해 볼 수 있을 것이다. 그렇게 하면 환자가 지나치게 놀라거나 겁에 질릴 위험은 줄이면서, 어느 정도 정보를 갖춘 상태의 환자에게 선택권을 제법 빨리 줄 수 있을 것이다.

환자가 어떤 방법을 선택했는지를 응급상황에서 치료진이 기억해내야 한다는 점도 문제가 될 수 있다. 응급 시에는 신속한 대응이 핵심이며, 위험을 막기 위해 빠른 판단과 행동이 필요하다. 그런 상황에서 치료진이 차트를 뒤져가며 환자의 결정을 찾아보기란 어려울 수 있다. 그러나 그렇다고 해서 바쁜 병동 안에서 치료진이 환자의 선택을 일일이 다 외우고 있도록 하는 것도 무리이지 않을까? 그러나 나는 이는 그렇게까지 어려운 문제는 아닐 수 있다고 본다. 대부분의 환자는 똑같은 선택을 할 것이며 예외적으로 다른 선택을 하는 몇몇 환자들의 경우만 기억하면 되기 때문이다. 그리고 응급상황에서 어떤 직원이 환자의 선택을 기억하지 못했다 하더라도 충분히 그럴만한 경우, 예를 들어 병동에서 막 일을 시작한 임시직원의 경우 등은 당연히 그 사정을 감안해야 할 것이다.

환자의 의사능력이 온전하지 못할 때조차 격리 및 강박 방법을 환자가 선택할 수 있도록 하는 것은, 응급상황에서 어떠한 조치를 취하든 정답은 없음을 인정하고 환자를 최대한 존중하는 행동이다. 행동을 저지당할 사람은 그 환자이기 때문에 우리는 환자가 자신의 입장을 약간은 말할 수 있도록 해야 한다. 물론 환자의 선택은 합리적이면서도 주어진 상황에서 시행이 가능한 것이어야 한다.[15] 예를 들어 환자는 직원이 자신을 붙잡아 자해 행동을 멈춰주기를 원하는데, 그 환자가 덩치가 크고 힘이 세며 직원들은 위험을 감수하고 나서기를 꺼린다면, 환자의 선택에 따르는 것은 불가능할 것이다.

실제로 환자가 선택한 방법이 아닌 다른 조치를 취할 권한이 치료진에게 어느 정도는 남아있어야 한다. 단, 이는 치료진이 합리적으로 판단했을 때 환자의 선택을 따르면 환자 자신이나 다른 사람들이 크게 더 위험해질 것 같은 경우로 한정해야 한다. 예를 들어, 심각한 타해 위험을 보이면서 이전에 억제대를 쉽게 탈출한 적이 있는 환자에게는 격리를 시행해야 할 것이다. 억제대만 채워 이 환자를 병동에 머무르게 하는 것은 너무 위험하다.

그렇게 예외를 두다 보면 원칙 자체가 무의미해지는 것은 아닐지 우려하는 사람도 있을 것이다. 치료진이 갖은 이유를 들며 환자의 선택을 무시하는 경우가 늘어날 수 있다는 것이다. 그러나 치료진이 정신건강 전문가로서의 합리적인 태도를 갖추고, 환자가 선택한 방법을 사용하면 '현저하게' 위험이 증가할 것으로 판단되는 경우에만 이를 따르지 않을 수 있도록 하면 이러한 우려는 덜어질 것이다. 이를 어기는 치료진은, 환자에 대한 적절한 보호조치를 취하지 못한 치료진과 마찬가지로 소송 제기를 당할 수 있을 것이다.

사실 나는 현재의 배상 제도 자체에 변화가 있어야 한다고 생각한다. 반드시 필요한 경우가 아닌데도 환자가 선택하지 않은 격리 및 강박을 시행한 경우 배상은 보통 정신적 피해에 한해 이루어지며 그 금액은 크지 않다. 그러나 격리나 강박을 제대로 시행하지 않아 부상이 발생하면 배상금액이 훨씬 커진다. 이러한 제도 아래서는 당연히 가장 강한 형태의 강박을 시행하는 것이 가장 유리하다. 이러한 분위기를 바꾸려면 환자가 선택하지 않은 격리 및 강박을 부당하게 시행했을 때의 배상금액을, 격리 및 강박을 적절히 시행하지 못해 심각한 부상이 발생했을 때의 일반적인 배상금액과 비슷한 수준으로 맞추어야 한다. 그래야지만 치료진을 유인한 요인들의 균형이 맞게 되는 것이다.

위에서 나는 고용량 약물을 이용한 화학적 강박도 자타해 위험 방지에 효과적일 수 있다고 하였다. 환자에게 진정제를 다량 투여하면 더 이상 위험 행동을 할 수 없게 되거나 잠이 들 수도 있다. 일단 약효가 나타나기 시작한 이후에는 화학적 강박도 확실히 격리나 물리적 강박과 마찬가지로 효과적이다. 그렇다면 환자가 격리 및 강박 방법을 선택할 때 화학적 강박도 선택할 수 있도록 해야 할까? 환자가 의사능력이 온전하지 않은 상태에서도 이를 선택하는 것이 가능하게 해야 할까? 의사들은 흔히 약을 써서 환자의 힘을 빼야 하는 상황을 피하기 위해 격리 및 강박을 시행한다고 말한다. 이러한 의사들은 환자들이 약에 취한 상태보다는 격리 및 강박을 더 선호한다고 가정한다. 그러나 조사에 따르면 이는 사실이 아닌 것으로 보인다. 그리고 중요한 것은 우리는 각 환자에게 이를 직접 물어볼 수 있다는 것이다.

나는 환자들이 물리적 강박 대신 화학적 강박을 선택할 수도 있어야 한다고 생각한다. 그러나 의사능력이 온전한 환자들에게만 이러한 선택권을 주어야 한다는 것이 나의 의견이다. 예를 들어 격리와 손목 억제대 중에 하나를 선택하는 문제라면 어느 쪽이든 크게 문젯거리가 될 것은 없으므로 환자가 덜 불편함을 느끼는 쪽을 따르면 된다. 그러나 화학적 강박은 다른 방식들과는 다른 장점과 위험성을 갖기 때문에 의사능력이 온전한 상태에서 이에 대해 숙고한 후에 결정을 내리는 것이 필요하다. 예를 들어 특정 약물을 다량 투여할 경우 심각한 발작 증상이 나타나거나 사망에 이를 위험도 있는데, 이를 판단하려면 의사능력이 필요한 것이다.

그러므로 환자가 의사능력이 온전한 상태에서 화학적 강박을 선택한 경우에만 이를 시행할 수 있을 것을 나는 제안한다. 대리판단 표준에 따라 의사능력을 상실한 환자가 만약 의사능력이 있었다면 이를 원했을 것이라는 이유로 화학적 강박을 시행해서는 안 된다. 결정은 환자가 직접 내려야 한다. 의사가 화학적 강박이 환자의 이익을 위해 최선의 방법이라고 판단하거나, 심지어 다른 조치들은 훨씬 더 위험하다고 판단하더라도 이러한 판단에 따라 화학적 강박을 시행해서는 안 된다. 화학물질을 이용하여 사람을 무력화시키는 것은 위험하고 무시무시한 일이며 남용될 위험도 크기 때문에, 의사능력을 갖춘 환자가 이를 능동적으로 선택한 경우에만 허용될 수 있을 것이다.

치료 목적의 투약과 화학적 강박을 구분하는 것은 물론 쉬운 문제가 아니다. 전자를 응급 시 자타해 방지를 활용하는 것과 관련해서는 또 별도로 고민해 봐야 할 쟁점들이 있다. 지금부터는 이에 대해 이야기하고자 한다.

필요시 투여(PRN)하도록 처방된 약을 환자들이 응급상황에서 거부할 수 있어야 할까?

앞에서 자타해 위험 방지를 위한 조치 중 효과가 비슷한 방법이라면 환자가 직접 선택을 할 수 있어야 한다고 얘기를 할 때, 나는 증상완화 목적의 약 복용은 일부러 제외하고 이야기하였다. 이 문제는 좀 더 복잡하게 고려할 사항이 많기 때문이다. 핵심은 환자들이 격리 및 강박 대신에 치료용 약을 복용하겠다고 선택할 수 있을지, 그리고 더 어려운 문제로 환자들의 치료거부 권리가 응급상황의 약 복용(격리 및 강박과 병행한 약 복용이든 단독 약 복용이든)에도 미칠지이다.

첫 번째 내용에 대한 답은 어렵지 않다. 환자가 의사능력이 있고 약물이 격리나 강박 못지않게 자타해 위험 방지에 효과적이라면, 환자는 PRN으로 처방된 약을 받겠다고 선택할 수 있어야 한다. 이와 유사하게 의사능력을 상실했으나 만약 의사능력이 온전했다면 약을 선택했을 환자들도 약 복용이 가능할 것이다. 이 약은 환자의 병을 치료하기 위한 것이고, 환자는 병으로 인해 현재 위험한 모습을 보이는 것일 수도 있다. 격리나 강박보다 약물치료가 덜 모멸적인 방법이기도 하다.

투약 후 약효가 나타나기까지는 시간이 걸리기 때문에 약물만으로 모두의 안전을 충분히 보장하기는 어려울 수도 있다. 그런 경우라면 직원이 미리 환자에게 응급상황에서 약물을 단독으로 사용하는 것은 어려울 수 있다고 설명하고 다른 방법을 함께 선택하도록 하거나, 약효가 나타날 때까지 치료진의 판단하에 격리나 강박을 함께 시행할 수도 있다고 설명하면 될 것이다.

반대의 경우는 어떻게 해야 할까? 환자가 의사능력이 있는 상태에서[16] 자신은 응급상황에서도 약 복용을 원하지 않으며, 약물의 도움 없이는 격리나 강박 시간이 더 길어지더라도 상관없이 투약을 거부하겠다고 결정하는 경우이다. 환자의 정신과 약물치료 거부 권리를 인정한 미국의 모든 판례에서 흥미롭게도 응급상황은 항상 예외로 두었다. 그렇게 하는 것이 기본 원칙이 되어야 할지, 그렇다면 왜 그러할지는 고민해 볼 필요가 있다.

나는 환자의 사전지시에 따른 약물치료 거부를 인정함에 있어 응급상황은 예외를 두는 것이 당연하다고는 생각하지 않는다(그러나 뒤에 자세히 이야기하겠지만 약물치료 거부를 허용할 수 있는 상황의 한계는 있을 수 있다). 응급상황이든 아니든, 이는 환자의 삶이다. 선택에 따르는 고통과 즐거움은 환자 자신이 겪어야 할 일이다. 응급상황이라 해도 환자가 이전에 내린 결정의 가치가 줄어드는 것은 아니다.

그렇다면 법원의 판단은 왜 이와는 달랐을까? 이는 응급 시에는 환자를 위한 최선이 무엇일지에 대한 결정을 전적으로 의사의 판단에 맡기도록 하는 방식이 보편적으로 자리 잡고 있기 때문일 것이다. 대부분의 응급상황에서는 환자의 의사능력을 평가할 시간은커녕, 환자가 선호하는 조치가 있는지를 확인할 시간조차 부족하다. 게다가 긴박한 상황에서는 의학적으로는 어떤 조치가 가장 적절할지를 판단하는 데에 모든 시간을 할애해야 한다. 다른 일에 투자할 시간이 없는 것이다.

그러나 나의 제안에서는 의사들이 긴박한 상황 중에 환자의 의사능력을 평가해야 할 필요가 없다. 환자는 예전에 의사능력이 온전한 상태에서 미리 자신의 결정을 알렸을 것이기 때문이다. 즉, 이는 사전지시서가 있는 상황과도 비슷하다. 물론 사전지시서가 있다 하더라도 환자가 생사의 기로에 섰다면 의사는 이와 상관없이 일단 환자를 치료하기도 한다.

그러나 생사의 기로에서 의사가 그렇게 하는 것이 정당한 것인지의 문제와는 별개로, 우리의 상황은 생사가 달린 상황이 아니라는 점에서도 차이가 있다. 일반적으로는 격리 및 강박만으로도 자타해 위험 방지가 가능하기 때문에, 투약이 환자나 다른 사람의 생명을 구하기 위해 반드시 필요한 것은 아니다. 그렇다면 환자의 선택을 존중할 수 있어야 하는 것이 아닐까?

혹자는 환자가 의사능력이 있는 상태에서 마음을 바꾼다면 이를 사전지시보다 더 우선해서 따라야 하는데, 응급상황에서는 앞서 말했듯 의사능력이 온전한지를 평가할 시간이 부족하다고 우려를 표할 것이다. 사전지시의 문제는 환자가 겪지 않은 일을 예측하여 결정해야 한다는 것이다. 예를 들어 환자는 격리 시간이 이토록 길어진다면 어떨지 미리 알 수가 없었을 것이다. 격리가 길어지더라도 약 복용보다는 나을 것 같다고 생각했던 환자는 실제 상황을 겪으면 마음이 바뀔지 모른다. 하지만 이렇듯 바뀐 결정을 알리고 이것이 온전한 의사능력에 의한 결정임을 증명할 방법이 없는 것이다. 긴박하게 돌아가는 응급상황에서 우리는 환자가 과거에 한 말만을 챙기지, 환자가 지금 하는 말을 신뢰하고 따르기는 어렵다. 환자 또한 감정이 격한 상태로 자신의 의사를 제대로 전달하기 힘들 수 있다. 게다가 환자가 의사능력의 변화 없이 마음이 바뀐 경우라도 우리의 눈에는 환자의 상태가 더 불안정해진 것처럼 보일 것이다. 응급 시에 환자를 면담하기란 쉽지 않으며, 면담이 가능하다 해도 환자의 현재 결정에 대해 구체적으로 물어볼 수 있을 만큼의 대화를 나누기는 어려울 것이다.

사전지시와 관련된 이러한 우려는 타당한 우려이지만, 응급상황에 대한 사전지시라고 해서 다른 사전지시에 비해 특별히 더 문제가 많은 것은 아니다(사전지시제도와 관련된 여러 고려사항은 8장에서 자세히 다루도록 하겠다). 응급 시에는 상황이 급박한 것은 사실이다. 그러나 앞서 언급은 안 했지만, 환자를 어떤 식으로든 물리적으로 제압한 다음에는 면담도 약간은 가능해질 것이고 환자가 결정을 바꾸었다면 왜 그런 것인지를 평가할 수도 있을 것이다.[17]

그렇다면 단지 응급상황이라는 이유로 의사능력이 온전한 환자의 약물치료 거부를 금지해서는 안 될 것이다. 응급상황에서는 환자에 대한 결정을 무조건 의사에게 맡겨야 한다고 여태껏 받아들여졌다면 이에 대해서는 다시 생각해 보아야 한다.

어쩌면 여기서 응급상황이 중요한 것이 아니라, 효과 면에서 약물이 격리나 강박보다 더 낫다는 사실이 (적어도 약물치료와 격리 및 강박을 병행하면 더 효과적이라는 점이) 중요하다고 주장하는 사람도 있을 수 있다. 그렇기 때문에 격리나 강박을 시행할 때 투약하지 않는 것은 선택지에 있어서는 안 된다는 것이다. 직원들이 약물을 사용하지 않고 효과적으로 자타해 위험을 막기란 불가능할 수도 있다. 응급상황에서 의사의 판단에 따르는 이유 중 하나는 바로 이러한 점 때문일 수도 있다. 위험을 막기 위해 어떻게 해야 하는지는 의사가 가장 잘 아는 것이다.

격리 및 강박만으로도 물론 어느 정도 안전을 보장할 수는 있지만, 이는 낭떠러지 앞에 선 사람을 붙들고 있는 것과도 비슷하다. 그 사람을 낭떠러지로부터 멀리 떨어진 안전한 곳으로 데려가는 것이 더 안전하고 더 효과적인 방법이 될 수 있는 것이다. 낭떠러지 앞에 계속 서 있다가 만약 그 사람이 갑자기 괴력을 발휘하여 잡은 손을 뿌리치고 뛰어내린다면 어떻게 하겠는가?

격리 및 강박도 이와 비슷하다. 직원들 입장에서 타해 위험이 있는 환자에게 강제투약을 할 때의 위험이 그 환자를 격리실에 데려갈 때의 위험과 비슷하더라도, 투약 없이 환자를 격리실에 그냥 둔다면 이는 또 다른 위험으로 이어질 수 있다. 예를 들어 환자는 극도로 흥분한 상태에서 일부러 또는 실수로 자해를 할 수도 있다. 그리고 직원도 결국은 환자의 상태를 살피거나 식사 또는 용변을 돕기 위해 환자와 접촉해야 하는데, 환자에게 약을 투여하지 않았다면 이 과정에서 직원이 다칠 수도 있다. 아니면 환자가 쉴 새 없이 고함을 치고 소리를 질러대며 병동의 다른 사람들을 방해할 가능성도 있다. 그러나 약물을 사용하면 환자는 훨씬 더 빨리 진정되고 위험성도 크게 줄어들 것이다.

자해 위험도 마찬가지로 약물을 사용하여 훨씬 빨리 감소시킬 수 있을 것이다. 나는 격리실에 완충매트를 설치하고 환자에게 머리보호대를 착용시키는 등의 방법을 동원하면 사지강박을 없앨 수 있을 정도로 자해 위험이 낮아진다고 생각하지만, 그렇다고 해서 모든 위험이 사라지는 것은 아니다. 완충매트가 있다 하더라도 환자가 작정하고 벽에 계속 몸을 부딪친다면 심각한 부상이 발생할 수도 있다. 하지만 약물을 사용하면 환자가 더 빠른 시간 안에 안정을 되찾을 가능성이 높아진다. 환자의 흥분은 가라앉을 것이고, 환자는 심각한 자해 행동을 하기 어려워질 것이다.

그렇다면 환자가 의사능력이 있는 상태에서 약을 거부했더라도, 다른 조치들만으로 심각한 위험을 방지하기 어려울 때는 응급 투약을 할 수 있어야 할까? 어떤 때에는 그렇다가 답이 될 수도 있고, 어떤 때에는 그렇지 않다가 답이 될 수도 있다고 나는 생각한다. 타해 위험으로 격리된 환자가 만약 약을 거부하면서 자신에게는 진정할 시간이 필요하다고 한다면 우리는 환자의 요청을 받아들여야 할 것이다. 그리고 예를 들어 한 시간 후에도 환자가 전혀 안정을 되찾지 못했다면, 그때에는 강제투약을 할 수 있을 것이다. 그렇지 않으면 환자와 접촉해야 하는 직원이 위험할 수 있기 때문이다.

격리실 안에서도 소리를 질러 병동 안에 있는 환자들에게 방해가 되는 환자는 어떻게 해야 할까? 이 경우에도 약 없이 진정할 시간을 줄 수 있을 것이다. 그 환자가 소란을 부리더라도 실제 위해를 가할 수는 없다면 다른 환자들도 이를 훨씬 덜 신경 쓸 수 있다. 그리고 이 환자는 현재 투약을 원치 않고, 약 없이 진정될 가능성도 있으며, 환자에게는 약물치료를 거부할 권리가 있다. 그러나 예를 들어 한 시간 후에도 환자가 계속 심한 소란으로 다른 사람들을 방해하고 있다면, 그때에는 투약이 가능할 것이다. 이제는 다른 사람들이 환자로 인해 겪는 피해가 환자가 강제치료로 입을 피해보다 더 크다고 볼 수 있기 때문이다.

자해 위험이 매우 큰 환자, 예를 들어 계속 벽에 돌진하거나 (보호대를 착용한) 머리를 온 힘을 다해 벽에 부딪히고 있는 환자에게는 즉시 투약을 해야 한다. 이 환자는 큰 부상을 입을 위험이 높으며, 우리는 지체 없이 이 위험을 낮춰야 한다. 환자를 진정시킬 수 있는 약을 투여하는 것이 이 상황에서는 가장 덜 침해적인 대안이면서도 효과적인 방법일 것이다.

이러한 내용들을 통해 본다면 '가장 덜 침해적인 대안'이라는 개념은 단순하게 정의되기 어려운 것이다. 앞서 언급했듯 환자가 가장 덜 거부하는 방법이 가장 덜 침해적인 대안이 될 수도 있을 것이다. 하지만 이는 각 대안의 효과가 어느 정도 동등할 때만 가능함을 나는 다시 한번 강조하고 싶다. 어떤 경우에는 약 없이 격리나 강박만을 시행한다면 약물치료를 병행했을 때만큼 효과적으로 위험을 방지하지 못할 수도 있다. 그리고 물론 어떤 경우에는 격리나 강박 없이 투약만 하는 것이 가장 효과적일 수도 있다.

정리하자면, 의사능력이 온전한 일부 환자의 경우 응급 시에도 치료 목적의 약물을 (적어도 한시적으로는) 거부할 권리를 가져야 하나, 나머지 다른 환자들에게는 이러한 권리를 인정하기 어려울 것이다. 환자 본인이나 타인의 안전을 어느 정도 보장하기 위해서는 약이 필요할 때가 많기 때문이다. 어떤 사람들은 나의 의견에 반대하며, 한시적으로 응급 시 약물치료를 거부할 수 있도록 하더라도 결국은 약을 써야 하기 때문에 처음부터 응급 시에는 어떤 환자도 약물치료를 거부할 수 없다고 하는 편이 더 낫다고 주장할지 모른다. 즉, 1시간이 지나도 계속 문제 행동을 하고 있거나, 또는 그사이에 의사능력을 인정받지 못할 만큼 상태가 악화된다면 일시적으로 투약을 면제해 주었던 환자들에게도 결국 약을 사용하게 된다는 것이다.

하지만 모든 환자가 그렇게 상태가 악화되지는 않을 것이기 때문에 이 주장은 설득력이 없다. 그리고 이러한 환자들을 위해 나머지 환자들은 잠시 불편을 감수할 수 있을 것이다(그리고 자신이 투약을 원치 않을 때의 마음을 존중받는다는 느낌을 함께 느낄 수도 있을 것이다). 약 없이도 진정이 가능한 환자들이 그렇지 않을 환자들보다 더 많을 수도 있는 것이다. 이를 확인하기 위해 나의 제안을 실제 현장에서 시행해 보며, 약물치료를 거부하다가 자타해 위험 증가로 결국 강제투약에 이르게 되는 환자의 수가 어떻게 되는지 연구해 볼 수 있을 것이다.

법원에서는 관행적으로 의사능력이 있는 환자에게도 응급 시에는 강제치료가 가능하다고 판결을 내려왔지만, 이에 대한 합리적인 근거는 제시하지 않았었다. 실제로 강제치료를 하는 것이 합리적일 상황도 있을 것이다. 그러나 환자의 존엄성을 존중하려면 나머지 상황에서는 응급 시라 해도 환자가 약물치료를 거부할 수 있도록 해야 할 것이다.

7

의사능력: 환자의 결정을 존중할 수 있을 때와 없을 때

메이다 예터는 오래전부터 정신병원에 입원해 있는 61세 여성이다. 의사들은 예터에게서 유방암을 의심할 수 있는 분비물이 나오자 조직 검사를 받는 것이 좋겠다고 권유하였다. 예터는 검사를 거부했는데, 처음에 예터가 말한 이유는 자신의 이모가 예전에 비슷한 검사를 받다가 죽었기 때문에 검사받기가 무섭다는 것이었다(사실 이모는 검사받은 지 십여 년이 지난 후에, 이와는 상관없는 다른 이유로 사망하였다). 예터는 또한 자기 몸에 대해서는 자신이 결정할 수 있어야 한다고 말했다. 당시 기록에 따르면 예터는 의식이 명료하고, 이성적이며, 검사를 거부할 경우 사망에까지 이를 수 있음을 이해하고 있었다. 그러나 최근 3개월 사이 예터의 검사 거부 이유는 점차 망상에 가까워졌다. 예터는 검사가 자신의 생식기관에 영향을 미쳐 아기를 낳을 수 없게 될 것이고, 영화배우로서 일하는 데에도 지장을 줄 것이라 주장하였다. 법정에서 예터는 검사 때문에 병들이 더 퍼지게 될까 무서우며, 이모의 죽음을 생각하면 여전히 두려움을 느낀다고 이야기하였다. 다른 사람들이 발언하는 중에도 예터는 계속 끼어들며 검사를 받으면 자신은 죽게 될 것이라는 말을 되풀이하였다.

법원은 예터의 의사능력을 인정하였는데, 그 근거로 처음 예터가 검사를 거부했을 때 충분한 설명을 듣고, 발생할 수 있는 결과를 이해했었으며, 지금 검사를 거부하는 이유는 주로 검사에 대한 두려움 때문임을 들었다. 두려움이란 보편적인 감정이며 이로 인해 검사를 거부하는 것은 논리적이지 않을 수는 있지만 의사무능력을 보여주는 것은 아니다. 현재 예터가 망상을 이야기한다는 점은 우려스러우나, 망상이 검사 거부의 주된 이유는 아니라고 법원은 판단하였다. 예터의 가족이 신청한 성년후견개시는 받아들여지지 않았다(*In re Maida Yetter,* 62 Pa. Dec. 20, 619 [1973]).

메리 노던은 동상으로 인해 발이 괴사에 이른 72세 여성이다. 의사들은 발을 절단해야만 노던의 생명을 구할 수 있다고 판단했지만, 노던은 수술을 거부하였다. 노던의 전반적인 의사능력은 아무런 문제가 없는 것처럼 보였다. 노던은 원활한 대화가 가능하고, 말과 생각이 명료하며, 자기 삶에 대해 합리적인 결정을 내릴 수 있었다. 법원의 표현을 빌리면 노던은 명석하고, 의식이 또렷하며, 언어능력도 좋은 사람이었다. 그러나 발의 문제에 한하여 노던은 상황을 전혀 이해하지 못하는 모습을 보였다. 정신과 전문의는 노던이 발에 대해서는 정신증에 가까운 모습을 보인다고 이야기하였다. 노던은 자신의 발이 검은 것은 재나 흙이 묻어서라고 믿고, 감염이 심각하다는 의사의 말을 믿지 않으며, 수술하지 않더라도 발이 나을 것이라고 확고히 믿고 있었다. 생명을 구하기 위해 절단이 필요할 수도 있다는 가능성 자체를 노던은 검토해 보지 않으려 하였다.

법원은 노던의 의사능력을 인정하지 않았는데, 그 근거로 노던이 괴사를 그대로 두면 사망에 이를 것이라는 의사의 소견을 받아들이지 못함을 언급하였다. 판결문의 보충의견에서는 노던이 의사의 소견을 받아들이지 않았다는 점보다도, '의사들은' 그렇게 생각한다는 사실조차 인정하지 못했다는 점이 의사무능력을 보여주는 더 적절한 근거라고 이야기하였다. 다수의견과 보충의견 모두 노던이 자기 발에 대해 보인 다른 왜곡된 신념들 또한 의사무능력을 판단할 근거가 된다고 보았다(*Department of Human Services v. Northern*, 563 S.W.2d 197 [Tenn. App. 1978]).

이 두 예시는 치료에 대해 결정할 수 있는 환자의 의사능력이란 무엇일지에 대한 법원의 고민들을 보여준다. 의사능력 또는 의사무능력의 판단은 어려운 문제이다. 의사능력은 오랫동안 논의되어온 개념이나, 나는 이 책에서 추가적으로 '정신능력의 저하'라는 용어를 도입하여 사용하였다. 나는 앞서 강제투약은 일반적으로 환자가 의사무능력 상태인 경우에만 허용되어야 할 것이며, 강제입원은 (다른 조건들의 충족과 더불어) 환자의 정신능력이 저하된 상태일 때 허용될 수 있을 것이라 주장하였다. 그런데 이 용어들은 과연 무엇을 말하는 것일까?

규범적 쟁점들

최근 들어 의사능력의 판단은 포괄적으로 이루어지기보다는 각 사안별로 개별적으로 이루어지고 있다.[1] 이 사람은 특정 계약을 체결할 의사능력이 있는가? 유언을 작성할 의사능력이 있는가? 각 맥락에 따라 이에 요구되는 의사능력은 다를 수 있다. 예를 들어 계약을 체결하는 경우라면 거래 규모가 반드시 고려 대상에 포함되어야 하지만, 유언의 경우에는 그렇지 않을 것이다. 그리고 어떤 일들은 다른 일보다 더 어렵다. 예를 들어 특히 복잡한 계약을 체결하는 경우라면 당사자들의 더 높은 능력 수준이 요구될 것이다. 의사결정에 따르는 결과의 중대성에 따라 의사능력의 수준도 달라져야 하는지에 대해서는 논쟁이 지속되고 있는데, 이에 대해서는 이 장의 뒷부분에서 이야기하겠다. 이 장에서 내가 초점을 맞출 것은 치료에 대한 결정을 할 수 있는 의사능력이다.

역량 또는 능력을 평가하는 기준이나 도구를 만들기 위해서는 반드시 신중한 규범분석이 이루어져야 한다. 이러한 규범분석을 생략할 수는 없으며, 규범분석이 있어야지만 우리는 어떤 기준을 왜 선택했는지를 납득 가능하게 설명할 수 있다. 그리고 의사능력 평가도구를 개발하면서 맞닥뜨리게 되는 가장 핵심적인 규범적 쟁점은 자율성 존중과 온정적 간섭주의 사이의 균형점을 찾는 것이다. 생명윤리학의 많은 분야에서 논의는 이제 이러한 단순한 양분법을 벗어났을지 모르지만, 의사능력의 평가 분야에서는 여전히 이 문제가 핵심을 차지하고 있다. 어떤 사람에게 자기결정권의 행사를 허용할지 아니면 온정적 간섭주의에 입각하여 개입할지를 나누는 큰 틀이 바로 의사능력의 유무에 대한 판단이기 때문이다.

환자의 의사능력이 인정되는 경우에만 자기결정권을 행사할 수 있도록 함으로써 우리 사회는 자율성 존중과 온정적 간섭주의의 사이의 균형을 맞추고 있다고 한다면, 이는 중요한 부분은 생략한 설명이다. 의사능력을 어떻게 정의하는지 자체가 자율성 존중과 온정적 간섭주의 사이의 균형을 좌우하기 때문이다. 즉, 의사능력의 인정을 위해 충족되어야 하는 조건이 까다로울수록 온정적 간섭주의를 중시하는 것이 되고, 반대의 경우라면 자율성 존중을 중시하는 것이 된다.

더 중요한 것은 의사능력의 개념 정의를 위한 질문에도 같은 문제가 반복된다는 것이다. 언제 환자가 스스로 결정을 내릴 수 있도록 하고 언제 우리가 대신 결정을 내릴지는 자율성의 딜레마이다. 우리는 적절한 상황이라면 사람들이 본인의 일, 예를 들어 치료를 받는다든지 연구에 참여하는 등의 일을 직접 결정할 수 있게끔 하고자 한다. 하지만 환자가 이런 일을 결정할 때 어떤 방법을 사용해서 결정을 내려야 이를 의사능력이 있는 상태에서의 결정으로 볼지는 또 우리가 정해야 한다. 직관적으로 결정을 하는 것도 괜찮은가, 아니면 모든 대안들을 비교해 보아야 하는 것인가? 비슷한 문제로, 환자가 갖고 있는 신념이 우리가 생각하는 진실에서 얼마나 벗어날 때 이를 의사능력의 상실로 보아야 할지도 우리는 정해야 한다. 어떤 쟁점들에 있어서는 특히 무엇이 진실인지에 대한 의견이 치열하게 갈릴 수 있기 때문이다.

그렇다면 어떻게 해야 하는 것일까? 먼저 우리의 의사능력의 평가 기준은 (온정적 간섭주의 측면에서) 스스로 결정을 내릴 수 없는 사람들을 보호할 수 있어야 한다. 이를 위해서는 의사결정에는 어떤 능력들이 필요한지 세심한 조사가 필요하다. 둘째, 우리는 (자율성 존중의 측면에서) 비인습적인 사람도 보호할 수 있어야 한다. 사람들은 자신의 관점에 따라 자신의 이익을 추구할 권리를 가져야 한다.

셋째, 우리는 (차별 금지의 측면에서) 모든 사람은 합리적이지 않은 결정을 할 때가 많다는 정신분석가, 정신과 의사, 심리학자의 연구 결과를 유념해야 한다. 사람들은 통계 수치를 잘못 이해하고, 기억 중 생생한 부분을 확대해서 받아들이며, 전이로 인해 치료자에 대한 왜곡된 믿음을 형성할 수 있다.[2] 약간의 비합리성을 보이면 의사능력을 상실한 것으로 간주한다면 지금보다 훨씬 더 많은 사람이 의사무능력자가 될 터인데, 이것이 우리가 원하는 방향일까? 이러한 규범적 선택을 하지 않는다면, 정신질환이 있긴 하나 특정 사안에 대해 건강한 사람보다 특별히 더 비합리적이지는 않은 환자를 의사무능력자로 분류하는 일이 발생할 수 있으니 주의해야 한다. 환자의 환각이나 망상이 곧 의사능력의 손상을 보여주는 것이라 한다면 이는 정신질환자들에게 불필요한 낙인을 찍는 것이다. 이 문제들은 이 책에서 계속 강조해온 내용이지만 의사능력의 평가와 관련해서는 특히 중요한 문제가 된다.

의사능력의 기준을 정하고 이를 평가하는 도구를 개발하기 위해서는 위의 요소들을 포함한 규범분석이 이루어져야 할 것이다. 즉 의사결정을 위해 어떤 능력들이 어느 정도로 필요할지 우리가 결정하였다면, 왜 그런 결정을 하였는지 납득 가능한 설명을 할 수 있어야 한다. 이 능력은 정말 필요한 것인가? 그렇다고 하면 왜 그러한가? 아니면 이 능력은 갖추면 좋긴 하지만 필수적이지는 않은 것인가? 예를 들어 외국어로 소통하는 데에 좋은 발음이 반드시 필요한 것은 아니듯이? 우리가 보기에 이 능력이 중요하다 하더라도 이를 강조하다 보면 환자의 자율성이 지나치게 침해되지는 않을까? 이 능력을 갖추지 못한 사람이 많은데 정신질환자들에게만 이를 요구하며 차별을 하게 될 위험은 없을까? 정리하자면, 우리는 의사결정을 위해 갖춰야 할 능력들과 이 능력들의 요구 수준(예를 들어 치료 동의서에 서명할 때 필요한 읽기 능력 수준)을 정할 때 규범적 선택을 하게 되는 것이다.[3]

의사능력의 기준과 관련하여 제기될 수 있는 또 다른 규범적 쟁점의 예로, 환자들을 대상으로 한 연구와 같이 다른 가치들(예를 들어 과학의 발전 등)이 얽혀 있는 경우 연구 참여에 동의할 수 있는 의사능력의 기준은 어떻게 되어야 할지의 문제를 생각해 볼 수 있다. 사안에 따라 의사능력 기준을 변동시켜야 할지 여부 또한 앞으로 더욱 연구가 필요한 부분이다.

어떤 의사능력 기준을 선택하고 그 근거를 제대로 설명할 수 있으려면 이러한 규범적 질문에 모두 답할 수 있어야 할 것이다. 나는 이 책에서 내가 제안하는 기준에 대한 근거를 완전히 설명하지는 못하였다. 단지 자율성 존중에 더 치중한 입장에서 본다면 나의 제안은 합당한 기준이 될 수 있을 것이라 말할 뿐이다.

사실 이러한 핵심적인 규범적 질문, 즉 차별적인 요소를 배제하면서 자율성과 온정적 간섭주의 사이의 균형을 어떻게 찾을 것인가라는 질문에 답을 찾는 것이 앞으로 의사능력에 대한 연구를 수행할 때 가장 중요한 과제가 될 것이다. 현재 미국에서 가장 널리 사용되는 맥아더 동의능력 평가도구들을 개발한 연구진은[4] 이 도구를 개발할 때 규범적 선택은 없었기 때문에 규범분석은 생략할 수 있었다고 이야기한다. 맥아더 연구용 도구가 측정하는 역량은 치료에 대한 설명 이해(Understanding Treatment Disclosures, 이하 UTD), 병식(Perceptions of Disorder, 이하 POD), 이성적 추론(Thinking Rationally About Treatment, 이하 TRAT), 그리고 본인의 선택 표현(TRAT의 하위 항목)의 네 가지이다. 맥아더 치료동의능력 평가

도구(이하 MacCAT-T)는 치료 현장에서 사용의 편의성을 위해 이 네 가지 항목을 하나의 질문지로 통합한 도구이다.

규범분석을 생략할 수 있었다는 맥아더 연구진의 주장은 어떻게 받아들여야 할까? 결론부터 말하자면 맥아더 도구에도 규범적 선택들이 곳곳에 숨어있으며, 규범분석은 반드시 했어야만 한다. 몇 가지 예를 들자면, 맥아더 연구진은 무엇이 정신능력의 저하이고, 무엇이 명백한 의사능력의 보유일지에 대한 기준을 연구용 도구와 MacCAT-T에서 각각 제안한다. 그리고 사안의 중대성에 따라 의사능력의 기준이 바뀌는 변동 체계를 도입해야 할 것이라 이야기하기도 한다.[5] 더 빼놓을 수 없는 문제로, 연구진은 연구용 도구의 UTD, POD, TRAT 세 항목이 골라낼 수 있는 환자의 유형이 각기 다르기 때문에 치료동의능력의 평가를 위한 MacCAT-T에서는 세 항목을 하나로 통합하여야 한다고 설명한다. 이는 세 항목이 측정하는 역량들 모두가 의사능력을 위해 필요함을 전제로 삼는 것이지만, 이러한 전제에 누구나 동의할 수 있는 것은 아니기 때문에 연구진은 이에 대한 근거를 제시해야 한다.[6]

맥아더 연구진이 이러한 평가도구들을 개발했다는 것은 곧 규범적 선택을 하였다는 것이다.[7] 이 도구들이 (법에서 이야기하는) '의사능력'을 직접적으로 평가하는 것은 아니지만, 이 도구들에서 측정하는 능력들은 의사능력과 관련이 있다고 (아마도 의사능력을 위해 필수적이라고) 연구진이 판단한 것들이다. 환자의 모국어로 치료동의능력을 평가하는 도구를 개발하면서, 예를 들어 외국어 능력에 대한 평가 항목을 굳이 포함시키는 사람은 아무도 없을 것이다. 그렇기 때문에 평가도구에서 측정할 능력들을 선정하고 이를 평가할 기준을 정하는 것만으로도 맥아더 연구진은 규범적 선택을 한 것이다. 그리고 다시 한번 이야기하지만 이러한 규범적 선택이 있으면 그 근거가 제공되어야 한다. 이러한 후속 연구가 이루어지기 전까지는 일단 큰 틀에서 의사능력의 기준과 관련된 규범적 선택에는 무엇이 있으며 그 선택들이 추구하는 가치는 어떤 것일지에 대해 생각해 볼 수 있을 것이다. 그리고 이러한 틀에서 볼 때 나의 기준은 자율성 존중에 더 비중을 둔 것이라고 이야기할 수 있다.

의사능력을 위해 필요한 일반능력들

치료 상황에서 의사능력을 인정받기 위해서는 최소한 다음 네 가지 인지능력이 필요할 것으로 보인다. 치료에 대한 설명을 이해하는 것(반드시 이를 믿어야 하는 것은 아니다), 이 설명에 대해 적절한 신념을 형성하는 것, 설명에 기반하여 적절한 추론을 하는 것, 그리고 자신의 선택을 어떤 식으로든 표현하는 것이다. 이러한 능력들은 맥아더 연구용 도구에서 측정하는 네 가지 능력과 어느 정도[8] 유사하다(그러나 MacCAT-T 등 임상용 도구에서 측정하는 능력은 이와 차이가 더 큰 것으로 보인다). 이 능력들 각각이 모두 의사능력을 위해 필요한 것임은 규범적으로 설명할 수 있다.

먼저 '순수한 이해', 즉 어떤 설명을 믿는지와 상관없이 설명 자체를 이해할 수 있는 능력은 왜 필요한 것인가? 어떤 정보를 듣거나 읽은 후 그 뜻을 알 수 있어야지만 그에 대해 생각해 보고 결정을 내릴 수 있기 때문이다. 3장에서 등장했던, 외계행성에 떨어진 사람의 예를 다시 상상해 보자. 그 사람은 두 개의 기계장치 중 하나를 선택해야만 하는데 이 두 장치의 기능은 서로 완전히 다르고, 그중 한 장치는 끔찍한 죽음을 가져올 것이다. 하지만 이에 대한 설명은 외계어로 제공되었기 때문에 그 사람은 아무 내용도 이해하지 못했다. 그렇다면 이 사람은 기계장치 중 어느 쪽을 고를지에 대해 정상적인 결정을 할 수 없는 의사무능력 상태이며, 외계어를 아는 호의적인 누군가가 대신 장치를 골라줘야 한다고 보는 것이 타당할 것이다. 적어도 이 상황에서 대부분의 사람은 이를 원할 것이다.[9] 그리고 이렇게까지 굳이 상상해 보지 않더라도, 다른 나라 말로 제공된 설명을 바탕으로 중요한 결정을 내려야 하는 경우만 떠올려 봐도 순수한 이해의 중요성을 어렵지 않게 깨달을 수 있을 것이다. 외국어 설명만 듣고 결정을 내릴 수는 없기 때문이다. 그렇다면 순수한 이해는 의사능력에 반드시 포함되어야 하는 능력이라 할 수 있다.

그러나 순수한 이해는 의사능력을 위해 필요한 조건이긴 해도, 충분한 조건은 아니다. 정보를 평가하고 적절한 신념을 형성할 수 있는 능력 또한 필요하다. 그렇기 때문에 맥아더 연구진이 평가도구에 이러한 능력에 대한 측정을 포함시킨 것은 매우 합당하다. 위의 예를 다시 생각해 보자. 만약 이 사람이 외계인의 설명을 알아듣기는 하지만, 외계인이 예를 들어 망상 때문에 그런 말을 하는 것으로 생각하고 설명을 믿지 않는다면 그 사람은 결정을 내릴 때 이 설명을 참고하지 않을 것이다. 의사능력을 인정받기 위해서는 자신이 행한 의사의 표시가 어떠한 효과를 가져올지 판단하고 자신의 최선의 이익을 위한 결정을 내릴 수 있어야 하는데, 이러한 판단을 위해서는 적절한 신념형성이 필요하다.

이렇게 생각해 볼 수도 있다. 사람은 욕망과 신념을 바탕으로 결정을 내린다. 어떤 사람이 x를 원하고 이를 얻기 위해서는 y가 필요하다고 믿기 때문에 그 사람은 y를 하기로 결정한다. x를 얻기 위해 y가 필요하다는 신념은 또 다른 부수적인 신념들에서 나온 것이다. 어떤 사람의 신념에 결함이 있다면 의사결정에도 심각한 문제가 발생할 것이다(물론 어떤 종류의 신념을 결함이 있는 신념으로 보아야 할지는 또 별개의 문제이다). 사람은 증거들을 평가하면서 신념을 형성하기 때문에, 우리가 지금 이야기하는 능력은 증거 평가 능력이라고 할 수도 있을 것이다. 그리고 이 능력은 의사능력을 위해 분명 어느 정도는 필요하다.

하지만 순수한 이해능력 및 증거를 평가할 수 있는 능력만으로는 여전히 부족하다. 의사능력을 위해서는 추론능력도 어느 정도 필요하다. 추론능력을 이용하여 사람은 순수하게 이해한 정보들과 이러한 정보를 평가하여 형성한 신념들을 통합한다. 가장 간단한 예로 위의 삼단논법을 생각해 보자. 어떤 사람이 자신이 x를 원한다는 것을 알고 이를 얻기 위해 y가 반드시 필요하다고 믿는다고 하자. 그러고는 추론을 잘못하여 이 사람이 y를 하지 않기로 결정한다면, 이는 의사능력을 인정받을 수 있는 결정이라 볼 수 없을 것이다. 즉, 약간의 추론능력은 필요한 것이며, 맥아더 도구에서 이 능력도 측정하는 것은 합당한 일이다.

본인의 결정을 표현할 수 있는 능력 또한 의사능력에 포함되어야 할까? 여기에 대해서는 두 가지 대답이 가능하다. 만약 '의사능력'의 정의에 의사를 표현하는 것이 포함된다면, 대답은 말할 것도 없이 당연히 '그렇다'이다. 그러나 '의사능력'에 의사결정 과정이 정상적인지만 포함되고 이러한 결정을 남에게 알리는 것이 포함되지 않는다면, 당연히 대답은 '그렇지 않다'이다. 예를 들어 전신 마비로 인해 의사소통을 할 수 없는 사람을 생각해 보자. 그리고 그 사람이 숙고 끝에 어떤 처치를 받겠다고 결정했다 해보자. 그 사람의 의사능력은 (본인의 결정을 표현할 수 없다는 것만 제외하고는) 어떻게 평가하더라도 이상이 없다고 가정해 보자. 그렇다면 이 사람은 의사무능력자일까 아닐까? 만약 이 사람은 의사무능력자가 아니라고 한다면, 의사결정을 하는 것과 이를 알리는 것은 별개의 문제인 것이다.

그렇다면 두 가지 관점이 가능하다. 의사를 표현해야지만 그 사람이 의사능력이 있는지를 판단할 수 있고 결정을 존중할 수 있게 된다는 관점과 의사표현은 그 자체로 의사능력의 한 요건이라는 관점이 그것이다. 그러나 사실 이 둘 중 어떤 관점을 취할지는 중요하지 않다. 어느 쪽이든 당사자가 본인의 선택을 전달할 수 있는지 평가해야 하기 때문이다(즉, 이론적으로는 결정을 내리기만 하고 이를 표현하지 않더라도 의사능력이 있을 수 있지만, 당사자가 자신의 결정을 우리에게 전달하지 않으면 우리가 그 결정을 존중할 방법은 없는 것이다).

위에서 설명한 능력들은 모두 의사능력을 위해 필요하다 볼 수 있을 것이다. 그 외 다른 필요한 능력들이 있을까? 예를 들어 위의 삼단논법에서는 욕망에 대한 언급도 있었는데, 그렇다면 자신의 욕망에 대해 아는 것 또한 의사능력을 위해 필요하다 할 수 있을까? 어쩌면 자신의 욕망을 왜곡하지 않는 결정을 내릴 때에만 의사능력이 있다고 해야 할지 모른다. 아니면 더 나아가 자신의 욕망과 가치관을 왜곡하지 않는, 그 사람의 진정한 모습으로 의사결정을 해야만 한다고 할 수도 있을 것이다. 그 외 다른 비인지적 능력들도 필요할지 모른다.[10] 예를 들어 충동에 휩쓸려 의사결정을 하지 않아야 할 수도 있다.

다른 글에서 나는 의사능력에 비인지적 능력을 포함해서는 안 된다고 주장하였지만, 그것으로 논란이 종식될 것이라고는 전혀 생각하지 않는다. 비인지적 능력의 결함을 신뢰성 있게 판단할 수 있을지 나는 회의적인 입장이나, 이를 시도하는 것에 대해서는 분명히 논의가 가능할 것이다. 하지만 여기서는 일단 인지적 의사능력만을 포함한 평가 기준을 다루고자 한다. 이 장에서 이야기하는 능력은 의사능력을 위해 필요한 것들이지만, 그 외 다른 필요한 능력들이 있을지에 대해서는 판단을 유보함을 독자들은 이해해 주기 바란다.

이 장에서 다룬 네 가지 능력은 의사능력을 위해 반드시 갖추어야 할 추상적인 능력이다. 이제 다음으로 따져봐야 할 것은 이 능력들을 어느 수준으로 갖추어야지만 의사능력이 인정될 수 있을지다. 의사능력의 평가를 통해 추구하는 가치로 지금까지 이야기한 것은 취약한 사람들의 보호였지만, 그 외에도 다른 가치관들이 의사능력 측정 도구를 설계할 때 반영됨을 잊지 않고 우리는 의사능력의 평가 기준을 정할 때 이를 고려해야 할 것이다.

의사능력의 평가 기준

나는 어떤 환자의 의사능력을 인정하기 위해서는 그 사람이 (1) 자신의 병과 이의 치료에 대한 정보를 (믿을 필요는 없지만) 이해하고, (2) 이 정보에 대해 명백히 거짓인 신념을 형성하지는 않으며, (3) 이 정보를 기반으로 양호한 추론을 하고, (4) 자신의 결정을 표현할 수 있어야 한다고 생각한다.[11] 이 기준은 맥아더 연구용 도구에서 측정하는 능력들과 (1), (3), (4)는 유사하나 (2)는 큰 차이를 보인다.

이해

의사능력에는 이해능력이 포함되어야 할 것임을 앞에서 살펴보았다.

이제 생각해 봐야 할 것은 어느 정도의 이해능력이 필요할지이다. 나는 기본적 수준의 이해능력만 갖추었다면 의사능력이 있는 것으로 보아야 한다고 생각한다. 그렇기 때문에 그 치료에 대한 동의를 구하기 위한 설명은 고등학교 수준 정도의 독해력이 있으면 이해할 수 있도록 해야 할 것이다. 핵심적인 정보는 전달하되 지나치게 복잡하고 전문적인 설명을 할 필요는 없을 것이다.

이해능력의 측정에서 가장 까다로운 문제는 이해능력 외의 능력이 측정 점수에 영향을 미칠 수 있다는 점이다. 만약 평가지에서 측정하는 것이 이해능력보다는 기억력에 더 가깝다면 의사능력이 있더라도 낮은 점수를 받는 경우가 발생할 것이다. 설명을 들을 당시에는 그 내용을 완벽하게 이해했고, 그 이해한 내용을 결정을 내릴 때까지는 기억했더라도, 의사능력의 평가 시점에 설명을 기억해내지 못하는 경우도 있는 것이다. 마찬가지로 평가지에서 측정하는 것이 지나치게 기억력에 치중하고 이해능력에 대한 측정은 별로 없다면, 이번에는 의사능력이 없더라도 기준점 이상의 점수를 받는 경우가 생길 수 있다. 내용을 전혀 이해하지 못하고도 단어들을 외워서 따라 말할 수도 있기 때문이다.

맥아더 UTD는 나쁘지 않은 도구이다. UTD도 위 문제들로부터 자유로운 것은 아니지만 전반적으로는 이해능력을 잘 측정한다고 할 수 있다.[12]

추론

추론능력 역시 앞에서 보았듯이 의사능력에 포함되어야 할 것이다. 그렇다면 이번에도 어느 정도의 추론 능력이 필요할지를 생각해 보아야 한다. 나는 초보적인 추론능력만 있어도 의사결정을 할 수 있다고 생각한다. 논리학의 모든 규칙을 알고 있어야 한다거나 결정이 감정에 휘둘리는 일은 절대 없어야 한다고 한다면 여러 면에서 문제가 될 것이다. 먼저, 효과적인 결정을 내리는 데에 순수한 추론이 반드시 핵심적인 역할을 하는지는 불분명하다. 직관적이거나 독특한 방식이 결정에 도움이 되는 경우도 실제 있다(어려운 수학 문제에 대한 답을 꿈에서 보았다는 사례들을 생각해 보라). 그렇기 때문에 완벽한 추론 능력이 꼭 필요한 것은 아니며, 추론 능력이 부족한 사람은 제대로 된 의사결정을 할 수 없으므로 보호받아야 한다는 것은 기우일 수 있다. 더욱이 '좋은' 추론이란 어떤 것이지 확실히 정립된 바가 없기 때문에 환자가 특정한 추론방식만을 사용해야 한다고 정하는 것은 차별이 될 수 있다.

더 중요한 것은, 의사능력에 문제가 없고 적절한 신념을 형성하는 능력을 분명 갖춘 사람들도 통계 수치를 잘못 인용하고, 확률을 오인하며, 생생한 경험들에 과도하게 의미를 부여하고, 결정을 내릴 때 비이성적이고 무의식적인 요인들의 영향을 크게 받곤 한다는 점이다. 이러한 특징을 보이는 사람들을 모두 의사무능력자라 한다면 아마 대부분 사람이 이에 해당할 것이다. 그러지 않고 정신질환자가 이런 특징을 보일 때만 의사능력의 상실로 간주한다면 이는 편견으로 인한 차별이다.

그러나 다른 한편으로는 약간의 추론능력은 필요하다고 보는 것이 앞서 이야기하였듯 합당하다. 이해한 정보를 어떻게 취합해야 하는지 알지 못한다면 옳은 결론에 도달하지 못할 것이기 때문이다. 맥아더 TRAT에서 설정한 추론능력의 수준은 적절한 듯하다. TRAT는 결과를 상상하고 여러 가능성을 비교해 보는 등의 초보적인 추론능력을 평가하며, 평가의 기준도 과히 높지 않다. 예를 들어 확률을 이용한 추론의 경우 TRAT는 큰 틀에서 수치를 이해할 것만을 요구한다. 비록 TRAT의 측정 방식이 특정 추론 기술은 제대로 평가하지 못할 가능성이 있긴 하지만, 기본적으로 TRAT는 괜찮은 평가도구이며, 의사능력을 위해 약간의 추론 능력은 필요함은 명백하다.

신념형성

의사결정을 위해 필요한 신념형성은 어떠한가? 증거를 평가하고 적절한 신념을 형성하는 능력은 의사능력에 포함되어야 할 것으로 보인다. 그렇다면 이번에도 생각해 봐야 할 것은 과연 어느 정도의 능력이 필요할지이다. 어떤 종류의 신념이 의사무능력을 보여주는 신념이라 할 수 있을까?

어떤 신념을 가져야지만 의사능력이 인정될 수 있다고 정하는 데에는 여러 위험 요소가 따른다. 의사표현의 효력은 현실 세계에서 발생하기 때문에 환자는 현실 세계에 대한 정확한 신념을 가져야 할 것이다. 그러나 문제는 무엇이 진실일지 분명하지 않은 경우가 생각보다 많다는 것이다. 반론의 여지가 전혀 없는 신념은 극소수에 불과하다. 만약 우리가 옳다고 생각했던 신념이 사실은 거짓이라면, 우리와 같은 신념을 갖지 않았다고 해서 어떤 사람을 의사무능력자로 분류하는 것은 결과적으로 그 사람을 보호하는 행동이 아닐 수도 있다. 그 사람이 의사능력이 없는 것이 아니라 우리가 모두 진실을 잘못 알고 있었던 것이고, 그 사람의 의사능력은 사실 우리보다 월등한 것일 수도 있기 때문이다.

또한 빠뜨려서는 안 될 것은, 자유에는 무엇이 나은지를 결정할 자유뿐만이 아니라 무엇이 진실인지를 결정할 자유도 포함된다는 점이다. 환자가 어떤 신념을 가져야 한다고 정하는 것은 환자가 자신의 관점으로 자신의 진실을 추구할 자유를 박탈하는 것이다. 환자가 갖는 신념이 어느 범위 안에는 들어야 한다고 말할 수는 있을 것이다. 그러나 이 범위를 지나치게 좁게 잡는다면, 남들과는 다른 방식으로 진실을 추구할 자유가 크게 침해된다. 그리고 앞서 이야기하였듯이 그 환자가 옳을 수도 있는 것이다. 게다가 환자가 아니더라도 많은 사람들이 왜곡된 신념을 갖고 이를 바탕으로 결정을 내리기도 한다는 사실을 우리는 유념해야 한다. 사람들 대부분이 의사무능력자라고 말하려는 것이 아니라면, 정신질환자들에 대해서만 왜곡된 신념을 근거로 의사무능력을 주장하는 것은 차별이다.

의사능력 평가도구에서 요구할 수 있는 신념의 범위는 다양하다. 한쪽 끝에는 환자가 자신의 병과 치료에 대해 본질적으로 의사와 의견을 같이할 것을 요구하는 맥아더 POD가 있다. 다른 쪽 끝에는 환자가 불가능한 것을 믿지만 않으면 된다는 기준이 있다. 나는 옳은 기준은 이 중간에 위치해야 한다고 생각하며, 환자가 '명백히 거짓인 신념'을 가져서는 안 된다는 기준을 제안한다.

맥아더 연구진이 제안한 신념형성능력의 평가 기준에 나는 동의하지 않는다. 맥아더 POD의 하위 항목인 병의 부정(Nonacknowledgment of Disorder, 이하 NOD)은 환자가 자신의 차트에 적힌 진단명, 간편 정신상태 평정척도(Brief Psychiatric Rating Scale, 이하 BPRS) 점수 및 증상들을 인정하는지 측정한다. 다른 하위 항목인 치료 가능성의 부정(Nonacknowledgment of Treatment, 이하 NOT)은 치료를 받을 때와 받지 않을 때 각각의 예후에 대한 의사의 판단을 인정하는지 측정한다.

증거를 평가하는 능력이 중요하긴 하지만 POD는 이를 지나치게 높은 수준으로 요구한다. 이 경우는 높은 수준이 어떤 것인지 판단하기 어려운 경우임에도 그러하다. 나는 POD는 심각한 오류가 있으며 근본적인 수정이 필요하다고 생각한다. 의견이 갈릴 수 있는 사안들이 많은 것이 현실이기 때문에, 의사 한 개인의 의견을 최종적인 진실로 삼을 수는 없다. 만약 그런 것이 가능하다면 2차 소견이 필요할 일도 없지 않겠는가?

NOD에서 특히 문제가 되는 것은 첫 번째와 두 번째 항목이다. 진단이 잘못 내려지는 경우도 있기 때문에 정신과 진단의 신뢰도와 타당도의 한계는 곧 NOD의 한계가 되기도 한다.[13] 실제로 의사들 사이에서 환자의 진단명이나 진단범주(예를 들어 정신병적 장애일지, 기분장애인지, 인격장애일지 등)에 대한 이견이 있는 경우는 흔하다. 심지어 환자가 정말로 병을 앓고 있는 것인지에 대한 의견조차 갈릴 때가 있다. 한 개인의 의견을 최종적 진실로 삼아서는 안 된다. 예를 들어 환자는 예전 주치의의 진단은 받아들이거나, 자신이 심각한 정신질환을 앓는다는 사실도 인정할지 모른다. 그러나 이런 경우에도 환자가 지금 내려진 이 진단에 동의하지 않는다면 NOD는 환자의 의사능력에 결함이 있다고 평가할 것이다.

같은 이유로, 한 의사의 판단에 지나치게 비중을 두어 환자의 신념형성능력을 평가하는 것은 삼가야 할 것이다. 의사의 판단이 잘못된 것일 수도 있으며, 이러한 잘못된 판단을 믿는다고 신념형성능력이 더 뛰어난 것은 아니기 때문이다. 환자에게는 어느 정도 넓은 범위 내에서 자신이 믿을 진실을 선택할 자유가 주어져야 한다. 그리고 의사의 말을 약간 부정하는 정도의 경미한 왜곡은 정신과 환자가 아니더라도 매우 흔하게 볼 수 있는 일이다.

다만 맥아더 연구용 도구와는 다르게 MacCAT-T에서는 환자가 자신의 진단명에 동의하지 않는다면 왜 그런지 그 이유를 물어보게 되어 있으며, 환자가 어느 정도 납득 가능한 이유로 의사의 의견에 동의하지 않는 것이라면 감점은 없도록 하고 있다. 연구용 도구에는 이러한 항목이 없기 때문에 오판의 위험이 더 크다. 하지만 MacCAT-T에서도 예를 들어 자신의 증상은 병 때문이 아니라 스트레스 때문에 나타난 것이라고 믿는 환자는 의사능력의 저하가 있는 것으로 분류되는데, 나는 이 경우도 마찬가지로 감점 처리를 해서는 안 된다고 생각한다. 사람들은 저마다 독특한 관점으로 상황을 바라볼 수 있기 때문이다. 병의 부정에 대해서는 아래에서 다시 자세히 논의하겠다.

NOD의 두 번째 평가 항목은 환자가 자신의 BPRS 점수에 동의하는지를 측정한다. 이 역시 합리적이지 않은데, 환자는 척도의 기준을 모르기 때문에 일반적인 경우와 비교하여 자신의 증상이 몇 점에 해당할지 알 방법이 없다.

NOD의 세 번째 평가 항목은 좀 더 낫다. 이 항목에서는 환자가 차트에 적힌 자신의 증상들을 인정하는지 묻는데, 이러한 증상은 대부분 쉽게 인식이 가능한 것들이다. 만약 환자가 자신이 방금 정신없이 서성대고 있었다든지 며칠씩 잠을 못 잤다든지 등을 부정한다면, 이 환자는 현실을 심각하게 왜곡하는 것이다. 물론 어떤 증상은 사람에 따라 해석이 달라질 수도 있다. 환자는 지금 흥분 상태인가? 환자의 기준으로는 그렇지 않을 수도 있다. 그 외 다른 증상들에 대한 질문은 병식에 대한 질문과 기본적으로 같은 내용의 반복이다. 자신의 병을 부정하는 환자

가 환각이나 망상을 인정하기란 불가능하기 때문에, 이런 종류의 질문은 무의미하다.[14]

치료 가능성을 환자가 인정하는지에 대한 NOT 역시 문제의 소지가 다분하다. NOT가 측정하는 것은, 약물치료가 가능하다면 예후가 좋을 것이고 치료를 받지 않는다면 예후가 좋지 않을 것이라는 의사의 판단에 환자가 동의하는가이다. 만약 환자가 이에 동의하지 않는데 그 이유가 합리적이라면 NOT는 이를 반영하여 가정을 수정한 후 환자에게 다시 질문을 하도록 한다("당신의 문제를 도와줄 수 있는 약이 있다고 상상해 보세요. 연구에 따르면 '전에 다른 어떤 약으로도 효과를 보지 못했던 사람도 포함해서' 90%의 사람들이 이 약의 도움을 받았다고 의사가 설명하는 것을 상상해 보세요").[15]

앞선 다른 항목들과 마찬가지로 이 경우에도 의사들의 생각이 틀릴 수도 있다. 치료가 도움이 되고 치료받지 않으면 상태가 악화될 가능성은, 이 특정 환자의 경우에는 의사의 예상과 다를 수 있다. 예를 들어 어떤 환자는 약을 먹어야 한다는 사실에 의욕을 잃고 우울해져서 나아지고자 하는 노력을 아예 포기하기도 한다. 입원을 하면 오히려 퇴행하여 아예 계속 병원에만 머물려 하는 환자가 있는 것과도 마찬가지이다. 어떤 치료를 받았을 때와 받지 않았을 때 평균적으로 환자들이 어떤 경과를 보이는지는 논란의 여지가 없을지 모르지만, 평균 수치가 이 특정 환자에 대해 말해주는 것은 아니다. 환자가 자신은 치료효과를 보지 못하는 10%에 속할 것이라고 말한 것이 사실은 맞는 이야기일 수도 있다.[16]

미래를 알 수 있는 사람은 아무도 없기 때문에, 앞으로 특정한 결과가 발생할 것이라는 신념을 환자가 형성해야 한다고 주장한다면 이는 문제가 있다. 보통의 경우 어떤 일이 일어나는지 설명을 듣고 이해할 수 있는 능력은 필요할지 모른다. 그러나 환자 자신도 이러한 보통의 상황을 겪을 것이라 믿어야만 한다면, 이는 지나친 요구이다.

다르게 표현하면 NOT는 본질적으로 환자가 얼마나 낙관적인지 또는 비관적인지를 측정하는 것이라 할 수 있다. 그리고 많은 사람이 많은 일에 대해 지나치게 낙관적이거나 비관적이다. NOT는 사실이 아닐 수도 있는 일을 환자가 믿을 것을 요구하고 자신의 의지대로 자신이 믿을 진실을 선택할 자유를 박탈하는 것 외에도, 환자들이(주로 정신질환자들이) 다른 사람들에게서도 많이 나타나지 않는 어떤 특성, 즉 낙관성이나 비관성이라고 부를 수도 있을 특성을 갖춰야 한다고 요구한다.[17]

위에서 나는 의사능력 평가도구에서 요구할 수 있는 신념의 범위는 다양하다고 이야기하였다. 한쪽 끝에는 POD처럼 의사가 믿는 것을 환자도 믿어야 한다는 순진한 관점이 있다.[18] 반대쪽 끝에는 사물의 이치상 불가능한 일이 아니면 믿어도 있다는 된다는 관점이 있지만, 이 역시 지나치게 극단적인 관점이다. 엄밀히 따지자면 사실 어떤 일도 완전히 불가능하지는 않다는 사실은 논외로 하더라도, 이 관점에 따르면 현실을 심각하게 왜곡하는 신념도 아마 허용될 것이기 때문이다. 이러한 신념은 잘못된 것임이 거의 확실하고 남들과 다를 자유와도 별로 상관이 없으며, 같은 신념을 가진 사람이 많은 것도 아니다. 이 양극단 사이에는 여러 다른 기준이 있을 수 있는데 가장 설득력 있는 것은 망상만을 허용하지 않거나, 더 좁게는 '명백히 거짓인 신념'만을 허용하지 않는 것이다. 나는 그중 명백히 거짓인 신념에 의해 의사결정을 하는 경우에만 환자의 의사능력을 인정하지 않을 것을 제안한다. 이제 이러한 제안의 근거를 설명해야 할 것이다.

환자가 가질 수 있는 신념 중 망상에 의한 것을 제외하는 것은 언뜻 보기에는 괜찮은 제안으로 보인다. 적어도 맥아더 기준보다는 더 유용해 보인다. 이 기준을 사용한다면 환자가 거짓된 신념을 갖고 있을 뿐만 아니라, 이 신념이 틀렸음을 보게 된 다음에도 이를 수정하지 않고 계속 믿을 때만 환자의 의사능력이 손상되었다고 판단할 것이다. 망상은 일반적인 거짓된 신념과는 달리 훨씬 더 집요하며 이에 상반되는 증거가 제시되더라도 바뀌지 않는다는 특징이 있다. 거짓된 신념은 단순한 게으름의 산물일 수 있지만, 망상은 정신질환이 있을 때만 나타나는 것일지 모른다. 그렇기 때문에 망상을 보이는 사람들은 의사능력을 상실한 것이라고 한다면, 실제 정신능력의 저하를 보이는 사람을 솎아내는 동시에 단순히 남들과는 다른 신념을 선택한 사람을 의사무능력자로 볼 위험은 줄일 수 있을 것이다.

망상과 관련해서는 여러 가지 질문이 가능할 것이다. 이 책에서는 이를 다룰 지면이 부족하지만, 언젠가는 다음 질문 등에 대한 논의가 이루어져야만 한다. 예를 들어 망상의 현상학적 특징은 무엇일까? 망상은 내면의 갈등으로 인해 발생하는 것인가, 생리학적 결함으로 발생하는 것인가? 모든 망상은 어떤 면에서는 일종의 방어기제라 할 수 있을까? 망상과 의식적/무의식적 소망은 어떻게 구분할 수 있는가? 비이성적인 생각이 스쳐 지나가는 것과 망상은 구분이 가능한가? 희망과 바람과 두려움은? 근거 없는 낙관 또는 비관은? 다른 감정상태들은? 인지심리학자들에 따르면 약간의 불합리성은 누구에게나 있을 수 있다고 하는데, 이와 망상은 어떻게 구분할 수 있는가?

더 철학적으로는 망상의 필요충분조건은 과연 존재할지, 존재한다면 망상과 망상이 아닌 거짓 신념의 구분이 가능할지에 대해서도 논의가 이루어져야 할 것이다. 예를 들어 망상이라는 개념은 전적으로 문화적 요인들에 의해 결정되는 것인가? 그래서 어떤 신념이 망상인지 아닌지는 단순히 그 신념이 남들의 신념과 비슷한지 아닌지의 문제로 귀결되는 것인가? 망상의 정의에는 정신질환자가 아닌 사람이 보이는 왜곡된 신념도 포함되어야 할까? 예를 들어 신체질환의 존재를 부정하고 자신의 '고난'은 기도로서 이겨낼 수 있다고 믿는 사람은 망상을 보이는 것일까? 이에 대한 대답은 그 사람이 기성 종교의 신자인지 아닌지에 따라 달라질까? 만약 망상의 특징으로 그 신념을 뒷받침할 증거가 없다는 점을 꼽는다면, 인간의 감각으로 인식할 수 없는 신과 같은 존재를 믿는 것도 망상으로 봐야 할까? 증거가 없으면 망상이라는 기준은, 증거를 제시하면 그 증거에 대한 증거도 계속 제시되어야 하는 무한 소급의 문제를 갖지는 않을까?

제대로 된 의사능력 평가도구는 이 모든 질문들에 답을 할 수 있어야 할 테지만, 아쉽게도 이 책에서 나는 그렇게 할 수가 없다. 그러나 망상만으로 의사무능력을 판단하는 것이 부적절한 이유로 다음의 세 가지를 언급할 수는 있다. 첫째, 망상처럼 보이는 신념도 사실은 맞는 신념일 수 있다. 우리가 이 세상을 100% 확실히 알 수는 없기 때문에, 망상이라고 일컫는 믿음이 정말로 거짓인지를 판별할 만한 정보가 우리에게는 부족하다. 둘째, 어떤 것이 참인지 확실히 알 수 없다면, 사람들이 어떤 신념을 가져도 될지에 대한 범위를 넓게 잡는 것이 자율성 존중의 측면에서 매우 중요해진다. 셋째, 현실을 다소 왜곡하는 모습은 누구에게서나 흔히 발견된다. 만약 정신질환자에 대해서만 이러한 약간의 비합리적 사고를 근거로 의사무능력을 주장한다면 이는 차별이다. 이러한 이유들을 감안하면, 치료를 거부하는 환자가 단지 망상을 보인다고 해서 의사능력이 없다고 이야기해서는 안 될 것이다.

나는 환자가 명백히 거짓인 신념을 보일 경우 의사능력을 인정하지 않는다는, 더 엄격한 기준을 제안한다.[19] 명백히 거짓인 신념과 단순한 망상의 차이가 무엇일지는 다음의 예를 들며 설명하겠다. 우울증을 앓는 어떤 환자가 자신은 나쁜 사람이라고 생각한다 해보자. 그러나 다른 모든 사람이 보기에 이 환자는 정말 좋은 사람이라고 해보자. 이 환자가 자신이 나쁜 사람이라고 믿는 것은 일종의 망상일 수 있으며, 어떤 우울증에서는 전형적으로 이러한 망상이 나타나기도 한다고 많은 의사들은 이야기할 것이다. 하지만 어쩌면 환자는 실제로 마음속으로 못되고 안 좋은 생각들을 하고 있으며, 자신의 이러한 면에 대해 누구보다 더 잘 알고 있는 것일 수도 있다. 환자의 생각은 망상일 수는 있지만 '명백히 거짓인 신념'은 아니다. 반면 환자가 자신은 수많은 사람을 학살했기 때문에 지구상에서 가장 사악한 사람이라고 믿는다면(그리고 실제로 환자가 누군가를 해친 적이 있다는 증거는 전혀 없다면), 이는 명백히 거짓인 신념이다. 이 예에서 볼 수 있듯이, 명백히 거짓인 신념은 참일 가능성이 너무나 희박하므로 조금만 노력해도 이를 반박할 자료들을 찾아낼 수 있는 신념이다. 다른 말로 하자면 명백히 거짓인 신념은 완전히 불가능한 것은 아니더라도 누가 보더라도 거짓인 믿음이다. 이러한 신념은 너무나 말이 되지 않기 때문에, 왜 그렇게 생각하는지 상대방에게 물어볼 생각조차 들지 않을 것이다. 상대방이 어떻게 설명하더라도 그 말을 믿을 수 있을 것이라 상상하기 어렵기 때문이다.

의사능력에 대한 논의를 제대로 하려면, 명백히 거짓인 신념은 의사능력에 어떤 영향을 미치는지, 그리고 이는 거짓 신념이나 단순한 망상이 의사능력에 미치는 영향과는 어떻게 다른지를 연구해야 할 것이다. 이를 위해 정신분석학적, 심리학적, 그리고 철학적 측면에서 명백히 거짓인 신념의 특징을 설명할 수 있어야 할 것이다. 우리는 다음의 질문에 답을 해야 한다. 명백히 거짓인 신념은 단순한 망상과는 달리 어떤 식으로 개인의 의사능력을 저해하는가? 어떤 생각이 명백히 거짓임은 어떻게 알 수 있는가? 여러 평정자가 이에 대해 동일한 판단을 내릴 수 있는가? 명백히 거짓인 신념의 판단 기준은 무엇이 되어야 하는가? '과학적' 증거가 없다는 것? 대중적으로 인정을 받지 못한다는 것? 대중적으로뿐만 아니라 아무에게도 인정받지 못한다는 것? 완전히 불가능한 것은 아니더라도 거의 불가능하다는 것? 아니면 다른 어떤 기준으로 명백히 거짓인 신념을 정의할 수 있을까?

가장 우선적으로 해결해야 할 과제는 명백히 거짓인 신념을 무의식적 소망과 구분하는 것이다. 간략히 설명하자면, 많은 사람들은 결정을 내릴 때 무의식적인 소망의 영향을 받으며, 이러한 소망은 들여다보면 명백히 거짓인 신념과 그 내용이 같은 경우가 많다. 나는 명백히 거짓인 신념은 의사능력의 손상을 보여주는 기준이 될 수 있다고 했는데, 그렇다면 정신질환자들은 무의식적 소망이 안타깝게도 의식 수준으로 떠올랐다는 이유로 차별을 받는 것인지 검토해 보아야 한다. 즉, 누구나 갖고 있는 비이성적인 면을 어떻게 다룰지가 우리의 과제가 될 것이다. 사실 환자가 치료나 연구 참여에 동의할 때는 무의식적 소망의 영향으로 그러한 결정을 하는 경우 많다. 예를 들어 환자는 자신의 주치의가 전지전능하여 모든 위해로부터 자신을 보호해 줄 것이라 무의식적으로 믿을 수도 있고, 비치료목적 연구에 참여하면서도 연구가 자신에게 도움이 될 것이라는 무의식적 소망을 품을 수도 있다. 향후 내가 의사능력에 대한 연구를 수행할 때에는 무의식적 소망과 의식적 신념을 어떻게, 얼마나 다르게 다루어야 할지 살펴보아야 할 것이다.

그렇다면 '명백히 거짓인 신념'의 기준과 관련하여 답을 해야 할 질문들은 여전히 많이 남아 있지만, 이는 일단 뒤로 미뤄두고, 지금은 환자가 치료를 거부하는 전형적인 이유들에 대해 이야기하며 이것이 명백히 거짓인 신념이라고 볼 수 있을지를 살펴보려고 한다. 앞선 설명을 보면, 환자가 타인의 감정이나 동기를 어떻게 짐작하고 있든 이는 명백히 거짓인 신념에 해당하지는 않음을 알 수 있을 것이다. 환자의 생각이 얼마든지 맞을 수도 있고, 환자는 상대방의 무의식적 기류를 감지한 것일 수도 있기 때문이다. 예를 들어 의사가 돈을 벌려고 자신에게 치료를 권하는 것으로 생각하고 환자가 치료를 거부한다면, 그 사실만으로 환자의 의사능력이 손상되었다고 볼 수는 없을 것이다. 환자의 생각은 망상일 수는 있지만, 명백히 거짓인 신념은 아니기 때문이다. 그러나 만약 환자가 의사와 직원들 모두가 자신을 살해하려는 음모를 꾸미고 있다고 생각한다면 (그리고 그 생각을 뒷받침할 증거는 없다면) 이 환자는 의사능력을 인정받기 어려울 것이다.

또 다른 예로 의료업계 자체를 불신하기 때문에 약의 효과를 믿지 않는 환자를 생각해 볼 수 있다. 이 환자는 의사가 추천해 준 최신 약이 자신에게 도움이 될 것이라 생각하지 않는다. 이러한 환자의 생각이 틀릴 수는 있지만 그렇다고 해도 이를 망상이라 부르기는 어려우며 명백히 거짓인 신념이라 부를 수는 더더욱 없을 것이다. 그러면 이번에는, 좋은 생각들을 하면 병이 저절로 나을 것이고 약은 효과가 없을 것이라고 생각하는 환자를 떠올려본다면 어떨까? 이는 애매한 사례이긴 하지만 그렇게 생각하는 사람이 드물지 않다는 점은 분명하다. 그렇다면 차별 금지의 차원에서 이 사례를 바라봐야 할 것이다. 게다가 이 환자의 생각이 결과적으로는 맞을 수도 있는 것이다. 그러나 어떤 환자가 약은 문자 그대로 독이라고 믿는다면, 이 믿음은 나의 기준에서는 명백히 거짓인 신념에 해당할 것이다.

가치판단이 얽힌다면 사례는 더 어려워진다. 위에서 우리는 자신이 수많은 사람을 죽였기 때문에 세상에서 가장 사악한 사람이라고 환자가 생각한다면 (그리고 그 환자가 실제로 사람을 죽였다는 증거는 없다면) 이는 명백히 거짓인 신념이지만, 단순히 자신은 나쁜 사람이라고 생각하는 것은 이에 해당하지 않음을 보았다. 하지만 만약 환자가 자신은 나쁜 사람이기 때문에 약을 먹을 자격이 없다고 한다면 어떠할까? 이는 어려운 사안이다. 자신이 나쁜 사람이라는 환자의 생각은 맞을 수도 있다. 그러나 나쁜 사람이기 때문에 치료를 받을 자격이 없다는 것도 맞는 생각일 수 있을까? 이 생각은 가치판단이며, 가치판단은 단순히 맞다 틀리다로 이야기하기 어렵다. 하지만 이 환자의 가치판단은 대부분의 사람이 가진 가치관과는 동떨어진, 상당히 극단적인 것이다. 예를 들어 아무리 흉악한 범죄자에게라도 적절한 치료를 제공하지 않는 식으로 벌을 내리는 것은 헌법 정신에 위배될 것이다.

나의 직관적인 느낌으로는, 만약 더 자세히 물어본다면 이 환자는 사실 명백히 거짓인 신념을 갖고 있고, 그래서 자신이 어떤 심각한 일을 저질렀다고 믿으며 치료받을 자격이 없다고 말했음을 알게 될 것 같다. 하지만 그렇지 않은 경우라면 어떻게 해야 할지 판단이 어렵다. 환자가 치료를 거부함으로써 스스로를 벌하고 싶다는 것은 우리가 우리 자신이나 남들을 대하는 일반적인 기준과는 거리가 먼 것으로 보인다. 그러나 다른 한편으로는 많은 사람이 자신의 어떤 행동이나 생각에 죄책감을 느끼며 자신에게 벌을 내리곤 한다. 비록 그 벌의 수위는 위 환자의 예보다 낮을 수 있지만, 자기 처벌은 우리 사회에서 상당히 흔한 일이다. 치료거부를 통해 자기 처벌을 하려는 경우만 의사능력의 상실로 본다면, 이는 차별이 될 위험이 있다.

메이다 예터와 메리 노던의 예를 다시 생각해 보자. 예터의 생각 중 대부분은 명백히 거짓인 신념이 아니지만 몇 가지는 문제가 될 수 있다. 검사를 받게 되면 암이 다른 곳으로 전이될 수 있다거나 영화배우로서 일하는 데에 지장이 될 수 있다고 믿는 것은 명백히 거짓인 신념이 아니다. 그럴 가능성도 일부 있기 때문이다. 예터의 이모가 같은 검사를 받다가 죽었다는 생각도 역시 명백히 거짓인 신념이 아닌, 단순한 착각일 수 있다. 그러나 검사를 받으면 아이를 가지지 못하게 될 것이라는 생각은 좀 더 문제가 될 수 있는데, 그 당시에는 60세가 넘는 여성이 아이를 갖는 것은 불가능에 가까웠기 때문이다.

이런 복잡한 그림을 놓고 볼 때, 어떤 판결이 옳은 판결이었을 것이라고 잘라 말하기는 어렵다. 어쩌면 예터와 노던의 두 사례 모두 의사능력보다는 아래에서 내가 제안할 '정신능력의 저하'를 기준으로 판결을 내릴 수 있었다면 더 적절했을지 모른다. 하지만 예터의 의사능력을 판단해야만 한다면 어떤 결론이 내려졌어야 할지는 불분명하다. 예터가 의사능력이 있다고 주장할 만한 가장 강력한 근거는 아마도 예터가 정신이 명료했을 때에 검사를 거부하였다는 사실일 것이다. 그렇기 때문에 현재 예터가 설령 의사능력이 없다 하더라도 대리판단 표준에 의해 예터의 검사 거부를 인정할 수 있을 것이다.

만약 예터가 이전에도 정상적인 사고와 함께 망상을 계속 보여 왔었다면 어떠할까? 이때에는 예터의 의사능력을 인정할 수 있을까? 이는 유언 시 의사능력에 대한 판례 등 다른 사례들을 참고할 수 있을 것이지만[20] 모두가 동의할 수 있는 결론을 찾기란 어려울 것이다. 그리고 예터의 판결문에서 예터의 결정에 영향을 미친 검사에 대한 두려움은 매우 흔한 것이라고 언급하였는데, 이것이 과연 얼마나 중요한 고려사항이 되는지 또한 의문이다. 망상은 대부분 어떤 식으로든 두려움과 관련이 있다. 만약 두려움 때문에 어떤 결정을 내렸다는 사실이 의사능력을 인정받을만한 사유가 된다면, 망상에 의해 내린 결정도 모두 유효한 결정이 될 것이다. 게다가 두려움이 모두 납득이 가능한 것은 아니다. 만약 어떤 가상의 상황에서 생명을 구하기 위해 아스피린을 투여해야 하는데 환자는 아스피린을 먹으면 즉사할 것이라는 두려움을 가졌다면 어떻게 할 것인가?

이번에는 노던의 사례를 살펴보자. 노던의 생각 역시 일부는 명백히 거짓인 신념에 해당하고 나머지는 그렇지 않을 것으로 보인다. 자신의 발이 검은 것은 괴사 때문이 아니라 흙이 묻었기 때문이라는 생각은 명백히 거짓인 신념일 것이다. 발의 '흙'을 씻어낼 수 없고 검사 결과도 괴사에 해당함에도 불구하고 노던의 생각은 바뀌지 않았기 때문이다. 그러나 발을 절단하지 않으면 사망에 이를 것이라는 설명을 받아들이지 않는 것은 명백히 거짓인 신념은 아니다. 발을 절단하지 않고도 생존할 가능성이 없지는 않으며, 생존하는 소수의 사람 중 한 명이 바로 자신이 될 것이라고 노던은 생각할 수도 있는 것이다. 그런 면에서 판결문의 다수의견은 잘못되었고 보충의견의 지적이 더 적절하다. 보충의견에서는 노던이 수술 없이는 사망에 이를 수도 있다는 사실을 믿지 않는다는 점보다, 의사들은 그렇게 생각한다는 사실조차 인정하지 못하는 점이 더 중요하다고 언급하였다. 후자를 부정하는 것은 명백히 거짓인 신념이다. 그렇다면 이 사례 역시 어떤 판결이 옳을지에 대해 의견이 갈릴 수 있다. 예터 사례와 마찬가지로 이 사례도 의사능력보다는 (뒤에서 설명할) 정신능력의 저하를 논점으로 잡아야 할지 모른다.

이 절을 마무리하면서 마지막으로 나는 다소 급진적일 수도 있는 의견을 제시해 보려고 한다. 정신질환자가 자신의 병을 부정하는 것은 '명백히 거짓인 신념'이 아니기 때문에 그것만으로 환자의 의사능력이 손상되었다고 판단할 수는 없다는 의견이다.[21] 급히 설명을 덧붙이자면, 나는 정신질환이라는 것이 실제로 존재하며 환자에게 극심한 고통을 초래할 수 있는 병이라는 사실은 전혀 의심하지 않는다. 나는 의학적 모델을 100% 신봉한다. 그러나 자신의 병을 부정하는 사람들이 보이는 특징은 의사능력이 없다고 판단할 근거가 되는 여러 특징들과는 거리가 있다.

어떠한 면에서 그러한지 생각해 보자. 먼저, 자신에게 정신질환이 있다는 사실을 부정하는 사람은 단지 사회적 낙인과 정신질환 진단에 따르는 여러 부정적인 결과들이 싫어서 병을 인정하지 않는 것일 수 있다. 자신의 진짜 생각을 숨기고 겉으로만 병을 부정하는 것일 수도 있고, 아직 생각의 갈피를 잡지 못하고 있는 것일 수도 있다. 어느 쪽이든 이해 가능한 모습이다. 우리 사회에서 정신질환자가 겪는 불이익을 생각하면 이는 지극히 합리적인 반응이며, 의사능력을 상실한 상태의 반응과는 거리가 멀다.

둘째, 마음 깊은 곳에서조차 자신이 정신질환을 앓고 있다는 사실을 인정하지 못하는 사람도 있지만, 이 역시 보편적이고 이해 가능하며 상당히 적응적인 방어기제에 의한 것이다. 힘든 일에 대한 부정은 매우 흔하며, 정신질환을 부정함으로써 환자는 자기애 손상을 피하고자 하는 것일지 모른다. 사람들은 자신의 정신세계에서 일어나는 일은 스스로가 만들어내는 것이라고 느끼곤 하며, 자신의 정신과 자신을 동일시한다. 그렇기 때문에 정신이 병들었다고 느끼게 되면 사람들은 큰 타격을 입게 되는 것이다. 그리고 원초적 방어기제 중 부정은 특히 더 이해가 가는 면이 있기도 하다. 만약 어떤 사람이 자기 딸이 죽었다는 사실이 아직도 완전히 믿기지 않는다고 말을 하거나, 자신이 암에 걸렸다는 사실을 믿을 수가 없다고 이야기한다면, 사람들은 아마 이를 이해할 수도 있을 것이다. 그러나 반면 어떤 사람이 자기 머릿속에 누군가 전자칩을 넣었다는 생각을 떨쳐버릴 수 없다고 말한다면, 이는 그다지 이해 가능하지 않을 것이다. 그뿐만 아니라 부정은 매우 적응적인 역할을 할 수도 있다. 중증의 신체질환을 앓는 사람 중 병의 심각성을 부정하는 사람이 더 오래 산다는 연구 결과가 있으며[22] 비슷한 다른 예들도 찾아볼 수 있다. 정신질환자도 어쩌면 병을 부정하는 사람이 더 좌절하지 않고 내면의 자원을 최대한 끌어내 사용할 수 있을지 모른다.

셋째, 정신질환의 진단은 많은 경우 신체질환의 진단보다 덜 명확하다.[23] 물리적인 검사를 통해 명확한 진단이 내려질 수 있는 신체질환과는 달리 비기질적 정신질환은 물리적으로 검사를 하는 것이 불가능하다.[24]

그렇기 때문에 설령 의사들 다수가 특정 환자에 대해 같은 진단을 내린 경우라도 이러한 다수의 진단이 잘못되었을 가능성이 (적게나마) 있을 수 있다. 뇌파검사가 없던 시절의 발작이나, 조직 검사가 없던 시절의 가슴 멍울을 생각해 보라. 의사가 합리적인 추론을 통해 간질이나 유방암 진단을 내리더라도 이러한 진단이 틀릴 가능성은 항상 있었다. 이제 환자가 발작을 보일 경우 뇌파검사를 실시하여 간질파가 확인되지 않는다면 어느 정도 신뢰성 있게 히스테리성 발작을 의심해 볼 수 있을 것이다. 그러나 뇌파검사가 등장하기 전에는 이러한 판단이 훨씬 더 어려웠다.

마찬가지로 정신병적 장애와 같은 증상을 보이는 환자도 실제로는 정신병적 장애가 아닌, 과거에 '히스테리성 정신증'이라 불리었고 오늘날에는 '심리증상을 동반한 허위성 장애'로 불릴만한 병을 앓는 것일 수도 있다. 아니면 환자는 강박장애를 앓으며, 망상까지는 아니지만 기이한 강박사고를 경험하고 있는 것일 수도 있다. 아니면 환자의 증상은 순전히 꾀병인데 우리가 아직 그 사실을 알아차리지 못한 것일지도 모른다. 심지어 조현병과 같은 심각한 정신질환에 대해서도 여러 가지 이견이 있을 수 있다. 조현병은 하나의 질환이 아니라 여러 증상과 질환들을 뭉뚱그려 부르는 것이라 생각하는 사람도 많으며, 조현병처럼 보이는 어떤 상태가 사실은 병이 아니거나 혹은 적어도 의사들이 생각했던 것과는 다른 병일 수도 있다.

의사의 입장에서는 어떤 사람이 정신병적 장애를 앓고 있다고 말할 근거가 있었더라도 이 말이 틀릴 가능성은 언제든 있다. 신체질환 중에도 마찬가지로 물리적 검사를 통해 변별이 어려운 병은 진단이 더 불확실할 것이다. 만성 피로 증후군, 엡스타인-바 바이러스 감염 증상, 연부조직 손상, 과민성 대장 증후군 그리고 어쩌면 크론병도, 예를 들어 암 진단처럼 명확한 진단은 어렵다.[25]

다만 나는 존재론 차원이 아니라 인식론 차원의 이야기를 하고 있음은 확실히 하고 싶다. 나는 정신질환이란 현실에서 환자들에게 영향을 미치는, 실제 존재하는 병이라는 사실을 의심하지는 않는다. 마찬가지로 연부조직 손상의 확정적 진단이 어렵다고 해서 연부조직 손상이라는 것은 존재하지 않는다거나, 연부조직 손상이 환자에게 상당한 통증과 움직임의 장애를 초래할 수 있다는 점을 부정하는 것은 아니다. 이 둘은 서로 다른 문제이다.

혹자는 내가 지금까지 한 이야기는 환자 자신이 정신질환을 앓지 않는다고 주장할 때 이것이 100% 틀린 말은 아닐 수도 있다는 것뿐이지, 환자가 현실을 명백히 왜곡하고 있지 않다는 뜻은 되지 않는다고 지적할 수도 있다. 환자가 특정 삽화를 반복해서 경험하고 특정 치료를 받으면 상태가 크게 호전되는 등의 모습을 보인다면 이 환자가 병을 앓고 있지 않다고 보기는 어려울 것이다. 하지만 이 경우에도 병을 부정하는 것이 명백히 거짓인 신념은 아닐 수 있는데, 환자의 주장이 맞을 가능성도 아주 조금은 있을 뿐만 아니라 환자는 충분히 이해 가능한 이유로 자신의 병을 인정하지 않는 것일 수 있기 때문이다. 사람들은 종종 정신질환의 진단을 받아들이기 힘들어한다. 병이 서서히 발현되었거나 자신의 상황에 너무나 잘 맞아떨어진다고 느꼈을 경우, 환자는 오랜 시간 동안 병과 함께 생활하며 이러한 모습을 자신의 일부로 받아들였을 수 있다. 그런데 갑자기 '정신질환'이라니? 그뿐만 아니라 사람들은 스스로 만들어내지 않은 자신의 생각이나 감정, 행동에 대해서도 과도하게 책임감을 느끼는 경우가 많다(최면에서 깨어난 사람이 최면 중에 받았던 암시에 따라 행동하면서도 이를 전혀 눈치채지 못하고 자기 스스로 그런 행동을 하고 있다고 생각하는 모습을 보라). 환자는 병 때문이 아니라 자신의 선택으로 지금의 모습이 되었다고 느낄 수 있다. 정리하자면, 환자의 신념이 불가능한 것은 아니고 환자가 가진 증거들로부터도 크게 벗어나지 않았다면, 환자가 명백히 거짓인 신념을 보인다고 해서는 안 될 것이다.

넷째, 우리 사회에는 정신질환에 대해 회의적이거나, 적어도 특정 행동이나 증상이 과연 병에 해당하는 것일지 의구심을 품는 사람이 많이 있다.[26] 정신질환은 의지력 부족의 문제라든가, 살다 보면 겪는 어려움일 뿐이라든가, 남들이 자신을 돌봐주기를 바라는 마음에서 나오는 것이라 생각하는 사람들도 있다. 증상은 스트레스 때문에 생긴 것이며, 이러한 스트레스를 극복하거나 피하는 것이 최선의 해결책이라 말하기도 한다.

이 중에는 잘못된 생각들도 많으며, 심각한 편견이나 무지함에서 비롯된 생각도 있을 것이다. 그렇다 하더라도 중요한 것은 이런 생각을 가진 사람이 드물지 않다면, 환자가 자신의 병을 부정하는 것도 보편적인 사고방식에서 크게 벗어난 것이라 할 수는 없다는 것이다. 사회 전반에 어떤 생각이 널리 퍼져있는데 정신질환자가 이런 생각을 할 때에만 불리한 대우를 한다면 이는 이미 이야기하였듯이 차별이 될 위험이 있다. 게다가 같은 생각을 하는 사람이 많다는 것은 환자가 자신의 병을 부정하는 것도 환자가 갖고 있는 증거들이나 이 세상에 대한 이해에 비추어볼 때 충분히 타당하다는 근거가 될 수 있다.

다섯째, 나는 확실하게 드러나는 증상을 부정하는 것은 명백한 현실 왜곡에 해당한다고 이야기하였다. 그러나 환자가 자신이 현재 초조함을 느낀다거나, 방 안을 계속 서성대고 있다거나, 겁에 질린 상태라는 것을 인정한다면, 굳이 병명까지 인정하지 않아도 환자는 의사의 치료권유에 동의할 수 있다. 병명까지 받아들여야 한다고 굳이 요구할 필요는 없다. 이는 불필요하게 환자에게 굴욕감을 줄 수도 있기 때문이다. 비슷한 예로 환자가 자신이 크론병을 앓는다고 인정하지 않더라도, 복통 등 크론병의 모든 증상이 자신에게 나타나고 있음을 인정하고 의사가 권유하는 치료를 받으면 이 증상들이 나아질 수도 있음을 이해한다면, 이 환자는 치료에 관해 결정할 의사능력을 갖춘 것이다.

아니면, 어쩌면 더 강한 조건이 필요할지도 모른다. 예를 들어 환자는 자신이 방 안을 계속 서성대고 있었다는 사실뿐만 아니라, 자신에게 뭔가 이상이 있다는 사실까지도 인정할 수 있어야 할지 모른다. 아니면 더 나아가, 예를 들어 자신이 겪는 증상은 조현병의 증상과 비슷하고, 의사들은 대부분 자신에게 조현병 진단을 내릴 것이며, 비슷한 증상을 보였던 다른 사람들처럼 자신도 치료받으면 나아질 가능성이 크다고까지 인정해야 할까? 위 내용은 생리학적 검사 결과를 확인해야 하는 것도 아니고 많은 경우 논란의 여지는 크지 않을 내용들이다. 그리고 어떤 사람은 이러한 사실까지 받아들인 다음에야 치료에 동의할 수 있을 것이다. 이러한 추가적인 조건이 필요할지, 아니면 단순히 자신의 증상을 부정하지 않고 의사가 치료의 효과를 긍정적으로 본다는 사실까지만 믿어도 의사능력을 인정받을 수 있을 것일지에 대한 의견은 팽팽하게 갈릴 것이다. 그 중간 입장은 환자들이 그냥 '내 상태가 정상은 아닌 것 같다'라고 인정할 수 있으면 된다는 것일 것이다.

위 내용을 종합해 보면, 앞으로의 논의는 적어도 다음 두 가지 방향으로 진행할 수 있다. 하나는 병에 대한 부정은 대부분 의사능력에 영향을 미치지 않는다고 간주하는 것이다.[27] 또 다른 하나는 병을 부정하는 환자에게 추가적인 질문을 하며 환자의 치료거부 사유가 얼마나 합리적인지 또는 환자의 부정이 얼마나 이해 가능한 것인지를 살피는 것이다. 어쩌면 환자는 솔직한 말을 하지 않고 있는 것일 수도 있다. 어쩌면 환자는 자기애 손상을 입었지만, 마음속 깊은 곳에서는 진실을 알고 있는지도 모른다. 어쩌면 환자는 방금 행동은 병 때문에 나온 것이 아니라 자신이 일부러 한 행동이라고 생각할 수도 있다. 어쩌면 환자는 정신질환에 대한 대중적 관점 중 하나의 영향을 받아 자신은 병을 앓는 것이 아니라고 생각하는지도 모른다. 이런 내용들을 살피며 평가자는 이 환자의 부정이 명백히 현실을 왜곡한 것인지를 탐색해 볼 수 있을 것이다. 환자가 전혀 불가능한 일을 믿는 것이 아닌 이상 우리는 환자가 어떤 증거를 바탕으로 어떤 해석을 하였기 때문에 그런 생각을 하게 되었는지를 살펴보아야 환자의 생각이 명백히 거짓인 신념에 해당하는지를 판단할 수 있을 것이다.

부정과 관련하여 마지막으로 언급하고 싶은 것은, 어떤 사람이 병을 부정한다고 해서 그 사람은 의사능력이 없고 따라서 강제치료를 할 수 있다고 보게 된다면 이는 상당히 위험한 일이라는 것이다. 그렇게 되면 강박증 환자가 자신의 병을 부정할 때도 강제치료가 가능할 뿐만 아니라(약간의 부적응적인 성격 특성은 누구나 갖고 있는 것이 아닌가?) 정부에 저항하는 사람들을 정신질환자로 몰아간 후 상대방이 이를 부정하면 그것을 의사무능력의 판단 근거로 삼아 강제치료를 할 수도 있기 때문이다.

이 절의 결론을 정리하자면, 의사능력의 판단 기준은 그 사람이 제공된 정보를 이해할 수 있는가, 이 정보에 대해 명백히 거짓인 신념을 형성하지는 않는가, 이 정보를 바탕으로 합리적 추론이 가능한가, 자신의 결정을 전달할 수 있는가가 되어야 할 것이다. 이 각 항목에 대해서는 앞서 몇몇 예를 들어가며 설명하였다. 이제 다음 절에서는 이보다 더 넓은 개념인 '정신능력의 저하'를 판단하는 기준에 대해 이야기하려고 한다.

정신능력의 저하

3장에서 나는 매우 특수하고 중요한 상황에서는 의사무능력이 아니더라도 정신능력의 저하를 보이는 (그리고 그 외 몇 가지 조건에 해당하는) 환자들의 결정에 따르지 않아도 될 것을 제안하였다. 이러한 상황의 예로 나는 자타해 위험이 있는 환자의 강제입원을 이야기하였다. 나는 환자가 정신능력의 저하를 보이면서 평소의 모습이 아니고 자타해 위험 또는 중증의 장애를 보일 때(그리고 일부 경우, 치료가 환자에게 이익이 될 것이라는 판단이 있을 때)는 강제입원이 허용되어야 한다고 제안하였다. 그런데 이 경우 나는 왜 의사무능력이 아닌 정신능력의 저하를 기준으로 언급하였을까? 특히 자해 위험만 있는 경우라면 의사능력의 상실을 기준으로 삼아야 하는 것이 아닐까? 나의 생각은 강제입원을 통해 얻을 수 있을 이익을 감안하면 위와 같은 상황에서는 정신능력의 저하도 강제입원이 가능할 만큼의 충분한 의사능력의 손상으로 봐야 한다는 것이었다.

이를 일반화시켜 말한다면, 환자가 자신의 결정으로 인해 매우 심각하고 어쩌면 돌이킬 수 없는 위해를 입을 가능성이 큰 위급 상황에서 환자를 돕기 위해서라면 정신능력의 저하만으로도 강제개입이 가능해야 한다고 할 수 있을 것이다.[28] 어떤 경우에는 정신능력의 저하와 더불어 환자가 평소의 모습이 아닌 것과 같은 추가적인 다른 조건이 필요할 것이다. 그러나 위험성이 더 명백한 경우라면 환자가 정신능력의 저하를 보이면 강제개입이 가능할 것이다. 이러한 경우의 예로는 입원거부, 생사와 직결된 치료의 거부, 정신외과수술과 같이 매우 위험한 수술에의 동의, 매우 위험한 비치료목적 연구 참여에의 동의 등이 있을 것이다. 나는 환자의 의사결정능력을 판단하는 기준을 의사무능력과 정신능력의 저하, 이 두 가지 이상으로 더 세분화할 필요는 없다고 생각하는데, 왜 그럴지는 다음 절에서 논의할 것이다.

그런데 정신능력의 저하라 함은 무엇을 말하는 것일까? 앞서 나는 정신질환자는 인지능력이 저하되었을 가능성이 높다고 이야기하였다. 환자는 망상과 환각 등 지각장애를 경험할 수 있다. 판단력 역시 온전하지 못할 수 있다. 사고는 와해되고 이완된 연상을 보이거나 심한 경우 말비빔 증상이 나타날 수도 있다. 무언가를 계획하고 실천할 능력 또한 와해되었을지 모른다. 자아가 취약해져 스스로를 통제하지 못할 수도 있다. 강한 감정들에 휘둘릴지도 모른다. 극단적인 비관주의에 빠지거나, 우울이 너무나 심하여 가장 기본적인 활동조차 해내지 못할 수 있다.

위에서 설명한 모습은 정신증 환자의 모습과도 비슷하므로 어쩌면 정신능력의 저하라는 표현 대신 정신증 발현이라는 표현을 사용하는 것이 더 간편해 보일지 모른다.[29] 그러나 이 둘은 겹치는 부분이 많긴 하나 동일한 것은 아니다. 정신증을 보인다 해도 어떤 사안에 대한 결정능력은 온전할 수 있으나, 정신능력의 저하는 특정 사안에 대한 결정능력을 법적으로 인정받지 못할 상태를 말하는 것이다. 그리고 정신능력의 저하는 정신증을 보이지 않는 사람에게도 나타날 수 있다. 예를 들어 경계선 인격장애 환자처럼 충동 조절이 어려운 사람, 강한 감정에 휩쓸린 사람, 몸이 매우 지친 사람, 끔찍한 고통을 겪고 있는 사람, 지능이 낮은 사람, 경험이 극도로 부족한 사람 등도 때로는 정신능력이 저하될 수 있다. 많은 정신증 환자는 정신능력이 저하되었고, 정신능력이 저하된 사람의 대부분은 정신증 환자이겠지만, 내가 '정신능력의 저하'라고 표현하는 것은 '정신증'과 동일한 것이 아니다.

그렇다면 정신능력의 저하는 어떻게 판단할 수 있을까? 한 가지 방법은 위 요인들을 확인하기 위해 임상적 평가를 하는 것이다. 이 환자는 와해된 모습을 보이는가? 망상이나 환각을 보이는가? 충동적인가? 이때 주의해야 할 점은, 현재 문제가 되는 특정 사안에 대한 결정능력과 관련하여 이러한 모습이 나타나는지를 확인해야 한다는 점이다. 또 다른 가능한 방법은 MacCAT-T를 사용하여 정신능력의 저하를 평가하는 것이다. 맥아더 연구용 도구와는 달리 MacCAT-T는 병을 부정한다고 해서 환자를 무조건 의사무능력자로 분류하지는 않는다. 만약 병을 인정하지 않는 이유가 합리적이거나(예를 들자면 이전의 주치의는 다른 진단을 내렸기 때문이거나) 문화적 또는 종교적 요인에 의한 것이라면 MacCAT-T는 이를 문제 삼지 않는다. 그래도 여전히 의사능력의 유무를 판단하기에는 MacCAT-T의 부정 관련 기준이 지나치게 엄격하다는 것이 나의 생각이지만, 이는 정신능력의 저하를 평가하기에는 적당한 수준일 수 있다. 마찬가지로 MacCAT-T의 이해나 추론 항목도 의사무능력에 해당하는 점수보다 약간 높은 (그러나 평균보다는 여전히 낮은) 점수를 기준점으로 삼아 정신능력의 저하를 판단하는 도구로 활용할 수 있을 것이다.

그러나 MacCAT-T를 활용하더라도 임상적 평가를 병행하며 몇 가지를 추가적으로 확인해야 할 것이다. 정신능력에는 병과 치료에 대한 의사결정능력 외에도 여러 다른 능력들이 포함되기 때문이다. 환자가 인지능력의 저하로 인해 기본적인 자기관리를 하지 못하거나 부적절한 행동을 보인다면 이 역시 정신능력의 저하로 봐야 한다. MacCAT-T에서 측정하지 않는 판단력의 손상이나 의욕 저하 등도 정신능력의 저하

평가에는 반영되어야 한다. 아니면 위 두 방법을 합친 것과도 비슷한 방법인데, MacCAT-T와 정신과적 증상에 대한 평가도구를 함께 사용할 수도 있을 것이다. 그렇게 한다면 임상적 판단에 지나치게 기대지 않고도 정신능력의 저하를 가져오는 증상들에 대한 평가가 가능할 것이다.

정신능력의 저하에는 어떤 예들이 있을까? 예터 및 노던의 사례를 다시 살펴본다면 이 둘은 모두 정신능력의 저하를 보인다 할 수 있을 것이다. 명백히 거짓인 신념만으로도 이러한 판단을 하기에 충분할 것이며, 그 외 명백한 망상은 아니더라도 정신능력의 저하가 드러나는 생각들을 이 둘은 보이기 때문이다. 예를 들어, 유방암 검사를 받으면 자신이 영화배우로 일하는 데에 지장이 있을 것이라는 예터의 주장은 상당히 믿기 어렵다. 검사를 통해 병이 더 퍼질 수 있다는 생각도 (실제 그 가능성을 의학적으로 따져봐야겠지만) 마찬가지로 설득력이 떨어지며, 검사가 아이를 갖는 데 지장을 줄 것이라는 믿음 역시 그렇다. 그러나 예터의 이모가 몇 년 전 같은 검사를 받다가 죽었다는 믿음에 대해서는 추가적인 확인이 필요할 것이다. 혹시 이는 단순히 착각은 아닐까? 이모의 죽음에 대해 아무도 속 시원히 설명해 주지 않았기 때문에 예터는 나름 합리적으로 이러한 결론을 내리게 된 것은 아닐까? 아직 우리는 이에 대해 아는 바가 없다. 그래도 예터의 생각들은 전체적으로는 정신능력의 저하를 보여주는 듯하다.

이 사안은 정신능력의 저하만으로도 강제개입이 가능할 사안일까? 이는 예터의 결정이 생사에 중대한 영향을 미칠지 여부에 따라 달라질 것이다. 만약 예터와 같은 분비물을 보인 사람들에게는 높은 확률로 유방암이 있었다면 정신능력의 저하만으로 예터의 검사 거부를 인정하지 않을 수 있어야 할 것이다.

노던의 경우도 마찬가지이다. 노던의 명백히 거짓인 신념(자신의 발에는 단지 흙이 묻은 것이고, 의사들은 자신이 사망할 것이라 생각하지 않는다는 믿음)도 역시 정신능력의 저하를 판단할 충분한 근거가 된다. 그뿐만 아니라, 명백히 거짓인 신념에 해당하지는 않더라도 자신이 죽지 않을 것이라는 생각은 정신능력의 저하를 보여주는 것일 수 있다. 노던과 같은 상황의 사람들 대부분은 실제 사망에 이르기 때문이다. 노던은 적어도 확률적으로는 자신이 죽을 가능성이 더 크다는 사실을 인정할 수 있어야 할 것이다. 설령 운 좋게 생존하는 소수의 사람에 노던이 포함되어 노던의 생각이 결과적으로는 옳은 것이 되더라도 위 사실에는 변함이 없다. 그리고 이 상황은 생사의 문제가 달린 상황이기 때문에 정신능력의 저하 기준을 적용하여 노던의 결정에 따르지 않아야 할 것이다.

이 절에서 나는 정신능력의 저하라는 개념을 간단히 소개하였다. 정신능력의 저하와 의사무능력의 차이에 대한 연구를 더 진행하면 이 두 기준이 각각 맥아더 도구의 점수상으로는 (혹은 다른 유사한 도구의 점수상으로는) 어디에 위치할지 구체적으로 논할 수 있을 것이다. 지금으로서는 이 역시 앞으로 다루어야 할 과제로 남겨두겠다.

그런데 환자의 자기결정권을 인정하지 않아야 할 경우를 나는 왜 두 가지 기준으로만 나누어 이야기하는 것일까? 나는 생명에 직결될 수 있는 등 극도로 중요한 결정을 해야 할 경우에는 정신능력의 저하 기준을, 그 외의 경우에는 의사무능력 기준을 적용할 것을 제안하였지만, 사실 어떤 결정의 중요도는 연속선상에 분포하기 때문에 의사결정능력을 판단하는 기준 또한 여럿으로 세분하는 것이 더 낫지 않을까? 다음 절에서는 이에 대해 설명을 하려고 한다.

2단계 기준에 대한 설명

나는 의사결정능력 판단 기준을 2가지 수준으로 나눌 것을 제안하였다. 즉, 일반적인 정도의 위험이 따르는 사안에 대해서는 의사무능력 기준을, 극도로 위험하거나 돌이키기 힘든 결과를 가져올 사안에 대해서는 정신능력의 저하 기준을 적용하여 자기결정권을 인정하는 것이다. 이러한 2단계 체계를 도입하려면 단순히 사안의 중요성에 따라 의사능력의 요구 정도가 달라져야 한다고 설명하는 것이 아니라, 두 기준을 각각 별개의 명칭(나의 경우에는 '의사무능력'과 '정신능력의 저하'라는 명칭)으로 부르는 이유를 설명할 수 있어야 할 것이다.

하지만 이보다 더 앞서 대답해야 할 질문이 있다. 현실 세계에서는 어떤 결정에 따르는 위험이 단순히 일반적 수준 또는 극도로 위험한 수준의 둘 중 하나로 나뉘는 것이 아니라 사안마다 모두 조금씩 다를 수 있기 때문에, 의사능력의 판단 기준도 이에 따라 세밀하게 조정할 수 있도록 하면 안 되는 것일까? 즉, 의사능력의 판단에 일종의 변동기준제를 도입하는 것은 어떨까?[30]

어떤 일이 어려울수록 이를 수행하기 위해 갖춰야 할 능력도 더 많을 것임에는 모두가 동의할 것이다. 의사능력을 사안별로 평가하는 것도 그러한 이유에서이다. 그러나 지금의 제안은 이와는 다른 이야기이다. 여기서는 환자가 좋은 결정을 내리고 있다면 낮은 수준의 결정능력을, 나쁜 결정을 내리고 있다면 더 높은 수준의 결정능력을 환자에게 요구해야 한다고 이야기한다. 그렇게 제안하는 이유는 당연히, 만약 환자가 스스로에게 도움이 되지 않고 오히려 위해가 될 가능성이 큰 무언가를 선택하려 한다면 자신이 어떤 결정을 내리는 것인지를 확실히 알고 있기를 우리는 바라기 때문이다.

그러나 의사능력의 판단 기준을 조정할 수 있게 하는 데에는 매우 심각한 개념적 문제가 따른다는 것이 나의 생각이다. 이는 예전부터 이미 널리 비판을 받아온 방식인, 좋은 결정을 하는 사람이 곧 의사능력이 있는 사람이고 나쁜 결정을 하는 사람은 의사능력이 없는 사람이라 하는 것과 별반 차이가 없다. 즉, 평가자 한 명이 환자의 결정이 좋은지 나쁜지 판단하고 결정을 마음대로 대신할 수도 있게 되는 것이다. 예를 들어 직업적 기능을 크게 중시하는 평가자가 있다면, 이 사람은 환자가 직업적 기능을 손상시킬 수 있는 결정을 하려 할 때 의사능력의 기준을 높인 후 환자는 의사능력을 상실하였기 때문에 이 결정을 받아들여서는 안 된다고 이야기할 수도 있다. 하지만 환자 자신은 이 기능을 크게 중시하지 않을 수도 있는 것이 아닌가?

이러한 지적에 대한 (완전히 만족스럽지는 않지만) 가능한 대응 중 하나는, 의사능력의 기준을 어디에 두든지 자율성과 당사자의 복지 간의 균형을 맞춰야 한다는 규정을 두는 것이다. 그렇다면 그 사람이 자신의 복지에 더 심각한 위협이 될 수 있는 결정을 내릴 시에 자율성도 더 많이 제한하는 것이 타당할 것이다. 그리고 이때 환자의 결정능력을 인정할 기준은, 해당 수준 이상의 결정능력을 보유한 사람들이라면 대부분 스스로 좋은 선택을 할 것이기 때문에 자율성의 보장이 가능할 수준으로 해야 할 것이다. 그러나 이 경우에도 어떤 선택이 좋은 선택인지 우리가 정하게 된다는 문제는 있다.

이 문제에 대해서는 다음 두 가지 대응이 가능하다. 첫째, (지금의 범위 내에서 적용되는) 결정능력의 일반적 기준을 정할 때 우리는 그 능력을 갖춘 사람이 우리가 생각하는 좋은 선택을 할 것으로 판단하기보다는, 어떤 일의 기본 특성상 이를 해내기 위해 특정 기술이 필요하다고 판단하는 것일 수 있다. 그러나 이 역시 완전히 설득력 있는 대응은 되지 못하는데, 어떤 일을 하기 위해 어떤 기술이 필요한지를 판단하려면 그 일을 해낸다는 것이 무슨 의미일지를 우리가 정해야 하기 때문이다(예를 들어 어떤 사람이 지은 집이 모두 무너져 내린다면 그 사람은 집을 지을 능력이 없는 것이다). 그렇기 때문에 이는 충분히 만족스러운 대응은 아니다. 그러나 다른 한편으로는 앞서 이야기한 좋은 선택은 어쩌면 우리의 의견대로 정하는 것이 아니라, 그 선택에 대한 당사자의 만족도를 근거로 하여 정하는 것일 수도 있다.

둘째, 어떤 사람이 스스로 선택을 할 수 있으려면 일반적으로 어떤 능력이 필요하다고 말하는 것과 우리가 보기에 어떤 결정이 나쁜 결정이기 때문에 그 사람은 능력이 더 필요하다고 말하는 것의 차이는 크다. 전자는 (위에서 언급했듯) 어떤 개별적인 결정이 좋은 결정일지에 대한 판단이 아니라 결정에 어떤 능력이 필요할지에 대한 판단일 것이다. 또한 전자의 경우에는 한 사람의 모든 결정에 대해 좋고 나쁨을 특정 평가자가 개별적으로 따지게 되지는 않는다. 의사능력을 판단할 때 평가자가 임의로 그 기준을 조정할 수 있게 되는 것은 피해야 할 일이다. 그러지 않으면 환자가 내린 결정을 평가자가 다시 뒤집으며, 어떤 결정이 좋은지는 환자가 판단할 문제가 아니라 할 수도 있기 때문이다.

그렇다면 전제적인 그림은 단순하지 않다. 의사능력을 위해 필요한 능력의 기준을 사안에 따라 다르게 두어야 할 이유들도 있고, 그러지 않아야 할 이유들도 있는 것이다. 이에 대한 합리적인 절충안으로 나는 2단계 기준 체계를 도입하고 환자의 의사결정능력이 각 기준에 못 미칠 경우 이를 각기 다른 명칭('정신능력의 저하'와 '의사무능력')으로 부를 것을 제안한다. 그렇게 하면 중대한 결과가 따를 수 있는 결정일수록 당사자의 의사결정능력을 더 엄격히 확인해야 한다는 점도 놓치지 않으면서, 한 명의 평가자가 환자의 의사능력을, 그것도 부분적으로는 환자의 결정에 대한 개인적 판단을 근거로 평가하게 되는 최악의 부작용 역시 피할 수 있을 것이다.[31] 나의 제안에서 이러한 부작용을 피하는 것은 두 가지 면에서 가능하다. 첫째, 2단계 체계에서는 언제 더 높은 기준을 적용해야 하는지 명확하게 제시되기 때문에 평가자의 주관이 개입될 여지가 더 적다. 둘째, 단계가 두 가지 수준으로만 존재하기 때문에, 개개인의 결정에 대해 평가자가 세세하게 따지지 않게 된다. 평가자가 환자의 결정을 일일이 살피며 이를 뒤집는 것이 가능하다면 환자는 더 모욕감을 느낄 수 있고, 평가자의 권한이 남용될 위험도 있다.

그렇기 때문에 나는 변동기준제보다는 2단계 기준 체계의 도입이 더 적절하다고 생각한다. (사실 2단계라는 표현은 정확하지 않은 것일 수도 있다. 의사무능력이나 정신능력의 저하 어느 쪽에도 해당되지 않더라도 자기결정권을 인정하지 못하는 경우가 드물게 있기 때문이다. 예를 들어 일부러 몸을 다쳐 불구자가 되겠다던가 죽임을 당하겠다는 등 끔찍한 결정을 할 권리는 법적으로 인정되지 않는다. 현저하게 부당한 계약을 체결하는 경우도 마찬가지이다. 반대로 사소하고 무해한 사안에 대해서는 의사무능력자에게도 그 결정을 맡기는 경우가 있다. 예를 들어 어린아이에게도 우리는 어떤 아이스크림을 먹을지 스스로 고를 수 있게 하고, 치매 환자라도 간단한 일용품은 직접 구매할 수 있도록 한다. 그러나 사람들이 내리는 결정 중 대다수는 위의 양극단에 속하지는 않을 것이기 때문에, 2단계 체계라는 표현을 사용하는 데에 큰 문제는 없을 것이다.)

그런데 이러한 2단계 체계를 제안할 때 각 기준을 '의사능력의 두 가지 수준'이라고 부르지 않고 '의사무능력'과 '정신능력의 저하'라는 별개의 명칭으로 부른 이유는 무엇일까? 그 이유는 어떤 사람의 의사능력이 부족하다는 표현을 사용하다 보면 그 사람의 결정을 무시하는 것이 당연하다고 여겨질 위험이 큰데, 이는 정말로 끔찍한 일이기 때문이다. 어떤 사람의 결정능력을 평가할 때 우리는 때로는 의사능력이 있는 사람의 결정을 무시하고 우리가 대신 결정을 내려 함을 잊지 않고, 평가에 신중을 다해야 한다.

정리하자면, 의사결정능력의 기준을 두 가지로 정하고 각각을 다른 명칭으로 부르는 것은 합당한 일이다. 이 절에서 나는 '의사무능력'과 '정신능력의 저하' 개념을 구체적으로 설명하고자 하였다.

결론

이 장에서는 '의사능력' 및 '정신능력의 저하' 개념을 예시와 함께 구체적으로 설명하고, 2단계 기준 체계가 왜 필요한지 이야기하고자 하였다.

그러나 여전히 많은 부분이 향후 다루어야 할 과제로 남아있다. 그 중 가장 큰 과제는 나의 제안에 대한 규범적 분석을 수행하는 일일 것이다. 나는 자율성 보호에 초점을 맞춘 기준을 제안하였으나 이러한 규범적 선택에 대한 근거를 이 장에서 제시하지는 못하였다. 의사무능력 및 정신능력의 저하를 측정하기 위한 평가도구의 개발 역시 더 많은 연구가 필요한 부분일 것이다.[32] 그럼에도 독자들이 위 개념들에 대해 생각해 볼 수 있는 발판을 마련하는 데에 이 장의 내용이 도움이 되었기를 바란다.

8

사전지시제도: 돛대에 자기 몸을 묶은 오디세우스

의료분야에서 사전지시제도는 점차 널리 활용되고 있다. 미국에서는 이미 많은 사람이 연명의료에 대한 사전지시서를 작성하거나, 자신이 치료에 대한 의사를 밝힐 수 없게 된다면 본인을 대신해서 결정을 내려줄 대리인을 지정하곤 한다.[1]

정신과 치료와 관련해서도 사전지시가 가능해야 할지 몇몇 학자들에 의해 논의가 이루어지긴 했지만 실제로 이를 제도화하고자 하는 움직임은 크지 않았다. 나는 정신과 치료 장면에서도 사전지시제도가 앞으로 큰 역할을 할 수 있으리라 생각한다. 앞서 나는 어떤 환자가 처음으로 정신증을 보인 경우, 환자가 자타해 위험이 없고 의사무능력 상태가 아니더라도 병으로 인해 고통을 겪고 있고 정신능력이 저하되었으며 평소의 모습이 아니고 치료를 통해 이러한 상태가 개선될 것으로 예상된다면, 강제입원 및 강제 약물치료가 가능해야 함을 이야기하였다. 그리고 이러한 첫 치료 이후의 강제입원이나 치료는 훨씬 더 까다로운 기준에 따라 허용되어야겠지만 환자가 재발 시 치료를 원한다는 의사를 사전에 밝혔다면 이러한 사전지시에 따라 환자를 치료할 수 있다고 제안하였다. 환자는 (7장에서 이야기한) 정신능력의 저하가 없는 상태에서 사전지시를 할 수 있을 것이다.

그런데 이러한 방식은 좋은 방식일까?[2] 정신질환의 치료와 관련하여 사전지시가 폭넓게 사용되어도 괜찮은 것일까?[3] 이에 대해서도 논란의 여지가 있지만, 나의 제안에서 어쩌면 더 큰 논란이 될 수 있는 부분은 환자가 의사무능력 상태가 아니더라도 정신능력의 저하만으로 사전지시에 따른 강제치료가 가능하다는 점이다. 이 문제에 대해서는 뒷부분에서 더 자세히 다루도록 하겠다. (사실 환자가 의사무능력 상태일 때 사전지시에 따라 환자를 치료하는 것은 내 생각으로는 전혀 문제가 되지 않을 것이다. 환자의 자율성을 중시하는 학자의 대부분은 대리판단 표준을 옹호하는데, 이 표준에 따르면 의사능력을 상실한 환자의 치료를 결정할 때는 그 환자가 만약 의사능력이 있었다면 무엇을 원했을지를 추정하여야 하기 때문이다. 그리고 환자가 의사능력이 있었다면 무엇을 원했을지 알아보는 가장 좋은 방법은 환자가 사전에 작성한 지시서를 확인하는 것이 아니겠는가?)[4]

사전지시제도를 정신질환 치료 현장에 도입하는 데에 반대하는 사람들은 어떤 점을 우려할까? 이와 관련해서는 레베카 드레서의 논문을 특히 참고할 수 있다.[5] 드레서의 핵심 주장은 이러한 소위 '오디세우스의 계약'을 통해 얻을 수 있는 이익이 있다 하더라도 자유를 잘못 박탈할 위험이 이보다 훨씬 크다는 것이다. 드레서는 구체적으로 신화 속 오디세우스가 내린 사전지시(즉, 자신이 세이렌의 노랫소리를 듣고 있는 동안에는 절대로 돛대에서 자기 몸을 풀어주지 말라고 한 부탁)와 정신질환 치료 장면에서의 사전지시 사이의 중요한 차이점을 다음의 세 가지로 설명한다.

첫째, 세이렌의 노랫소리를 듣는 오디세우스는 제대로 된 의사결정을 할 수 없음이 명백하지만, 정신질환의 치료 장면에서는 이를 판단하기가 훨씬 더 어렵다. 둘째, 정신질환의 치료는 생사의 위험이 달린 문제는 아니며, 위험의 발생 가능성을 정확히 예측하기도 어렵다.[6] 마지막으로 오디세우스의 사전지시는 동료 선원들과의 사적인 약속이나, 정신질환의 치료를 위한 사전지시는 공적인 개입에 대한 것이다.

드레서는 다음과 같은 추가적인 문제점들도 지적하였다. 그중 하나는 언제 이러한 사전지시에 따른 치료를 시작해야 할지 판단이 쉽지 않다는 점이다. 저 사람이 지금 많은 돈을 쓰고 있는데 조증이 재발한 것일까, 아니면 이번에는 정말로 원하거나 필요한 것이 있어서 그런 것일까? 또 다른 문제는 환자가 치료를 받고 감사한 마음을 품고 있는 동안 사전지시서를 작성하도록 의사가 과도하게 유도하는 것을 어떻게 방지할 수 있을지다.

이러한 문제들에도 불구하고 나는 정신질환의 치료에 사전지시제도를 활용하는 것은 좋은 방법이라고 생각한다. 드레서는 오디세우스와 정신질환자의 상황에는 차이가 있다고 지적하며 사전지시제도에 반대하였다. 나는 드레서의 지적대로 차이점이 있음은 인정하지만, 드레서의 결론에는 동의하지 않는다. 드레서의 우려는 본질적으로 오판의 위험에 대한 것이다. 즉, 사전지시를 적용할 상황이 아님에도 이를 적용시켜 환자를 강제로 치료할 위험이 너무 크다는 것이다. 그러나 다른 어떤 경우라도 환자의 정신상태를 평가해야 할 때는 항상 이러한 위험이 따르기 마련이다. 강제입원을 결정할 때도 마찬가지로 오판의 위험이 있지만, 치료를 통해 얻을 수 있는 이익이 너무도 크기 때문에 우리는 이러한 위험을 감수하는 것이다.

그러나 강제입원과 사전지시에 따른 입원 사이에는 적어도 두 가지 이상의 차이점이 있는 것은 사실이다. 첫째, 현 제도하에서 강제입원은 환자의 병증이 훨씬 더 심한 경우에만 가능하기 때문에 우리의 판단에 실수가 있을 여지가 더 적다는 주장이 가능할 것이다. 그러나 강제입원 시에는 미래의 자타해 위험에 대해서도 판단을 해야 하는데 이 부분은 정확한 예측이 어렵다는 사실을 위 주장은 고려하지 않는다. 그리고 사전지시제도가 제대로 도입된다면, 환자의 과거 병력을 참고하여 특정 이상 행동들이 객관적으로 관찰될 경우에만 사전지시에 의한 치료가 가능하게 하는 등의 안전장치를 포함할 것이다. 둘째, 강제입원은 심각한 위해를 방지하기 위해 시행되는 것이기 때문에 이를 통해 얻어지는 이익은 사전지시에 따른 입원에서 얻어지는 이익보다 더 크다고 생각할 수도 있을 것이다. 그러나 사전지시를 내린 환자라면, 본인이 자신은 병으로 인해 발생할 일들을 정말로 겪고 싶지 않다고 직접 밝힌 것이다. 그렇다면 사전지시에 따른 입원에서 환자가 얻는 이익이 결코 작다고는 할 수 없을 것이다.

어쨌든 정신질환의 치료에 사전지시제도를 도입하면 오판 사례가 많아질 가능성이 있음은 사실이다. 비자발적으로 병원으로 보내진 환자들에 대해 기존에는 강제입원 필요성 여부만 판단했지만, 이제는 사전지시에 따른 치료가 필요할지까지 판단하게 되면서, 환자의 의사결정능력에 대한 평가 자체가 늘어날 것이기 때문이다. 그러나 이 역시 이로 인해 얻을 수 있는 이익이 훨씬 더 크기 때문에 감수 가능한 위험일 것이다.

또한 생각해 볼 것은, 사전지시제도에 반대하는 입장에서도 이 제도 자체가 개념적으로 문제가 된다고 하기보다는 현실적인 어려움들을 지적했다는 점이다. 즉, 반대의 근거는 현실 세계에서 치료가 필요한 시점을 정확히 판단하여 사전지시의 내용을 이행하는 것이 어렵기 때문에 차선책을 선택해야 한다는 것이었다. 이에 대한 답은 사전지시제도를 완전히 포기해야 한다는 것이 아닌, 더 많은 안전장치들을 마련하여 사전지시제도가 안정적으로 운영될 수 있도록 해야 한다는 것일 수 있다.

나는 드레서의 주장에 반대하면서 사전지시제도를 시행하여 얻을 수 있는 이익이 더 크다고 이야기하였다. 이러한 이익으로는 어떤 것들이 있을까? 사전지시를 통해 환자는 병이 심해졌을 때 겪을 수 있는 여러 끔찍한 일들을 피할 수 있을 것이다. 강제입원이 필요할 정도는 아니더라도 이러한 일들은 누구라도 피하고 싶어 할 일이다. 돈을 수억 원씩 낭비하고, 가족 및 친구들과 멀어지고, 직장을 잃고, 노숙생활을 하게 되고, 신체 상태가 악화되어 생명이 위험할 정도는 아니더라도 매우 힘들어지고, 크나큰 괴로움을 겪는 것 등의 일 말이다.

물론 사전지시를 하지 않더라도 증상이 계속 악화되어 자타해 위험이 우려될 정도에 이르면 강제입원이 가능한 것은 사실이다. 하지만 그때에는 삶의 여러 부분은 이미 망가진 후일지 모른다. 그러니 이를 예방하기 위해 지금 미리 조치를 하는 것이 좋지 않겠는가? 사전지시제도를 활용하면 자신의 결정능력이 더 좋을 때 앞으로의 삶에 대한 계획을 세울 수 있게 된다. 자신의 운명을 더 많이 스스로 조절해나갈 수 있는 것이다. 이는 분명히 좋은 일이다. 오판의 위험을 감수할 만큼 좋은 일이다.

적어도 어쨌든 사전지시를 내리는 당사자는 그렇게 생각하는 것이다. 그렇다면 사전지시는 어떤 면에서 자율성을 침해하지만, 또 어떤 면에서는 자율성을 존중하는 것이다. 사전지시에 따라 환자를 치료할 때, 우리는 이 사전지시를 내리던 환자의 결정을 존중하고, 당시 환자가 가졌던 사전지시를 내릴 권리도 존중한다.

사실 우리가 미래의 자신에게 어떤 제약을 가하는 일은 매우 흔하다. 우리는 약속을 하고, 계약서에 서명하고, 프로젝트를 시작하며 언제까지 끝마치겠다고 이야기한다. 물론 이때는 입원처럼 자유를 포기하겠다고 이야기하는 것은 아니지만, 미래에 어떤 종류의 제약을 받겠다고 고르는 것은 당사자의 마음에 달린 것이 아닌가? 그리고 의료분야에서 사전지시제도가 자리 잡혔다는 것은 치료를 받거나 거부하는 것도 사전지시가 가능한 일이라고 우리는 받아들이고 있음을 의미할 것이다. 연명의료에 대한 결정은 입원으로 단기간 자유를 잃겠다는 결정보다 훨씬 더 중대한 결과를 초래할 수 있는 데도 우리는 연명의료에 대한 사전지시를 허용한다. 사전지시제도는 어떤 면에서는 환자를, 정확히는 과거의 환자를 존중하는 제도이다. 현재의 환자는 존중받지 못하고 온정적 간섭주의에 따라 결정권을 뺏기는 것은 사실이다. 그러나 과거의 환자가 정신능력이 더 온전한 모습이자 어쩌면 더 진정한 모습이라고 우리는 생각할 수 있을 것이다. 그런 면에서 사전지시제도는 자율성 존중과 온정적 간섭주의가 기묘한 조합을 이룬 제도라고도 할 수 있다. 즉, 환자가 미래의 자신에게 온정적 간섭주의 차원의 개입을 할 수 있도록 함으로써 환자의 자율성을 존중하는 제도이다.

그렇다 하더라도 사전지시제도는 온정적 간섭주의의 한 형태임은 틀림이 없다. 현재 환자를 위해 무엇이 최선일지는 다른 사람(이 경우에는 과거의 환자)이 더 잘 알 것으로 생각하며 치료에 대한 결정을 그 사람에게 맡기는 것이기 때문이다. 우리는 과거의 환자가 현재의 환자보다 더 환자 본인의 이익을 위한 결정을 잘 할 수 있다고 생각한다. 병에게 본모습을 빼앗긴 현재 환자보다 과거의 환자가 더 환자 자신에 대해 잘 알 것이 아닌가?

그러나 이러한 생각은 좀 더 자세히 들여다보아야 한다. 지금 주장하려는 것은 과거의 환자가 더 정신능력이 온전하다는 것인가, 아니면 과거의 환자가 그 사람의 더 진정한 모습이라는 것인가? 과거의 환자와 현재의 환자를 구분하는 일은 쉬운 일이 아니다. 어느 시점에 현재의 환자라는 새로운 정체성이 등장한 것이 아니라, 모습이 조금 바뀌었어도 과거의 환자와 현재의 환자는 동일인이라고 봐야 할지도 모른다. 현재의 모습이 잠시 동안 환자의 본모습을 밀어낸 것이 아니라, 현재의 모습이 이제는 환자의 진정한 모습이 된 것일 수도 있다. 우리가 과거의 환자가 더 진정한 환자의 모습이라고 하는 것은 아마도 과거의 환자가 정신능력이 더 온전하기 때문일 것이다. 하지만 정신능력이 온전한 것이 중요하다고 하는 것은 무엇이 좋은지에 대한 우리의 가치관을 지나치게 강요하는 것이 아닐까? 이는 맞는 지적이지만, 나는 그것이 큰 문제라고 생각하지는 않는다. 정신능력의 저하가 없는 상태가 당연히 어떤 면에서는 더 '좋은' 것이다. 더 많은 것을 할 수 있고 더 많은 선택권을 가질 수 있기 때문이다. 다른 조건이 동일하다면 정신능력의 저하라는 제약이 없는 편이 더 좋은 것이다. 우리의 가치관에 따라 판단을 내리는 것이 바람직하지 않을 때도 있지만, 어떤 판단은 너무나 당연하고 옳게 느껴지기 때문에 크게 문제가 되지 않을 것이다.

종합하면 사전지시제도는 환자의 더 좋은 모습에 따르는 것이고, 온정적 간섭주의적인 면이 있긴 하지만 다른 온정적 간섭주의에 따른 방식들보다는 더 자율성을 보호하는 방식이다.

그렇다면 이제 살펴봐야 할 어려운 과제는, 환자가 의사무능력 상태가 아니더라도 환자의 의사에 반하여 사전지시의 내용을 수행할 수 있을지다. 환자가 의사무능력자가 아닌 이상 우리는 지금 환자의 결정에 따라야 하는 것이 아닌가? 그 결정이 과거의 환자가 내린 결정과 다른 것은 사실이다. 하지만 사람은 마음이 바뀔 수도 있는 것이 아닌가? 예를 들어 어떤 계약을 체결한 경우라도 우리는 그 계약을 파기할 때 발생할 손해에 대한 배상을 청구할 수는 있지만, 계약을 끝까지 지키라고 강요할 수는 없는 것이다.

이 부분을 보다 생생하게 설명하기 위해 대학시절 나의 이야기를 하나 해보겠다. 때는 시험 기간이었다. 나는 공부를 하다가 매일 저녁이 되면 친구의 기숙사 방으로 놀러 가 수다를 떨며 쉬곤 했다. 친구는 나에게 과자를 먹겠냐고 묻고 나는 항상 과자를 받아 맛있게 먹었다. 그런데 문제는 내가 다이어트 중이었다는 것이다. 그래서 어느 날 나는 친구에게, 살을 빼야 하니 앞으로는 과자를 주지 말라고 부탁을 했다. 더 나아가 나는, 내가 과자를 달라고 해도 이를 들어주지 말라고 친구에게 당부했다. 여기에서 한발 더 나아가, 마음이 바뀌어 부탁했던 것을 취소할 테니 과자를 달라고, 오늘은 정말로 과자가 먹고 싶다고 말하는 한이 있더라도 절대로 이에 넘어가서는 안 된다고 이야기하였다.

그다음 날도 나는 친구의 방에 놀러 갔다. 나는 과자를 간절히 쳐다보았지만, 약속을 기억한 친구는 과자를 주지 않았다. 나는 속이 상한 채, 전날 내가 뭐라고 했는지는 알지만 마음이 바뀌었다고, 어제의 말은 무시하고 과자를 주면 안 되겠냐고 친구에게 부탁했다. 친구는 그러더라도 절대 주면 안 된다고 이미 말하지 않았느냐고 대꾸했다. 나는 진짜로 마음이 바뀌었다고 거듭 설명했지만, 친구는 끝까지 과자를 주지 않았다. 나는 화가 난 채 친구의 방에서 나와, 눈을 맞으며 수 킬로미터 떨어진 가게까지 걸어가서는 과자 한 봉지를 사 들고 내 방에 돌아와 이를 모두 먹어버렸다. 나는 결국 친구와 화해는 했지만, 마음의 앙금은 오랫동안 남아 있었다. 그리고 나는 다시는 어떤 친구와도 이런 종류의 약속을 하지 않았다.

이 이야기를 통해 분명히 알 수 있는 것은 사람은 마음을 바꾸기도 한다는 점이다. 그리고 지금 그 사람이 의사무능력 상태가 아니라면 바뀐 마음도 우리는 존중해야 한다. 이를 무시당한다면 화가 나는 것은 당연하다. 설령 과거 그 사람의 결정에 따라 지금 그 사람의 결정을 무시한 것이라 하더라도 화가 나는 정도는 남에 의해 결정권을 빼앗겼을 때와 똑같을 것이다.

그럼 이 이야기를 보면 환자에게 의사능력이 있다면 사전지시에 따른 치료를 해서는 안 된다는 결론에 이르는 것일까? 이에 대해서는 몇 가지를 짚어볼 수 있다. 첫째, 위의 사건에서 과자를 달라고 하던 나는 의사무능력 상태는 물론 아니며, 정신능력의 저하도 없다고 볼 수 있을 것이다.[7] 나는 어떤 사람이 지금 정신능력의 저하를 보이지 않는다면 과거에 내린 사전지시의 내용에 따를 것을 강요해서는 안 된다고 생각한다. 그래야 할 근거가 없기 때문이다. 그 사람의 과거 결정이 우리의 마음에 더 든다고 해도 단지 그 이유만으로 현재 그 사람의 의사와 무관하게 이를 강제하는 것은 온정적 간섭주의 중에서도 최악의 방식이다.

둘째, 나는 앞의 예에서 친구가 나의 선택을 인정하지 않았을 때 화가 났음을 강조했다. 자신의 결정이 존중받지 못했을 때 화가 나는 것은 그 사람이 의사무능력일 때에도 마찬가지일 것이다. 그러나 차이점은, 의사무능력 상태에서 내린 결정이 묵살되었을 때에는 시간이 지난 뒤 이것이 어쩔 수 없는 필요악이었음을 납득할 가능성이 높으나, 의사능력이 있음에도 같은 일을 겪는다면 납득이 쉽지 않을 것이란 점이다. 나는 과자를 먹겠다는 나의 결정을 친구가 들어주지 않은 것을 끝까지 이해할 수가 없었다.

그럼 정신능력이 저하된 상태에서 내린 결정이 묵살되었다면 사람들은 이를 어떻게 받아들일까? 답은 부분적으로는 우리가 그렇게 행동한 이유가 타당한지 그리고 당사자도 정신능력이 회복된 뒤에 이를 이해할 수 있을지에 따라 달라질 것이다. 그리고 나는 정신능력이 저하된 사람의 결정 대신 그 사람의 사전지시에 따르는 것은 타당하다고 생각한다. 내가 정의한 정신능력의 저하는 그 정도가 상당히 심한 것으로 인지적, 정서적, 그리고 의지력의 이상을 동반할 수 있다. 환자는 의사무능력에 이를 정도는 아니더라도 판단력이 정상보다 떨어졌을 것이다. 그뿐만 아니라 환자는 사전지시서를 작성할 때 이미 이러한 상황에 대해 생각해 본 후, 나중에 정신능력이 저하된 상태에서 마음이 바뀌었다고 이를 취소하는 것은 불가능할 수도 있음을 알고 지시서를 작성했을 것이다.

어떤 사안의 중요도에 따라 사전지시의 적용 여부를 판단하는 기준을 마련하는 것도 좋은 방법이다. 즉, 환자가 반대하는 데에도 사전지시를 강제로 이행하는 것은 그렇게 하지 않으면 발생할 결과가 상당히 위험한 경우로 한정하는 것이다. 온정적 간섭주의에 따른 개입은 꼭 필요한 경우에만 행해져야 하며, 사소한 결정마저 허용되지 않는다면 환자는 굴욕감을 느끼며 더 분노할 수도 있다.

혹자는 정신능력의 저하를 판단하는 것은 애매한 문제이기 때문에 평가자의 자의적 해석이 개입될 위험이 크다고 주장할 수도 있다. 하지만 이는 우려할 필요가 없다. 내가 정의한 정신능력의 저하는 일반적인 상태와는 상당히 거리가 있기 때문에 환자가 정상에서 약간 벗어난 모습을 보인다고 해서 환자의 정신능력이 저하되었다고 말할 수 있을 위험은 낮다. 나의 제안에 따른다고 해서 평가자가 자신이 더 선호하는 과거 환자의 사전지시를 임의로 적용하게 되지는 않을 것이다.

물론 사전지시에 따르는 것이 타당할 상황이라도 환자는 화를 낼 수가 있다. 결정이 무시당하는 그 당시는 물론이고, 시간이 지나고 나서도 계속 분노하는 사람도 있을 수 있다. 그래도 얻는 이익이 더 크기 때문에 이것은 우리가 감내할 수밖에 없는 부분이다. 하지만 적어도 환자가 이렇듯 분노를 느낄 수 있다는 점은 항상 염두에 두고, 사전지시를 적용할지에 대한 판단은 반드시 신중하게 내려야 할 것이다.

그렇다면 이제 고려해야 할 것은 사전지시의 제도가 올바르게 운영될 수 있도록 하는 절차적 장치를 마련하는 것이다.[8] 첫째, 사전지시는 환자의 의사능력이 온전한 상태에서, 충분한 설명 과정 후, 자발적으로 이루어져야 한다. 이때 가장 문제가 될 수 있는 것은 아마도 자발성 요건일 것이다. 환자는 어쩌면 처음으로 정신증을 경험하고, 앞에서 내가 제안한 제도에 따라 지금 막 강제입원 및 치료를 마친 상태일 수 있다. 환자는 취약한 상태일 수 있다. 겁을 먹었을지도 모른다. 어쩌면 주치의에 대한 감사의 마음이 가득할지도 모른다. 주치의의 마음을 상하게 하면 어쩌나 걱정하고 있을 수도 있다. 퇴원하려면 치료진이 원하는 대로 순순히 따라야만 한다고 생각하고 있을지도 모른다. 이런 상황에서 내린 결정이 환자의 진짜 결정이라고 믿어도 되는 것일까? 아니라면 어떻게 하면 좋을까?

이 부분은 분명 문제가 될 수 있다. 하지만 적어도 환자가 처음 사전지시서를 작성하는 상황에서는 이를 방지할 방법이 많지 않다. 절차상 어느 정도의 보호 장치를 마련할 수는 있다. 예를 들어, 환자가 사전지시제도에 대한 설명을 듣고 동의 여부를 결정하는 자리에 환자의 권익을 대변할 사람이 동석하도록 할 수도 있다. 아니면 적어도 다른 의사가 한 명 더 자리를 함께하도록 할 수도 있다. 환자에게 이 제도를 알리는 일을 주치의가 아닌 다른 사람이 맡아 환자가 느낄 부담감을 덜어줄 수도 있다. 또는 먼저 말로 설명을 하고 환자에게 서류 양식을 건넨 후 며칠 동안 생각할 시간을 줄 수도 있을 것이다.

다른 한편으로는 그러다 보면 오히려 사전지시제도의 참여율이 지나치게 떨어질 것이란 우려도 있을 수 있다. 어쩌면 환자가 아직 취약성을 보이고 감사의 마음을 품고 있을 때 결정을 내리도록 하는 편이 더 좋을지 모른다. 방금 병을 앓았던 환자가 다음에 같은 일을 겪고 싶은지는 가장 잘 알 것이기 때문이다. 그러나 위에서 내가 제안한 방법들이 환자에게 크게 방해가 되는 것은 아닐 것이다.

최초의 사전지시서 작성은 어떻게 하든, 이후 환자가 덜 취약하고, 덜 감사하고, 덜 부담을 느끼게 되었을 때 다시 한번 환자의 의사를 확인하도록 해야 할 것이다. 퇴원 후 3개월 등 일정 기간이 지난 후에 반드시 환자의 재동의를 얻고, 이후 첫 1년은 3개월마다, 그다음에는 1년 간격으로 환자의 의사를 다시 확인하는 것도 좋은 방법이다. 이러한 재동의 과정을 전화로 진행할 것인지 우편으로 진행할 것인지 등 세부적 사항에 대해서는 더 많은 연구가 필요하다. 그래서 응답률을 가능한 높이면서도 환자가 지나치게 압박감을 느끼지 않을 방법을 찾아야 할 것이다.

그 외 다른 절차적 장치들도 필요하다. 예를 들어 언제 사전지시의 효력이 발생될지 당사자와 치료진의 협의하에 그 조건을 구체적으로 정하도록 해야 할 것이다. 이 조건에는 분명 정신능력의 저하가 포함될 것이다. 병의 재발도 아마 포함될 것이다. 이 용어들에 대해 당사자와 치료진이 이해하는 바는 동일한가? 환자가 특정한 위험에 노출되는 것도 포함되어야 할까? 만약 그렇다면 어떤 위험이 어느 정도로 예상될 때 사전지시를 적용하도록 해야 할까? 이러한 부분들은 모두 최대한 객관적 판단이 가능하도록 세세하게 논의되어야 할 것이다.

사전지시를 이행하기 전에 위 조건들이 충족되었는지 제3자가 확인하도록 하는 절차적 장치 또한 마련해야 할 것이다. 즉, 주치의 한 명의 판단으로 사전지시에 따른 치료를 진행하는 것은 불가능하게 해야 할 것이다. 그리고 병이 재발하지 않은 상태에서는 환자가 사전지시의 내용을 취소하거나 수정할 수 있도록 하는 조항을 마련하되, 병이 재발한 것인지 아닌지 환자와 의사의 판단이 서로 다를 경우 어떻게 해야 할지에 대한 내용도 포함해야 할 것이다. 사전지시의 효력이 발생하면 환자는 치료를 어떻게 받게 될지에 대한 내용도 구체적으로 명시되어 있어야 한다. 나는 약효가 나타날 때까지의 단기간만 강제입원이 가능하도록 하는 것이 바람직하다고 보는데, 이는 최대 수 주 내지는 과거에 환자가 치료에 빨리 반응했다면 이보다 짧은 기간이 될 것이다.

환자가 앞으로 다른 병원에서 치료를 받게 되더라도 새로운 병원에서 환자가 이전에 작성한 사전지시서의 내용을 확인할 수 있도록 하는 방안 또한 마련되어야 할 것이다. 이를 위해 사전지시서들을 통합적으로 관리할 기관을 지정할 수도 있을 것이다. 이때 환자의 개인정보 보호 관련 문제가 제기될 수도 있지만, 환자 본인이 사전지시서의 등록에 동의한다면 큰 어려움은 없을 것이다. 그 외 환자의 보호자가 사전지시서를 관리할 수 있다면 다른 여러 방법들도 사용 가능할 것이다.

이제 마지막으로 다루어야 할 주제는 환자가 치료를 거부하겠다는 사전지시서를 작성한 경우 어떻게 할지이다. 앞서 이야기한 것은 환자가 강제입원이나 응급입원의 기준에 해당하지 않을 때도 치료를 원한다는 사전지시서를 작성하는 경우에 대한 내용이었다. 그러나 예를 들어 응급입원 등으로 병원에 오게 된 환자가 이전에 의사능력이 온전한 상태에서 본인은 입원이나 치료를 원치 않는다는 사전지시서를 작성했다면 어떻게 해야 할까?[9]

자율성 존중에 철저한 사람이라면 이러한 사전지시도 치료에 대한 사전지시와 동일하게 취급할 것이다. 환자는 병과 치료과정을 둘 다 겪어본 후에 정신능력이 손상되지 않은 상태에서 치료를 원치 않는다고 결정한 것이다. 즉, 이 결정은 상황에 대한 충분히 이해를 바탕으로 의사능력이 온전한 상태에서 내려진 결정이다. 사전지시에 의한 치료가 가능하다면, 사전지시에 의한 치료거부도 불가능할 이유가 없지 않은가?

나는 여기서 상황을 다시 두 가지로 나누어 보려고 한다. 하나는 치료거부에 대한 사전지시가 있으며 지금 환자도 치료를 거부하는 상황이고, 다른 하나는 치료거부에 대한 사전지시가 있으나 현재 환자는 치료를 원하는 상황이다.

첫 번째 상황에서는 아무 문제 없이 사전지시에 따라 치료거부를 허용할 수 있을 것으로 보인다. 어떤 사람은 현재 환자가 의사능력이 온전하다면 그래도 치료를 거부할지는 위 사실만으로 알 수 없다고 할 수도 있다. 하지만 이는 반대의 경우도 마찬가지이다. 즉, 환자가 사전지시를 내릴 당시에 치료를 원했고 정신능력이 저하된 현재에도 치료를 원하지만, 현재 환자의 의사능력이 온전했다면 환자는 치료를 거부했을 것이란 주장도 가능한 것이다. 그러나 우리는 그런 주장에 따라 치료를 그만두지는 않는다. 반대 상황만 다르게 취급할 이유는 없다. 우리는 보통 치료를 하는 쪽이 그렇지 않은 쪽보다 더 낫다고 생각하는 것은 사실이다. 그러나 우리의 가치관을 환자에게 강요하는 것은 가급적 피해야 하며, 이 경우에는 사전지시 내용과 현재의 환자가 원하는 바가 일치한다.

치료를 받지 않겠다는 사전지시서를 작성했으나 이후 정신능력이 손상된 상태에서 치료를 원하는 경우도 있을 것이다. 이때에는 어떻게 해야 할까? 이를 위해 참고할 수 있는 상황으로, 환자가 치료를 원한다는 사전지시서를 작성했으나 이후 정신능력이 손상된 상태에서 치료를 거부하는 경우 우리는 사전지시서의 내용에 따른다. 그렇다면 위 상황에서도 사전지시서의 내용에 따라야 일관성 있는 대응이 아닐까? 일반적으로는 어떻게 해야 한다고 결론이 날지는 모르겠지만, 사전지시서의 치료거부 의사에 따라야 할 경우도 존재하는 것은 분명하다. 예를 들어 환자의 직업이 피아니스트인데 약을 먹으면 손을 떨게 된다고 생각해 보자. 이런 부작용은 환자가 정신능력이 저하되지 않았다면 강력히 피하고 싶어 할 위험이다. 사전지시서에 따르지 않고 현재 정신능력이 저하된 환자가 원하는 대로 치료를 진행할 수 있다면 이는 치료의 위험 대비 기대효과가 다른 대안에 비해 확실히 월등한 경우에 한해야 할 것이다. 예를 들어 환자가 정신능력이 온전한 상태에서 정신외과수술을 원치 않는다고 했다면 이후 정신능력이 손상된 상태에서 마음을 바꾸더라도 우리는 환자를 수술해서는 안 될 것이다. 우리가 사전지시에 반해 환자를 치료한다면 환자가 겪는 고통을 줄이기 위해서일 것인데, 아직 실험적 단계에 있는 치료로는 이러한 효과를 보장할 수가 없다. 그뿐만 아니라 심각한 위험이 따를 수 있는 치료일수록 정신능력이 온전한 상태에서 환자가 그 위험성을 검토할 수 있어야 한다.

이러한 경우들을 생각하다 보면, 사전지시의 치료거부 의사를 우리는 항상 따라야 하는 것이 아닌지 궁금할 수도 있다. 나는 환자가 원치 않는 부작용을 피하고 싶어서 또는 치료의 위험성이 높아서 치료를 거부한 상황에 대해 이야기하였지만, 어떤 환자가 사전지시서로 치료거부 의사를 남길 때는 우리는 모르더라도 환자는 뭔가를 피하고 싶어서 그랬을 것이기 때문이다. 그렇다면 환자의 입장에서는 위의 예들만큼이나 충분히 납득 가능한 이유로 치료거부를 결정했을 것이라고 우리는 가정해야 할지 모른다(그리고 실제로 환자가 제대로 표현을 못 했을 뿐, 환자는 부작용이나 위험성 때문에 치료를 거부한 것일 수도 있다).

이 부분은 중요한 부분이다. 정신능력이 온전한(더 '좋은') 모습의 환자가 내린 결정을 존중하고 싶으면서도 한편으로는 필요한 치료를 제공하고 싶다는 마음에 우리는 갈등하게 된다. 어떤 사람이 병으로 고통받으며 치료를 원하고, 치료받으면 그 사람은 나아질 수도 있는데, 그럼에도 불구하고 환자를 치료하지 않기란 정말 힘든 일이다. 그러나 이는 반대의 경우도 마찬가지 아닌가? 치료를 원치 않는 환자를 강제로 치료하는 것도 마찬가지로 힘든 일이다. 이 두 경우는 다르다고 할 수도 있겠지만 정말 그런가? 두 경우 모두 우리는 환자의 지금 결정 대신 과거의 결정을 따르는 것이다.

치료를 받는 것이 받지 않는 것보다 더 낫기 때문에 위 둘은 차원이 다른 이야기라고 생각할 수도 있을까? 그렇다면 이는 우리의 가치관과 선호를 다른 사람에게 강요하는 전형적인 예가 될 것이다. 환자는 치료받지 않는 쪽을 선호할 수도 있는 것이다. 무엇이 더 낫다고 우리가 정해서는 안 되는 것이 아닌가? 아니면 우리는 치료를 받는 것이 낫다 아니다를 이야기하는 것이 아니라 (정신능력이 저하된 상태로 정신외과수술을 원하는 경우를 떠올려보라) 환자가 결정을 잘 한 것인지 아닌지를 따지는 것일 수도 있다. 하지만 이는 더 좋지 않은 일이다. 의사능력에 문제가 없는 상태로 어떤 사람이 내렸던 결정에 대해 우리가 뒤늦게 왈가왈부하는 것이 되기 때문이다.[10]

어쩌면 두 경우의 차이는, 치료거부에 대한 사전지시를 따르지 않을 경우 현재 환자의 결정을 존중한다는 장점 외에도 환자가 필요한 치료를 받게 된다는 추가적인 이익이 발생한다는 점에 있을 수 있다.[11] 반면 치료에 대한 사전지시를 따르지 않으면 현재 치료를 원하지 않는 환자가 억지로 치료를 받지는 않아도 된다는 장점 외에는 추가 이익이 없을 것이다. 그러나 아쉽게도 이 이야기에는 앞서 이미 살펴본 문제가 똑같이 반복된다. 치료가 좋은 것이라고 생각할 때만 치료받는 것을 추가적인 이익으로 볼 것인데, 환자는 적어도 정신능력이 온전한 상태에서는 그렇게 생각하지 않았다. 환자를 위해 무엇이 이익일지 결정할 권리가 우리에게는 없지 않은가?

환자가 사전지시서로는 치료를 거부했더라도 현재 치료받기를 원할 때 우리가 현재 환자의 뜻에 따르고 싶어 할 이유는 또 있다. 환자가 원하는 치료를 제공하여 환자의 고통을 덜어 줄 수 있는데 그러지 않는 것이 우리 입장에서 너무나 힘들다는 것이다. 환자에게 고통을 주고 있는 치료거부에 말하자면 우리는 공범이 되고 싶지 않은 것이다. 치료를 원하던 사람이 그냥 돌아가야 하는 것을 지켜보기란 너무나 안타까운 일이다.

그렇다면 이때 중요한 것은 우리가 환자의 결정에 동의하느냐 않느냐가 아니라, 괴로워하는 사람을 돕지 않는 것이 우리의 마음에 걸린다는 것일 것이다. 우리는 방관자가 된 기분일 것이고, 선한 사마리아인 정신을 위배하는 기분일 것이다.

하지만 이 주장은 더 깊이 들여다보아야 한다. 어떤 사람이 원하는 치료를 거절당해 괴로워하는 모습을 보는 것이 마음 아프다면, 치료를 거부하는 사람이 억지로 치료를 받으면서 괴로워하는 모습을 보는 것도 마음 아픈 일이 아닌가? 어쩌면 우리는 병으로 인한 괴로움이 결정을 존중받지 못한 괴로움보다 더 클 것으로 생각하는지도 모른다. 하지만 이는 우리가 판단할 문제는 아니지 않은가? 아니면 어쩌면 원하는 치료를 받지 못하는 환자는 결정도 존중받지 못했고 치료도 받지 못했기 때문에 두 배로 괴로울 것으로 생각할 수도 있다. 하지만 원치 않는 치료를 받는 환자도 마찬가지로, 결정을 존중받지 못했고 치료까지 받게 되어 두 배로 괴로울 수 있다. 우리의 가치판단을 배제하고 살펴본다면 위 두 경우는 다를 바가 없는 것이다.

어쩌면 단순히, 치료를 제공할 수 있는 데에도 그렇게 하지 않을 때 우리의 마음이, 타인의 결정을 존중할 수 있는 데에도 그러지 않을 때의 마음보다 더 불편하다는 것이 가장 맞는 설명일 수도 있다. 앞의 상황은 너무 잔인하게 느껴지는 것이다. 하지만 우리가 그렇게 느낀다면 그 이유는 아플 때 치료를 받는 것은 좋은 일이고 아플 때 치료를 받지 않는 것은 (환자 본인은 치료받지 않기를 더 원했더라도) 좋지 않은 일이라고 우리가 생각하기 때문일 것이다. 이는 가치판단이고, 가치판단은 여기에 개입되어서는 안 된다. 아니면 우리의 마음은 우리의 의학기술을 아픈 사람들을 돕는 데에 쓰고 싶다는 것뿐이고, 치료를 받겠다는 결정이 좋은 결정이라는 말을 하려는 것이 아니라 단지 그 결정이 우리로서는 마음이 더 편하다고 말하려는 것뿐이라 하더라도, 이는 또 다른 측면에서 허용되어서는 안 된다. 그렇게 하는 것은 그 사람을 우리의 기분을 좋게 하는 도구로 삼는 것이 아닌가? 이는 인간을 수단으로 대하면 안 된다는 규범에 어긋날 수 있다.

독자들은 이번에는, 무조건 우리가 좋다고 생각하는 결정을 적용하자는 것은 아니지 않냐고 지적할 수도 있다. 왜냐하면 더 앞에서 나는 사전지시를 통해 치료거부 의사를 밝힌 환자가 현재도 치료를 거부한다면 당사자의 선택을 존중해야 한다고 했기 때문이다. 그때에도 우리는 치료가 환자를 위한 최선이라 생각하고, 그 사람이 어쩌면 불필요한 괴로움을 겪는 것을 지켜보기가 마음이 아플 수 있다 하더라도 말이다. 그렇다면 우리의 원칙은 환자가 치료를 선택한 적이 있고 그것이 좋은 결정이었다면 우리는 그 결정을 존중하겠다는 것일 수도 있다. 하지만 적어도 그 결정은 환자가 내린 결정이어야 한다. 그렇게 하면 우리는 환자의 자율성을 보호하는 동시에 필요한 치료를 제공할 수 있는 것이다.

그러나 위 경우 온정적 간섭주의의 남용이 가능하다는 반박이 즉각적으로 나올 수 있다. 만약 어떤 사람이 한 번이라도 치료 의사를 밝힌 적이 있다면 위 원칙에 따라 우리는 그 사람을 치료할 수 있는 것이다. 그렇다면 이 원칙은 어떤 사람이 현재 또는 정신능력이 온전했던 과거에 치료를 받겠다고 결정했고 그 결정이 좋은 결정이라면 우리는 그 사람을 치료해야 한다는 것으로 수정되어야 한다. 그러나 이 역시 충분한 근거 없이 우리의 직관에 따라 판단을 내릴 여지가 있는 원칙이다. 위에서 이미 가능한 근거들을 살펴보았지만 모두 문제점이 있었기 때문이다.

이런 점들을 고려하면 어떤 사람이 치료를 원한다고 하더라도 그 사람이 정신능력이 온전한 상태에서 사전지시로 치료거부 의사를 밝혔다면 우리는 그를 치료해서는 안 될 것이다. 그러나 적어도 다음 두 가지 사항은 염두에 두어야 한다. 첫째, 환자는 치료거부에 대한 사전지시서를 작성할 당시에는 이후 발병 상태에서 치료를 원하게 될 가능성을 생각해 보지 못했을 수도 있다. 그리고 만약 이를 생각해 봤다면 그런 경우 자신을 치료해 주길 바란다고 말했을 수도 있다. 이 문제를 피하기 위해서는 당연히 사전지시서 작성 시 이 가능성을 명확하게 언급하고 환자의 의사를 확인해야 할 것이다. 우리는 환자가 나중에 치료를 원할 때 자신이 어떤 기분일지 상상해 보도록 적극적으로 도와야 할 것이다.[12]

이런 절차를 마련하더라도 완전히 안심되지는 않을 수도 있다. 환자가 실제로 그 상황이 되어 자신은 지금 치료를 받고 싶지만 과거 자신이 작성한 사전지시서가 이를 가로막고 있는 것을 경험해 본 적이 없다면 그때의 기분이 어떨지 상상해 보기란 어려울 수도 있다. 이것이 정말 문제가 된다고 생각한다면 내가 앞서 제안한 방법과 비슷한 제도를 도입하면 된다. 즉, 한 번에 한하여 치료를 원하는 환자를 일단 치료한 후 환자의 정신능력이 회복되면, 다음에 같은 상황이 되었을 때 어떻게 하면 좋을지 물어보는 것이다. 그리고 환자가 직접 상황을 겪은 후 내린 이 결정은 이제부터 받아들여야 할 것이다.

둘째, 이 문제가 더 중요한 문제인데, 치료거부가 돌이킬 수 없는 결과를 가져올 수 있을 가능성에 대해서도 생각을 해 봐야 한다. 그렇다면 환자가 사전지시로 치료를 거부한 이후 마음을 바꿀 경우 사전지시에 따르지 않아야 할 것이다. 연명의료거부의 예를 생각해 보자. 어떤 사람이 앞으로 본인은 특정 신체질환을 앓아 의사능력을 상실하게 되면 연명의료를 받지 않겠다는 내용의 사전지시서를 작성하였는데 이후 의사능력을 상실한 상태에서 치료를 받겠다고 한다면 우리는 그 사람을 치료할 것이다. 치료가 반드시 환자를 위한 최선의 선택이라 생각해서 그런 것이 아니라 (치료는 환자에게 엄청난 고통을 가져올 수도 있다) 죽음은 돌이킬 수 없는 것이기 때문이다. 앞서 환자가 고통받는 모습을 우리는 지켜보기 힘들어한다고 한 것과도 비슷하게, 우리는 죽고 싶지 않다고 말하는 사람이 사망에 이르는 데에 공범이 되고 싶지 않은 것이다.

마찬가지로 어떤 사람이 피임을 위해 난관수술을 받겠다는 동의서를 작성했으나 정신능력이 손상된 상태에서 이 결정을 번복할 경우, 난관수술은 영구적이기 때문에 우리는 지금의 결정을 존중할 것이다. 반대로 난관수술을 하지 않겠다는 사전지시서를 작성하였다가 이후 마음을 바꾸어 수술을 원하는 경우라면, 이때는 과거의 결정에 따를 것이다. 어떤 사람이 자신이 무엇을 원하는지 마음을 확실하게 정하지 못하였을 때는 돌이킬 수 없는 행동을 삼가야 하기 때문이다.[13] 여기서 중요한 것은 결정의 비가역성이지, 환자가 난관수술을 받지 않기로 한 결정에 우리가 동의하는지가 아님을 독자들은 알 수 있을 것이다. 환자 결정의 비가역성이지, 환자가 난관수술을 받지 않기로 한 결정에 우리가 동의하는지 여부가 아님을 이해해야 한다. 우리는 실제로는 난관수술이 환자에게 도움이 되리라 생각할 수도 있다.

그렇다면 정신질환자도 치료를 받지 않을 경우 정신능력이 회복되지 않아 사실상 돌이킬 수 없는 길을 가게 되기 때문에 사전지시 내용에 상관없이 환자가 현재 치료를 원한다면 치료를 해야 할 수도 있다. 반대로 치료를 받겠다는 사전지시는 돌이킬 수 없는 것은 아니다. 치료를 받고 정신능력이 회복되면 그때 환자는 사전지시서를 수정할 수 있기 때문이다.

그러나 치료를 받지 않겠다는 결정이 돌이킬 수 없는 것이라는 주장은 어느 정도 과장이 섞인 것이다. 정신질환으로부터 저절로 회복되는 경우도 있기 때문이다(물론 그런 경우 환자는 결과적으로 치료가 필요하지 않았으니 사전지시서의 치료거부 의사는 아마 수정하지 않을 것이다). 그뿐만 아니라 환자가 정말로 치료를 원한다면 자타해 위험을 드러내 보이며 강제입원이나 강제투약을 유도할 수도 있다. 그렇게 하면 사전지시로 치료거부 의사를 밝혔더라도 치료를 받을 수 있는 다른 경로가 있는 것이다. 사실 냉정히 말하자면 환자는 실제 자타해 위험이 있을 정도까지 병세가 악화될 필요도 없이 말과 행동만 그렇게 해도 된다.

물론 환자들이 이 방법을 알아야 위 상황은 가능한 것이지만, 우리가 이 사실을 환자에게 말해줄 수도 있다. 환자의 현재 결정은 따르지 않으면서 대신 환자가 직접 자신의 사전지시를 피해 갈 수 있도록 방법을 알려주는 것은 편법이기는 하다. 그러나 다른 한편으로 이는 환자의 과거 결정과 현재 결정 둘 다 존중하는 것일 수도 있다. 그리고 환자는 치료를 받기 위해 어떤 방법까지 동원하고 싶은지를 직접 결정할 수 있는 것이다.

이에 대한 결론을 어떻게 내려야 할지는 어려운 문제이다. 치료거부는 돌이키기 어려운 결정일 수 있지만, 엄밀히 말해 완전히 비가역적인 결정은 아니다. 따라서 정신질환의 치료거부를 연명의료거부와 같은 성격의 것이라 보기는 어려우며, 비가역성을 근거로 환자의 사전지시를 무시하면 안 될 것으로 보인다. 이 문제에 대해서는 당장 한쪽으로 결론을 내리기보다는 앞으로 더 많은 검토를 해야 할 것이다.

그렇다면 우리는 어떻게 해야 할까? 사전지시서를 작성하는 환자들에게 우리는 이러한 지시서를 실제 적용할 시점에는 환자의 마음이 바뀌어 있을 수도 있음을 이야기하고, 그럴 경우 어떻게 하기를 원하는지 물어보아야 할 것이다. 환자가 치료를 원하지만 사전지시로 인해 치료를 받지 못하게 된 첫 상황에서는 환자를 치료하고, 이후 이때의 경험을 바탕으로 다음에 같은 상황이 발생하면 무엇을 원할지 환자에게 물어보아야 할 것이다. 반대로 환자가 현재 치료거부를 하지만 사전지시시에는 치료를 받겠다고 한 경우는 고민이 더 적을 것이다. 첫째, 이 환자들 대부분은 처음 정신증이 나타났을 때 이미 치료거부에도 불구하고 치료를 받게 되는 상황을 경험해 보았을 것이기 때문이다. 둘째, 그런 적이 없다 하더라도, 치료를 하지 않으면 돌이킬 수 없는 길은 아니라도 선택지가 더 적은 길로 들어서게 되기 때문이다.

사전지시서의 치료거부에도 불구하고 치료를 원하는 환자를 한 번 치료한 후에는, 그다음에 같은 상황이 발생하면 그때에는 사전지시서의 내용에 따라야 할 것이다. 환자가 계속 사전지시서로 치료거부 의사를 밝히는 데에는 환자 나름의 충분한 이유가 있기 때문일 것이다. 정신능력이 온전한 사람의 선택을 존중해야 한다는 것이 우리의 원칙이라면 사전지시상 환자의 선택이 우리가 보기엔 나쁜 결정이라 하더라도 이에 따라야 한다.

이 장에서 우리는 정신과 치료 장면에서 사전지시제도를 도입하자는 제안은 설득력이 있음을 보았다. 이 제도를 통해 우리는 결정을 환자에게 더 많이 맡길 수 있고, 환자는 자기 삶의 더 많은 부분을 스스로 관리할 수 있게 된다. 사전지시제도는 의료분야에서 이미 널리 받아들여지고 있으며, 정신과 치료에도 이를 적용할 만한 충분히 가치가 있다.

9

결론

이제 우리의 여행은 거의 끝나간다. 이 책에서 나는 강제입원과 강제투약, 격리 및 강박 등 강제치료 전반의 여러 쟁점들을 다루었다. 나는 이 쟁점들을 특히 의사와 변호사의 관점은 어떻게 다른지, 정신질환이란 무엇일지, 그리고 정신질환자를 비정신질환자와 다르게 대해야 할 필요가 있다면 그 이유는 무엇일지를 중심으로 검토하였다.

이 책에서 나는 여러 실질적 제안을 하기도 하였지만, 전체 주제를 관통하는 몇 가지 핵심 사항을 이야기하기도 하였다. 이번 장에서는 그 중 세 가지 사항을 다시 정리하며 책을 마무리하려고 한다. 첫 번째는 정신질환자의 강제치료에 있어서 온정적 간섭주의나 자율성 존중 중 어느 한쪽 원칙만을 고수하는 것은 불가능하다는 것이다. 두 번째는 가치판단을 해야만 한다면 어떤 가치판단을 해야 할지, 그리고 이는 우리가 기존에 하던 가치판단과 어떻게 같거나 다른지에 관한 내용이다. 세 번째는 우리는 정신질환자와 건강한 사람을 최대한 동등하게 대해야 하며, 환자가 심각한 정신능력의 저하를 보이는 경우에 한해 최소한도로 이들을 일반인과 다르게 대하는 것이 허용될 수 있을 것이란 점이다.

첫째, 정신질환자의 강제치료와 관련해서는 온정적 간섭주의의 원칙주의자도, 자율성 존중에 충실한 이론가도 존재할 수 없다.[1] 이 책에서는 후자가 존재하기 어려운 이유를 주로 강조했지만, 전자의 경우도 다르지 않다. 예를 들어 정신능력의 저하가 전혀 없는 환자가 치료를 거부하는데, 치료가 그 환자를 위한 최선이라는 이유만으로 강제치료를 진행할 수 있다고 생각하는 사람은 아무도 없을 것이다. 게다가 환자의 병은 심각한 것은 아니고, 이 병에 대한 치료는 불쾌하고 불편한 것이 사실이라고 상상해 보자. 그리고 그럼에도 불구하고 대부분의 경우에 비추어볼 때 치료를 받는 것이 환자에게는 최선이라고 상상해 보자. 이런 상황에서 강제치료를 허용한다면 우리는 당연히 놀라며 반대할 것이다. 그러나 온정적 간섭주의의 원칙에 충실해지려면 이 강제치료도 허용해야 한다. 이러한 원칙주의자가 되려는 사람은 아무도 없을 것이다.

그러나 자율성 존중의 원칙을 철저히 지켜야 한다는 사람은 왜 존재할 수 없을까? 의사무능력이 아닌 상태에서의 결정은 무조건 존중해야 한다고 말하는 사람은 자율성 존중의 원칙에 철저한 것이 아닌가?[2] 그러나 문제는 당사자에게 의사능력이 있더라도 그 사람의 결정을 따르지 않아야 한다고 사람들 대부분이 생각할 상황도 있다는 점이다. 이러한 예는 던컨 케네디의 논문(Kennedy, 1982)에 잘 설명되어 있다.

나는 더 나아가, 당사자가 의사능력을 상실하지 않은 한 당사자의 결정을 존중해야 한다는 원칙을 지키는 것은 자율성 존중의 원칙을 지키는 것과는 다르다는 점도 이야기하고 싶다. 어떤 사람의 자기결정권을 인정할지 하지 않을지를 판단하는 데 우리의 가치관이 얼마나 여러 방면으로 영향을 미칠 수 있는지를 생각해 보면 이는 쉽게 알 수 있다. 자율성을 강조하는 이론가라면 어떤 사람이 자기 자신과 관련하여 가치판단을 포함하는 결정을 한다면 우리는 그 결정에 관여하지 않아야 한다고 이야기할 것이다. 그 사람을 위해 무엇이 최선일지 가장 잘 알 사람은 당사자 본인이기 때문이다.

그러나 그렇게 하지 않고 그러한 결정을 당사자에게 맡겨도 될지를 우리가 정하게 된다면 여기에도 우리의 가치판단이 들어간다. 가장 명백한 예는 당사자가 어떤 상태일 때 우리가 개입하여 그 사람의 일을 대신 결정할지를 정하는 문제가 될 것이다.[3] 그 사람이 의사능력을 상실했을 때 개입해야 할까? 아니면 정신능력의 저하만 보이더라도 개입이 가능할까? 자타해 위험 등 다른 추가적인 조건도 있어야 할까? 이러한 결정을 내리려면 그 결정을 통해 얻는 것과 잃는 것, 그리고 추구하는 가치 등을 모두 고려해야 한다. 이 책의 내용은 주로 이 고려사항들 사이의 균형점을 찾는 방법에 대한 것이었다.

이러한 명백한 예 외에도, 정신질환의 개념 자체도 가치판단에 따라 완전히 달라질 수 있다는 점 역시 놓치지 않아야 한다. 어떤 사람이 정신질환을 앓는지에 대한 판단은 그 사람이 우리의 규준에서 어느 정도나 벗어났는지의 문제와 따로 떼어 놓고 생각할 수가 없다. 2장에서의 예화들을 떠올려보라. 어떤 사람이 정신질환을 앓는지가 그 사람의 자기결정권을 박탈할 수 있는 조건 중 하나가 된다면, 이 부분에도 역시 우리의 가치판단이 들어갈 수 있다.

뿐만 아니라 의사무능력 상태의 결정이 아닌 결정은 존중해야 한다고 말할 때도 의사능력을 판단하는 기준 자체에 포함된 가치판단의 문제를 피할 수 없다. 의사능력의 판단 기준을 정하기 위해서는 규범적 선택을 해야 한다. 우리는 먼저 의사결정을 위해서는 어떤 능력들이 필요한지를 정해야 한다. 그리고 이러한 각각의 능력이 어느 수준으로 필요한지도 정해야 한다. 우리는 당사자가 결정을 내리는 방식에도 제한을 두어야 한다. 그리고 어느 시점에는 당사자가 가질 수 있는 신념에도 제한을 두어야 한다. 그러나 당사자는 우리와는 다른 방식으로 진실을 찾을 수도 있는 것이기 때문에 이렇듯 우리의 기준으로 의사능력을 판단하는 것은 우리의 가치관을 남에게도 적용하는 것이 된다. 의사능력은 가치중립적인 개념이 될 수 없다.

의사능력과 관련하여 가치판단이 개입되는 또 다른 문제는 상황에 따라 요구되는 의사능력의 기준을 다르게 잡아야 할지이다. 나는 의사능력의 판단 기준을 2단계로 나눌 것을 제안하며 이를 각각 '의사무능력'과 '정신능력의 저하'라 지칭하였는데, 정신능력의 저하 기준과 관련해서도 우리는 가치판단을 하게 된다. 환자가 어떤 모습을 보일 때 이를 정신능력의 저하라고 보아야 할까? 이를 정신능력의 저하라고 부르지 않고 단지 특이한 방식으로 의사결정을 하는 모습이라고 부를 수는 없을까? 우리의 가치관을 강요해서는 안 되지 않은가?

정신질환을 판단하는 문제와 관련하여 보았듯이 능력이라는 개념 자체도 우리의 규준이나 가치관에 따라 달라질 수 있다. 어떤 능력이 저하되었거나 장애가 있다는 의미는 원하는 일을 하는 데에 필요한 어떤 특성을 갖추지 못했다는 뜻이다. 하지만 사람들은 저마다 원하는 것, 즉 가치관이 다를 수 있다. 몇 달씩 침대에 누워있는 것을 가치 있는 목표라고 생각하는 사람으로서는 계속 침대에 누워있을 수 있는 것이 능력일 것이다. 일을 할 수 있다는 것은 무가치하다고 생각하는 사람으로서는 일을 할 수 있는 것은 능력이 아니다. 물론 그렇게 생각하는 사람은 드물지만, 나의 요지는, 아무리 널리 통용된다 하더라도 가치관은 가치관일 뿐이라는 것이다.

사전지시제도와 관련해서도 가치판단이 들어간다. 사전지시는 허용되어야 할까? 우리는 건강한 모습을 더 선호해야 할까, 아니면 건강하지 않은 모습을 더 선호해야 할까? 만약 환자가 치료를 원치 않는다는 내용의 사전지시서를 작성했지만 이후 마음을 바꾸어 치료를 원할 경우 우리는 바뀐 마음에 따라야 할까? 그렇게 하는 것은 건강한 모습을 더 선호한다는 우리의 가치관을 환자에게도 적용하는 것일 수 있다.

가치판단이 들어가는 또 다른 문제는 우리가 환자를 대신해 결정을 하게 되었을 때에는 어떤 기준에 따라야 할지이다. 우리는 환자가 과거에 원한다고 말했던 것을 선택해야 할까? 아니면 우리가 생각하기에 환자가 원할 것 같은 것을 택해야 할까? 아니면 환자를 위한 최선이라 우리가 생각하는 것을 선택해야 할까? 이러한 질문에 대한 답도 우리의 가치관에 따라 달라진다.

그렇기 때문에 자율성 존중의 원칙을 고수하는 이론가는 존재할 수 없다. 자기 자신에 대한 결정은 항상 그 당사자가 직접 할 수 있어야 한다고 주장할 사람은 없을 것이다. 예를 들어 당사자가 의사능력을 상실한 상태인데도 그의 결정을 무조건 존중해야 한다고는 아무도 생각하지 않을 것이다. 그리고 어떤 사람이 의사무능력자가 아닌 이상 스스로 결정을 내릴 수 있어야 한다고 말하는 것 역시 자율성 존중의 원칙에 철저한 것은 아니다. 의사무능력에 대한 판단도 가치관에 따라 달라지기 때문이다. 만약 여태까지 '자율성'이며 '의사능력'을 강조하는 것만으로 자율성 존중의 원칙을 지킬 수 있다고 생각해 왔다면, 이제 문제는 그리 단순하지 않음을 직시하고 우리가 어떤 가치판단을 하고 있는지 신중히 검토해야 한다.

그렇다면 앞서 이야기한 두 번째 사항으로 넘어가, 정신질환자의 강제치료와 관련하여 우리는 어떤 가치판단을 해야 할지 정리해 보겠다. 여기에서는 앞의 장들에서 이야기한 강제입원, 강제투약, 격리 및 강박과 관련하여 나의 구체적 제안들을 다시 되짚어보지는 않을 것이다. 그러나 나의 제안들은 다음의 몇 가지 면에서 미국의 현행법보다 자율성을 더 존중하기도 하고 덜 존중하기도 함을 설명하려고 한다. 먼저 정신질환의 개념과 관련하여 나는 대부분의 의사보다 더 회의적인 입장을 취한다. 강제입원과 관련하여 나는 단순한 타해 위험이 아니라 심각한 타해 위험과 함께 몇 가지 추가적 조건(정신능력의 저하나 평소와 다른 모습 등)이 충족되어야만 환자를 강제입원시킬 수 있다고 제안한다. 격리 및 강박과 관련하여 나는 현행보다 자율성을 더 보호하는 방법을 제안한다. 나는 사지강박은 허용되어서는 안 된다고 보며, 격리 시간에는 상한선을 두어야 하고, 응급상황에서 환자가 자신이 원하는 격리 및 강박 방식을 약간은 선택할 수 있도록 해야 한다고 주장한다. 의사능력의 판단과 관련해서도 나는 정말 심각하게 정신능력의 장애를 보이는 환자만을 의사무능력자로 분류할 기준을 제안하며 자율성을 더 보호하려고 하였다.

그러나 다른 한편으로는 나의 제안은 현행법보다 더 온정적 간섭주의에 충실하기도 하다. 그중 하나로, 나는 환자가 정신증으로 처음 병원에 오게 되었을 때는 한 번에 한해 완화된 기준으로 강제입원 및 강제투약을 할 수 있을 것을 제안한다. 그리고 나는 사전지시제도를 활용하여 이후 환자가 강제입원이나 강제투약 기준에 해당하지 않고 심지어 의사능력이 인정되는 상태로 치료거부를 하더라도 사전지시서에 따라 치료가 가능하도록 할 것을 제안한다. 이러한 온정적 간섭주의가 정당화될 수 있는 이유는, 환자가 치료 후 "진정한" 모습으로 (아니면 적어도 우리가 더 선호하는 모습으로) 우리의 개입에 대해 감사할 것이라 생각할 근거가 있기 때문이다.

혹자는 환자의 건강한 모습을 더 선호하는 것은 더 자율적인 모습을 선호하는 것이기도 하므로 자율성 존중의 일환이지 온정적 간섭주의가 아니라고 말할 수도 있다. 이때 우리의 개입은 미래의 자율성을 증대시키기 위한 것이란 설명이다. 독자들은 의사들이 일반적으로 이러한 생각을 하고 있음을 기억할 것이다. 그러나 나는 건강한 모습을 선호하는 것은 온정적 간섭주의임을 인정하는 편이 더 솔직하다고 생각한다. 건강해진 후 환자의 자율성이 더 증대되고 환자는 자신의 진정한 선택에 따라 사전지시서를 작성할 수 있게 된다 해도 말이다. 사전지시서는 스스로에 대한 온정적 간섭주의 차원의 개입이다. 나는 정신능력이 저하되지 않은 환자의 모습을 선호하는 것이 불편하지 않다. 이러한 선호가 아무리 가치중립적이지 않다고 해도 말이다.

세 번째로, 나는 정신질환자들에 대한 편견 및 차별에 유의하며 우리가 정신질환자들을 다르게 대해야 한다면 왜 그럴지를 신중하게 검토해 보았다. 그리고 결론은 단지 정신질환을 앓는다는 사실만으로 환자들을 다르게 대할 근거는 없다는 것이었다. 예를 들어 의사무능력자를 다르게 대하는 것은 타당하겠지만, 정신질환자 중 많은 사람은 의사무능력자가 아니다. 그렇기 때문에 나는 강제입원이나 강제투약, 격리 및 강박의 기준을 제안함에 있어 가급적이면 건강한 사람에게도 적용이 가능한 기준을 제시하려고 노력하였다. 실제 그 기준에 해당하는 사람은 정신질환자가 더 많을지라도 말이다.

구체적으로, 강제입원과 관련하여 나는 입원을 하지 않으면 발생할 수 있을 위험의 종류 외에도 정신능력의 저하나 평소와 다른 모습이 될 수 있다는 점 등을 집중적으로 살펴보며 신체질환자에게도 비슷한 상황이라면 적용이 가능할 기준을 찾으려 하였다. 그리고 정신능력의 저하를 보이는 모든 사람에게 적용이 가능한 일반적 기준도 제안하였다. 치료거부 권리와 관련하여 나는 비정신질환자에게 적용되는 것과 완전히 동일한 기준을 제안하였다. 즉, 응급상황이 아니라면 환자가 의사능력을 상실한 경우에만 강제치료가 가능하다는 것이다. 격리 및 강박과 관련하여 나는 병원 밖에서 건강한 사람에게도 적용될 수 있는 정도의 개입만을 허용하였다. 자해 위험이 있다고 해서 침대에 사지를 묶는 모습은 사라져야 한다.

나는 의사무능력과 정신능력의 저하 개념을 정의하면서 건강한 사람들의 경우를 면밀히 참고하였다. 예를 들어 정신질환자가 아닌 사람 중에도 판단 능력의 저하를 보이는 사람은 많기 때문에, 단지 정신질환자라는 이유로 부당한 차별을 가하지 않을 기준을 마련하려고 노력하였다. 내가 제시한 의사무능력과 정신능력의 저하 기준은 비정신질환자에게도 적용이 가능하다. 마지막으로, 나는 신체질환과 관련하여 사전지시서 작성이 가능한 것처럼 정신질환의 치료에도 사전지시제도를 도입할 것을 제안하였다. 정신능력이 손상된 상태에서 사전지시서 내용과 다른 결정을 한다면 이 결정은 존중하지 않아도 될 것을 나는 이야기하였다.

정신질환자들은 우리의 사회에서 오랫동안 억압받고, 무시당하며 차별을 겪어왔다. 나는 이 책에서 환자가 치료를 원치 않는 경우를 중심으로 정신질환자에 대한 부당한 대우를 강화하지 않을 강제치료 방식을 제안하려고 하였다. 이제 다음 과제로 치료를 원하지만 치료받지 못하는 정신질환자들을 위해서도 누군가 책을 쓰고, 정책 마련을 위한 로비를 하기를 기대해 본다.

미주

머리말

1. 강력범에 대한 낙인도 상당히 크지만, 삶의 많은 영역에 있어서 범죄자들은 정신질환보다 덜한 낙인을 갖고 살아간다. 사람들에게 물어본다면 정신질환 판정을 받고 병원에 입원하는 것보다는 유죄 판결을 받아 감옥에 들어가는 것이 더 낫다고 대답하는 경우가 많을 것이다. 그리고 우리 사회에서는 강력범죄를 저지르는 사람들은 정신질환자라고 생각하는 경우가 많다.

1. 의사와 변호사: 그들의 입장 차이

1. 많은 문헌에서 변호사는 자율성의 원칙을 중시하는 반면 의사는 온정적 간섭주의를 중시하는 경향이 있다고 이야기한다. Anna & Densberger 1984; Blackburn 1990; Brooks 1986; Roth 1986; Slovenko 1989 등을 참고하라. 정신과 환자의 동의능력에 대한 평가에서 변호사와 의사가 (그리고 법대생과 의대생이) 보이는

차이는 Kaufmann et. al. 1981을 참고하라.

2. [역자 주: 원문의 표현은 '환상과 두려움(fantasy and fears)'이다. 정신분석학적으로 환상(fantasy)은 소망(wish)과는 다른 것이나, 일상적이고 사전적인 용법에서 환상은 'fantasy'와는 다소 차이가 있기 때문이기 때문에 본문에서는 이를 소망으로 번역하였다. 저자가 'fantasy'라는 단어를 사용한 이유는 다음과 같다.] 의사와 변호사의 환상과 두려움(fantasy and fears)이라는 표현 대신 판단이나 예상이라는 단어를 사용할 수도 있을 것이다. 하지만 나는 환상과 두려움이 더 정확한 표현이라고 생각한다. 여기에서 나는 정신분석자들이 이야기하는 것과 동일한 의미로 환상이라는 단어를 사용하였다. 환상은 매우 그럴듯하게 여겨지나 실제 현실을 반영하는 것일 수도 있고 아닐 수도 있으며, 환상의 대상보다는 그 환상을 품고 있는 사람의 특성을 더 많이 반영하는 것이다. 그렇기 때문에 뒤에 설명할 의사와 변호사의 생각들은 환상이라고 표현하는 것이 맞을 것이다.

2. 정신질환: 허구인가, 진짜 질환인가?

1. 그 외 Szasz 1960, 1961, 1974, 1977, 1994, 1998 등을 참고하라.
2. 사스의 견해에 대한 비판으로는 Ausubel 1961; Fox 1985; Kubie 1974; Moss 1968; Reiss 1972; Sander 1969; Schoenfeld 1976; Thorne 1966 등이 있다. 사스 또는 그와 같은 견해에 동조하는 입장은 Balance, Hirschfield & Bingmann 1970; Haskar 1977; Vatz & Weinberg 1994; Widiger & Trull 1985 등을 참고할 수 있다. 병(disease)의 정의는 무엇일지 논의하면서 사스와 반대의 입장을 취한 문헌은 Pies 1979를 참고하라. 사스와 포이히터슬레벤의 공통점과 차이점을 다룬 문헌은 Laor 1982를 참고할 수 있다.
3. 예를 들어 Begelman 1971; Bentall & Pilgrim 1993; Brown 1991; Dammann 1997; Evison 1990; Gorenstein 1984; Hall 2000; Hobbs 1998; Megone 1998; Moore 1975, 1984; Reznek 1991; Svensson 1995; Vatz & Weinberg 1994 등을 참고하라.
4. 자유는 사람들의 최선의 이익뿐만 아니라 사회의 이익을 위해서도 중요할 것이

다. 사람들이 만약 정신질환자라고 불릴 것을 두려워하며 남들과 같은 모습으로 살아갈 수밖에 없다면, 범죄성처럼 부정적인 쪽으로 남들과 다른 모습도 줄어들겠지만, 천재성도 마찬가지로 억눌릴 수 있다. 실제로 천재들 중 많은 이들이 남들과 다른 생각을 한다는 이유로 정신이상자 취급을 받았지만, 나중에는 그 사람들의 생각이 옳았음이 밝혀지기도 했다. 그들은 미친 것이 아니라 선견지명이 있는 것이었다. 그렇다면 남들과 다르다는 것은 큰 장점이 될 수도 있는 것이다. 이러한 면을 정신질환으로 분류하게 된다면 큰 문제이다.

5. 남들이 그렇게 생각하지 않으면 어떤 생각이 실제로 잘못된 신념이 된다고 말하려는 것은 아니다. 존재론 차원이 아니라 인식론 차원에서 우리는 그 생각을 잘못된 신념이라 볼 수도 있다는 것뿐이다. 즉, 진실을 알 수 있는 사람이 어차피 없기 때문에 다수의 생각 또는 사회적으로 합의된 생각이 곧 진실이 된다는 주장을 하려는 것이 아니라, 단지 우리가 어떤 절대적 진실을 알 수 있는 경우는 거의 없기 때문에 다수의 생각이 맞는다고 증명할 수는 없더라도 다수의 생각을 참고하게 되곤 한다는 것이다. 물론 이런 다수의 생각을 무조건 받아들여서는 안 되고, 우리는 우리의 관점을 설명하고 또 주장하기도 해야 한다. 그러나 그럼에도 불구하고 우리는 다른 사람들의 생각에 따라 어떤 신념은 거짓이고 어떤 신념은 참이라고 단정 지을 때가 있다.

6. 다른 어려운 사례의 예로 알코올 중독자과 성범죄자에 대해 생각해 보자. 이들은 정신질환자로 봐야 할까, 아니면 단순히 바람직하지 않고 비생산적인 선택을 하는 사람들로 봐야 할까? 이 둘, 특히 그중에서도 성범죄의 문제를 정신질환으로 보아야 할지에 대해서는 상당한 논란이 지속되고 있다.

7. DSM-IV-TR은 진단을 위한 바이블이라고 할 수 있는 미국정신의학협회의 『정신장애의 진단 및 통계 편람 제4판 텍스트 개정(Diagnostic and Statistical Manual of Mental Disorders, 4th ed., Text Revision)』의 약자이다. [역자 주: 저자가 이 책을 집필한 이후 현재는 DSM-5-TR까지 발표되었다.]

8. 혹자는 여기서 중요한 것은 인과관계가 아니라 선택이 강요된 것인지 여부라고 할 수도 있을 것이다. 정신질환자의 선택들은 특징적으로 어려운 선택(hard choice)이 많고 따라서 어느 정도 강요된 것으로 볼 수 있는 경우가 많지만, 그렇지 않은 선택들도 많다. 만약 어떤 선택이 강요되었음에도 당사자가 이를 인식하

지 못할 수 있다고 설득력이 부족한 주장을 하려는 것이 아니라면, 위 관점을 활용하여 정신질환을 특이함과 구분 짓기는 어려울 것이다. [역자 주: 결정론에 따르면 인간의 모든 행동은 일정한 인과관계에 의해 발생하는 것이다. 이러한 결정론을 엄격히 적용한다면 인간은 자신의 어떤 행위도 선택할 수 없고, 어떤 행위에 대해서도 책임을 지지 않아도 된다. 그러나 양립론에서는 결정론이 어느 정도 참이더라도 자유 의지가 부정되는 것은 아니라고 보는데, 이러한 입장을 취하는 법학자들은 어떤 선택에 인과관계가 적용하였다고 하여도, 그 선택이 반드시 강요된 것, 즉 그러한 선택을 내리지 않을 경우 겪게 될 고통이 극도로 두렵기 때문에 다른 대안을 선택하기 힘든 '어려운 선택'이 되는 것은 아니라고 본다. 이러한 '어려운 선택'의 예에는 총을 든 강도가 돈을 내놓지 않으면 쏘겠다고 협박할 때 지갑을 꺼내주는 것처럼 비교적 단순한 사례부터 약물중독자가 금단증상의 고통을 피하려 다시 약물을 찾는 것과 같이 좀 더 논란의 여지가 있는 사례도 포함된다.]

9. 정신질환에 대한 판단에는 우리의 가치관이 많이 개입된다는 사스의 주장을 언급하면서 신체질환에 대한 판단 또한 가치관의 영향을 받음을 지적한 문헌들이 있다. Ausubel 1961; Bentall & Pilgrim 1993; Dammann 1997; Evison 1990; Megone 1998; Thorne 1966 등을 참고하라.

10. 여기서 해당 상태에 대한 부정적인 평가가 중요함에 유의하라. 저혈압도 표준에서 벗어난 것이지만 이는 좋은 것이라 평가하기 때문에 병으로 치지 않는다. 지능지수가 높은 천재도 마찬가지이다. 병을 판단하는 데에는 우리의 가치관이 많이 작용한다. 사스가 신체질환은 생물학적 또는 해부학적 표준에서 벗어난 상태이지만, 정신질환은 사회적, 윤리적 규준에서 벗어난 상태이기 때문에 문제가 된다고 설명한 것은 적절하지 않다. 이 둘은 모두 어떤 상태가 삶의 질을 높이는 상태인지에 대한 가치판단을 포함된 개념이다. (물론 사스가 생물학적 또는 해부학적 표준을 언급한 것은 단지 병은 생리학적인 것이라는 그의 주장을 되풀이한 것일 수도 있다. 그리고 우리는 이 주장은 문제가 있음을 앞에서 이미 보았다. 아니면 사스는 생물학적, 해부학적 표준에서 벗어나는 것은 윤리적, 사회적 규준에서 벗어나는 것보다 덜 문제가 된다고 생각했을 수도 있다.)

11. 예를 들어 구개열 등을 생각해 볼 수 있다.

3. 강제입원: 정당한 기준이란?

1. 1999년 현재에도 이러한 기준을 사용하는 주들이 몇몇 있다. 조지아, 노스다코타, 오리건(추가 조건 있음), 펜실베이니아(추가 조건 있음), 버몬트가 이에 해당한다. 이 기준이 더 널리 적용되어야 한다고 옹호하는 문헌도 있다. Treffert 1985를 참고하라.
2. 구체적으로 살펴보자면 각 주의 기준은 다음 다섯 가지의 기본 패턴 중 하나 또는 그 이상의 조합으로 구성되곤 한다. 1) 자타해 위험, 2) 자타해 위험과 중증의 장애, 3) 자타해 위험 그리고/또는 치료에 대해 결정할 수 있는 의사능력의 손상, 4) 치료나 돌봄의 필요성, 5) 환자의 폭력성 및 입원보다 덜 침해적인 대안의 부재가 그것이다. 많은 경우 자타해 위험은 강제입원의 기준에 포함되곤 하며, 그 외 4)번이나 5)번 조건 등이 추가되기도 한다.
3. 강제입원 기준에 영향을 미치는 철학적 또는 정책적 이론들을 언급한 문헌은 다음 등을 참고할 수 있다. Aviram 1990; Bishop & Olders 1992; Brouillette & Paris 1991; "Civil commitment" 1995, Erlinder 1993; Kaufman 1988; King 1991-92; Lamb 1989; Lee 1994; Miller 1985; Morissette 1992; Pincus 1995; Schopp & Quattrocchi 1995; Stone 1985, 1987; Swanson et al. 1997 (외래치료명령에 대한 논의); Turkheimer & Parry 1992; Tyler 1992.

   강제입원의 기준 및 절차에 있어 개선이 필요하다고 제안한 문헌의 예로는 다음이 있다. Appelbaum 1992; Bagby 1988; Bloom & Faulkner 1987; Brouillette & Paris 1991; Chiafullo 1994; Dawson 1996; Hermann 1986; Howse 1988; Keilitz 1988; Lamb 1989; Parry & Beck 1990; Price 1994; Treffert 1985; Turkheimer & Parry 1992. 현재의 기준은 적절하며 이를 바꾸지 않아야 한다고 이야기하는 문헌은 다음 등을 참고할 수 있다. Fisher, Pierce & Appelbaum 1988; Leong & Silva 1989.

   강제입원 기준 관련 다각도의 비판을 제시한 문헌은 Appelbaum 1992; Brouillette & Paris 1991; Dawson 1996; Dorfman 1993; Durham & Pierce 1986; Hiday & Smith 1987; McFarland et al. 1989; Pincus 1995; Turkheimer & Parry 1992 등을 참고할 수 있다.

강제입원에 대한 미국 국립 주법원센터(National Center for State Courts)의 가이드라인에 대한 논의는 Appelbaum 1988; Appelbaum & Roth 1988; Wexler 1988 등을 참고할 수 있다.

앨런 스톤과 미국정신의학협회(APA)가 제시한 강제입원 관련 법령의 모델(Stone/APA Model Statute)에 대한 논평은 다음 등을 참고할 수 있다. Price 1994; Stone 1985, 1987; Hoge et al. 1988; Hoge, Appelbaum & Greer 1989. 뒤의 세 문헌은 이 모델에 따른다면 자타해 위험을 기준으로 한 현재보다도 강제입원이 더 줄어들 것이라 이야기한다.

다른 국가들의 강제입원 기준에 대한 논의는 Aviram 1990; Bagby 1988; Brouillette & Paris 1991; Howse 1988; Lecompte 1995; Price 1994; Segal 1989 등을 참고할 수 있다.

강제입원 관련 법령이 어떻게 변화해 왔는지는 Bloom & Williams 1994; Fisher & Pierce 1985; Hughes 1986; Miller 1985; Turkheimer & Parry 1992 등을 참고할 수 있다.

4. LaFave & Scott 1986의 7.8(a)를 참고하라. 정신의학 측면에서 자살위험의 평가와 개입은 Jacobs 1999 등을 참고하라. 자살과 강제입원에 대한 논의는 Siegel 1987을 참고하라.
5. Brown & Paine 1993; Delaney 1991; Gostin 1993b, 1997; Harvard Law Review Editors 1974, 1990 등을 참고하라.
6. Harvard Law Review Editors 1974는 이를 심도 있게 다루어 이후 널리 인용되곤 하였다. Morse 1982 역시 자주 인용되는 문헌이다.
7. 강제입원을 했다고 하여 그 사람을 의사무능력자로 볼 수 있는 것도 당연히 아니다. 다음의 판례 등을 참고하라. *In re the Mental Health of K.K.B.*, 609 P.2d 747 (Okla. 1980); *New York City Health and Hospitals Corp. v. Stein,* 335 N.Y.S.2d 461 (1972); *Rivers v. Katz,* 504 N.Y.S.2d 74 (1986); *Rogers v. Commissioner of the Department of Mental Health,* 458 N.E.2d 308 (Mass. 1983); *In the Matter of Rosa M.*, 597 N.Y.S.2d 544 (1991); *Winters v. Miller,* 446 F.2d 65 (2d Cir. 1971). 입원 중인 조현병 환자들을 대상으로 맥아더 치료동의능력 관련 하위능력들을 평가했을 때, 평가대상의 75%는 각 하위능력이 크게 손상되지 않은 것으

로 나왔다(하위능력을 종합한 의사능력을 본다면 50%가 정신능력의 손상에 해당되는 점수를 받았다). Grisso & Appelbaum 1995b를 참고하라.

8. Dworkin 1995, 1988, 1993; Frankfurt 1971; Haworth 1986; Shapiro 1973; Tobin 1995; Winick 1992 등을 참고하라.

9. American Psychiatric Association 2000에서 제시한 정신질환의 진단기준을 참고하라.

10. 정신질환이 사람의 모습을 바꿔놓을 수 있다는 것은 주요 정신질환에 대한 설명에서도 명백히 볼 수 있다. American Psychiatric Association 2000을 참고하라.

11. Saks 1991, 1993을 참고하라.

12. 정신질환이 사람을 폭력적으로 만드는지, 그리고 폭력성의 예측이 어느 정도나 정확한지에 대한 보다 심도 있는 분석은 위험성 연구의 대가인 Monahan 2002를 참고하라. 위 주제에 대한 문헌을 포괄적으로 인용한 논문은 Kress 2000을 참고하라. 폭력성의 예측에 대한 초기 연구는 Monahan 1981을, 보다 최근의 연구는 Harris & Rice 1997; Lidz, Mulvey & Gardner 1993; Litwack 1994; Monahan & Steadman 1994; Steadman et al. 1993; Steadman et al. 1998 등을 참고하라. 초기 연구에 대한 리뷰는 Stone & Stromberg 1975; Cocozza & Steadman 1975-76을, 최근 연구에 대한 리뷰는 Reisner & Slobogin 1999 (pp. 453-58, 653-55)를 참고할 수도 있다. 초기 연구의 경우 적중률은 3분의 1 정도였으며, 최근 몇몇 연구는 이보다 약간 더 개선된 적중률을 보이지만 여전히 우연보다 약간 더 나은 정도의 적중률을 보이는 연구들도 있다. 초기 연구에 따르면 정신질환자는 경찰에 체포된 이력은 더 많으나, 그 외 폭력성과 관련된 다른 지표의 상승은 보이지 않았다. 최근 연구들 중에는 정신질환자의 위험성이 약간 더 높다는 결과를 보여주는 연구도 있지만, 조현병 환자의 위험성은 일반 대중들보다 더 낮음을 보여주는 연구결과들도 있다. 구체적으로 살펴보면, 현재 연구들은 정신질환자의 대부분은 일반 대중들보다 위험성이 높지 않지만, 일부 증상을 보이는 환자들에게서는 위험성이 증가한다고 말한다. 연구 결과에 따르면 미래의 폭력성을 예측하는 가장 좋은 지표는 과거의 폭력성이며, 정신질환자든 비정신질환자든 약물이나 알코올 남용 이력이 있을 경우 폭력 위험성이 증가한다고 한다. 맥아더 연구과제에서 파생된 최근의 주요 연구인 Steadman et al. 1998을 참고하라. 위

연구의 방법 및 결과에 대한 비판은 Satel & Jaffe 1998을 참고하라. 보다 특수한 경우에 대한 연구는 Beauford, McNiel & Binder 1997; Monahan et al. 1993; Teplin, Abram & McClelland 1994 등을 참고할 수 있다.

13. 케네스 도날드슨의 항소심(*O'Connor v. Donaldson,* 493 F.2d 507 [50th Cir. 1974])에서 강제입원한 환자를 치료할 권리에 대해 언급할 때에도 이러한 논리를 들었다. 그러나 보충의견(422 U.S. 563 [1975])에서는 이 논리에 대한 반박이 제기되기도 하였다.

14. Farina 1998; Link et al. 1987; Markowitz 1998; Nagler 1990; Reda 1996; Socall & Holtgraves 1992; Winick 1995 등을 참고하라. 정신질환과 관련된 많은 판례들은 치료의 필요성에 대해서만 언급하는 것이 아니라 정신질환 진단이 가져올 낙인에 대해서도 이야기한다. 주요 대법원 판례로는 *Addington v. Texas,* 441 U.S. 418, 426 (1979)와 *Vitek v. Jones,* 445 U.S. 480 (1980)을 참고 가능하며, 그 외 *Altman v. Hofferber,* 28 Cal. 3d 161, 178 (1980); *Doe v. Provident Life and Accident Insurance Co.,* 176 F.R.D. 464, 468 (E.D. Pa. 1997); *Jones v. State,* 447 N.E.2d 353, 356 (Ind. App. 1985); *Conservatorship of Susan T.,* 36 Cal. Rptr. 2d 40 (1994) 등도 참고 가능하다. 정신질환자는 사회적으로 낙인이 심한 다른 상황(예를 들면 노숙)도 함께 겪는 경우가 흔하다. Phelan et al. 1997 등을 참고하라.

15. 이러한 시설화(institutionalization)를 다룬 가장 유명한 책은 어빙 고프만의 『수용소(Asylums)』이다(Goffman 1961). 장기입원 환자들의 시설화를 줄이기 위한 노력 등을 다룬 문헌으로는 Kaminsky 1998; Smith 1998; Sood, Baker & Bledin 1996; Timko et al. 1993; Young, Forbes & Hirdes 1994 등도 참고 가능하다.

16. Czajkowski & Chesney 1990; Winick 1991, 1992 등을 참고하라. 반면, 치료를 강제로 받는 환자와 자발적으로 받는 환자 간의 치료효과의 차이는 없음을 보여주는 자료도 있는데, Addington & Holley 1989; Gove & Fain 1977; Nicholson, Ekenstam & Norwood 1996; Nicholson & Horn 1986 등을 참고하라. 약물남용 환자들의 강제치료효과에 대한 문헌은 Farabee, Prendergast & Anglin 1998 등을 참고하라. Cuffel 1992; Nicholson 1988; Spensley et al. 1974 등에 따르면 강제입원 중에 자의입원으로 전환을 하는 환자들도 일정 비율 있는데, 이는 강제입원

을 하더라도 어떤 환자들은 이에 감사하며 치료를 통해 도움을 얻는다는 주장을 뒷받침하는 자료일 수 있다.

17. 이러한 피해들 중 여럿은 정신질환자가 아닌 사람에 의해서도 발생할 수 있음을 독자들은 알 것이다.

18. 미국 연방대법원의 표현을 빌면 강제입원은 자유를 대폭 제한하는 행위("a massive curtailment of liberty")이다. *Humphrey v. Cady*, 405 U.S. 504 (1972)를 참고하라.

19. 이 예는 Ken Kress가 제시해 준 것이다.

20. 의사들이 1종 오류, 즉 실제로는 병이 없을 때에도 병이 있다고 판단하는 오류를 반대로 병이 실제로 있음에도 이를 발견하지 못하는 오류보다 더 선호한다고 언급하는 문헌은 많다. 그중 가장 유명한 연구로는 Rosenhan 1973을 꼽을 수 있을 것이다. 이 연구를 인용하며 정신과적 진단에서의 이러한 경향성을 다시 한번 지적한 연구로는 David 1976을 참고할 수 있다.

21. 이는 사실 엄밀한 표현은 아니다. 구체적으로 내가 말하고자 한 상황은 환자가 정신증 상태에서 의사를 만나 입원치료가 필요하다는 의견을 처음으로 듣게 된 상황이다. 뒤에서 나는 이를 "첫 정신증 발현 또는 실질적으로 이와 동일한 상황"이라고 표현하기도 하였지만 매번 이 문구를 적는 것은 지나치게 거추장스러운 일이기 때문에 여기서는 간략히 첫 정신증 발현이라는 표현을 사용하였다.

22. 케네스 도날드슨의 판례에서도 이런 목적의 강제입원은 허용될 수 있을 여지를 남겨두었다. 판례에서는 다른 고려사항이 없는 이상 자타해 위험이 없는 사람의 강제입원은 허용되지 않아야 한다고 하였는데, 여기에서 이야기한 고려사항에 환자의 치료도 포함될 수 있을지도 모른다. Behnke 1999를 참고하라.

23. 물론 그 사람이 더 건강해지지 않은 경우도 생각해 볼 수 있다. 그 사람은 여전히 심각한 정신능력의 저하를 보일 수도 있다. 하지만 그렇다면 환자가 건강한 상태에서 입원을 원치 않는다고 결정해서가 아니라, 이 환자에게는 치료가 효과가 없기 때문에 다음부터는 치료 목적으로 이 환자를 강제입원시켜서는 안 되는 것이다.

24. 예를 들어 Warner 1994 (pp. 193-94)에 따르면, 미국의 조현병 발생률(1년 내 조현병이 새로이 발생한 비율)은 치료받은 환자 수만을 따졌을 때 1,000명당

0.5라고 한다. 영국의 경우 발생률은 1,000명당 0.2로 더 낮다.

25. Jamison 1995를 참고하라. [역자 주: 우리나라에서는 『조울증, 나는 이렇게 극복했다』라는 제목으로 출간]

26. 그렇다면 재미있는 질문을 생각해 볼 수도 있을 것이다. 만약 흡연자들을 니코틴 금단증상이 지나갈 때까지 강제로 시설에 가둬두어 정말로 완전히 담배를 끊게 할 수 있다면 어떨까? 그렇다면 아마 대부분의 사람들은 자신을 가두어 달라고 자원할 것이다. 그뿐만 아니라 자원하지 않을 사람도 강제로 가둔다면 그것이 사회적으로는 좋은 정책이 될 수도 있다. 지금도 일부 주에서는 알코올중독자나 마약중독자를 시설에 강제 수용하여 중독치료를 받도록 한다. Goldberg 1995 등을 참고하라. 흡연자들에게 같은 식으로 치료를 강요하지 않는 것은 아마도 우리가 생각하는 흡연의 위험성이 알코올이나 마약의 위험성과는 다르기 때문일 것이다. 그리고 흡연자들의 경우 정신질환자나 알코올 및 마약중독자만큼 의사결정능력이 손상되지는 않았을 것이라고 생각하는 것일 수도 있다.

27. 강제입원에 대한 앨런 스톤의 '감사이론'을 다룬 연구로는 Beck & Golowka 1988 등을 꼽을 수 있다. 환자의 만족도를 다룬 연구들은 그 대상별로, 자의입원 환자들을 대상으로 한 연구, 자의 및 비자의입원 환자 양쪽 모두 대상으로 한 연구, 그리고 비자의입원 환자들만을 대상으로 한 연구로 구분하여 살펴보아야 하는데, 결과는 그룹에 따라 다를 수 있다. 비자의입원 환자들이 훨씬 더 치료경험에 대해 부정적으로 보고함을 보여주는 자료는 제법 많다. Gillig et al. 1990; Kalman 1983; Sullivan & Spritzer 1997 등을 참고하라. 반면 자의입원과 비자의입원 환자들 간의 만족도 차이는 크지 않다는 연구결과도 있다. Spensley, Edwards & White 1980를 참고하라. 어떤 연구에서는 치료를 원하는 환자든 거부하는 환자든 간편 정신상태 평정척도(Brief Psychiatric Rating Scale, BPRS) 점수는 비슷했다는 흥미로운 결과가 나오기도 하였다. Grad & Lindenmayer 1977을 참고하라. 이런 다양한 연구들이 측정하는 내용이 항상 동일한 것은 아님에 유의하라. 어떤 연구는 만족도를, 어떤 연구는 치료가 도움이 되었다고 느끼는지를, 어떤 연구는 친구에게 치료를 추천하겠는지를, 또 다른 연구는 앞으로도 치료를 받고 싶은지를 측정한다. 이 질문들에 대한 긍정적인 답변이 반드시 그 환자가 지금 생각해보면 강제입원을 할 수 있었던 것에 대해 감사한다든지, 종합적

으로 따져보면 강제입원이 좋은 일이었다고 생각함을 의미하는 것은 아니다.

자발적으로 치료를 받은 환자들은 치료경험에 대해 만족한다는 자료는 상당히 많다. 예를 들어 Oxley 1977에서 정신재활시설에 거주하며 치료를 받았던 남자아이들과 그 부모들을 추적조사한 결과 평균 입소기간은 3년이며 만족도는 높았다는 결과가 나왔다. Sullivan & Spritzer 1997에서는 지역 정신건강센터를 활발히 이용하는 회원들의 만족도가 이를 덜 이용하는 회원들의 만족도보다 더 높다는 결과가 나왔다(자주 이용하는 환자는 12%만이 불만족을 보고한 반면, 간헐적으로 이용하는 환자는 34%가 불만족한다고 답변했다). 자발적 환자와 비자발적 환자의 양쪽 모두의 만족도를 살펴본 연구로는 Gillig et al. 1990을 참고할 수 있는데, 이 연구에 따르면 스스로 정신응급진료실을 방문한 환자는 63%가 응급실 이용을 통해 필요한 도움을 얻었다고 답변했으며, 77%는 자신이 받은 진료서비스가 좋거나 매우 좋았다고 느꼈고, 86%는 친구에게도 진료를 추천하겠다고 답했다. 그러나 경찰에 의해 강제로 정신응급진료실을 방문한 환자는 23%만이 연구 참여에 동의하였으며, 동의한 환자의 7%만이 만족한다고 답했다. Spensley, Edwards & White 1980의 조사에서는 퇴원 한 달 후 질문을 하였을 때 비자의입원 환자의 50%가 치료에 만족한다고 답변했는데, 이 수치는 자의입원 환자와 비슷한 수준이었다. Nicholson, Ekenstam & Norwood 1996에서는 자의 및 비자의입원 환자에게 설문을 한 결과, 93.9%가 입원 및 치료가 도움이 되었다고 답하였고, 79.3%는 치료를 통해 기분이 나아졌다고 답하였다.

Kalman 1983에서는 환자의 만족도에 대한 기존의 연구 결과를 그 대상별로 정리하였는데, 일반적으로 환자들은 높은 만족도를 보고하였지만 강제입원 환자들을 대상으로 한 연구에서는 만족도가 훨씬 낮게 나왔다는 결과를 발견하였다. Bradford, McCann & Merskey 1986에서 강제입원한 환자들 중 아직 퇴원하지 않았으나 '정신이 또렷하고 사고가 지리멸렬하지 않은' 환자들을 대상으로 조사를 하였을 때, 환자들 중 58%는 자신의 입원이 적절했다고 느끼고, 81%는 입원이 도움이 되었다고 말하며, 54%는 필요한 경우 다시 입원을 하겠다는 의사를 밝혔다는 결과가 나왔다. 그러나 자신의 입원 경험 전반에 대해 자유롭게 이야기하도록 하였을 때에는 35%만이 긍정적인 이야기를 하고 47%는 부정적인 언급을 하였으며 나머지 환자들은 더 이상 할 이야기가 없다고 답변하였다. Edelsohn & Hiday 1990에서는 강제입원 6개월 후 조사 시 환자들의 46.5%는 입원이 도움이 되었다고 답변하였으며, 19.8%만이 입원이 득보다는 실이 많았다고 답했다. 또한 과반수(54%)의 환자들이 입원은 필요한 조치였으며 자신에게 도움이 되었다고 답변하고, 4분의 3은 나중에 병이 재발하고 자타해 위험이 발생한다면 다시 강제입원을 원한다고 답변하였다. Hiday 1992b에서는 자신의 외래치료명령에 대해 긍정적인 답변을 한 환자가 조사대상의 4분의 3이었다. Mossman & Hart 1993에서 학생들을 대상으로 자신이 강제입원의 대상이 되는 것을 가정하도록 하였을 때, 학생들의 4분의 1은 공립정신병원에 사흘간 강제입원을 하는 것보다 칼부림 사건의 피해자가 되는 편이 더 낫다고 답변하였다. 의대생을 대상으로 조사를 수행하여도 결과는 크게 다르지 않았다.

28. Bustillo, Lauriello & Keith 1998; Cutting et al. 1983; Lehman & Steinwachs 1998a, 1988b; Mueser & Tarrier 1998; Munich 1997; Schulz et al. 1998 등을 참고하라. 다른 정신정애에 대한 예는 Coryell et al. 1995 등을 참고하라. 치료받지 않은 불안장애나 우울장애의 경과에 대해서는 Schonfeld et al. 1997 등을 참고하라. 치료받지 않은 다양한 정신장애에 대해서는 Winokur & Tsuang 1996을 참고하라. 치료받지 않은 불안장애로 인한 발생할 수 있는 피해에 대한 연구는 Candilis & Pollack 1997을 참고하라.

29. 이 수치는 상당히 보수적으로 잡은 것이며, 어떤 연구에서는 93% 이상의 환자들이 치료가 도움이 되었다고 느낀다고 보고했다. 내가 (다른 연구의) 더 낮은 수치를 인용하는 이유는 다음의 세 가지이다. 첫째, 93%라는 수치는 강제입원뿐만 아니라 자의입원 환자도 대상으로 한 연구에서 나온 것이며, 연구에 참여한 자의입원 환자와 비자의입원 환자 간의 긍정적 답변 비율의 큰 차이는 없었지만, 환자들 중 5분의 1은 연구 참여를 거부하였고 또 다른 5분의 1은 연구에서 제외되었는데 이 두 그룹에는 비자의입원 환자 및 병세가 더 심각한 환자가 더 많이 포함되어 있었다. 둘째, 이 연구에서 환자들에게 질문한 것은 치료가 도움이 되었다고 생각하는지였는데, 이는 치료를 받은 것에 대해 감사하는지를 묻는 것과는 차이가 있다 (참고로 50%라는 수치가 나온 연구에서도 마찬가지로 치료가 도움이 되었다고 생각하는지를 질문하였다). 셋째, 보수적인 수치를 인용하면 더 흥미로운 논의가 가능하기 때문에 나는 50%라는 수치를 언급하였다.

30. Cuffel 1992; Nicholson 1988; Spensley et al. 1974 등을 참고하라.

31. 강제입원에 대한 환자들의 반응에 대한 연구 외에도 다른 관련자들(판사, 경찰, 정신과 의사, 조사관, 가족 등)의 인식을 조사한 연구 등 우리가 강제입원에 대해 어떻게 생각하는지를 보여주는 문헌은 몇 건이 더 있다. Husted 1995; McFarland et al. 1989, 1990; Husted & Nehemkis 1995 등을 참고하라.

입원과정의 강압성에 대한 환자들의 시각과 그것이 치료결과에 미치는 영향을 다룬 연구로는 Hiday 1992b; Monahan et al. 1995; Nicholson, Ekenstam & Norwood 1996 등을 참고할 수 있다. 환자가 지각한 강압성과 실제 강제입원 여부가 상관관계가 있는지에 대한 결과는 첫 번째 논문과 마지막 논문에서 반대로 나타남에 유의하라. 강압성에 대한 포괄적인 논의는 Dennis & Monahan 1996을 참고하라.

강제입원 기준을 더 좁히거나 넓힐 때의 효과를 다룬 주요 연구들은 다음을 참고할 수 있다. Aviram & Weyer 1996은 뉴저지에서 강제입원 관련 법령이 어떻게 바뀌어왔는지 심도 있게 다루며 이러한 법 개정을 가져온 다양한 요인 및 관계자의 역할에 대해 조사하였다. 입원기준을 좁힐 때의 효과에 대한 연구는 Appelbaum 1992; Bagby et al. 1991; La Fond & Durham 1994; Lecompte 1995; Leiber & Anderson 1993; Mahler, Co & Dinwiddie 1986 등을 참고하라. 입원기준을 넓힐 때에 대한 연구는 Durham & Pierce 1986; Fisher & Pierce 1985; Hasebe & McRae 1987; La Fond & Durham 1994; Miller 1992b; Pierce, Durham & Fisher 1985 등을 참고하라. 위 연구들에서 발견된 흥미로운 사실은 강제입원 기준을 더 넓히면 자의입원하는 환자의 수는 줄어든다는 점이다. 그뿐만 아니라 더 많은 환자들이 중증의 장애를 근거로 강제입원하게 된다. 마지막으로 (모든 연구는 아니지만) 일부 연구에서는 강제입원 건수가 급격히 증가한다. 강제입원 관련 법령을 개정하면 어떤 효과가 있을지 예측하는 방법론에 대한 연구는 Faulkner et al. 1986a를 참고하라.

강제입원 기준이 얼마나 안정적이고 타당하게 적용될 수 있는지, 실제 현장에서는 이를 어떻게 적용하는지, 그 결과 어떤 사람들이 입원하였는지 등을 살펴보는 연구도 있다. Bagby et al. 1991; Bursztajn et al. 1986; Faulkner et al. 1986b, 1987; Hiday 1990; Hiday & Smith 1987; Hoge, Appelbaum &

Greer 1989; Holstein 1987; McNeil & Binder 1986, 1987; McNeil, Binder & Greenfield 1988; Segal 1989; Segal, Watson & Nelson 1985, 1986a, 1986b; Segal et al. 1988a, 1988b, 1988c 등을 참고하라. 어떤 논문에서는 강제입원 기준이 더 엄격한 주와 덜 엄격한 주를 구분하여 살펴보았더니 더 엄격한 주에서 입원 건수가 더 적었다는 결과가 나왔다. Ross, Rothbard & Schinnar 1996을 참고하라.

여러 지역에서 강제입원 기준의 적용이 어떻게 다른지를 연구한 문헌도 있다. Rubin et al. 1996; Segal 1989 등을 참고하라. 어떤 연구는 입원심사과정 중 판단의 정확성에 영향을 미칠 수 있는 요인들을 살펴본다. Pincus 1995 등을 참고하라. Morris 1988에서는 법대 교수로 일하며 강제입원 심사를 맡았던 저자가 당시 어떤 요인들이 자신의 판단에 영향을 미쳤는지를 돌아본다. 앞서 인용했던 Faulkner et al. 1987에서는 환자의 전체 구금기간과 이에 따라 발생하는 여러 비용을 정리하기도 하였다. 역시 앞에서 인용했던 Faulkner et al. 1986b, 1987 등에서는 강제입원 절차의 각 단계에서 퇴원이 이루어질 가능성에 대해 조사하였다. Gillig et al. 1990; Rabinowitz et al. 1996 등에서는 자의 또는 비자의로 응급실을 방문한 정신과 환자들의 특징과 이 환자들이 원하는 것 및 진료에 대한 만족도를 살펴본다. 응급실에서의 진료의 질에 대한 연구들도 있는데, Sateia et al. 1990은 흥미롭게도 환자의 만족도와 치료결과는 큰 상관이 없다는 사실을 발견하였다. Grad & Lindenmayer 1977에서는 치료를 원하며 응급실을 방문한 환자들이 요청하는 내용은 대부분 그 환자가 과거에 받았던 진료에 따라 결정된다는 사실을 발견하였다.

마지막으로, 강제입원에 대한 현재까지의 실증연구들의 한계를 다루며 개선방안을 고민하는 흥미로운 연구인 Appelbaum 1985도 참고할 수 있다.

32. 4장에서 설명하겠지만, 내가 주장하는 첫 정신증 발현 시 강제입원에서는 약물치료도 함께 이루어져야 할 것이다. 그래야지만 환자가 입원을 통해 치료적으로 이익을 얻을 가능성이 높아지기 때문이다.

33. 자타해 위험을 기준으로 하는 입원조건에 대해서는 Brouillette & Paris 1991; Hiday 1990; Hiday & Smith 1987; McNeil & Binder 1986, 1987; McNeil, Binder & Greenfield 1988; Mills 1988; Morissette 1992; Rachlin 1987; Segal et

al. 1988a, 1988b, 1988c; Segal, Watson & Nelson 1986a, 1986b; Siegel 1987 등을 참고하라. 위 문헌들에 따르면 환자의 충동성이 실제 자타해 행동과 가장 상관관계가 컸다. 그리고 정신질환이 더 심각한 사람은 자타해 위험성도 더 컸다. 입원심사 시 법원은 위험성의 범위를 넓게 보았다. 위험하지 않은 사람이라고 해서 사회의 개입을 전혀 받지 못하는 것은 아니었다. 그리고 어떤 사람이 가까운 미래에 위험 행동을 할지 여부는 상당히 높은 신뢰도로 예측이 가능했다.

의사들이 자타해 위험이 있다고 판단하여 입원을 시킨 환자가 실제로는 위험성이 없었다 해도, 이러한 잘못된 판단에 대해 의사가 책임을 져야 하는 경우는 거의 없었음에 주목하라(Appelbaum 1995; Knapp & VandeCreek 1987 참고). 이로 미루어보면 의사들은 반대로 환자가 자타해 위험이 있는 데에도 이를 놓치는 것을 훨씬 더 두려워할 것이다. 따라서 강제입원기준은 이러한 경향을 상쇄하기 위해 오히려 지나칠 정도로 환자들의 권리를 보호하는 방향으로 마련되어야 할 것이다.

34. 어쩌면 이러한 예외상황을 조금 더 넓게 인정해야 할지도 모른다. 자살 위험이 큰 환자 외에도 자해로 인해 실명이나 거세 등 심각한 상해를 입을 확률이 매우 높은 환자도 마찬가지로 예상되는 치료효과와는 별개로 강제입원이 가능해야 할지 모른다. 이 점에 대한 논의는 다른 사람들에게 남겨두겠지만, 뒷부분에서 내가 이 기준을 다시 인용할 때에 독자들은 자살위험뿐만 아니라 심각한 상해 위험도 이러한 예외상황에 포함되어야 할지 모른다는 점을 기억하였으면 한다.

35. 미국에서 과거에 결핵이 건강에 심각한 위협이 되었을 때에는 활동성 결핵을 앓고 있으면서 자발적으로 치료를 받지 않는 사람들은 강제입원이 가능하였다. 이후 이러한 법은 미국에서 점차 사라졌다가, 결핵이 다시 유행하면서 관련 논의가 다시 등장하였다. Bessho 1995; Bayer & Dupuis 1995; Gostin 1993a, 1995; Reilly 1993 등을 참고하라. 신문기사로서는 Barbanel 1991; Coleman 1995; Emmons 1994; Navarro 1993; Piller 1993 등을 참고 가능하다.

36. 또 다른 이유 중 하나는 파트너 또한 감염 예방 조치를 취할 수 있다는 것이고(이 역시 HIV의 감염 위험이 결핵의 경우보다 낮다고 볼 수 있는 이유이다), 다른 하나는 HIV의 경우 병의 전파행위에 대해 손해배상 청구나 형사처벌이 용이하며 이를 통해 사람들이 행동을 주의하도록 유도할 수 있다는 것이다.

37. 그러나 미국의 몇몇 주의 강제입원 기준에는 재물손괴 위험이 포함되기도 한다. 4 Kan. Stat. Ann. sec. 59-2946 (f) (3) (1998); Utah Code Ann. 62A-12-234, sec. 3 (1997); V.I. Code Ann. tit. 19, pt. III, chap. 31, sec. 722 (b) (1998) 등을 참고하라. 그리고 어떤 환자가 타인의 재물을 심하게 망가뜨리는 행위를 반복하여 이에 대한 보복을 당할 위험이 높다면 이는 자해 위험으로 분류할 수도 있을 것이다(주석 33번을 참고하라). 방화처럼 재산상의 피해뿐만 아니라 인명 피해도 입힐 수 있는 행동은 타해 위험으로 분류되어 강제입원 사유가 될 수 있을 것이다.

38. 그러나 나는 어떤 사람이 폭력적인 행동을 의도하고 계획하고 있음을 보여주는 명백한 행동(overt act)이 있을 때에만 타해 위험 발생 가능성을 높게 평가하는 데에는 반대한다. 첫째, 정신질환의 모든 증상은 이러한 행동으로 해석될 수 있기 때문에 '명백한 행동' 개념의 적용이 현실에서는 쉽지 않다는 점에서이다. 둘째, 이러한 명백한 행동을 보일 경우 타해 위험의 예측이 더 쉬운 것이 사실이나(과거가 미래를 예측하는 가장 좋은 도구임을 기억하라) 예측이 맞지 않는 경우도 상당히 많기 때문이다. 명백한 행동을 조건으로 두는 경우에 대한 논문은 Cornwell 1996; Drumheller 1984; Groethe 1977; Simpson 1984 등을 참고하라. 미국 법에서 이를 요구하는 경우는 16A Minn. Stat. Ann. sec. 253B.02 Sud. 17 (1998); Wisc. Stat. Ann. sec. 51.20 (1)(a)(2)(b) (1999) 등을 참고하라. Reisner, Slobogin & Rai 1999에 따르면 대략 10개의 주에서 이러한 조건을 적용한다.

39. 그러나 사실 이에 대한 확실한 증거가 있는 것은 아니다. 그 예로 Hiday 1991, 1992a와 Bittman & Convit 1993을 비교해 보아라.

40. 이 표현은 나의 입장이라기보다는 치료의 필요성을 강조하는 사람들의 입장에서 나올 법한 주장을 적은 것이다. 사실 나는 어느 쪽이 더 큰 문제인지 따지는 것은 무의미하다고 생각한다. 서론에서 말했듯이 이를 판단할 만한 실증적 증거는 내가 아는 바로는 없으며, 어떤 연구를 통해 이를 조사할 수 있을지도 나는 잘 모르겠다. 내가 보기에는 두 다 모두 심각한 문제이며 우리가 관심을 기울여야 할 사안들이다.

41. 어쩌면 이 문제는 까다로운 강제입원 조건보다는 새롭게 바뀐 미국의 의료전달

체계 때문에 더 심각해진 것일 수 있다. 미국 의료보험 방식의 주류를 차지하는 관리의료제도(managed care)와 정신과 진료에 관한 연구는 Petrila 1995 등을 참고하라. 정신과 치료의 민영화에 대해서는 Wisor 1993 등을 참고하라.

42. 뉴욕에서의 이러한 현상은 Silver 1988 등을 참고할 수 있다. LA의 공공의료기관 관련자들도 같은 주장을 하는 것을 나는 들은 바 있다. 그리고 이는 공공의료기관만의 문제는 아니다. 주석 41번에서 언급한 관리의료제도 하의 입원치료비 지원은 환자가 강제입원 조건을 충족한 경우에만 이루어지곤 한다. 그러나 나는 강제입원에 대한 논의와 정신질환자들의 치료에 대한 논의는 별개로 이루어져야 한다고 생각한다. 치료를 원하는 정신질환자는 강제입원 여부와 상관없이 치료에 대한 지원을 받을 수 있어야 한다.

43. 판례 *Bouvia v. Superior Court,* 225 Cal. Rptr. 297 (1986) 및 *Thor v. Superior Court,* 21 Cal. Rptr. 357 (1993)을 참고하라. (두 번째 판례는 교도소 재소자인 환자에 대한 것인데, 이 경우 판결은 정부의 이해관계를 반영할 가능성이 높음에 유의하라.)

44. 환자가 심폐소생술 거부 등 연명의료 거부 의사를 밝혔음에도 치료를 강행한 경우에 대한 법적 제재가 부재함에 대한 논의는 Danis et al. 1991; Hackleman 1996; Knapp & Hamilton 1992; Malloy 1998; Orentlicher 1992; Peters 1998 등을 참고하라. 위 논문들 대부분에서는 소위 '잘못된 소생(wrongful living, Oddi 1986을 참고하라)'에 대한 배상 청구가 정당하다고 본다. 이에 반대하는 입장의 문헌은 Milani 1997 등을 참고 가능하다. 환자가 살게 된 것을 피해라 보기는 어렵다는 요지의 판결의 전형적인 예는 *Anderson v. St. Francis - St. George Hospital,* 671 N.E.2d 225 (Ohio 1996)을 참고할 수 있다.

45. 중환자실에서의 심폐소생술 거부에 대해서는 Jayes et al. 1993을 참고하라.

46. 이에 대한 판례들을 살펴보면 대부분 판결문에서 의사능력이 있는 환자들은 생명과 직결되는 치료라도 거부할 수 있다는 사실을 공통적으로 언급은 하나, 결론은 다양하게 나왔다. 어떤 판례에서는 환자가 수혈을 거부할 권리를 인정하였다. 어떤 판례에서는 환자가 미성년자일 경우 이러한 권리는 인정되지 않는다고 하였다. 또 다른 판례에서는 환자는 상태가 극도로 악화되어 의사결정능력이 손상된 상태이며, 그렇기 때문에 지금 환자의 결정보다는 환자가 의사능력이 온전했

다면 내렸을 결정에 따라 수혈을 해야 한다고 하였다. 어떤 판례에서는, 환자가 이해한 교리에 따르면 자발적으로 수혈을 받으면 구원받지 못하나 본인이 반대했음에도 강제로 수혈을 받은 것은 죄가 되지 않기 때문에, 법원은 해당 수혈 거부 요청을 받아들이지 않겠다고 하였다. 여호와의 증인 신도들의 수혈 거부에 대한 법적인 논의는 Bamonte & Bierman 1992; Russell & Wallace 1989 등을, 의학적인 측면의 논의는 Muramoto 1998a, 1998b를 참고하라. Malyon 1998에서는 여호와의 증인 병원 교섭 위원회(Hospital Liaison Committee for Jehovah's Witnesses) 영국 루턴 지부 회장이자 여호와의 증인 신도인 저자가 해당 주제에 대해 논의한다.

47. 신체질환이 있거나 노쇠한 노인은 정신질환을 앓지 않더라도 본인의 의사와 상관없이 요양시설로 보내지곤 한다. 요양시설 입소가 당사자의 자의에 의한 것인지에 대한 문제는 Robin Estrin, *Los Angeles Times,* 7 February 1999, A15면; Kapp 1998; Kazin 1989 등을 참고하라. 그 외 Yee et al. 1999의 노인주거시설의 현황에 대한 연구도 참고 가능하다.

48. 환자의 병이 치료될 가능성이 있어야 한다는 조건이, 환자에게 반드시 강제 약물치료를 시행해야 함을 의미하는 것은 아니다. 강제입원 후에도 환자는 치료거부 권리를 가질 수 있다. 4장을 참고하라.

49. 앞서 주석 34번에서 언급하였듯이 몇몇 상해 위험도 마찬가지로 강제입원을 정당화하기에 충분할지 모른다. 예를 들어 자신의 눈을 멀게 할 위험이 높은 환자는 치료 가능성과 상관없이 강제입원이 가능해야 할 수도 있다.

50. 최근의 많은 연구들은 자해 행동에 일반적으로 자살 의도는 동반되지 않는다고 본다. Briere & Gil 1998; Favazza 1998; Fulwiler et al. 1997; Soloff et al. 1994 등을 참고하라. 자해 행동에 대해 더 참고할 수 있는 문헌으로는 Crawford & Wessely 1998과 Kehrberg 1997이 있다. 대중매체에 등장하는 자해 행동에 대한 논의는 Hall 1999; Thomas 1998; Through the looking glass 1998; Turner 1997 등을 참고할 수 있다.

51. 칼로 자신의 살을 긋는 사람이 실제로 심각한 부상을 입을 위험성이 어느 정도일지 판단하는 것은 어려운 문제이다. 치명상을 입을 수 있는 부위가 어디인지 모르는 채 그 사람이 해당 부위를 찌르면 어떻게 할까? 그 사람이 자살이나 심각

한 자해를 할 생각은 없다고 했지만, 그 말이 실은 거짓말이라면 어떻게 할까? 자신의 자해 행동이 어떻게 악화될지 그 사람 자신도 예측하지 못했다면 어떻게 할까?

이 경우에는 치료진이 임상적 판단을 내려야 할 것이다. 타해 위험의 경우와 마찬가지로, 해당 환자의 과거 행동이 어땠는지를 살펴보는 것은 매우 중요하다. 치료진들은 제각기 다른 소망과 다른 두려움을 갖고 있기 때문에 이에 대해서는 서로 다른 판단을 내릴 수 있다.

52. 물론 강제입원보다 덜 침해적인 방법으로 이러한 위험에 대응할 수도 있다. 예를 들어 주기적인 가정방문을 통해 혈당관리를 도울 수도 있고, 정신장애인을 위한 주거시설에 입주를 안내할 수도 있다.

53. 정신질환자, 특히 만성 정신질환자를 안전하지 못한 성관계로부터 보호할 수 있는 가장 좋은 방법은 집중적인 외래프로그램을 통해 이러한 위험을 설명하는 것일 수 있다. Goldfinger 1990; Kelly 1997 등을 참고하라. 중증 정신질환을 앓는 여성 환자들에 있어 위험한 행동의 사례 및 HIV감염 위험에 대한 환자들의 인식을 다룬 연구는 Weinhardt, Carey & Carey 1998을 참고하라.

54. 노숙과 강제입원에 대한 연구는 Bassuk & Lamb 1986; Kaufman 1988; Lamb 1989; Lamb & Lamb 1990a, 1990b, 1992; Lamb, Bachrach & Kass 1992; Ludwig 1991 등을 참고하라.

55. 의사능력의 상실을 강제입원 관련 조항으로 포함하고 있는 주들도 있다. 뉴욕, 델라웨어, 메릴랜드, 애리조나, 사우스캐롤라이나, 아이다호, 아이오와, 플로리다, 유타, 캔자스, 텍사스 등이 그 예이다. 학자들 중에도 강제입원 조건의 하나로 의사능력의 상실을 포함해야 한다거나, 의사능력의 상실이 강제입원의 전제조건이 되어야 한다고 제안하는 경우가 있다. Stone 1985, 1987을 참고하라. Hermann 1986; Price 1994 등도 참고 가능하다.

56. 이를 대리판단 표준이라고 한다. 대리판단 표준은 환자를 위해 무엇이 최선일지를 따지는 최선이익 표준과 대비되는 개념으로, 그 사람이 의사능력이 있었다면 무엇을 원했을지에 따르는 것이다. 대리판단 표준은 많은 상황에 적용될 수 있는데 특히 죽음을 선택할 권리와 관련하여 자주 거론되곤 한다. 대리판단 표준과 그 역사, 이를 옹호하는 의견과 비판하는 의견, 새로운 표준에 대한 제

안 등은 Annas 1984; Buchanan & Brock 1986, 1989; Ciccone et al. 1990; Delaney 1991; Elliott & Elliott 1991; Gigliotti & Rubin 1991; Gutheil & Appelbaum1980, 1983, 1985; Harmon 1990; Hermann 1990; Lebit 1992-93; Martyn 1994; Orentlicher 1994; Robertson 1991; Tonelli 1997; Weber 1985 등을 참고하라. 메릴랜드의 의료결정법은 대리판단에 대한 조항을 포함하는데, 이에 대한 심포지엄 자료인 "Trends in health care decisionmaking" 1994도 참고 가능하다.

57. 이렇게 판단할 수 있을 경우는 그 환자가 입원을 원한다고 명시적으로 표현한 적이 있거나 우리가 그 사람에 대해 아는 바로 미루어볼 때 그 사람은 입원을 원할 것이라는 근거가 있는 경우이다. 그리고 후자는 환자에게 입원이 명백히 이익이 되는 경우, 즉 치료효과가 있을 것으로 예상되고, 입원이 가장 덜 침해적인 대안이며, 입원으로 인한 부정적인 낙인은 제한적이고, 입원으로 인해 환자의 자존감이 크게 낮아지지는 않을 경우에만 참일 것이다.

58. 나는 이 예시를 Saks 1991에서도 간략히 논하였다.

4. 강제투약: 신경정신약물과 환자의 치료거부 권리

1. 신경정신약물의 종류와 각각의 효과 및 위험성에 대해서는 Janicak et al. 1997; Pies 1998; Schatzberg & Nemeroff 1998 등을 참고하라.
2. 지연성 운동장애(Tardive Dyskinesia, TD)의 발생 위험은 상당히 심각한데, 특히 1세대 항정신병제 사용 시 이러한 위험은 더 두드러진다. 여러 논문들에서 항정신병제를 투여받은 환자의 지연성 운동장애 유병률을 추정한 결과는 다음과 같다. Jeste & Caligiuri 1993 (24%); Miller et al. 1995 (오스트리아의 한 병원에서 1982년도의 유병률은 3.7%, 1992년에도 같은 병원에 계속 입원 상태로 있는 환자들의 유병률은 12.7%, 1992년도에는 지연성 운동장애를 보이지 않았으나 1992년도에는 이 장애를 보인 사람의 비율은 11.4%이었음); Tarsy & Baldessarini 1984 (10-15%); Woerner et al. 1991 (자의입원을 한 환자들의 경우는 13.3%, 주립 정신병원에 수용된 환자들의 경우는 36.1%).

3. 신경정신약물을 거부할 권리와 관련해서는 다양한 방면에서 논의가 진행되어왔다. 학리적 논의를 다룬 문헌으로는 브루스 위닉의 두꺼운 책이 가장 대표적이며(Winick 1997, 이 책에 대한 리뷰는 Menninger 1998을 참고할 수 있다), 이보다 더 이전의 문헌으로는 Beyer 1980; Brooks 1986; Litman 1982 등을 참고할 수 있다. 심포지엄 자료로서 학리적, 이론적, 실증적 논의를 포함한 문헌은 *Behavioral Sciences and the Law,* vol. 4, no. 3 (1986)을 참고할 수 있다.

이론적 논의(학리적 논의 일부 포함, 몇몇 저자는 치료거부 권리에 대한 비판적 입장 견지)로는 다음의 문헌들을 참고할 수 있다. Appelbaum 1988 (권리중심적 정책 및 치료중심적 정책에 대한 연구); Appelbaum & Gutheil 1979, 1981 (치료거부 권리가 미치는 영향에 대한 연구); Brakel & Davis 1991 (치료거부 권리가 확장 적용되어서는 안 된다고 주장); Brooks 1986 (치료거부 권리에 따르는 손익 논의); Cichon 1992 (치료거부 권리를 분석하고 그 역사를 정리); Clayton 1987 (치료거부 권리와 관련된 이론적 및 정책적 이슈들을 리뷰); Hermann 1990 (치료거부 권리에 대한 헌법적 고찰); Hickman, Resnick & Olson 1982 (군인의 치료거부 권리와 관련된 쟁점들에 대한 논의); Hogan 1987 (치료거부 권리와 관련된 일반적 논의); Knepper 1996 (법적 모델 대 의학적 모델); Perlin 1993 (정신장애에 대한 차별과 치료거부 권리); Sadoff 1975 (치료거부 권리와 관련된 윤리적 이슈들); Shapiro 1973 (전체적인 논의의 틀 마련); Slovenko 1992 (치료거부 권리를 둘러싼 법적 환경); Toth 1989 (치료거부 권리를 둘러싼 이론적, 학리적, 정책적 쟁점들); Van Hall et al. 1991 (치료거부 권리가 남용될 위험성); Wear & Brahams 1991 (영국법상의 윤리적 이슈들) 등.

어떤 문헌들은 보다 구체적으로 특정 법령의 장단점과 이와 관련된 판례들을 살펴본다. 이러한 문헌으로는 Brian 1992 (*Washington v. Harper,* 494 U.S. 210 [1990] 판례); Cichon 1992 (*Washington v. Harper* 판례); Gostin 1983 (영국의 치료거부 권리와 관련 법); Hewitt 1990 (*Washington v. Harper* 판례); Hogan 1987 (*Rivers v. Katz* 판례); Jaychuk, Manchanda & Galbraith 1991 (캐나다 온타리오의 정신건강법); Knepper 1996 (일리노이의 *In re C.E.,* 641 N.E.2d 34 [Ill. 1994] 판례와 연방법); Ledwith 1990 (*Jones v. Gerhardstein,* 416 N.W.2d 883 [Wis. 1987] 판례); Marshall 1987 (전기충격요법을 거부할 권리에 대한 *In re*

Schuoler, 723 P.2d 1103 [Wash. 1986] 판례); Sindel 1991 (*Washington v. Harper* 판례); Weatherhead 1988 (캐나다의 치료거부 권리); Zito, Craig & Wanderling 1991 (*Rivers v. Katz* 판례) 등이 있다.

어떤 문헌들은 실질적인 또는 절차적인 기준의 개선점을 제안하거나 대안을 제시하기도 한다. Appelbaum 1988 (권리중심 모델보다 치료중심 모델을 추천); Gostin 1983 (영국의 투약거부 관련법과 관련하여 다분야 패널을 도입하는 방안 등을 제안); Hickman, Resnick & Olson 1982 (군부대에서 환자를 부대로 빨리 복귀시키는 것이 부대의 입장에서는 이익이기 때문에, 내부적으로 이에 대한 이의를 제기할 수 있는 장치가 필요하다는 제안); Hogan 1987 (치료를 거부하는 환자의 의사능력이 손상된 것으로 판명될 때에는 대리판단 표준을 따를 것 등 제안); Ledwith 1990 (위스콘신에 사전지시제도를 도입하자고 제안); Prehn 1990 (여러 가능한 절차를 비교 논의); Toth 1989 (제한적인 치료거부 권리의 문제점, 환자가 투약의 효과와 위험성을 제대로 이해할 수 있어야 하다는 점, 강제투약의 기준에 모호한 점이 있다면 권한을 가진 사람이 이를 명확히 정리해야 한다는 점 등을 지적); Zito, Craig & Wanderling 1991 (*Rivers v. Katz* 판례에서 법정에서 환자의 의사무능력 상태를 입증해야만 강제 약물치료가 가능하도록 한 것의 절차상 문제점을 지적하며, 법정까지 가기 전 조정절차를 거칠 수 있도록 하는 방식을 제안) 등을 참고하라.

미국에서 치료거부 권리가 어떻게 변화하여 왔는지를 다룬 문헌도 많다. Brian 1992; Brooks 1986; Cichon 1992; Weatherhead 1988 등을 참고하라.

캐나다와 영국의 치료거부 권리에 대해서는 Jaychuk, Manchanda & Galbraith 1991 (캐나다); Wear & Brahams 1991 (영국); Weatherhead 1988 (캐나다) 등을 참고 가능하다. 군대에서의 정신과 치료거부 권리에 대해서는 Grant & Resnick 1989 등을 참고할 수 있다.

정신과 진료에 있어 충분한 설명에 의한 동의에 대한 논의도 관련 주제로서 참고할 수 있다. 이 경우 환자의 치료거부 권리 자체보다는, 환자가 치료에 대한 결정을 내리기 전에 충분한 설명을 들을 권리와 이러한 설명에 포함되어야 할 내용들에 논의의 초점이 맞춰진다. 이러한 문헌으로는 Dyer & Bloch 1987; Sullivan, Martin & Handelsman 1993; Wenning 1993 등을 참고할 수 있다.

또 다른 관련 문헌들로는, 넓은 주제이긴 하지만, 생명유지를 위한 치료를 거부할 권리에 대한 문헌을 살펴볼 수 있을 것이다. 이 중 일부는 3장에서 이미 언급하였다. 그 외 문헌들로는 Ciccone 1990; McCartney 1979; Strasser 1994-95; Sullivan & Younger 1994; Uddo 1992 등을 참고할 수 있다.

4. 외래치료에 대해서는 뒷부분에서 다룰 것이다.
5. 신경이완제 악성증후군(Neuroleptic malignant syndrome, NMS)은 드물게 나타나는 부작용이긴 하지만 발생 시에는 치명적일 수 있다. 지연성 운동장애 역시 심각한 문제가 될 수 있다. 지연성 운동장애의 발생 위험은 약물의 누적 사용량에 따라 증가하며, 유병률을 보면 상당히 빈번하게 발생하는 듯하다. 지연성 운동장애에 대한 내용은 주석 2번을 참고하라.
6. 실제로 미국에서 강제 약물치료를 하려면, 강제입원의 경우보다 더 급박하고 심각한 위험이 있음이 입증되어야 한다.
7. Chesley 1983; Levit 1992 등을 참고하라.
8. 치료에 대한 결정이 상호 합의 하에서 이루어졌다면 환자들이 임의로 치료를 중단할 가능성은 낮아진다. 그리고 어떤 치료 영역이든 지속적으로 치료에 따르는 환자들은 당연히 임상적으로 더 좋은 결과를 보여주곤 한다. Groth, Wilder & Young 1994(망치손가락의 치료과정에 잘 참여한 환자들의 61.5%가 매우 우수한 치료결과를 보인 반면 그렇지 않은 환자들은 9.1%만이 매우 우수한 치료결과를 보임), Mattson & Del Boca 1998 (알코올 중독의 치료순응도가 높은 환자들이 치료결과가 더 좋음) 등을 참고하라. 그러나 이와 상반된 결과를 보여주는 연구도 있다. Goodyer, Miskelly & Milligan 1995 (만성 안정성 심부전 환자의 경우에서 치료순응도가 치료효과에 미친 영향은 경미함)를 참고하라. 상호 합의 하에 치료를 진행한 정신과 환자들이 더 좋은 치료결과를 얻었다는 내용은 3장의 주석들도 참고 가능하다.
9. 환자들이 마음을 바꾸어 약물치료를 그만두려고 하는 이유는 여러 가지가 있을 수 있다. 가장 문제가 되는 것은 겉으로 드러나지 않게 환자의 상태가 악화되고 있는 경우로, 환자는 판단력이 떨어지거나 병에 따르는 일차이득 또는 이차이득을 얻으려는 유혹에 의해 앞으로 투약을 원치 않는다고 할 수 있다. 어떤 환자는 약을 끊는 단계에서 앞으로 병이 재발하였을 때 자신이 소위 나약해지고 병의 불

편감을 견디지 못해 단약 시도를 포기할까 봐 치료거부 사전지시서를 작성할 수도 있다. 이러한 환자들은 약에 아예 먹을 수 없게 된다면 강제로라도 이러한 불편감을 견뎌내게 되고, 이러한 단계가 지나고 나면 다시 건강한 상태로 돌아갈 수 있으리라고 생각하는 것일지 모른다.

10. 나는 이 장에서 자율성 같은 추상적 개념을 이야기한다. 하지만 치료거부 권리를 인정할 경우 환자 자신과 환자의 치료, 환자의 입원생활, 그리고 더 나아가 다른 환자들의 입원생활에까지 악영향이 미칠 위험도 고려해야 하는 것이 아닐까? 치료거부 관련 법정 싸움이 시작된 초기에 의사들은 이를 인정하기 시작하면 환자들은 치료거부를 남발하고 병원은 과거처럼 다시 혼돈스러운 곳이 될 것을 우려했다. 환자들의 입원 기간이 가파르게 상승하고, 격리 및 강박 시행은 급격히 증가하며, 병동 내 폭력 사건은 훨씬 늘어나고, 이에 따르는 비용은 천문학적일 것이라 예측한 것이다.

    그러나 이러한 우려는 대부분 현실화되지 않았다. 실증적 연구결과에 따르면 지속적으로 치료를 거부하는 환자는 극히 드물었고, 폭력적 행동에 따른 격리 및 강박은 거의 증가하지 않았으며, 치료가 지연되거나 입원 기간이 상승하는지는 불분명했다. 그뿐만 아니라 현장에서의 긍정적인 변화도 발견되었다. 치료과정에서 환자의 참여는 증가하였고, 투약 관련 결정을 부적절하게 위임하는 경우는 줄어들었다. 다음 문헌 등을 참고하라. Binder & McNiel 1991 (*Riese v. St. Mary's Hospital* 판례가 급성기 병동에 미친 영향을 연구한 결과, 병동 내 변화는 거의 없었으며 우려하던 일들은 발생하지 않았음을 발견); Carey, Jones & O'Toole 1990 (치료거부가 간호사들에게 미친 영향); Ciccone et al. 1990 (*Rivers v. Katz* 판례의 영향); Farnsworth 1991 (*Jarvis v. Levine* 판례 전후 미네소타 치료감호소의 변화); Hoge, Gutheil & Kaplan 1987 (*Rogers v. Commissioner* 판례가 매사추세츠의 병원들에 미친 영향을 연구한 결과, 치료를 거부하는 환자들에 대해 의료기관이 법정에 치료명령을 위한 진정서를 제출한 경우 대부분의 진정서가 받아들여졌으나 그 과정에서 많은 비용이 발생하였음을 발견); Miller et al. 1989 (*Jones v. Gerhardstein* 판례가 치료감호소의 환자들에게 미친 영향); Panzano & Rubin 1995 (치료거부 권리에 관한 법이 병원 내 '사건들'에 미친 영향에 대한 종단 및 횡단 연구); Rachlin 1989 (*Rivers v. Katz* 판례가 뉴욕 주립 병원에 미친 영향); Sauvayre 1991 (*Rivers v. Katz* 판례 이후 뉴욕의 최고보안등급 치료감호소의 환자와 관련된 40개의 법정다툼 전체를 연구한 결과 변화가 거의 없음 발견); Wettstein 1999 (기존의 실증연구들에 대한 리뷰); Zito, Craig & Wanderling 1991 (*Rivers v. Katz* 판례가 뉴욕의 모든 성인 정신병원 및 치료감호소에 미친 영향을 연구하기 위해, 1년의 기간 사이 법정에 치료명령을 요청한 모든 건을 분석).

반면 어떤 연구들에서는 약물치료를 거부하는 환자들의 격리 및 강박 빈도가 더 높았다는 결과가 나왔다. Kasper et al. 1997 (환자가 치료를 거부하더라도 의사의 재량으로 투약이 가능하도록 하는 버지니아에서의 사례에 대한 연구); Rodenhauser, Schwenkner & Khamis 1987 (최고보안등급 치료감호소의 사례들을 연구한 결과, 치료를 거부하는 환자의 입원 기간이 더 길었음을 발견) 등을 참고하라. Appelbaum & Hoge 1986 (다양한 결과들을 보여주는 여러 문헌들을 리뷰)도 참고 가능하다.

치료거부 권리가 환자의 치료 지연을 가져왔는지에 대한 결과는 앞에서 이야기하였듯이 분명하지 않다. Rachlin 1989 (큰 지연은 없음) 및 Binder & McNiel 1991 (상동)과 Farnsworth 1991 (장기 지연) 및 Bloom et al. 1988 (상동)을 비교해 보라. 치료거부 권리가 인정되기 시작한 후 치료거부 비율에 대한 문헌은 Appelbaum & Hoge 1986; Binder & McNiel 1991; Ciccone et al. 1990; Miller et al. 1989; Rachlin1989; Sellwood & Tarrier 1994; Zito, Craig Wanderling 1991 등을 참고할 수 있다. 실제로 치료거부가 받아들여진 비율에 대한 연구는 다음 문헌들을 참고할 수 있다. Appelbaum & Hoge 1986 (여러 다른 수치들을 보여주는 문헌들 리뷰); Binder & McNiel 1991 (치료거부가 받아들여진 경우는 1% 정도임); Bloom et al. 1988 (치료거부가 받아들여진 사례는 없음); Farnsworth 1991 (*Jarvis v. Levine* 판례 이후 미네소타의 치료감호소에서 비응급 환자의 치료거부가 받아들여진 경우는 7%이며 응급 환자의 치료거부가 받아들여진 경우는 없음); Hoge, Gutheil & Kaplan 1987 (치료거부의 4%가 받아들여짐); Ledwith 1990 (강제입원한 환자의 치료거부 중 70~80%는 합의로 끝나고, 나머지 경우의 3분의 1은 거부가 받아들여짐); Rachlin 1989 (치료거부가 받아들여진 경우는 없음); Sauvayre 1991 (치료거부가 받아들여진 경우는 20%

가량임); Urrutia 1994 (27.5%의 치료거부가 받아들여짐).

다른 문헌들에서는 치료거부나 불순응이 환자의 인구통계학적 특성 등과 관련이 있는지 살펴보았다. Appelbaum & Hoge 1986; Kasper et al. 1997; Ruffalo, Garabedian-Ruffalo & Pawlson 1985; Sellwood & Tarrier 1994; Young, Zonana & Shepler 1986; Zito, Craig & Wanderling 1991 등을 참고하라.

이러한 연구 결과들을 보며, 치료를 거부하는 환자들이 많지 않고 치료거부가 인정된 비율은 더욱 낮기 때문에 치료거부 권리를 인정하려는 움직임은 참패로 끝났다고 생각하는 사람도 있을 수 있다. 그러나 그렇게 결론짓는 것은 부적절하다. 첫째, 치료거부가 받아들여진 환자들은 이러한 권리를 중시하는 사람들이고, 그들에게는 치료거부 권리를 지키는 것이 극히 중요한 일이다. 둘째, 치료거부 권리를 인정하고자 하는 움직임은 의료 현장의 관행을 개선하는 데에 기여했다. 셋째, 치료거부 권리가 있기 때문에 환자들은 약의 종류나 용량 등을 정할 때 치료진과 어느 정도 협상을 할 수 있게 되었다. 마지막으로, 공식적으로 치료거부가 인정된 비율보다 실제 치료거부가 받아들여진 비율은 더 높을 수 있는데, 법정까지 가서 치료거부가 인정된 사례는 보통 의사들이 치료명령이 내려질 가능성이 높다고 판단했던 사례들이고, 그 외의 사례에 대해서는 의사가 환자의 치료거부를 법정까지 가져가지 않고 그냥 받아들였을 수 있기 때문이다. 어쨌든 치료거부 권리가 실제로 어떤 효과를 가져왔는지와는 별개로, 이러한 권리를 인정한다는 것은 정신질환자의 존엄성을 중시하겠다는 우리의 의지를 보여주는 상징적인 의미로서도 중요하다.

11. 외래치료명령제도의 문제점과 이에 대한 해결책, 외래치료명령제도 시행 결과 등은 Appelbaum 1986; Geller 1986; Hiday 1996; Keilitz 1990; Lefkovitch, Weiser, Levy 1993; Munetz et al. 1996; Swanson et al. 1997 등을 참고하라. 아래 다른 주석에 더 많은 참고문헌을 제시하였다.

12. 아이오와 등 일부 주에서는 환자가 의사무능력 상태일 때 외래치료명령이 가능하다고 명기하고 있지만 다른 대부분의 주에서는 이러한 조항을 두고 있지 않다. 그러나 이러한 주들은 의사무능력 이상의 조건을 요구하기 때문에, 대리판단 표준에 따라 투약을 결정하기만 한다면 나는 현재의 조항들로도 충분할 것이라 생각한다. 또한 캘리포니아 등 일부 주에서는 의사무능력자의 지역사회에서의 치

료에 대한 내용을 외래치료명령 관련법이 아닌 보호의무자 관련법에서 다룬다. 이 역시 매우 합리적인 방식이라 여겨진다.

어떤 법령들에는, 치료진이 권유하는 치료에 대한 충분한 설명을 듣고 이에 동의할 수 있는 능력이 환자에게 부족한 경우에 대한 항목이 공통적으로 포함된다. 이는 정신적 역량(capacity)에 대한 내용처럼 들리나, 치료를 받는 것을 '옳은 선택'으로 미리 정해 놓았다는 점에서 판단을 환자 본인에게 맡기는 일반적인 정신역량원칙(capacity doctrine)과는 차이가 있다. 치료 불순응을 정신적 역량 부족과 사실상 동일한 것으로 취급한다면 이는 문제의 소지가 많다. 그러나 만약 이러한 표현이 단순히 환자가 치료에 불순응하는 경우를 지칭하기 위해 사용된 것이라면, 이는 아무 문제가 되지 않을 것이다.

13. 외래치료명령제도에 대한 문헌은 여럿이 있는데, 그중 가장 포괄적이고 깊이 있는 문헌으로는 Ken Kress 2000을 꼽을 수 있을 것이다. 이론적 연구로는 Scheid-Cook 1991; Stein & Diamond 2000; Swanson et al. 1997; Tavolaro 1992 등을 참고할 수 있으며, 외래치료명령의 장단점은 Bloom 1986; Fulop 1995; Geller 1986; Gutterman 2000; Hoge & Grottole 2000; Leong 1987; Mulvey, Geller & Roth 1987; Smith 1995; Swanson et al. 2000; Wilk 1988a, 1988b 등을 참고할 수 있다. 외래치료명령의 세 가지 형태에 대한 연구는 McCafferty & Dooley 1990; Slobogin 1994; Wilk 1988a 등을 참고 가능하다. 외래치료명령을 어떤 경우에 적용해야 할지에 대한 연구로는 Appelbaum 1986; Brooks 1987; Mental & Physical Disability Law Reporter 1986; Mulvey, Geller & Roth 1987; Wilk 1988a 등이 있다. Hoge & Grottole 2000; Munetz, Geller & Frese 2000 등은 외래치료명령은 의사무능력 환자들에게만 적용해야 한다고 제안하며, Brooks 1987 등은 환자가 자발적으로 외래치료명령을 원하는 경우에만 이를 시행할 수 있다고 주장한다. 환자들이 외래치료명령에 순응하는 이유는 아직 명확히 밝혀지지 않았다. Lefkovitch, Weiser & Levy 1993 등은 그 이유를 사람들이 법을 일반적으로 존중하기 때문이라고 생각하는 반면, Geller 1986 등은 환자들이 외래치료명령의 강제력에 대해 제대로 설명을 듣지 못한 경우를 거론한다. (환자들이 외래치료명령에 대해 갖는 오해에 대한 일반적인 내용은 Borum et al. 1999 등을 참고하라.) 외래치료명령에 불순응할 경우에 어떤 불이익이 가해질지에 대

해 어떤 문헌은 강제투약을 이야기하고(Appelbaum 1986; Keilitz & Hall 1985; Miller & Fiddleman 1984 등), 어떤 문헌은 강제 재입원을 이야기한다(Miller 1992a; Mulvey, Geller & Roth 1987 등). Miller 1992a 등은 이 경우에는 일반적인 강제입원보다 더 낮은 기준으로도 환자를 입원시킬 수 있어야 한다고 이야기하고, Slobogin 1994 등은 외래치료명령에 따르지 않아 재입원을 할 때에 대한 절차가 충분히 마련되어야 한다고 이야기한다. (외래치료명령을 주기적으로 검토할 필요가 있다는 목소리도 있는데, *Mental and Physical Disability Law Reporter* 1986을 참고하라.) 불순응 환자에게 외래치료명령을 집행하는 문제에 대한 논의는 자주 이루어졌다. Appelbaum 1986; Fulop 1995; Geller 1986; Miller 1988; Miller & Fiddleman 1984; Wilk 1988b 등을 참고하라. 어떤 문헌들은 외래치료명령에 관한 법들을 분석한다. Keilitz & Hall 1985; McCafferty & Dooley 1990; Miller 1988; Torrey & Kaplan 1995 등을 참고하라. 실증연구들을 분석한 문헌들도 있다. Draine 1997 (방법론적인 문제에 대해서도 논의); Miller 1988; Swartz et al. 1995 (집중적인 사례관리가 이루어진 건은 별개로 연구해야 한다는 등 방법론적인 문제를 심도있게 다룸); Swartz et al. 1997 (기존 연구방법의 한계에 대해 논의); Wilk 1998a 등을 참고하라. 자신들의 연구결과를 보고한 문헌들도 있다 Hiday & Goodman 1982; Hiday & Scheid-Cook 1987; Miller 1992 (정부의 정신보건 담당 책임자들의 경험에 대해 연구); Policy Research Associates 1998; Swanson et al. 2000; Swartz et al. 1999; Van Putten, Santiago & Berren 1988 등을 참고하라. 어떤 문헌들은 개별적인 사례들을 다룬다. Geller 1986; Lefkovitch, Weiser & Levy 1993; Schneider-Braus 1986 등을 참고하라. 다른 국가와 미국의 외래치료명령제도를 비교 설명하는 연구들도 있다. Davies 2000; Lefkovitch, Weiser & Levy 1993 등을 참고하라. 실증연구들의 결과는 다양하게 나타났다. 예를 들어 Hiday & Scheid-Cook 1997; Van Putten et al. 1988 등은 외래치료명령을 받은 환자들은 향후 자발적으로 치료를 받게 되는 경우가 많았다고 한다. Fernandez & Nygard 1990; Munetz et al. 1996 등은 외래치료명령을 받은 환자는 이후 입원 횟수 및 기간이 줄었다는 점을 발견했다. 다른 결과들은 위에서 언급한 각각의 실증연구 및 Scheid-Cook 1991에서 논의되었다. 외래치료명령제도의 활용에 대한 자료는 Torrey & Kaplan 1995를 참고할 수 있다. 일부 문헌에서는 외래치료명령제도의 대안으로 조건부 퇴원 및 법적 후견인의 지정 등을 언급하기도 한다. Fulop 1995 및 Tavolaro 1992 등은 외래치료에 동의하는 환자들에 대한 적극적인 사례관리가 더 우선되어야 한다고 보았다.

14. 외래치료명령은 보통 세 가지로 분류가 가능하다. 조건부 퇴원, 강제입원치료를 대신한 외래치료, 그리고 예방적 강제치료가 그것이다. 첫 번째는 외래치료를 받을 것을 조건으로 환자를 퇴원시키는 경우이다. 두 번째는 입원환자의 강제투약과 동일하게 자타해 위험이 있을 경우 강제 외래치료를 실시하는 것이다. 자타해 위험이 있는 환자를 지역사회에 자유롭게 내버려 두어도 될지 의문을 품는 사람이 있을 수 있다. 어떤 주에서는 환자가 위험하다고 결론을 내릴 근거가 상대적으로 불충분하거나 예상되는 위험이 덜 치명적인 경우 환자가 외래로 치료를 받을 수 있도록 한다. 하지만 그렇다면 이런 환자에게는 입원 상태로든 외래로든 치료를 강제하여서는 안 되는 것이 아니냐는 새로운 의문이 등장할 수 있다. 그러나 어쨌든 환자를 입원시켜 강제투약을 하는 것보다는 외래치료명령이 덜 침해적인 방법이라는 점은 반박하기 어려울 것이다. 세 번째는 강제치료의 대상을 넓히는 것이기 때문에 가장 논란의 여지가 많다. 그러나 이러한 예방적 강제치료를 통해 얻을 수 있는 효과도 있을 것이다.

15. 환자가 자타해 위험이 없고 지역사회에서 스스로 또는 가족이나 지인의 책임감 있는 돌봄 하에 안전하게 살아갈 수 있다면, 단지 외래치료명령에 불순응한다 하여 환자를 강제입원시키는 것이 과연 헌법정신에 부합하는지에 대한 질문이 물론 등장할 수 있다. 도날드슨 판례에서는 이러한 입원은 불법적인 것이라고 결론을 내렸다. 그러나 도날드슨 판례는 환자가 약을 복용하며 지역사회에 안전하게 남아있을 수 있도록 하기 위한 목적으로, 예외적인 한 번의 외래치료명령 기간 중에만 이러한 강제입원을 허용하는 사안을 다룬 것은 아니었다. 그렇기 때문에 지금의 이 질문에 대한 전례는 아직 없는 것이고, 어떤 결론이 나올지는 아직 알 수 없다. 그리고 이러한 제한적인 상황에서라면 환자의 자유를 박탈하는 것이 허용될 수 있다는 주장도 충분히 가능하다.

16. 그 외 가능한 방법은 치료명령을 따르지 않는 환자들을 지역사회에 그대로 놔두고 대신 약을 강제투여하는 것이다. 그러나 나는 강제입원이 강제투약보다 덜 침

해적인 방법이라고 생각하기 때문에 이 방법의 사용에는 반대한다. 그리고 환자에게 선택권을 주는 것은 더더욱 강제투약보다 덜 침해적인 방법이다. 이 선택이 환자 입장에서는 차악을 선택해야 하는 것에 불과하더라도 말이다.

17. 환자의 치료거부 및 불순응의 원인을 다룬 문헌으로는 다음 등을 참고할 수 있다. Appelbaum & Hoge 1986 (문헌들을 리뷰하여 환자의 치료거부에는 부작용보다는 병이 더 많은 영향을 미침 발견); Breen & Thornhill 1998 (치료거부 이유를 약물 관련 요인, 환자 관련 요인, 치료진 관련 요인들로 분류); Brown 1986 (치료거부에 영향을 미치는 요인들 및 거부 이유들); Forman 1993 (치료 불순응은 환자의 통찰력 부족과 관련이 있음); Hummer & Fleischhacker 1996 (추체외로 부작용으로 인해 치료에 불순응할 수 있음); Mattson & Del Boca 1998 (알코올중독자들의 심리치료 사례에 있어 환자의 인구통계학적, 심리학적, 개인적 특성들과 치료자 요인, 치료 맥락의 특징들 분석); Prehn 1990 (약물치료의 필요성에 대해 환자가 전혀 이해하지 못하는 경우, 제대로 이해하지 못하는 경우, 타당한 의견 차이를 보이는 경우에 대해 이야기); Ruffalo, Garabedian-Ruffalo & Pawlson 1985 (인구통계학적 변인들, 사회심리학적 번인들, 문화적 배경, 사회경제적 지위, 개인적 동기, 보건서비스에 접근을 어렵게 할 수 있는 요인들, 의사와 환자 사이의 관계 등에 대해 언급); Wettstein 1999 (치료거부를 의사-환자 관계와 관련된 것과 치료, 병 또는 증상, 종교, 이차적 이득과 관련된 것으로 나눔). 주석 23번에서 인용한 치료거부의 정신역동적 원인들에 대한 문헌들 또한 참고 가능하다.

18. 주석 31번에서 인용한 참고문헌들에서 환자들이 사용하는 표현들을 찾아볼 수 있다.

19. Brown 1986 (정신과에서는 약 복용 거부를 병으로 인해 환자가 분노, 액팅아웃, 편집망상 등의 증상을 보이는 것으로 해석하곤 한다고 언급); Rodenhauser, Schwenkner & Khamis 1987 (치료거부 이유를 '병에서 비롯된 이유'와 '합리적인 이유'로 분류하며, 나의 의견으로는 후자일 듯한 이유 몇몇을 전자로 분류함) 등을 참고하라.

20. 약을 복용하는 환자는 앞으로도 계속 약을 먹어야 한다는 말을 하려는 것은 아니다. 대부분의 환자들은 어느 정도 충분한 기간 동안 건강한 상태가 유지되었다면

약을 줄이고 싶어 할 것이다. 그중에는 장기간의 약 복용은 굳이 필요하지는 않다는 판정을 받는 환자도 있을 것이다. 약이 계속 필요할 것처럼 보이는 나머지 환자라도 삼사 년에 한 번씩은 시험 삼아 약을 끊어보는 것이 합리적일 수도 있다. 그 사이 병의 양상이 변화하였을 수도 있기 때문이다. 그러나 항정신병제와 기분안정제를 복용하는 환자를 포함한 대부분 환자는 무기한으로 약물치료를 받아야 할지 모른다. 내가 여기서 이야기하는 치료거부는 약 복용이 필요한 환자들의 치료거부, 즉 환자 자신의 최선의 이익에 부합하지 않는 치료거부를 뜻한다. (그렇다고 해서 이런 치료거부는 존중하지 않아야 한다는 뜻은 아니다.)

21. 위의 주석 17번을 참고하라.
22. 이러한 치료거부는 명백히 의사무능력 상태에서의 거부가 될 것이다. 그리고 이러한 치료거부는 투약 후에는 사라질 것으로 예상할 수 있기 때문에, 우리는 환자를 강제치료 할 수 있을 것이다.
23. 내가 본문에서 언급한 정신역동적 이유를 포함하여 치료거부 이유들을 다룬 논문들은 Breen & Thornhill 1998; Brown 1986; Demyttenaere 1997; Fenton, Blyler & Heinssen 1997 등을 참고할 수 있다.
24. 저항은 프로이트 이래 정신분석학 문헌들에서 오랫동안 다루어진 개념이다. 현대의 문헌으로는 Wolstein 1983 등을 참고하라.
25. Miller 1997 등을 참고하라
26. 물론 문헌에서 이를 다룬 경우가 전혀 없지는 않다. 어떤 문헌은 정신치료적 접근에 대해 언급하고, 어떤 문헌은 심리사회적 접근을 주로 언급한다. Breen & Thornhill 1998; Demyttenaere 1997; Draine & Solomon 1994; Fenton, Blyler & Heinssen 1997; Kuipers 1996; Ruffalo, Garabedian-Ruffalo & Pawlson 1985; Van Heeringen et al. 1995a; Wettstein 1999; Young, Zonana & Shepler 1986 등을 참고하라. 정신증 환자들을 대상으로 복약순응도를 높이기 위한 상담 프로그램을 실시한 후 그 결과를 대조군과 비교한 연구는 Kemp et al. 1996을 참고하라.
27. 그러나 다른 해석도 가능하다. 즉, 환자는 정신증 상태를 더 선호하여 약을 중단한 것이 아니라, 이번에는 약을 먹지 않고도 잘 지낼 수 있을 것이라고 굳게 믿어서 그러한 것일 수도 있다.

28. Breen & Thornhill 1998 (어떤 질환이든 환자의 20-50%는 치료에 적어도 약간은 불순응하는 경향이 있고, 정신병적 장애에서는 이 비율이 80%까지 올라가며, 우울장애의 경우 불순응 비율은 60%가량임); Brown 1986 (외래환자의 24-63% 및 입원환자의 15-33%가 항정신병제를 처방된 양보다 더 적게 복용하나, 이는 다른 만성질환자들보다는 더 나은 편임. 일반적인 만성질환자의 불순응률은 50%에서 시작해 치료 기간이 늘어날수록 더 높아짐); Buckalew & Buckalew 1995 (기존의 문헌을 검토하고 자체적으로 조사해 본 결과 치료를 완전히 따르는 비율은 25%에 불과함); Cramer et al. 1989 (간질 환자들을 세심히 추적해 본 결과 76%만이 처방에 따라 약을 복용함을 발견, 환자들의 약 복용을 추적할 수 있는 새로운 방법을 제안하고 이것이 기존 방식보다 더 효과적임을 밝힘); Miller 1997 (고혈압 등 만성질환의 치료순응률은 50%가량임); Ruffalo, Garabedian-Ruffalo & Pawlson 1985 (문헌을 리뷰하며 50%라는 수치를 인용); Stephenson et al. 1993 (지속적인 관리를 받는 환자의 치료순응률은 대략 50%이며, 항생제의 경우 치료 말미의 복약률은 25% 이하로 떨어짐); Wettstein 1999 (항우울제의 복약순응률은 평균 65%, 항정신병제는 58%라고 밝히며 환자들은 일반적으로 치료를 불규칙하게 받는다고 언급); Young, Zonana & Shepler 1986 (불순응률과 관련된 자료를 포괄적으로 검토) 등을 참고하라. 치료순응률을 측정하는 데 있어 발생하는 어려움 및 이를 개선할 방법에 대해서는 Cramer 1995 등을 참고하라. Stephenson et al. 1993 등은 기존 연구에서 불순응률을 평가한 측정 방식에는 모두 문제가 있다고 이야기하기도 한다.

29. 그러나 우리는 앞서 치료를 받지 않는 편이 환자 자신에게는 더 나을 수도 있다고 하였다. 그 가능성도 잊어서는 안 된다.

30. 여기서 예외가 될 수 있는 것은 자신의 병을 부정하는 것이다. 이는 신체질환보다 정신질환에서 더 흔하게 나타날 수 있고, 어떤 정신질환에서는 특히 더 두드러질 수 있다. 병의 부정이 몇몇 정신질환의 특징적 현상이라고 볼 수 있는 근거도 몇 가지가 있다. 부정을 납득할 만한 방어기제로 분류해야 할지 병의 증상이라 분류해야 할지는 판단이 어렵다. 그러나 뒤의 문단에서 설명하겠지만 이러한 분류는 중요한 것이 아닐 수도 있다. 어떤 문헌(예를 들어 Kress 2000)에서는 부정이 신경생리학적으로 설명 가능한 현상일 수 있다는 사실을 매우 중요하게 취

급한다. 그러나 모든 정신활동은 당연히 신경생리학적 현상이기 때문에 위 사실이 실제로 얼마나 유용한 것인지는 의문스럽다.

31. Appelbaum & Gutheil 1981은 환자들의 치료거부 이유를 검토하여 이와 같은 결론을 내렸다. Sherlock 1986은 충분한 설명에 의한 동의(informed consent)를 치료과정에 적용하는 것 전반과 관련하여 이러한 언급을 한다.

32. Brakel & Davis 1991에 따르면 법학 분야에서 신경정신약물을 다룬 리뷰 논문 30편 중 20편은 '독설에 가까울 정도로' 강한 표현으로 약 사용을 반대했다고 한다. 이러한 논문 중 대표적인 것으로는 Plotkin 1977을 꼽을 수 있을 것이다.

33. 법률가들이 신경정신약물 사용은 마음 조종이라고 표현한 것에 대한 의사들의 답변은 Appelbaum & Gutheil 1979을 참고할 수 있다. 또한 법률가들의 이러한 공격에 반박하는 논문의 대표적인 예로는 Gutheil & Appelbaum 1984를 참고할 수 있다. 변호사와 의사가 공동집필한 Brakel & Davis 1991은 신경정신약물의 실제 특징을 알리고 정신과 환자에게 대한 강제치료가 더 용이해져야 함을 법률가들에게 설명하기 위한 문헌이다.

5. 격리: 가장 손쉬운 해결책?

1. 이 장과 다음 장에서 나는 위험한 행동을 하려는 사람을 직접 몸으로 제지하는 신체적 강박을 포함하여, 비상 상황에서 폭력을 방지하기 위해 사용되는 조치들을 모두 통틀어 논의하려고 한다.

    격리 및 강박에 대한 대표적 문헌들은 Tardiff 1984에 정리되어 있다. 격리 및 강박의 사용에 찬성하는 입장의 정신의학 문헌들은 Saks 1986의 각주 32번을 참고하라. 격리 및 강박에 대한 법적 논의는 Roth 1985; Saks 1986; Wexler 1983 등을 참고할 수 있다.

2. 응급 상황은 예외가 될 수 있을 것이다. 이에 대해서는 6장에서 다룬다.

3. Heilbrun et al. 1995를 참고하라.

4. 뇌손상 환자나 노인 환자 등, 정신과 병동 외에 강박을 사용하는 경우에 대해서는 Edlund, Goldberg & Morris 1991; Lever et al. 1994; Mion, Minnick &

Palmer 1996; Tinetti et al. 1991 등을 참고하라.

미국 의료기관평가합동위원회(Joint Commission on Accreditation of Healthcare Organizations, 이하 JCAHO)에서는 비정신과 환자들의 강박 기준에 대한 지침 개정판을 1998년도에 발표하였다.

소아 및 청소년의 격리와 강박을 집중적으로 다룬 학자들도 있다. Angold & Pickles 1993; Atkins & Ricciuti 1992; Earle & Forquer 1995; Fassler & Cotton 1992; Irwin 1987; Measham 1995; Morgan, Fulliton & Nabors 1993; Tsemberis & Sullivan 1988 등을 참고하라.

5. 부상 위험 등 격리로 인한 피해에 대한 언급은 Bornstein 1985; Mitchell & Varley 1990; Thompson 1986 등을 참고할 수 있다.
6. 감각박탈의 이러한 효과는 Mitchell & Varley 1990 등을 참고할 수 있다.
7. 환자들을 대상으로 한 설문조사들에서도 격리로 인한 심리적, 정신적 피해를 확인할 수 있다. Chamberlin 1985; Eriksson & Westin 1995; Mann, Wise & Shay 1993; Mason 1993; McElroy 1985; Morgan, Fulliton & Nabors 1993; Morrison & Lehane 1995; Outlaw & Lowery 1994; Richardson 1987; Soloff, McEvoy & Ganguli 1989; Tsemberis & Sullivan 1998 등을 참고하라.

   (놀랄 일은 아니지만) 흥미로운 것은, 직원들이 생각하는 격리의 장단점은 환자들이 생각하는 것과 큰 차이가 있다는 사실이다. de Cangas 1993; Klinge 1994; Mason 1993; McElroy 1985; Muir-Cochrane 1996; Outlaw & Lowery 1994; Tsemberis & Sullivan 1998 등을 참고하라.
8. JCAHO에서 발표한 지침에 따르면 자타해 위험이 있을 때에만 격리 및 강박이 가능하다. 그러나 모든 의료기관이 JCAHO 인증을 받은 것은 아니며 JCAHO의 지침 역시 앞으로 개정될 가능성도 있기 때문에, 이 책에서는 격리 및 강박이 정당화될 수도 있을 모든 경우를 검토해보려고 한다. 그리고 내가 제안하는 것은 격리의 경우 JCAHO 지침에서 인정하는 것보다 더 많은 경우에 시행이 허용되어야 한다는 것이며, 강박의 경우에는 현재의 지침보다 더 드물게 시행되어야 한다는 것이다. 미국 대부분 주에서는 격리 및 강박 시행 조건을 상당히 엄격히 제한하지만, 현장에서는 이러한 조건을 제대로 지키지 않는 경우가 더 많다.
9. Soloff, McEvoy & Ganguli 1989; Tsemberis & Sullivan 1988 등 많은 임상가들

이 격리가 치료적이라고 주장한다. 하지만 내가 아는 바 이에 대한 대조군 연구는 시행된 적이 없으며, 격리의 치료적 효과를 보여주는 자료는 거의 없다고 이야기하는 임상가들도 있다. Crespi 1990; Irwin 1987; Measham 1995; Soloff, McEvoy & Ganguli 1989 등을 참고하라.

10. 학자들마다 격리의 기대 효과를 분류하는 기준은 다르나, 이 책에서는 설명의 편의를 위해 본문과 같이 네 가지로 기대 효과를 정리하였다. Fassler & Cotton 1992; Hopton 1995; Mason 1993; Richardson 1981; Soloff, McEvoy & Ganguli 1989; Whittington & Mason 1995 등을 참고하라.

격리의 사용에 대한 다른 주요 문헌들도 있다. 어떤 문헌들에서는 특정 기관의 격리 시행 사례들을 중심으로, 당시 어떤 이유로 격리를 시행하였는지 살펴본다. Atkins & Ricciuti 1992; Hafner et al. 1989; Heilbrun et al. 1995; Morrison & Lehane 1996; Richardson 1981 등을 참고하라. 병원별 격리 시행 빈도와 시행 시간을 정리한 문헌들도 있다. Angold & Pickles 1993; Atkins & Ricciuti 1992; Betemps, Buncher & Oden 1992; Betemps, Somoza & Buncher 1993; Bornstein 1985; Crenshaw & Francis 1995; Earle & Forquer 1995; Fassler & Cotton 1992; Hafner et al. 1989; Heilbrun et al. 1995; Mann, Wise & Shay 1993; Mitchell & Varley 1990; Morrison 1990a, 1990b; Morrison & Lehane 1995 등을 참고하라. 어떤 특성을 가진 환자들이 더 자주 격리 대상이 되는지를 다룬 문헌들은 Angold & Pickles 1987; Atkins & Ricciuti 1992; de Cangas 1993; Dickerson et al. 1994; Earle & Forquer 1995; Morrison & Lehane 1995; Morrison 1990a, 1990b 등을 참고하라. 또 어떤 문헌들에서는 토큰경제치료, 환자의 월경 등 특정 요인이 격리를 더 혹은 덜 유발하는지를 조사한다. Chiles, Davidson & McBride 1994; Dickerson et al. 1994; Van Heeringen et al. 1995b 등을 참고하라. 격리 지침에 대한 제안을 매우 구체적으로 제시한 문헌들도 있다. Fassler & Cotton 1992; Hopton 1995; Roper et al. 1985 등을 참고하라.

11. 토마스 구테일은 자신의 행동을 통제하지 못하거나 대인관계에 병리적일 정도로 강한 반응을 보이는 환자, 감각과민의 어려움을 겪는 환자들에게는 격리가 치료적일 수 있다고 주장한다. 구테일에 따르면 격리는 위험한 행동을 방지하고, 다

른 사람과의 접촉을 피할 수 있게 하며, 감각 자극을 줄여주는 효과가 있다. 관련 문헌은 Gutheil 1978을 참고하라. 보스턴 주립병원 사례의 판결에 대한 그의 의견은 Gutheil 1980에서 볼 수 있다.

12. Tardiff 1992 등은 섬망 환자의 경우 외부 자극이 차단되면 상태가 더 악화될 수 있기 때문에 이 환자들에게는 격리보다 강박이 더 적절할 수 있다고 이야기하였다.
13. Tsemberis & Sullivan 1988을 참고하라.
14. 유방암 수술을 생각해 보라. 유방을 완전히 절제하는 수술부터 일부를 보존하는 수술까지 여러 방법에 대한 연구가 매우 신중히 수행되어 왔다. 특히 침습적이거나, 신체의 훼손 정도가 심하거나, 야만적인 치료일수록 우리는 그 치료가 과연 꼭 필요한 것인지, 얼마나 도움이 되는 것인지에 대해 더 철저히 검토하기 때문이다.
15. 적어도 이 기대효과를 위해 격리를 시행하는 경우에는 그러하다. 이어지는 내용을 참고하라.
16. 폭력의 예측에 관한 문헌은 3장을 참고하라.
17. 덜 침해적인 대안이라는 개념에 어떻게 접근해야 할지, 환자 본인에게는 특정 대안이 덜 침해적이라 여겨질 경우 당사자가 여러 대안 중 이를 선택할 수 있을지 등에 대해서는 뒤에서 논의할 것이다.
18. 가장 유명한 예는 Devlin 1965와 Hart 1963의 소위 하트-데블린 논쟁을 들 수 있을 것이다. 이 논쟁에 대한 논의는 Stewart 1999를 참고하라.
19. 적어도 대부분의 경우에는 그러하다. 이어지는 내용을 참고하라.
20. 미국의 대부분의 주에서는 격리 및 강박을 처벌 수단으로 사용하는 것을 금지한다.
21. 교사 등 부모로부터 아동의 훈육 권한을 이양받은 사람도 응보적 처벌을 내리는 것이 가능할 수도 있다. 그러나 이 경우 처벌하는 사람의 의도는 보통 응보보다는 아동이 특정 행동을 하지 않게 하려는 것이 클 것이다.
22. 이것들은 흔히 격리의 목적으로 거론되며, 앞서 이야기한 다른 기대 효과들을 근거로 한 격리도 같은 목적을 갖고 있는 것들이 있었다. 차이점은 우리가 환자는 잘못을 해서 벌을 받아야 한다고 생각하며 격리를 시행하는지 여부이다.

23. Skinner 1971, 1974, 1978 등을 참고하라.
24. 위의 주석 7번을 참고하라.
25. McElroy 1985 등을 참고하라.

6. 강박: 매듭을 풀기

1. 정신과 환자 및 일반 환자의 사례에서 강박으로 인해 발생한 피해는 Moss & La Puma 1991를 참고하라.
2. Carlson & Holm 1993; Hopton 1995; Mitchell & Varley 1990 등을 참고하라.
3. 연구자나 (뉴욕을 제외한) 정부기관이 체계적으로 강박으로 인한 사망을 조사한 바는 없으나, 1998년도 하트퍼드 신문(Hartford Courant)이 5부에 걸쳐 대대적으로 관련 내용을 보도하며 142건의 죽음이 세상에 알려지게 되었다. 강박의 위협성에 대한 연구를 하버드 위험분석센터(Harvard Center for Risk Analysis)에 의뢰한 것도 하트퍼드 신문사였다. 이 기사들을 통해 경각심을 불러일으키는 여러 사건이 보고되었는데, 특히 눈에 띈 것은 청소년 환자의 사망률이었다. 정신병원 입원 환자 중 17세 이하 청소년의 비율은 15% 미만이었으나 강박 관련 사망 환자 중에는 청소년이 26%를 차지하였다. 어떤 10대 소녀는 가족사진을 압수하려는 직원에게 저항하다가 바닥에 엎드린 상태로 제압을 당하였는데, 직원이 이 소녀를 움직이지 못하게 계속 누르고 있으면서 소녀는 사망하였다. 중년 환자의 사망도 빈번하게 발생하였다. 자신의 토사물에 기도가 막히거나, 강박 과정에서 심장에 이상이 발생하거나, 억제대에 목이 졸리는 등의 다양한 사고로 환자들은 사망에 이르렀다.

   기사에 따르면 이러한 사망 사건들은 제대로 보고되지 않은 경우가 많았다. 병원에서는 관련 당국에 보고는 했더라도, 조사가 나오기 전에 현장을 정리하고 유가족에게는 당시의 상황을 제대로 알리지 않았다. 검시관이 사망원인을 타살로 분류한 경우는 극히 드물었고, 타살 가능성이 제기된 경우라도 직원들은 자신이 환자의 사망에 기여한 바를 극히 일부만 인정하였다. 강박과 사망의 연관성이 명백한 경우에도 검시관은 보고서에 이러한 내용을 생략하곤 하였다.

하트퍼드 신문사는 환자들과 강박 경험 관련 인터뷰를 진행하기도 하였는데 대부분 환자들은 혼란스러웠다거나, 화가 나고 무서웠다는 등 부정적인 감정을 공통적으로 이야기하였다. 같은 결과를 보여 준 연구도 기사를 통해 보도되었다. 강박상태를 지나치게 장시간 유지하거나 직원이 환자의 상태를 자주 확인하지 않는 등의 문제점도 지적되었다. 많은 병원에서는 강박 관련하여 직원 교육을 제대로 실시하지 않고 있었다.

보도에 등장한 또 다른 주제의 흥미로운 내용은 테네시에서의 사례로, 주 정부의 적극적인 노력을 통해 강박 시행을 최소화하면서도 위험이나 큰 부담의 증가는 막을 수 있음을 보여준 사례이다. 뉴욕 역시 강박 시행 빈도를 줄이는 데 성공한 것으로 보고되었다.

뉴욕 주립 진료질 평가위원회(New York State Commission on Quality of Care)는 뉴욕에 있는 병원들의 강박 실태를 조사해 왔는데, 1994년 9월 보고서에 따르면 당시 10년 사이 격리 및 강박의 사용이 두 배 가까이 증가했으며 관련 사망 사건도 100건 이상에 이른다고 한다. 또한, 기존의 조사연구 문헌들 중 가장 대규모로 퇴원 환자들을 대상으로 설문을 수행했던 연구 보고서를 검토한 결과, 격리 및 강박을 경험했던 환자들의 대다수가 이러한 과정은 적법하지 않게 이루어졌으며 환자들이 부상을 입거나 부당한 처우를 받는 경우도 빈번했다고 이야기했다고 한다. New York State Commission on Quality of Care 1994, 1995를 참고하라. New York Office of Mental Health 1993 역시 참고 가능하다.

4. 격리도 마찬가지이며, 이러한 인식의 차이는 여러 문헌에서 확인 가능하다. 이는 부분적으로는 밀집도 등 병동 환경의 차이에서, 부분적으로는 직원들의 성향 및 병동의 정책 차이에서 비롯된 것으로 설명할 수 있다. Atkins & Ricciuti 1992; Bornstein 1985; Brooks et al. 1994; Carlson & Holm 1993; Crenshaw & Francis 1995; de Cangas 1993; Earle & Forquer 1995; Forquer et al. 1996; Hafner et al. 1989; Heilbrun et al. 1995; Irwin 1987; Mason 1993; Morrison 1990a, 1990b; Morrison & Lehane 1995; Muir-Cochrane 1996; Roper et al. 1985; Thompson 1986; Tsemberis & Sullivan 1988; Whittington & Mason 1995 등을 참고하라.

국가별로도 격리 및 강박 실태는 큰 차이를 보인다. 예를 들어 (1980년대

중반 기준으로) 영국은 미국에 비해 격리를 덜 시행하며 강박은 거의 전혀 사용하지 않았다. Angold & Pickles 1993; Hafner et al. 1989; Lever et al. 1994; Morrison 1990a; Morrison & Lehane 1996; Pfeffer 1995; Saks 1986; Soloff, McEvoy & Ganguli 1989; Thompson 1986 등을 참고하라.

5. 뉴욕의 격리 및 강박 실태를 대대적으로 연구한 문헌으로 Way 1986; Way & Banks 1990을 참고하라. 위 문헌에 따르면 오더에 제시된 격리 및 강박 시간은 대부분 4시간(56%) 또는 2시간(34%)이었으며, 병원들 중 73%는 거의 항상 위 두 오더 중 한 종류만을 사용했다. 그리고 이 시간을 반드시 끝까지 채워 격리 및 강박을 시행하는 것은 아니었다. 격리 및 강박 시간의 중앙값은 2시간이고 평균은 2.5시간이었으며, 실제로는 2시간 이하로 격리 및 강박을 시행한 경우가 61%였다. 이러한 점들로 미루어 볼 때 장시간의 격리나 강박이 절차상 번거로울수록 강박 시간이 짧아지는 효과가 있는 듯하다.

6. Eriksson & Westin 1995; Outlaw & Lowery 1994 등을 참고하라. 직원들의 답변은 이와는 다르게 나오곤 한다. Klinge 1994 등을 참고하라. 강박 이유에 대해서도 직원과 환자들은 서로 다르게 설명하곤 한다. Outlaw & Lowery 1994를 참고하라.

7. Sheline & Nelson 1993; Soliday 1985 등을 참고하라.

8. 강박 관련해서는 여러 문헌이 존재한다. 강박의 근거로 제시되는 기대효과들은 Hopton 1995 등을 참고할 수 있다. 앞 장에서 언급한 격리의 기대효과 또한 강박의 기대효과로 제시될 수 있기 때문에 나는 이들 역시 논의에 포함시켰다. 실제 강박 시행 사례들을 대상으로 어떤 이유로 강박이 시행되었는지를 조사한 연구는 Heilbrun, et al. 1995를 참고하라. 강박 빈도와 지속 시간에 대한 연구는 Betemps, Buncher & Oden 1992; Betemps, Somoza & Buncher 1993; Crenshaw & Francis 1995 등을 참고하라.

   강박을 자주 시행하는 기관과 그렇지 않은 기관에 대한 논의는 Betemps, Buncher & Oden 1992; Betemps, Somoza & Buncher 1993; Dickerson et al. 1994 등을 참고 가능하다. 강박 시행에 영향을 미치는 다른 요인들에 대한 연구는 Carlson & Holm 1993; Chiles, Davidson & McBride 1994; Dickerson et al. 1994 등을 참고할 수 있다. 강박 지침 관련 제언은 Roper et al. 1985 등을 참고

하라.

9. 억제대를 이용한 강박이 아닌 직원이 신체를 이용하여 환자를 제압하는 강박의 경우와 관련하여 이러한 효과가 Swett, Michaels & Cole 1989 등에서 언급되었다. 그러나 Crespi 1990 등은 이런 효과에 대한 객관적 증거는 거의 없음을 지적하고, Measham 1995 등은 환자를 제압하는 방법 중 어떤 것이 다른 것보다 더 치료적이라고 볼 증거는 없다고 이야기한다. 강박의 치료적 효과에 대해 논의한 추가적인 참고문헌은 Saks 1986의 I. A.절을 참고하라.
10. Moss & La Puma 1991을 참고하라. 이 논문에서는 강박의 임상적 효과가 증명된 적이 없다는 점 또한 지적한다. 따라서 강박은 정식으로 허가받은 치료법과는 다르게 취급되어야 하며, 환자의 사전동의 또는 환자가 의사결정능력을 상실한 경우 법정대리인의 동의가 있는 경우에만 허용이 되어야 한다고 논문에서는 이야기한다.
11. 나는 Saks 1986에서 이러한 제안을 하였지만, 지금의 생각은 이러한 방법만으로는 충분치 않다는 것이다.
12. Way 1986; Way & Banks 1990를 참고하라.
13. Eriksson & Westin 1995 등을 참고하라.
14. Saks 1986 등을 참고하라. 이 논문에서는 환자들이 격리 및 강박 방법들 중 본인이 선호하는 것을 직접 선택할 수 있도록 허용할 것을 제안한다. Measham 1995도 참고 가능하며, 이 논문에서는 아동이 자신을 어떻게 다룰지 결정하는 데에 함께 참여하도록 권장하여야 한다고 이야기한다.
15. 어떤 병원이든 합리적인 격리 및 강박 방법은 모두 시행 가능하도록 장소와 도구를 갖추기를 나는 희망한다. 단, 환자를 몸으로 제압하는 방식은 예외적으로 시행이 어려운 병원이 있을 수 있다.
16. 의사능력을 상실했으나 만약 의사능력이 온전했다면 약물을 거부했을 환자에 대해서는 이 책에서 다루지 않으며 다음 기회에 논할 수 있기를 바란다.
17. 그리고 환자의 마음이 바뀌었다면 응급상황이라 해도 이를 존중해 줄 수 있을 것이다. 단, 각 방법 사이에 효과의 차이가 없고, 원래 취하려던 조치에서 다른 조치로 변경하는 과정에서 추가적인 위험이 발생하지는 않아야 한다. 그리고 지금 논의하고 있는 투약 거부는 응급 시 변경 가능한 선택에서 제외되어야 할 텐데,

이러한 결정은 환자의 의사능력이 온전한 상태에서 내려야 한다고 나는 생각하기 때문이다.

7. 의사능력: 환자의 결정을 존중할 수 있을 때와 없을 때

1. Macklin 1982, p. 360 등을 참고하라. 의사능력은 맥락에 따라 달라질 수 있다고 이야기한 문헌은 Roth, Meisel & Lidz 1977 등을 참고하라. 전반적인 의사능력을 따지는 의학적 관점보다 특정한 맥락에 따라 의사능력을 판단하는 법적 관점에 더 찬성하는 문헌은 Freedman 1981을 참고할 수 있다.
2. Freud 1901; Kahneman 1994; Katz 1984; Mann 1994; Redelmeier, Rozin & Kahneman 1993; Tversky & Kahneman 1986 등을 참고하라.
3. 의사능력의 기준을 정하는 것이 전적으로 규범적 선택의 문제라는 의미는 아니며, 상당 부분 그러하다는 이야기이다. 의사능력의 기준을 정하는 데에는 실증적 분석도 필요하다. 예를 들어 어떤 정신적 제약이 있을 때 잘못된 판단을 하기 쉬운지, 사람들은 결정을 내릴 때 실제로 어떠한 능력들을 이용하는지, 정신질환은 결정능력에 어떤 영향을 미치는지 등에 대한 실증적 근거도 필요할 것이다. 의사능력의 기준을 정하는 데에 규범적 요소들이 포함됨을 이야기한 또 다른 문헌으로는 Weisstub 1988을 참고할 수 있다.
4. 맥아더 연구진은 의사능력에 대한 연구용 도구를 먼저 개발한 후, 이어 치료동의능력 평가도구(MacCAT-T, MacArthur Competence Assessment Tool - Treatment)와 연구참여동의능력 평가도구(MacCAT-CR, MacArthur Competence Assessment Tool - Clinical Research) 등을 개발하였다. 이 도구들을 개발하고 대조군 연구를 통해 검증한 과정을 설명한 논문은 Appelbaum & Grisso 1988, 1995a, 1995b, 1997; Grisso et al. 1995; Grisso & Appelbaum 1995a, 1995b; Berg, Appelbaum & Grisso 1996 등을 참고할 수 있다. MacCAT-T에 대한 책도 출간되었는데, Grisso & Appelbaum 1998을 참고하라. 연구 장면에서 맥아더 평가도구를 활용하는 것에 대한 논문은 Berg & Appelbaum 1999을 참고할 수 있다.

맥아더 평가도구를 주제로 한 문헌들도 많은데, *Psychology, Public Policy, and Law* (vol. 2, 1996)는 한 권 전체를 이를 위해 할애하기도 하였다. 여기에 수록된 논문으로는 Kirk & Bersoff 1996; Perlin & Dorfman 1996; Slobogin 1996; Winick 1996b, 1996c 등을 참고 가능하다. 해당 호에서 제기된 비평에 대한 연구진의 답변은 Grisso & Appelbaum 1996을 참고하라. 맥아더 평가도구에 대한 또 다른 비판으로는 Saks 1999; Saks & Behnke 1999를 참고할 수 있다.

다른 치료동의능력 평가도구들에 대한 문헌도 있다. 홉킨스 의사결정능력 평가도구(Hopkins Competency Assessment Test)에 대한 논문은 Barton et al. 1996; Janofsky, McCarthy & Folstein 1992; Lavin 1992; Sales 1992 등을 참고하라. 의사결정능력 평가질문지(Competency Interview Schedule)에 대한 논문으로는 Bean et al. 1994, 1996 등이 있다. 환자들에게 가상의 의학적 문제 상황을 제시한 후 이를 통해 환자의 의사결정능력을 평가하는 방법은 Marson et al. 1994; Marson et al. 1995a, 1995b, 1996, 1997a, 1997b 등을 참고할 수 있다. 의사결정능력 평가를 위한 구조화된 임상면담 평가도구(Structured Interview for Competency and Incompetency Assessment Testing and Ranking Inventory, SICIATRI)에 대한 논문은 Tomoda et al. 1997을 참고하라. 그 외 Billick et al. 1996; Morris et al. 1993; Morrison 1987; Weisstub 1988; Weithorn 1982 등도 참고 가능하다.

이러한 다양한 평가도구 및 임상면담을 여러 유형의 환자들에게 어떻게 적용할지에 대한 연구들도 주목할 만하다. 위에서 언급한 맥아더 연구(Appelbaum & Grisso 1997; Grisso & Appelbaum 1995; Grisso et al. 1995) 외에도 다른 도구 및 방법들에 대한 논문들이 있는데, Banja & Auerbach 1988; Barton et al. 1996; Bean et al. 1994, 1996; Beck & Parry 1992; Bentivegna & Garvey 1990; Billick et al. 1996; Hoffman & Srinivasan 1992; Katz et al. 1995; Kelly 1987; Kloezen, Fitten & Steinberg 1988; Marson et al. 1994, 1995a, 1995b, 1996, 1997a, 1997b; Myers & Barrett 1986, 1987; Rosenfeld 1992; Roth et al. 1982; Stern 1994; Sullivan, Ward & Laxton 1992; Wear & Brahams 1991; Weinstock, Copelan & Bagheri 1994 등을 참고할 수 있다. Morris 1995는 한 법학 교수가 1년간 법정에서 치료거부에 대한 의사능력을 판단하는 사례들을 지

켜보며 경험한 내용을 담고 있다. Weisstub 1988 등은 환자의 의사능력에 대한 연구에서 보이는 방법론적 문제를 지적한다. 의사능력 패러다임에 대한 논의는 Bocknek 1990을 참고하라. 의사능력 관련 문헌의 목록은 Zaubler, Viederman & Fins 1996에서도 찾아볼 수 있다.

5. Berg, Appelbaum & Grisso 1996, pp. 385-87; Grisso & Appelbaum 1998, chap. 7 등을 참고하라.
6. Berg, Appelbaum & Grisso 1996, pp. 380-81 등을 참고하라. 저자들은 이 항목들을 하나로 통합해야 하는 '실증적' 근거가 있다고 이야기하며, 그 근거로 세 항목이 골라낼 수 있는 환자 유형이 다르다는 점을 꼽는다. 그러나 사실 항목들을 하나로 합쳐야 한다고 판단하는 것은 규범적 선택인데, 이 항목들이 평가하는 역량이 과연 의사능력을 위해 필요한 것인지에 대한 견해에 따라 판단은 달라질 수 있기 때문이다.
7. 맥아더 연구진은, 자신들은 법원 판결에서 드러난 의사능력 평가 기준을 이 도구를 개발하는 데에 차용했다고 이야기한다. 하지만 법원에서 사용한 표현들은 상당히 모호하며, 이로부터 연구진이 선택한 평가도구가 명확히 도출되는 것은 아니다. *Osgood v. District of Columbia,* 567 F. Supp. 1026, 1031 (D.C. Cir. 1983); *In re Mental Commitment of M.P.,* 500 N.E.2d 216 (Ind. Ct. App. 1986); *United States v. Charters,* 829 F.2d 479, 496 (4th Cir. 1987) 등의 판결문에서는 환자가 내린 결정의 합리성에 대해 이야기한다. 그러나 이는 그 결정의 결과가 합리적인지에 대한 판단인가? 아니면 (맥아더 TRAT에서 측정하듯) 환자의 결정과정에 이상이 없는지에 대한 판단인가? 그것도 아니면 (맥아더 POD에서 측정하듯) 환자가 그와 같은 결정을 하게 된 배경에 있는 신념이 타당한가에 대한 판단인가? 법원의 표현은 많은 경우 매우 불분명하다. 이에 대한 논의로는 Saks 1991, pp. 977-84를 참고할 수 있다. 그리고 이 문제가 아니더라도 법원의 판결을 빌려오는 것으로 자신의 규범적 분석을 대신할 수는 없으며, 그렇게 하려는 것은 그 자체로 하나의 규범적 선택이다.
8. 맥아더 평가도구의 도식에 대한 해석 및 비판은 Saks 1999 및 Saks & Behnke 1999를 참고하라.
9. 어쩌면 단순한 무지함이 아닌 어떤 장애로 인해 정상적인 의사결정을 할 수 없는

경우에만 '의사무능력'이라는 표현을 사용해야 할지도 모른다. 비록 존 스튜어트 밀 등 철학자들이 무지함에 대해서도 온정적 간섭주의에 입각한 개입을 해야 한다고 주장한 바가 있으나(유명한 예로 존 스튜어트 밀은, 누군가 다리가 무너지려 한다는 사실을 모르고 다리를 건너가려 한다면 그 사람을 막아서야 함을 이야기하였다) 법적으로는 단순한 무지함은 의사능력의 상실로 간주하지 않는 편이나을 수 있다. 현실적으로 우리도 진실을 알 수 없을 때가 많기 때문에 장애로 인해 진실을 왜곡할 가능성이 높은 사람의 경우만 의사무능력자로 보는 것이 더 안전한 것이다. 그러나 이러한 현실적인 이유는 논외로 하고, 만약 우리가 진실을 항상 알 수 있다면 어떻게 할지에 대해 논의해 볼 수는 있을 것이다. 그리고 이상적인 세상에서 그런 것이 가능하다면, 무지함은 아마도 모두 의사무능력으로 간주될 것이다. 현실에서 법적 판결이 어떠하든지 본문의 상황에 놓이게 된다면 대부분의 사람들은 자기결정권을 포기하고 우호적인 다른 사람이 대신 결정을 내려주기를 당연히 원할 것이다.

10. 이러한 능력이 필요함을 언급한 문헌은 다수이다. Macklin 1983; Pavlo, Bursztajn & Gutheil 1987; President's Commission for the Study of Ethical Problems 1982 등을 참고하라. 그러나 나의 개인적인 의견은 이를 의사능력에 포함시키는 것은 부적절하다는 것이다. Saks 1993을 참고하라.

11. 치료동의능력의 평가기준에 대한 문헌으로는 Abernethy 1984; Annas & Densberger 1984; Banja & Auerbach 1988; Beck 1978; Beck & Parry 1992; Benesch 1989; Buchanan & Brock 1986; Bursztajn et al. 1991; Callahan & Hagglund 1995; Checkland & Silberfeld 1996; Drane 1984; Draper & Dawson 1990; Galen 1993; Ganzini & Lee 1993; Hanson et al. 1994; Hawkins 1996; Hipshman 1987; Hoffman 1980, 1988; Jones & Keywood 1996; Kaplan & Price 1989; Kirk & Bersoff 1996; Lippert & Stewart 1988; Mahler & Perry 1988; Marson et al. 1994; Matthews 1987; Morrison 1987; Pearce 1994; Pomerantz & de Nesnera 1991; Redding 1993; Roth, Meisel & Lidz 1977; Schwartz & Blank 1986; Searight 1992; Sherlock 1984; Snyder 1994; Stern 1994; Valentine, Waring & Giuffrida 1992; Venesy 1995; Weisstub 1988; Wolff 1990 등이 있다.

정신과 환자에 국한된 것이 아닌, 일반 환자의 연명치료 등 전반적인 치료에 대한 동의능력을 다룬 문헌은 Annas & Densberger 1984; Callahan & Hagglund 1995; Draper & Dawson 1990; Evans 1995; Fowles & Fox 1995; Hanson et al. 1994; Hawkins 1996; Kaplan & Price 1989; Katz et al. 1995; Kelly 1987; Liberman 1985; Lippert & Stewart 1988; Mahler & Perry 1988; Mahler, Perry & Miller 1990; Marson et al. 1996, 1998a, 1998b; Marzen & Avila 1995; Myers & Barrett 1986, 1987; Pearce 1994; Sherlock 1984; Snyder 1994; Steinberg, Fitten & Kachuck 1986; Weinstock, Copelan & Bagheri 1984; Weisstub 1988 등을 참고하라.

어떤 문헌은 특히 아동과 청소년의 동의능력에 대해 논의한다. Alderson 1992; Evans 1995; Hawkins 1996; Parker & Dewar 1992; Redding 1993; Weisstub 1988; Weithorn 1982 등을 참고하라. 특히 지적장애의 경우에 대해 다룬 문헌은 Morris et al. 1993을 참고하라.

영국이나 캐나다 등 미국 외의 국가들의 경우를 다룬 문헌은 Burra, Kimberley & Miura 1980; Draper & Dawson 1990; Evans 1988; Gallop 1988; Hoffman 1988; Hoffman & Srinivasan 1992; Jones & Keywood 1996; Kline 1988; Liberman 1985; Lippert & Stewart 1988; Morrison 1987; Parker & Dewar 1992; Pearce 1994; Stern 1994; Valentine, Waring & Giuffrida 1992; Wear & Brahams 1991; Weisstub 1988 등을 참고하라.

이 책에서 언급한 문헌 외 더 이전에 발간된 참고문헌들의 목록은 Saks 1991의 주석 9번을 참고하라.

치료동의능력에 내한 나의 이전 글들은 Saks 1993, 1999; Saks & Behnke 1999를 참고하라.

12. 더 구체적인 비평은 Saks 1999; Saks & Behnke 1999를 참고하라.
13. 과거에 비해서는 나아졌지만, 정신과 진단의 신뢰도와 타당도는 여전히 크게 높지 않다는 연구결과들이 있다. Buysse et al. 1994; Fennig et al. 1994; Perry 1992; Vitiello et al. 1990 등을 참고하라.
14. 나는 Saks 1991 p. 991에서 망상과 망상이 아닌(즉 정신질환에 의한 것이 아닌) 믿음의 차이는 현실을 어느 정도 왜곡하는지에 있다고 설명하였다.

15. Appelbaum & Grisso 1992, p. 54를 참고하라.

16. MacCAT-T에서는 환자가 이전 치료에서 효과를 보지 못하였기 때문에 이번에도 도움을 받지 못하는 10%에 속할 것 같다고 대답한다면 감점을 하지 않는다. 하지만 환자는 (미신적인 이유를 포함해서) 다른 이유로 이번 치료가 효과가 없고 자신은 나머지 10%에 속하게 될 것이라 생각할 수도 있다. 그리고 이 경우에도 환자의 생각이 맞을 수도 있는 것이다. 그뿐만 아니라 치료효과를 비관적으로 보는 사람은 많다(이에 대해서는 본문에서 이어 이야기할 것이다).

17. POD에는 (현재 환자의 점수에는 영향을 미치지 않지만) 세 가지 항목이 더 있는데 이 항목들 역시 같은 문제를 갖고 있다. 첫 번째 항목은 환자가 약의 부작용을 인정하느냐에 대한 것이고(그러나 그 환자는 부작용을 경험하지 않을 수도 있다), 두 번째는 치료진이 자신을 도우려는 선한 의도를 갖고 있다고 환자가 생각하는지에 대한 것이며(특정 치료진이 돈이나 명성 때문에 치료를 권하는 것이라고 생각한다면 환자가 현실을 명백하게 왜곡하는 것일까?), 세 번째는 환자가 입원치료의 필요성을 인정하는지에 대한 것이다(그러나 의사의 판단이 잘못된 것이고, 이 환자는 병원에서는 퇴행을 보이나 병원 밖 지역사회에서는 자신의 역할을 하며 빠른 회복을 보이는 환자일지도 모른다).

18. POD는 병에 대한 부정을 의사능력의 상실로 취급하기 때문에 지나치게 많은 환자들을 의사무능력자로 분류하는 경향이 있다(이에 대해서는 본문의 뒷부분에서 더 언급할 것이다). 그러나 반대로 POD가 의사무능력자를 제대로 판별하지 못하는 경우도 있는데, POD는 환자가 의사의 의견을 받아들이는지 여부만을 살피고 그 이면에 있는 환자의 신념은 충분히 확인하지 않기 때문이다. 예를 들어 어떤 환자가 자신의 병과 그 예후에 대한 의사의 설명에 동의한다고 하자. 그렇다면 이 환자는 POD 항목들에서 만점을 받을 것이다. 하지만 이 환자가 생각하는 병의 원인은 외계인들이 자신의 뇌세포들을 조종하고 있기 때문이며, 약을 먹으면 자신의 병은 낫겠지만 화가 난 외계인들이 지구를 침략할 것이라고 환자는 믿는다고 해보자. 그렇다 하더라도 이 환자는 여전히 POD에서 만점을 받을 것이다. 그럼 이 환자는 의사능력이 온전하기 때문에 우리는 치료거부에 대한 환자의 결정을 받아들여야 하는 것일까? 단순히 환자가 의사의 말에 동의하는지를 확인하는 것이 아니라, 환자가 '명백히 거짓인 믿음'을 갖고 있는 것인지도 살펴

보아야 하지 않을까? ('명백히 거짓인 믿음'에 대해서는 본문을 참고하라.)

19. 명백히 거짓인 신념의 대부분은 망상일 것이기 때문에, 위에서 망상과 관련해 제기되었던 질문들에 대한 답은 여전히 필요할 것이다. 이에 대해서는 더 많은 연구가 필요하다.

20. *In re Estate of Yett,* 606 P.2d 1174, 1176 (Or. Ct. App. 1980); *In re Meagher's Estate,* 375 P.2d 148, 150 (Wash. 1962) 판례를 참고하라. *Insane Delusions as Invalidating a Will,* 175 ALR 868, 964 (1948)도 참고 가능하다.

21. 나는 Saks 1991, pp. 988-92에서도 이에 대해 논하였는데, 당시의 논조는 본문의 논조보다 약간 더 강하였다.

22. 관련 내용을 Saks 1991, p. 990에서도 일부 인용하였다.

23. 정신과 진단의 신뢰도와 타당도의 한계에 대한 주석 13번의 논문들을 참고하라. 대법원 판례 등에서도 정신과 진단의 불확실성이 언급된 바 있다. *Ake v. Oklahoma,* 470 U.S. 68 (1985) 등을 참고하라. 관련 논문으로 Almy 1984; Goodman 1986도 참고 가능하다.

24. 물리적 검사가 가능한 기질적 정신질환이라면 아마도 환자들이 자신의 병을 받아들일 수 있어야 할 것이다. 이런 면에서 예를 들어 치매 환자의 병에 대한 부정은 조현병 환자의 병에 대한 부정과는 다른 방식으로 다루어야 할지 모른다.

25. 신체질환의 경우에도 진단의 확실성을 떨어뜨릴 수 있는 여러 쟁점들이 있을 수 있다. 검사는 얼마나 정확한가? 검사결과의 해석 과정에서 왜곡이 발생할 가능성은 없는가? 검사의 신뢰도는 높다 하더라도, 이 병을 밝히는 데에 있어 검사의 타당도는 어떠한가? 이 검사를 통해 특정 병을 얼마나 정확하게 찾아낼 수 있는가? 환자가 검사 결과는 인정하면서도, 이는 단지 몇몇 수치가 정상을 벗어났다는 의미이지 특정 병이 있다는 뜻은 아니라고 한다면 어떠한가? 물론 신뢰도와 타당도가 매우 뛰어난 검사들도 있다. 그리고 본문에서 이어 설명하겠지만, 환자가 자신의 증상을 인정하기만 한다면 병명 자체를 인정하는 것은 굳이 필요하지 않을지도 모른다.

26. 일부 심리학자나 의사들조차도 이런 관점을 갖곤 한다. 대표적인 예로 사스는 비기질적 정신질환을 인정하지 않는다(Szasz 1974, 1978). 그러나 종양학자가 암의 존재를 인정하지 않는 것은 상상하기 어렵다.

27. 그러나 명백히 거짓인 신념을 바탕으로 한 부정은 예외일 것이다. "하늘에 있는 작은 사람들이 나에게 고난을 주고 있고, 이 고난을 통해 나는 세상을 구할 것이에요"와 같은 부정은 그 예일 것이다.

28. 정신증의 첫 발현이 이러한 경우에 해당될 것이다. 첫 정신증 발현 시 왜 강제입원의 조건을 완화하는 것이 좋을지에 대해서는 3장에서 설명하였다.

29. 독자들은 내가 정신증의 첫 발현 시에는 단기간 강제입원 및 강제투약이 가능해야 한다고 제안했음을 기억할 것이다. 그렇다면 지금의 기준은 위 내용과 어떻게 다른가? 앞에서는 '정신증'에 대해 이야기하고 지금은 '정신능력의 저하'에 대해 이야기하는데, 용어를 통일하는 것이 좋지 않겠는가? 그러나 본문에서 이어 설명하듯이 사실 이 두 용어는 많은 부분 겹치긴 해도 완전히 같은 것을 이야기하는 것은 아니다. 그뿐만 아니라 독자들은 정신증의 첫 발현 시 강제치료와 관련하여 내가 제안한 기준은 정신능력의 저하를 보이는 환자에 대한 강제개입 기준보다 훨씬 더 낮다는 사실을 기억할 수 있을 것이다. 후자의 경우 돌이킬 수 없는 심각하고 위해가 발생할 가능성이 높음이 기준이 되어야 한다고 나는 제안하였다.

30. 의사능력의 판단에 변동기준제를 도입할 것을 제안하는 문헌으로는 Buchanan & Brock 1986; Drane 1984, 1985-86; Marzen & Avila 1995; Rappeport 1986; Schwartz & Blank 1986; Searight 1992; Valentine, Waring & Giuffrida 1992; Venesy 1995; Weisstub 1988; Winick 1991 등이 있다. 맥아더 연구진 역시 이에 찬성하는 입장이다.

    변동기준제를 비판하거나 이의 문제점을 지적하는 문헌으로는 Eth 1985; Kloezen, Fitten & Steinberg 1988; Mahler & Perry 1988; Saks 1991, 1999; Saks & Behnke 1999 등을 참고할 수 있다.

    그 외 환자의 치료동의능력과 관련된 다양한 제안은 Abernethy 1984; Alderson 1992; Appelbaum & Roth 1981; Benesch 1989; Brown 1986; Burra, Kimberley & Miura 1980; Callahan & Hagglund 1995; Caplan 1985; Culver & Gert 1990; K. Evans 1988; J. L. Evans 1995; Galen 1993; Gallop 1988; Hawkins 1996; Ho 1995; Hoffman 1988; Jones & Keywood 1996; Kapp & Mossman 1996; Kirk & Bersoff 1996; Kline 1988; McCrary & Walman

1990; Mahler, Perry & Miller 1990; Morrison 1987; Parker & Dewar 1992; Pavlo, Bursztajn & Gutheil 1987; Pearce 1994; Pomerantz & de Nesnera 1991; Steinberg, Fitten & Kachuck 1986; Venesy 1995; Walkow 1994; Watson 1984; Weisstub 1988 등을 참고할 수 있다.

31. "이 결정은 약간 문제가 있으니 조금 높은 기준을 적용하자. 저 결정은 큰 문제가 있으니 매우 높은 기준을 적용하자"라고 할 경우 평가자가 자신의 주관적인 가치관에 비추어 환자의 결정이 왜 문제가 되는지 이야기하는 것이 가능해진다. 그러나 실은 우리가 따져봐야 할 것은 해당 결정에 어쩔 수 없이 수반되는 위험은 무엇인지이다.

32. 이러한 연구의 일환으로 나는 '상황에 대한 이해 (appreciation)'를 측정하기 위한 도구를 공동개발하였다. Saks et al. 2002를 참고하라. 다른 연구자들이 개발한 도구들도 있는데, 이는 주석 4번의 참고문헌들을 확인하라.

8. 사전지시제도: 돛대에 자기 몸을 묶은 오디세우스

1. [역자 주: 미국에서는 각 주의 법에 따라 생전유언(living will)을 통해 치료에 대한 자신의 의사를 사전에 문서화하거나, 대리인지정(durable power of attorney)을 통해 자신의 의사결정을 대신할 대리인을 지정할 수 있으며, 1990년도에는 연방법으로 「환자자기결정법(Patient Self-Determination Act)」을 제정하여 사전지시제도의 전면적 시행을 시작하였다.] 여러 문헌들이 치료 관련 사전지시제도에 대해 논한다. 그중 특히 정신과 치료 장면에서의 사전지시제도 관련 문헌은 Appelbaum 1991; Dixon 1992 등을 참고할 수 있다. 「환자자기결정법」에 대한 문헌은 Bursztajn 1993; Marta 1993; Swisher 1991 등을 참고 가능하다. 연명치료에 대한 사전지시 사례를 추적한 전향적 연구로는 Danis et al. 1991이 있다.

2. 사전지시제도의 장단점에 대한 논의는 Backlar 1995; Brock 1993; Buchanan 1988; Churchill 1989; Dresser 1982, 1984, 1992; Macklin 1987; Moorhouse & Weisstub 1996; Radden 1992; Rosenson & Kasten 1991; Winick 1996a; Winston & Winston 1982 등을 참고할 수 있다.

실제 상황 및 제시된 가상의 의학적 상황에서 사전지시가 어떻게 적용되는지는 Backlar & McFarland 1996; Diamond et al. 1989; Ganzini et al. 1994; Reilly, Teasdale & McCullough 1994; Zweibel & Cassel 1989 등을 참고할 수 있는데, 이 연구들의 결과는 흥미롭다. 사례연구로는 Epstein et al. 1994도 참고 가능하다.

3. 정신질환의 치료 또는 치료거부에 대한 사전지시를 다룬 문헌으로는 Appelbaum 1982, 1991; Backlar 1995; Backlar & McFarland 1996; Brock 1993; Cuca 1993; Dixon 1992; Dresser 1992; Macklin 1987; Perling 1993; Radden 1992; Rosenson & Kasten 1991; Winick 1996; Winston & Winston 1982 등을 참고할 수 있다.

   특정 환자군의 사전지시에 대해 다룬 문헌으로는 Ganzini et al. 1992 (우울증상이 있는 정신과 입원환자와 심폐소생술 거부 요청); Ganzini et al. 1994 (우울감을 경험하는 환자들); Ganzini, Lee & Heintz 1994 (경계선 성격장애 환자들); Marta 1993 (우울감을 경험하는 노인과 환자자기결정법); Shamoo & Irving 1993 (우울감을 경험하는 노인); Swisher 1991 (정신과 환자와 환자자기결정법) 등이 있다.

4. 그러나 단정적으로 말할 수는 없는 것이, 과거에 환자가 의사능력이 있을 때에 내린 결정이 환자가 현재 의사능력이 있다면 내릴 결정과 같다는 보장은 물론 없기 때문이다. 그러나 대부분의 사례에서 과거에 환자가 내린 결정은, 현재 환자가 의사능력이 있다면 어떤 결정을 내릴지 짐작할 수 있게 하는 최선의 단서일 것이다.

5. Dresser 1984 등을 참고하라.

6. 그리고 실제로 환자의 생명이 위험한 상황이라면, 사전지시가 아니더라도 일반적인 경로로 강제입원이 가능할 것이다.

7. 적어도 7장에서 내가 제안한 정신능력의 저하의 기준에는 해당되지 않을 것이다. 과자와 관련해 나는 충동적인 모습을 보이긴 했지만, 정신능력의 저하 판정을 받을 만큼은 아니었을 것이다. 그리고 설령 정신능력의 저하가 있었다 하더라도 온정적 간섭주의가 필요할 만큼 이 사안이 중요한 사안은 아니기 때문에, 사전지시를 반드시 따라야 할 필요는 없을 것이다. 이에 대해서는 뒤에서 더 자세

히 설명하겠다.

8. 이와 관련된 여러 제안들은 Bursztajn 1993; Cuca 1993; Dubler 1995; Ganzini et al. 1992; Moorhouse & Weisstub 1996; Perling 1993; Swisher 1991 등을 참고할 수 있다.

9. 이 경우에도 환자가 자타해 위험 등 강제입원 기준에 해당된다면 강제입원이 가능할 것이다. 즉, 지금 살펴보고자 하는 것은 자의입원에 대해 결정할 능력을 환자가 상실했을 때 사전지시에 따라 치료거부가 가능할지이다. 자세한 내용은 본문에서 이어 설명하겠다.

10. 의사능력이 온전한 상태에서 내린 결정을 선호하는 것은 사실 흔히 용납되곤 한다. 이는 환자의 더 자율적인 모습을 선호하는 것이라고 설명할 수도 있기 때문이다. 그러나 환자가 특정 상태에서 내린 결정을 더 선호하는 것과 우리가 아예 환자를 대신해 결정을 내리는 것은 다른 문제이다. 후자는 가장 모욕적이고 환자의 존엄성을 해치는 개입일 수 있는데, 우리들이 환자보다 더 환자 자신에 대해 잘 안다고 주장하는 것이기 때문이다.

11. 독자들은 강제입원에 따르는 추가적인 이익 중 하나로 환자가 치료를 받게 된다는 점을 내가 언급했던 것을 기억할 것이다. 사실 이를 이익이라 보지 않기는 어렵다. 그러나 지금 이어질 내용에서는 이에 대한 판단 역시 환자에게 맡긴다면 어떤 결론이 나올지를 살펴본다. 결론은 그렇게 하더라도 환자를 치료할 근거가 있을 수 있다는 것이고, 나는 이 결론은 좋은 결론이라고 생각하는 마음이 내 안에 있음을 고백한다.

12. 마찬가지로 치료에 대한 사전지시서를 작성하는 사람에게도 이후 치료가 필요한 상황이 실제 닥쳤을 때에 마음이 바뀌는 경우가 있을 수 있음을 설명하고, 그러한 경우 어떻게 하기를 원하는지 구체적으로 물어봐야 할 것이다.

13. 위에서 언급한 정신외과수술의 예도 이에 해당될 것이다.

9. 결론

1. 이 책에서의 제안한 내용들이 무원칙적이라는 말은 아니다. 단지 순수한 자율성

존중이나 순수한 온정적 간섭주의의 원칙 중 어느 한 쪽만을 따를 수는 없다는 것이 나의 입장이고, 아마도 많은 사람들이 이에 동의할 것이다.

2. 여기서 더 나아가 자율성 존중의 원칙에 정말로 충실하려면 의사능력을 따지는 것 자체를 해서는 안 된다고 주장하는 사람도 있을 수도 있다. 그러나 그렇다면 자율성은 '자신이 어떤 상태에 있든, 자기 자신에 대한 행위(self-regarding action)는 무엇이든 할 수 있는 자유'가 되는 것이다. 그렇게 되면 자기 자신에 대한 행위에 있어 자율성은 소극적 자유와 거의 동의어가 되는데, 이는 자율성의 개념으로 타당하지 않다.

    내가 본문에서 하려는 말은 이렇게 극단적인 입장이 아닌 보다 온건한 자율성 개념을 적용하더라도 자율성 존중의 원칙에 철저하기란 어렵다는 것이다. 어떤 사람의 결정이 유의미한 것인지를 판단하는(즉, 예를 들어 그 사람이 의사능력이 있는지 판단하는) 기준을 정할 때에도 그렇지만, 정신질환 여부를 판단할 때에도 우리의 가치관이 개입된다. 자율성 존중의 원칙을 철저히 따르려면 이러한 판단들은 모두 당사자가 직접 할 수 있어야 하는 것이다.

3. '환자가 의사결정능력이 없을 때'라고 대답하고 싶을 수도 있지만, 사실 우리가 환자의 문제를 대신 결정할 수 있는 상황은 여러 가지가 가능할 수 있으므로 이를 구체적으로 살펴볼 필요가 있을 것이다. 그리고 이러한 여러 상황 중 언제 개입을 할지 선택할 때, 우리의 가치관 및 여러 이해관계가 영향을 미침도 짚어봐야 한다.

참고문헌

Abernethy, Virginia. 1984. Compassion, control, and decisions about competency. *American Journal of Psychiatry* 141:53-58.

Addington, Donald, and Heather L. Holley. 1989. A comparison of voluntary with remanded schizophrenics. *Canadian Journal of Psychiatry* 34:89-93.

Alderson, P. 1992. In the genes or in the stars: Children's competence to consent. *Journal of Medical Ethics* 18:119-24.

Almy, Thomas B. 1984. Psychiatric testimony: Controlling the "ultimate wizardry" in personal injury actions. *Forum* 19:233-67.

American Psychiatric Association. 2000. *Diagnostic and statistical manual of mental disorders*, 4th ed. (text revision). Washington, D.C.: American Psychiatric Association.

American Psychiatric Association Joint Commission on Public Affairs, Sub-Committee, eds. 1980. *A psychiatric glossary*. 5th ed. Boston: Little, Brown.

Angold, Adrian, and Andrew Pickles. 1993. Seclusion on an adolescent unit. *Journal of Child Psychology and Psychiatry and Allied Disciplines* 34:975-89.

Annas, George J. 1984. The case of Mary Hier: When substituted judgment becomes sleight of hand. *Hastings Center Report* 14:23-25.

Annas, George J., and Joan E. Densberger. 1984. Competence to refuse medical treatment: Autonomy vs. paternalism. *University of Toledo Law Review* 15:561-96.

Appelbaum, Paul S. 1982. Can a subject consent to a Ulysses contract? Commentary. *Hastings Center Report* 12:27-28.

______. 1985. Empirical assessment of innovation in the law of civil commitment: A critique. *Law, Medicine and Health Care* 13:304-9.

______. 1986. Outpatient commitment: The problems and the promise. *American Journal of Psychiatry* 143:1270-72.

______. 1988. The right to refuse treatment with antipsychotic medications: Retrospect and prospect. *American Journal of Psychiatry* 145:413-19.

______. 1991. Advance directives for psychiatric treatment. *Hospital and Community Psychiatry* 42:983-84.

______. 1992. Civil commitment from a systems perspective. *Law and Human Behavior* 16:61-74.

______. 1995. Civil commitment and liability for violating patients' rights. *Psychiatric Services* 46:17-18.

Appelbaum, Paul S., and Thomas Grisso. 1988. Assessing patients' capacities to consent to treatment. *New England Journal of Medicine* 319:1635-38.

______. 1992. Manual for perceptions of disorder. Typescript.

______. 1995a. The MacArthur Treatment Competence Assessment Tool - Clinical Research. Typescript.

______. 1995b. The MacArthur Treatment Competence Study: I. Mental illness and competence to consent to treatment. *Law and Human Behavior* 19:105-26.

______. 1997. Capacities of hospitalized, medically ill patients to consent to treatment. *Psychosomatics* 38:119-25.

Appelbaum, Paul S., and Thomas G. Gutheil 1979. The Boston State hospital case: "Involuntary mind control," the Constitution, and the "right to rot." *American Journal of Psychiatry* 137:720-23.

______. 1981. "Rotting with their rights on": Constitutional theory and clinical reality in drug refusal by psychiatric patients. *Bulletin of the American Academy of Psychiatry and the Law* 7:306-15.

Appelbaum, Paul S., and Steven K. Hoge. 1986. The right to refuse treatment: What the research reveals. *Behavioral Sciences and the Law* 4:280-92.

Appelbaum, Paul S., and Loren H. Roth. 1981. Clinical issues in the assessment of competency. *American Journal of Psychiatry* 138:1462-67.

______. 1988. Assessing the NCSC guidelines for involuntary civil commitment from the clinician's point of view. *Hospital and Community Psychiatry* 39:406-10.

Arenella, Peter, 1977. The diminished capacity and diminished responsibility defenses: Two children of a doomed marriage. Columbia Law Review 77:827-65.

Atkins, Marc S., and Alexander Ricciuti. 1992. The disproportionate use of seclusion in a children's psychiatric state hospital. *Residential Treatment for Children and Youth* 10:23-33.

Ausubel, David P. 1961. Personality disorder is disease. *American Psychologist* 16:254-66.

Aviram, Uri. 1990. Care or convenience? On the medical-bureaucratic model of commitment of the mentally ill. *International Journal of Law and Psychiatry* 13:165-77.

Aviram, Uri, and Robert A. Weyer. 1996. Changing trends in mental health legislation: Anatomy of reforming a civil commitment law. *Journal of Health, Politics, Policy and Law* 21:771-805.

Backlar, Patricia. 1995. The longing for order: Oregon's medical advance directive for mental health treatment. *Community Mental Health Journal* 31:103-8.

Backlar, Patricia, and Bertson. H. McFarland. 1996. A survey on use of advance directives for mental health treatment in Oregon. *Psychiatric Services* 47:1387-89.

Bagby, R. Michael. 1988. The deprofessionalization of civil commitment. *Canadian Psychology* 29:234-36.

Bagby, R. Michael, Judith S. Thompson, Susan E. Dickens, and Michiko Nohara. 1991. Decision making in psychiatric civil commitment: An experimental analysis. *American Journal of Psychiatry* 148:28-33.

Balance, William D., Paul P. Hirschfield, and Wolfgang C. Bingmann. 1970. Mental illness: Myth, metaphor, or model. *Professional Psychology* 1:133-37.

Bamonte, Jennifer L., and Cathy Bierman. 1992. In re Dubreuil: Is an individual's right to refuse a blood transfusion contingent on parental status? *Nova Law Review* 17:517- 47.

Banja, J. D., and V. S. Auerbach. 1988. Competence to consent to medical treatment among neurologically impaired persons: The competency interview. *Archives of Physical Medicine and Rehabilitation* 69:716.

Barbanel, Josh. 1991. Rise in tuberculosis forces review of dated methods. *New York Times*, 10 July.

Barton, Dennis C., Harminder S. Mallik, William B. Orr, and Jeffrey S. Janofsky. 1996. Clinicians' judgment of capacity of nursing home patients to give informed consent. *Psychiatric Services* 47:956-60.

Bassuk, Ellen L., and H. Richard Lamb. 1986. Homelessness and the implementation of deinstitutionalization. *New Directions for Mental Health Services San Francisco* 30:7-14.

Bayer, Ronald, and Laurence Dupuis. 1995. Tuberculosis, public health, and civil liberties. *Annual Review of Public Health* 16:307-26.

Bazelon, David. 1986. The right to a partisan psychiatric expert: Might indigency preclude insanity? *New York University Law Review* 61:703-37.

Bean, Graham, Shizuhiko Nishisato, Neil A. Rector, and Graham Glancy. 1994. The psychometric properties of the competence interview schedule. *Canadian Journal of Psychiatry* 39:368-76.

_____. 1996. The assessment of competence to make a treatment decision: An empirical approach. *Canadian Journal of Psychiatry* 41:85-92.

Beauford, James E., Dale E. McNiel, and Renée L. Binder. 1997. Utility of the initial therapeutic alliance in evaluating psychiatric patients' risk of violence. *American Journal of Psychiatry* 154:1272-76.

Beck, James C. 1987. Right to refuse antipsychotic medication: Psychiatric assessment and legal decision-making. *Mental and Physical Disability Law Reporter* 11:368-72.

______. 1988. Determining competency to assent to neuroleptic drug treatment. *Hospital and Community Psychiatry* 39:1106-8.

Beck, James C., and Edward A. Golowka. 1988. A study of enforced treatment in relation to Stone's "Thank You" Theory. *Behavioral Sciences and the Law* 6:559-66.

Beck, James C., and John W. Parry. 1992. Incompetence, treatment refusal, and hospitalization. *Bulletin of the American Academy of Psychiatry and the Law* 20:261-67.

Begelman, D. A. 1971. Misnaming, metaphors, the medical model, and some muddles. *Psychiatry* 34:38-58.

Behnke, Stephen H. 1999. O'Connor v. Donaldson: Retelling a classic and finding some revisionist history. *Journal of the American Academy of Psychiatry and the Law* 27:115-26.

Benesch, Katherine. 1989. Legal issues in determining competence to make treatment decisions. *New Directions for Mental Health Services* 41:97-105.

Bentall, Richard P., and David Pilgrim. 1993. Thomas Szasz, crazy talk and the myth of mental illness. *British Journal of Medical Psychology* 66:69-76.

Bentivegna, Santo W., and Kathleen Garvey. 1990. Applications of Hartman's competency to consent and right to refuse treatment concepts. *American Journal of Forensic Psychology* 8:25-34.

Berg, Jessica Wilen, and Paul S. Appelbaum. 1999. Subject's capacity to consent to neurobiological research. In *Ethics in psychiatric research: A resource manual for human subjects' protection*, edited by Howard A. Pincus, Jeffrey A. Lieberman, and Sandy Ferris. Washington, D.C.: American Psychiatric Association.

Berg, Jessica Wilen, Paul S. Appelbaum, and Thomas Grisso. 1996. Constructing competence: Formulating standards of legal competence to make medical decisions. *Rutgers Law Review* 48:345-96.

Bessho, David M. 1995. Health hospitalization for tuberculosis: Ensure due process for persons involuntarily hospitalized. *Georgia State University Law Review* 12:247-51.

Betemps, Elizabeth J., C. Ralph Buncher, and Mary Oden. 1992. Length of time spent in seclusion and restraint by patients at 82 VA medical centers. *Hospital and Community Psychiatry* 43:912-14.

Betemps, Elizabeth J., Eugene Somoza, and C. Ralph Buncher. 1993. Hospital characteristics, diagnoses, and staff reasons associated with use of seclusion and restraint. *Hospital and Community Psychiatry* 44:367-71.

Beyer, Stephan. 1980. Madness and medicine: The forcible administration of psychotropic drugs. *Wisconsin Law Review* no. 3:497-567.

Billick, Stephen B., Peter W. Naylor, Matthew R. Majeske, and Woodward Burget III. 1996. A clinical study of competence in psychiatric inpatients. *Bulletin of the American Academy of Psychiatry and the Law* 24:505-11.

Binder, Renée L., and Dale E. McNiel. 1991. Involuntary patients' right to refuse medication: Impact of the Riese decision on a California inpatient unit. *Bulletin of the American Academy of Psychiatry and the Law* 19:351-57.

Bishop, M., and H. Olders. 1992. Alternatives to civil commitment. *Canadian Journal of Psychiatry* 37:223.

Bittman, Betsy J., and Antonio Convit. 1993. Competency, civil commitment, and the dangerousness of the mentally ill. *Journal of Forensic Sciences* 38:1460-66.

Blackburn, Catherine E. 1990. The "therapeutic orgy" and the "right to rot" collide: The right to refuse antipsychotic drugs under state law. *Houston Law Review* 27:447-513.

Bloom, Joseph D. 1986. The Tarasoff decision, dangerousness and mandated outpatient treatment. *International Journal of Offender Therapy and Comparative Criminology* 30:vii-x.

Bloom, Joseph D., and Larry R. Faulkner. 1987. Competency determinations in civil commitment *American Journal of Psychiatry* 144:193-96.

Bloom, Joseph D., and Mary H. Williams. 1994. Oregon's civil commitment law: 140 years of change. *Hospital and Community Psychiatry* 45:466-70.

Bloom, Joseph D., Mary H. Williams, Sally L. Godard, and Larry R. Faulkner. 1988. The influence of the right to refuse treatment on pre-commitment patients. *Bulletin of the American Academy of Psychiatry and the Law* 16:5-9.

Bocknek, Gene. 1990. Extending Masterpasqua's competence paradigm. *American Psychologist* 45:1176-77.

Bornstein, Philipp E., 1985. The use of restraints on a general psychiatric unit. *Journal of Clinical Psychiatry* 46:175-78.

Borum, Randy, Marvin Swartz, Sharon Riley, Jeffrey Swanson, Virginia Aldige Hiday, and Ryan Wagner. 1999. Consumer perceptions of involuntary outpatient commitment. *Psychiatric Services* 50:1489.

Bradford, B., S. McCann, and Harold Merskey. 1986. A survey of involuntary patients' attitudes towards their commitment. *Psychiatric Journal of the University of Ottawa* 11:162-65.

Brakel, Samuel Jan, and John M. Davis 1991. Taking harms seriously: Involuntary mental patients and the right to refuse treatment. *Indiana Law Review* 25:429-73.

Breen, Robert, and Joshua T. Thornhill. 1998. Noncompliance with medication for psychiatric disorders-reasons and remedies. *Disease Management* 6:457-71.

Brian, Jeanette. 1992. The right to refuse antipsychotic drug treatment and the Supreme Court: Washington v. Harper. *Buffalo Law Review* 40:251-82.

Briere, John, and Eliana Gil. 1998. Self-mutilation in clinical and general population samples: Prevalence, correlates, and functions. *American Journal of Orthopsychiatry* 68:609-20.

Brock, Dan W. 1993. A proposal for the use of advance directives in the treatment of incompetent mentally ill persons. *Bioethics* 7:247-56.

Brooks, Alexander D. 1986. The right to refuse antipsychotic medications: Law and policy. *Rutgers Law Review* 39:339-76.

_____. 1987. Outpatient commitment for the chronically mentally ill: Law and policy. *New Directions for Mental Health Services* 36:117-28.

_____. 1992. The constitutionality and morality of civilly committing violent sexual predators. *University of Puget Sound Law Review* 15:709-54.

Brooks, Kathryn L., Jane S. Mulaik, Maggie P. Gilead, and Betty S. Daniels. 1994. Patient overcrowding in psychiatric hospital units: Effects on seclusion and restraint. *Administration and Policy in Mental Health* 22:133-44.

Brouillette, Marie-Josee, and Joel Paris. 1991. The dangerousness criterion for civil commitment: The problem and a possible solution. *Canadian Journal of Psychiatry* 36:285-89.

Brown, Lowell C., and Shirley J. Paine. 1993. Thunder from California: The Thor decision and the ever-expanding right to die. *HealthSpan* 10:13-17.

Brown, Phil. 1986. Psychiatric treatment refusal, patient competence, and informed consent. *International Journal of Law and Psychiatry* 8:83-94.

Brown, Robin G. 1991. Thomas Szasz, mental illness and psychotherapy. *British Journal of Psychotherapy* 7:283-94.

Buchanan, Allen. 1988. Advance directives and the personal identity problem. *Philosophy and Public Affairs* 17:277-302.

Buchanan, Allen, and Dan W. Brock. 1986. Deciding for others. *Milbank Quarterly* (supp. 2) 64:17-94.

_____. 1989. *Deciding for others: The ethics of surrogate decisionmaking*. Cambridge: Cambridge University Press.

Buckalew, L. W., and N. M. Buckalew. 1995. Survey of the nature and prevalence of patients' noncompliance and implications for intervention. *Psychological Reports* 76:315-21.

Burra, P., R. Kimberley, and K. Miura. 1980. Mental competence and consent to treatment. *Canadian Journal of Psychiatry* 25:251-53.

Bursztajn, Harold. J. 1993. From PSDA to PTSD: The Patient Self-Determination Act and post-traumatic stress disorder. *Journal of Clinical Ethics* 4:71-74.

Bursztajn, Harold J., Thomas G. Gutheil, Mark Mills, Robert M. Hamm, and Archie Brodsky. 1986. Process analysis of judges' commitment decisions: A preliminary empirical study. *American Journal of Psychiatry* 143:170-74.

Bursztajn, Harold J., Herndon P. Harding, Thomas G. Gutheil, and Archie Brodsky. 1991. Beyond cognition: The role of disordered affective states in impairing competence to consent to treatment. *Bulletin of the American Academy of Psychiatry and the Law* 19:383-88.

Burt, Robert. 1979. *Taking care of strangers.* New York: Free Press.

Bustillo, Juan R., John Lauriello, and Samuel J. Keith. 1999. Schizophrenia: Improving outcome. *Harvard Review of Psychiatry* 6:229-40.

Buysse, David J., Charles F. Reynolds, Peter J. Hauri, Thomas Roth, et al. 1994. Diagnostic concordance for DSM-IV sleep disorders: A report from the APA/NIMH DSM-IV field trial. *American Journal of Psychiatry* 151:1351-60.

Callahan, Charles D., and Kristopher J. Hagglund. 1995. Comparing neuropsychological and psychiatric evaluation of competence in rehabilitation: A case example. *Archives of Physical Medicine and Rehabilitation* 76:909-12.

Candilis, Philip J., and Mark H. Pollack. 1997. The hidden costs of untreated anxiety disorders. *Harvard Review of Psychiatry* 5:40-42.

Caplan, Arthur L. 1985. Let wisdom find a way. *Generations* 10:10-14.

Carey, Naomi, Susan L. Jones, and Anita W. O'Toole. 1990. Do you feel powerless when a patient refuses medication? *Journal of Psychosocial Nursing and Mental Health Services* 28:19-25.

Carlson, Janene M., and Margo B. Holm. 1993. Effectiveness of occupational therapy for reducing restraint use in a psychiatric setting. *American Journal of Occupational Therapy* 47:885-89.

Chamberlin, Judi. 1985. An ex-patient's response to Soliday. *Journal of Nervous and Mental Disease* 173:288-89.

Checkland, David, and Michel Silberfeld. 1996. Mental competence and the question of beneficent intervention. *Theoretical Medicine* 17:121-34.

Chesley, Richard A. 1983. The increasingly disparate standards of recovery for negligently inflicted emotional injuries. *University of Cincinnati Law Review* 52:1017-37.

Chiafullo, Louis A. 1994. Innocents imprisoned: The deficiencies of the New Jersey standard governing the involuntary commitment of children. *Seton Hall Law Review* 24:1507-48.

Chiles, John A., Peter Davidson, and Dennis McBride. 1994. Effects of Clozapine on use of seclusion and restraint at a state hospital. *Hospital and Community Psychiatry* 45:269-71.

Churchill, L. R. 1989. Trust, autonomy, and advance directives. *Journal of Religion and Health* 28:175-83.

Ciccone, J. Richard, John F. Tokoli, Colleen D. Clement, and Thomas E. Gift. 1990. Right to refuse treatment: Impact of Rivers v. Katz. *Bulletin of the American Academy of Psychiatry and the Law* 18:203-15.

Cichon, Dennis E. 1992. The right to "just say no": A history and analysis of the right to refuse antipsychotic drugs. *Louisiana Law Review* 53:283-426.

Civil commitment and the "great confinement" revisited: Straightjacketing individual rights, stifling culture (note). 1995. *William and Mary Law Review* 36:1769-1805.

Clayton, Ellen W. 1987. From Rogers to Rivers: The rights of the mentally ill to refuse medication. *American Journal of Law and Medicine* 13:7-52.

Cocozza, Joseph J., and Henry J. Steadman. 1975-76. The failure of psychiatric predictions of dangerousness: Clear and convincing evidence. *Rutgers Law Review* 29:1084-1101.

Coleman, Brenda C. 1995. Resurgence of tuberculosis called a worldwide crisis. *Los Angeles Times*, 29 January.

Cornwell, John Kip. 1996. Confining mentally disordered "super criminals": A realignment of rights in the nineties. *Houston Law Review* 33:651-730.

Coryell, William, Jean Endicott, George Winokur, Hagop Akiskal, David Solomon, Andrew Leon, Timothy Mueller, and Tracie Shea. 1995. Characteristics and significance of untreated major depressive disorder. *American Journal of Psychiatry* 152:1124-29.

Cramer, Joyce A. 1995. Relationship between medication compliance and medical outcomes. *American Journal of Health-System Pharmacists* 52:27-29.

Cramer, Joyce A., Richard H. Matson, Mary L. Prevey, Richard D. Scheyer, and Valinda L. Ovellette. 1989. How often is medication taken as prescribed? *Journal of the American Medical Association* 261:3273-77.

Crawford, M. J,. and S. Wessely. 1998. Does initial management affect the rate of repetition of deliberate self harm? *British Medical Journal* 317:985.

Crenshaw, Wesley B., and Saul S. Francis. 1995. A national survey on seclusion and restraint in state psychiatric hospitals. *Psychiatric Services* 46:1026-31.

Crespi, Tony D. 1990. Restraint and seclusion with institutionalized adolescents. *Adolescence* 25:825-29.

Cuca, Roberto. 1993. Ulysses in Minnesota: First steps toward a self-binding psychiatric advance directive statute. *Cornell Law Review* 78:1152-86.

Cuffel, Brian J. 1992. Characteristics associated with legal status change among psychiatric patients. *Community Mental Health Journal* 28:471-82.

Culver, Charles M., and Bernard Gert. 1990. The inadequacy of incompetence. *Milbank Quarterly* 68:619-43.

Cutting, John, Manfred Bleuler, Luc Ciompi, T. J. Crow, David Abrahamson, and D. Tantam. 1983. Schizophrenic deterioration. *British Journal of Psychiatry* 143:77-84.

Czajkowski, Susan M., and Margaret A. Chesney. 1990. Adherence and the placebo effect. In *The handbook of health behavior change*, 409-23. New York: Springer.

Dammann, Eric J. 1997. "The myth of mental illness": Continuing controversies and their implications for mental health professionals. *Clinical Psychology Review* 17:733-56.

Danis, Marion, Leslie I. Southerland, Joanne M. Garrett, Janet L. Smith, Frank Hielema, C. Glenn Pickard, David M. Egner, and Donald L. Patrick. 1991. A prospective study of advance directives for life-sustaining care. *New England Journal of Medicine* 324:882-88.

Davies, Stefan. 2000. Involuntary out-patient commitment and supervised discharge. *British Journal of Psychiatry* 177:183.

Davis, Douglas A. 1976. On being detectably sane in insane places: Base rates and psychodiagnosis. *Journal of Abnormal Psychology* 85:416-22.

Dawson, John. 1996. Psychopathology and civil commitment criteria. *Medical Law Review* 4:62-83.

de Cangas, Jose P. C. 1993. Nursing staff and unit characteristics: Do they affect the use of seclusion? *Perspectives in Psychiatric Care* 29:15-22.

Delaney, Jeffrey J. 1991. Specific intent, substituted judgment and best interests: A nationwide analysis of an individual's right to die. *Pace Law Review* 11:565-641.

Demyttenaere, Koen. 1997. Compliance during treatment with antidepressants. *Journal of Affective Disorders* 43:27-39.

Dennis, Deborah L., and John Monahan. 1996. *Coercion and aggressive community treatment: A new frontier in mental health law*. New York: Plenum.

Devlin, Patrick. 1965. *The enforcement of morals*. New York: Oxford University Press.

Diamond, Eric L., James A. Jernigan, Ray A. Moseley, and Valerie Messina. 1989. Decision-making ability and advance directive preferences in nursing home patients and proxies. *Gerontologist* 29:622-26.

Dickerson, Faith, Norman Rangel, Frederick Parente, and John Boronow. 1994. Seclusion and restraint, assaultiveness, and patient performance in a token economy. *Hospital and Community Psychiatry* 45:168-70.

Dixon, Gayle. 1992. The Minnesota advance psychiatric directive: Protecting patient decision-making. *Minnesota Medicine* 75:33-34.

Dorfman, Deborah A. 1993. Through a therapeutic jurisprudence filter: Fear and pretextuality in mental disability law. *New York Law School Journal of Human Rights* 3:805-24.

Draine, Jeffrey. 1997. Conceptualizing services research on outpatient commitment. *Journal of Mental Health Administration* 24:306-15.

Draine, Jeffrey, and Phyllis Solomon 1994. Explaining attitudes toward medication compliance among a seriously mentally ill population. *Journal of Nervous and Mental Disease* 182:50-54.

Drane, James F. 1984. Competency to give an informed consent: A model for making clinical assessments. *Journal of the American Medical Association* 252:925-27.

_____. 1985-86. The many faces of competency. *Hastings Center Report* 15-16:17-21.

Draper, Ronald J., and David Dawson. 1990. Competence to consent to treatment: A guide for the psychiatrist. *Canadian Journal of Psychiatry* 35:285-89.

Dresser, Rebecca S. 1982. Ulysses and the psychiatrists: A legal and policy analysis of the voluntary commitment contract. *Harvard Civil Rights-Civil Liberties Law Review*

16:777-854.

_____. 1984. Bound to treatment: The Ulysses contract. *Hastings Center Report* 14:13-16.

_____. 1992. *Autonomy revisited: The limits of anticipatory choices.* Baltimore: Johns Hopkins University Press.

Drumheller, Betty L. 1983-84. Constitutionalizing civil commitment: Another attempt-In re Harris, 98 Wash. 2d 276, 654 P 2d 109 (1982). *Washington Law Review* 59:375-99.

Dubler, Nancy Neveloff. 1995. The doctor-proxy relationship: The neglected connection. *Kennedy Institute of Ethics Journal* 5:289-306.

Durham, Mary L., and Glenn L. Pierce. 1986. Legal intervention in civil commitment: The impact of broadened commitment criteria. *Annals of the American Academy* 484:42-69.

Dworkin, Gerald. 1988. *The theory and practice of autonomy.* Cambridge: Cambridge University Press.

_____. 1993. Thomas Hill, Jr., Autonomy and self-respect. *Philosophical Quarterly* 43:378-79.

_____. 1995. Review of Liberations from self: A theory of personal autonomy, by Bernard Berofsky. *Journal of Philosophy* 94:212-16.

Dyer, Allen R., and Sidney Bloch. 1987. Informed consent and the psychiatric patient. *Journal of Medical Ethics* 13:12-16.

Earle, Kathleen A., and Sandra L. Forquer. 1995. Use of seclusion with children and adolescents in public psychiatric hospitals. *American Journal of Orthopsychiatry* 65:238-44.

Edelsohn, Gail A., and Virginia Aldige Hiday. 1990. Civil commitment: A range of patient attitudes. *Bulletin of the American Academy of Psychiatry and the Law* 18:65-77.

Edlund, Matthew J., Richard J. Goldberg, and Philip L. P. Morris. 1991. The use of physical restraint in patients with cerebral contusion. *International Journal of Psychiatry in Medicine* 21:173-82.

Elliott, Carl, and Britt Elliott. 1991. From the patient's point-of-view: Medical-ethics and the moral imagination. *Journal of Medical Ethics* 17:173-78.

Emmons, Steve. 1994. A new war on TB: Myths and poor medical care have allowed tuberculosis to make a comeback, but O.C. health officials are ready to get tougher in their battle against this potential killer. *Los Angeles Times*, 9 January.

Epstein, Stephen A., Eduina Martins, Margaret A. Crowley, and Marie F. Pennanen. 1994. The use of an advance directive in consultation-liaison psychiatry: A case report. *International Journal of Psychiatry in Medicine* 24:371-76.

Eriksson, Kirstin I., and C. G. Westrin. 1995. Coercive measures in psychiatric care. *Acta Psychiatrica Scandinavica* 92:225-30.

Erlinder, C. Peter. 1993. Minnesota's Gulag: Involuntary treatment for the "politically ill." *William Mitchell Law Review* 19:99-159.

Estrin, Robin. 1999. Housing wishes of elderly often ignored needs: A Brandeis University study reports that millions of senior citizens are placed in adult day programs or nursing homes against their will. *Los Angeles Times*, 7 February.

Eth, Spencer. 1985. Competency and consent to treatment. *Journal of the American Medical Association* 253:778-79.

Evans, Jennifer. L. 1995. Are children competent to make decisions about their own deaths? *Behavioral Sciences and the Law* 13:27-41.

Evans, Kenneth G. 1988. Mental competence, treatment and substitute consent: A lawyer's perspective. *Health Law in Canada* 8:96-99.

Evison, Ian S. 1990. Between the priestly doctor and the myth of mental illness. In *Religious and ethical factors in psychiatric practice*, edited by Don S. Browning and Thomas Jobe. Chicago: Nelson Hall.

Farabee, David, Michael Prendergast, and M. Douglas Anglin. 1998. The effectiveness of coerced treatment for drug-abusing offenders. *Federal Probation* 62:3-10.

Farina, Amerigo. 1998. Stigma. In *Handbook of social functioning in schizophrenia*, edited by Kim Tornvall and Nicholas Tarrier. Boston: Allyn and Bacon.

Farnsworth, Michael G. 1991. The impact of judicial review of patients' refusal to accept antipsychotic medications at the Minnesota Security Hospital. *Bulletin of the American Academy of Psychiatry and the Law* 19:33-42.

Fassler, David, and Nancy Cotton. 1992. A national survey on the use of seclusion in the psychiatric treatment of children. *Hospital and Community Psychiatry* 43:370-74.

Faulkner, Larry R., Bentson H. McFarland, Joseph D. Bloom, and Thomas O. Stern. 1986a. A methodology for predicting the effects of changes in civil commitment decision making. *Bulletin of the American Academy of Psychiatry and the Law* 14:71-80.

_____. 1986b. A method for quantifying and comparing civil commitment processes. *American Journal of Psychiatry* 143:744-49.

_____. 1987. Methodology for the analysis of civil commitment detention times and costs. *Bulletin of the American Academy of Psychiatry and the Law* 15:359-70.

Favazza, Armando R. 1998. The coming of age of self-mutilation. *Journal of Nervous and Mental Disease* 186:259-68.

Feinberg, Joel. 1985. *Offense to others*. New York: Oxford University Press.

Fennig, Shmuel, Thomas J. Craig, Marsha Tanenberg-Karant, and Evelyn J. Bromet. 1994. Comparison of facility and research diagnoses in first-admission psychotic patients. *American Journal of Psychiatry* 151:1423-29.

Fenton, Wayne S., Crystal R. Blyler, and Robert K. Heinssen. 1997. Determinants of medication compliance in schizophrenia: Empirical and clinical findings. *Schizophrenia Bulletin* 23:637-51.

Fernandez, Gustavo A., and Sylvia Nygard. 1990. Impact of involuntary outpatient commitment on the revolving-door syndrome in North Carolina. *Hospital and*

Community Psychiatry 41:1001-4.

Fisher, William H., and Glenn L. Pierce. 1985. Civil commitment reform: Context and consequences. *Psychiatric Quarterly* 57:217-29.

Fisher, William H., Glenn L. Pierce, and Paul S. Appelbaum. 1988. How flexible are our civil commitment statutes? *Hospital and Community Psychiatry* 39:711-12.

Forman, Lisa. 1993. Medication: Reasons and interventions for noncompliance. *Journal of Psychosocial Nursing and Mental Health Services* 31:23-25.

Forquer, Sandra L., Kathleen A. Earle, Bruce B. Way, and Steven M. Banks. 1996. Predictors of the use of restraint and seclusion in public psychiatric hospitals. *Administration and Policy in Mental Health* 23:527-32.

Fowles, G. P., and B. A. Fox. 1995. Competence to consent to treatment and informed consent in neurobehavioral rehabilitation. *Clinical Neuropsychologist* 9:251-57.

Fox, Michael A. 1985. Is mental illness a myth? *South Atlantic Quarterly* 84:280-93.

Frankfurt, Harry G. 1971. Freedom of the will and the concept of a person. *Journal of Philosophy* 68:5-20.

Freedman, Benjamin. 1981. Competence, marginal and otherwise. *International Journal of Law and Psychiatry* 4:53-72.

Freud, Sigmund. 1986. *The psychopathology of everyday life* (1901). Standard edition, vol. 6.

Fulop, Naomi J. 1995. Involuntary outpatient civil commitment: What can Britain learn from the U.S. Experience? A civil liberties perspective. *International Journal of Law and Psychiatry* 18:291-303.

Fulwiler, Carl, Catherine Forbes, Susan L. Santangelo, and Marshall Folstein. 1997. Self-mutilation and suicide attempt: Distinguishing features in prisoners. *Journal of the American Academy of Psychiatry and the Law* 25:69-77.

Galen, Kenneth D. 1993. Assessing psychiatric patients' competency to agree to treatment plans. *Hospital and Community Psychiatry* 44:361-64.

Gallop, Ruth. 1988. Mental competence, treatment and substitute consent: A nurse's perspective. *Health Law in Canada* 8:94.

Ganzini, Linda, and Melina A. Lee. 1993. Authenticity, autonomy, and mental disorders. *Journal of Clinical Ethics* 4:58-61.

Ganzini, Linda, Melinda A. Lee, and Ronald T. Heintz. 1994. The capacity to make decisions in advance and borderline personality disorder. *Journal of Clinical Ethics* 5:360-64.

Ganzini, Linda, Melinda A. Lee, Ronald T. Heintz, and Joseph D. Bloom. 1992. Do-not-resuscitate orders for depressed psychiatric inpatients. *Hospital and Community Psychiatry* 43:915-19.

Ganzini, Linda, Melinda A. Lee, Ronald T. Heintz, Joseph D. Bloom, and Darien S. Fenn. 1994. The effect of depression treatment on elderly patients' preferences for life-sustaining medical therapy. *American Journal of Psychiatry* 151:1631-36.

Geller, Jeffrey L. 1986. The quandaries of enforced community treatment and unenforceable outpatient commitment statutes. *Journal of Psychiatry and Law* 14 (spring-summer):149-58.

Gigliotti, Gary A., and Jeffrey Rubin. 1991. The right to refuse treatment: An application of the economic principles of decision-making under uncertainty. *International Journal of Law and Psychiatry* 14:405-16.

Gillig, Paulette M., Paula Grubb, Robert Kruger, Aimee Johnson, James R. Hillard, and Nancy Tucker. 1990. What do psychiatric emergency patients really want and how do they feel about what they get? *Psychiatric Quarterly* 61:189-96.

Goffman, Erving. 1961. *Asylums*. New York: Doubleday.

Goldberg, Judith A. 1995. Due process limitations on involuntary commitment of individuals who abuse drugs or alcohol. Boston University Law Review 75:1481-1506.

Goldfinger, Stephen M. 1990. Psychiatric aspects of AIDS and HIV infection. *New Directions for Mental Health Services* 48:83-95.

Goodman, Mark P. 1986. The right to a partisan psychiatric expert: Might indigency preclude insanity? *New York University Law Review* 61:1-32.

Goodyer, L. I., F. Miskelly, and P. Milligan. 1995. Does encouraging good compliance improve patients' clinical condition in heart failure? *British Journal of Clinical Practice* 49:173-76.

Gorenstein, Ethan E. 1984. Debating mental illness: Implications for science, medicine, and social policy. *American Psychologist* 39:50-56.

Gostin, Lawrence O. 1983. Compulsory treatment in psychiatry: Some reflections on self-determination, patient competency and professional expertise. *Poly Law Review* 7:86-93.

______. 1993a. Controlling the resurgent tuberculosis epidemic. *Journal of the American Medical Association* 269:255-61.

______. 1993b. Drawing a line between killing and letting die: The law, and law reform, on medically assisted dying. *Journal of Law, Medicine and Ethics* 21:94-101.

______. 1995. Tuberculosis and the power of the state: Toward the development of rational standards for the review of compulsory public health powers. *University of Chicago Law School Roundtable* 2:219-45.

______. 1997. Deciding life and death in the courtroom: From Quinlan to Cruzan, Glucksberg, and Vacco-A brief history and analysis of constitutional protection of the "right to die." *Journal of the American Medical Association* 278:1523-28.

Gove, Walter R., and Terry Fain. 1977. A comparison of voluntary and committed psychiatric patients. *Archives of General Psychiatry* 34:669-76.

Grad, Gary J., and Jean-Pierre Lindenmayer. 1977. The psychiatric emergency room: A study of patient treatment requests. *Social Psychiatry* 23:132-39.

Grant, William H., and Phillip J. Resnick. 1989. Right of active duty military personnel to refuse psychiatric treatment. *Behavioral Sciences and the Law* 7:339-54.

Grisso, Thomas, and Paul S. Appelbaum. 1992. Manual for understanding treatment disclosures. Typescript.

_____. 1995a. Comparison of standards for assessing patients' capacities to make treatment decisions. *American Journal of Psychiatry* 152:1033-37.

_____. 1995b. The MacArthur Treatment Competence Study: III. Abilities of patients to consent to psychiatric and medical treatments. *Law and Human Behavior* 19:149-74.

_____. 1995c. MacArthur Competence Assessment Tool - Treatise. Typescript.

_____. 1996. Values and limits of the MacArthur Treatment Competence Study. *Psychology, Public Policy, and Law* 2:167-81.

_____. 1998. *MacArthur Competence Assessment Tool for Treatment*. Florida: Professional Resource Press.

Grisso, Thomas, Paul S. Appelbaum, Edward P. Mulvey, and Kenneth Fletcher. 1995. The MacArthur Treatment Competence Study: II. Measures of abilities related to competence to consent to treatment. *Law and Human Behavior* 19:127-48.

Groethe, Reed. 1977. Overt dangerous behavior as a constitutional requirement for involuntary civil commitment of the mentally ill. *University of Chicago Law Review* 44:562-93.

Groth, Gail N., Dawn M. Wilder, and V. Leroy Young. 1994. The impact of compliance on the rehabilitation of patients with mallet finger injuries. *Journal of Hand Therapy* 7:21-24.

Gutheil, Thomas G. 1978. Observations on the theoretical bases for seclusion of the psychiatric inpatient. *American Journal of Psychiatry* 135:325-28.

_____. 1980. Restraint versus treatment: Seclusion as discussed in the Boston State Hospital case. *American Journal of Psychiatry* 173:718-19.

Gutheil, Thomas G., and Paul S. Appelbaum. 1980. Substituted judgment and the physician's ethical dilemma: With special reference to the problem of the psychiatric-patient. *Journal of Clinical Psychiatry* 41:303-5.

_____. 1983. Substituted judgment: Best interests in disguise. *Hastings Center Report* 13:8.

_____. 1984. "Mind control," "synthetic sanity," "artificial competence," and genuine confusion: Legally relevant effects of antipsychotic medication. *Hofstra Law Review* 12:77-120.

_____. 1985. The substituted judgment approach: Its difficulties and paradoxes in mental health settings. *Law, Medicine, and Health Care* 13:61-64.

Gutterman, Jennifer. 2000. Waging a war on drugs: Administering a lethal dose to Kendra's Law. *Fordham Law Review* 68:2401-44.

Hackleman, Tricia Jonas. 1996. Violation of an individual's right to die: The need for a wrongful living cause of action. *University of Cincinnati Law Review* 64:1355-81.

Hafner, R. J., J. Lammersma, R. Ferris, and M. Cameron. 1989. The use of seclusion: A comparison of two psychiatric intensive care units. *Australian and New Zealand Journal of Psychiatry* 23:235-39.

Hall, Dee J. 1999. "The emotions ... take control"; TV show focuses on Wisconsin teens' self-mutilation. *Wisconsin State Journal*, 9 February.

Hall, Olivia. 2000. *Mental illness, treatment, and medical ethics*. B.A. thesis, University of Brighton.

Hanson, Laura C., Marion Danis, and Nora L. Keenan. 1994. Impact of patient incompetence on decisions to use or withhold life-sustaining treatment. *American Journal of Medicine* 97:235-41.

Harmon, Louise. 1990. Falling off the vine: Legal fictions and the doctrine of substituted judgment. *Yale Law Journal* 100:1-71.

Harris, Grant T., and Marnie E. Rice. 1997. Risk appraisal and management of violent behavior. *Psychiatric Services* 49:1168-76.

Hart, H. L. A. 1963. *Law, liberty, and morality*. New York: Vintage.

Harvard Law Review Editors. 1974. Developments in the law: Civil commitment of the mentally ill. *Harvard Law Review* 87:1190-1406.

_____. 1990. Medical technology and the law. *Harvard Law Review* 103:1519-1676.

Hasebe, Tad, and John McRae. 1987. A ten-year study of civil commitments in Washington state. *Hospital and Community Psychiatry* 38:983-87.

Haskar, William. 1977. The critique of "mental illness": Conceptual and/or ethical crisis? *Journal of Psychology and Theology* 5:110-24.

Hawkins, Susan D. 1996. Protecting the rights and interests of competent minors in litigated medical treatment disputes. *Fordham Law Review* 64:2075-2132.

Haworth, Lawrence. 1986. *Autonomy: An essay in philosophical psychology and ethics*. New Haven, Conn.: Yale University Press.

Heilbrun, Kirk, Glenn G. Galloway, Victor E. Shoukry, and David Gustafson. 1995. Physical control of patients on an inpatient setting: Forensic vs. civil populations. *Psychiatric Quarterly* 66:133-45.

Hermann, Donald H. 1986. Barriers to providing effective treatment: A critique of revisions in procedural, substantive, and dispositional criteria in involuntary civil commitment. *Vanderbilt Law Review* 39:83-106.

_____. 1990. Autonomy, self determination, the right of involuntarily committed persons to refuse treatment, and the use of substituted judgment in medication decisions involving incompetent persons. *International Journal of Law and Psychiatry* 13:361-85.

Hewitt, Mary L. 1990. The revolving door of mentally ill inmates who refuse antipsychotic medications. *Creighton Law Review* 24:341-70.

Hickman, Franklin J., Phillip J. Resnick, and Kathryn B. Olson. 1982. Right to refuse psychotropic medication: An interdisciplinary proposal. *Mental and Physical Disability Law Reporter* 6:122-30.

Hiday, Virginia Aldige. 1990. Dangerousness of civil commitment candidates: A six-month follow-up. *Law and Human Behavior* 14:551-67.

______. 1991. Arrest and incarceration of civil commitment candidates. *Hospital and Community Psychiatry* 42:729-34.

______. 1992a. Civil commitment and arrests: An investigation of the criminalization thesis. *Journal of Nervous and Mental Disease* 180:184-91.

______. 1992b. Coercion in civil commitment: Process, preferences, and outcome. *International Journal of Law and Psychiatry* 15:359-77.

Hiday, Virginia Aldige, and Rodney R. Goodman. 1982. The least restrictive alternative to involuntary hospitalization, outpatient commitment: Its use and effectiveness. *Journal of Psychiatry and Law* 10 (spring):81-96.

Hiday, Virginia Aldige, and Teresa L. Scheid-Cook. 1987. The North Carolina experience with outpatient commitment: A critical appraisal. *International Journal of Law and Psychiatry* 10:215-32.

Hiday, Virginia Aldige, and Lynn N. Smith. 1987. Effects of the dangerousness standard in civil commitment. *Journal of Psychiatry and Law* 15 (fall):433-54.

Hipshman, Lawrence. 1987. Defining a clinically useful model for assessing competence to consent to treatment. *Bulletin of the American Academy of Psychiatry and the Law* 15:235-45.

Ho, V. 1995. Marginal capacity: The dilemmas faced in assessment and declaration. *Canadian Medical Association Journal* 152:259-63.

Hobbs, Angela. 1998. Commentary on "Aristotle's function argument and the concept of mental illness." *Journal of Philosophy, Psychiatry, and Psychology* 5:209-13.

Hoffman, Brian F. 1980. Assessing competence to consent to treatment. *Canadian Journal of Psychiatry* 25:354-55.

______. 1988. Competency to consent to psychiatric treatment. *Health Law in Canada* 8:100.

Hoffman, Brian F., and J. Srinivasan. 1992. A study of competence to consent to treatment in a psychiatric hospital. *Canadian Journal of Psychiatry* 37:179-82.

Hogan, Carla. 1987. The involuntarily committed patient's qualified right to refuse psychotropics in New York. *Albany Law Review* 51:333-68.

Hoge, Michael A., and Elizabeth Grottole. 2000. The case against outpatient commitment. *Journal of the American Academy of Psychiatry and the Law* 28:165-70.

Hoge, Steven K., Paul S. Appelbaum, and Alexander Greer. 1989. An empirical comparison of the Stone and dangerousness criteria for civil commitment. *American Journal of Psychiatry* 146:170-75.

Hoge, Steven K., Thomas G. Gutheil, and Eric Kaplan. 1987. The right to refuse treatment under Rogers v. Commissioner: Preliminary empirical findings and comparisons. *Bulletin of the American Academy of Psychiatry and the Law* 15:163-69.

Hoge, Steven K., Gary Sachs, Paul S. Appelbaum, Alexander Greer, and Christopher Gordon. 1988. Limitations on psychiatrist's discretionary civil commitment authority by the Stone and dangerousness criteria. *Archives of General Psychiatry*

45:764-69.

Holstein, James A. 1987. Mental illness assumptions in civil commitment proceedings. *Journal of Contemporary Ethnography* 16:147-75.

Hopton, John. 1995. Control and restraint in contemporary psychiatric nursing: Some ethical considerations. *Journal of Advanced Nursing* 22:110-15.

Howse, Robert 1988. Civil commitment as preventive detention: The constitutionality of the Ontario Mental Health Act. *University of Toronto Faculty of Law Review* 47:173-90.

Hughes, John S. 1986. Isaac Ray's "Project of a Law" and the 19th century debate over involuntary commitment. *International Journal of Law and Psychiatry* 9:191-200.

Hummer, Martina, and W. Wolfgang Fleischhacker. 1996. Compliance and outcome in patients treated with antipsychotics: The impact of extrapyramidal syndromes. *CNS Drugs* 5:13-20.

Husted, June R., and June R. Nehemkis. 1995. Civil commitment viewed from three perspectives: Professional, family, and police. *Bulletin of the American Academy of Psychiatry and the Law* 23:533-46.

Irwin, Martin. 1987. Are seclusion rooms needed on child psychiatric units? *American Journal of Orthopsychiatry* 57:125-26.

Jacobs, Douglas G., ed. 1999. *The Harvard Medical School guide to suicide assessment and investigation*. San Francisco: Jossey-Bass.

Jamison, Kay R. 1995. *An unquiet mind: A memoir of moods and madness*. New York: Random House.

Janicak, Philip G. 1997. *Principles and practice of psychopharmacotherapy*. Baltimore: William and Wilkins.

Janofsky, Jeffrey S., Richard J. McCarthy, and Marshal F. Folstein. 1992. The Hopkins Competency Assessment Test: A brief method for evaluating patients' capacity to give informed consent. *Hospital and Community Psychiatry* 43:132-36.

Jaychuk, G., R. Manchanda, and D. A. Galbraith. 1991. Consent to treatment: Loophole in the Ontario Mental Health Act. *Canadian Journal of Psychiatry* 36:594-96.

Jayes, Robert L., Jack E. Zimmerman, Douglas P. Wagner, Elizabeth A. Draper, and William A. Knaus. 1993. Do-not-resuscitate orders in intensive care units. *Journal of the American Medical Association* 270:2213-17.

Jeste, Dilip V., and Michael P. Caligiuri. 1993. Tardive dyskinesia. *Schizophrenia Bulletin* 19:303-15.

Joint Commission on Accreditation of Health Care Organizations. 1998. *Written and proposed revisions to the Joint Commission restraint standards applicable to non-psychiatric patients*. [Web site no longer available.]

Jones, Michael A., and Kirsty Keywood. 1996. Assessing the patient's competence to consent to medical treatment. *Medical Law International* 2:107-47.

Kahneman, Daniel. 1994. New challenges to the rationality assumption. *Journal of*

Institutional and Theoretical Economics 150:18-36.

Kalman, Thomas P., 1983. An overview of patient satisfaction with psychiatric treatment. *Hospital and Community Psychiatry* 34:48-54.

Kaminsky, Irene. 1998. An assessment of young men previously in residential treatment: Is the past prologue? *Residential Treatment for Children and Youth* 16:67-82.

Kaplan, Harold R., and Benjamin J. Sadock. 1998. *Kaplan and Sadock's synopsis of psychiatry.* Philadelphia: Williams and Wilkins.

Kaplan, Kenneth H., and Marilyn Price. 1989. The clinician's role in competency evaluations. *General Hospital Psychiatry* 11:397-403.

Kapp, Marshall B. 1998. The "voluntary" status of nursing facility admissions: Legal, practical and public policy implications. *New England Journal on Criminal and Civil Confinement* 24:1-35.

Kapp, Marshall B., and Douglas Mossman. 1996. Measuring decisional capacity: Cautions on the construction of a "capacimeter." *Psychology, Public Policy, and Law* 2:73-95.

Kasper, John A., Steven K. Hoge, Thomas Feucht-Haviar, Jorge Cortina, and Bruce Cohen. 1997. Prospective study of patients' refusal of antipsychotic medication under a physician discretion review procedure. *American Journal of Psychiatry* 154:483-89.

Katz, Jay. 1984. *The silent world of doctor and patient.* New York: Free Press.

Katz, Mark, Susan Abbey, Anne Rydall, and Frederick Lowy. 1995. Psychiatric consultation for competency to refuse medical treatment: A retrospective study of patient characteristics and outcome. *Psychosomatics* 36:33-41.

Kaufman, Mark S. 1988. "Crazy" until proven innocent? Civil commitment of the mentally ill homeless. *Columbia Human Rights Law Review* 19:333-67.

Kaufmann, Caroline L., Loren H. Roth, Charles W. Lidz, and Alan Meisel. 1981. Informed consent and patient decisionmaking: The reasoning of law and psychiatry. *International Journal of Law and Psychiatry* 4:345-61.

Kazin, Cathrael, 1989. "Nowhere to go and chose to stay": Using the tort of false imprisonment to redress involuntary confinement of the elderly in nursing homes and hospitals. *University of Pennsylvania Law Review* 137:903-27.

Kehrberg, Corinne. 1997. Self-mutilating behavior. *Journal of Child and Adolescent Psychiatric Nursing* 3:10-35.

Keilitz, Ingo. 1988. An introduction to the National Center for State Courts' Guidelines for Involuntary Civil Commitment: A workable framework for justice and practice. *Hospital and Community Psychiatry* 39:398-402.

______. 1990. Empirical studies of involuntary outpatient civil commitment: Is it working? *Mental and Physical Disability Law Reporter* 14:368-79.

Keilitz, Ingo, and Terry Hall. 1985. State statutes governing involuntary outpatient civil commitment. *Mental and Physical Disability Law Reporter* 9:378-97.

Kelly, Jeffrey A. 1997. HIV risk reduction interventions for persons with severe mental illness. *Clinical Psychology Review* 17:293-309.

Kelly, K. V. 1987. Competency and treatment refusal. Psychosomatics 28:494.

Kemp, Roisin, Peter Hayward, Grantley Applewhaite, Brian Everitt, and Anthony David. 1996. Compliance therapy in psychotic patients: Randomised controlled trial. *British Medical Journal* 312:345-47.

Kennedy, Duncan. 1982. Distributive and paternalist motives in contract and tort law, with special reference to compulsory terms and unequal bargaining power. *Maryland Law Review* 41:563-658.

King, Patricia. 1991-92. Rights within the therapeutic relationship. *Journal of Law and Health* 6:31-60.

Kirk, Trudi, and Donald N. Bersoff. 1996. How many procedural safeguards does it take to get a psychiatrist to leave the lightbulb unchanged? A due process analysis of the MacArthur Treatment Competence Study. *Psychology, Public Policy, and Law* 2:45-72.

Kline, Stephen A. 1988. Mental competence, treatment and substitute consent: A psychiatrist's perspective. *Health Law in Canada* 8:92-93.

Klinge, Valerie. 1994. Staff opinions about seclusion and restraint at a state forensic hospital. *Hospital and Community Psychiatry* 45:138-41.

Kloezen, Sandra, L. Jaime Fitten, and Alan Steinberg. 1988. Assessment of treatment decision-making capacity in a medically ill patient. *Journal of the American Geriatrics Society* 36:1055-58.

Knapp, Samuel, and Leon VandeCreek. 1987. A review of tort liability in involuntary civil commitment. *Hospital and Community Psychiatry* 38:648-51.

Knapp, William C., and Fred Hamilton. 1992. "Wrongful living": Resuscitation as tortious interference with a patient's right to give informed refusal. *Northern Kentucky Law Review* 19:253-76.

Knepper, Kathleen. 1996. The importance of establishing competence in cases involving the involuntary administration of psychotropic medications. *Law and Psychology Review* 20:97-137.

Korr, Wynne S. 1988. Outpatient commitment: Additional concerns. *American Psychologist* 43:748-49.

Kress, Ken. 2000. An argument for assisted outpatient treatment for persons with serious mental illness illustrated with reference to a proposed statute for Iowa. *Iowa Law Review* 85:1269-1386.

Kubie, Lawrence S. 1974. The myths of Thomas Szasz. *Bulletin of the Menninger Clinic* 38:497-500.

Kuipers, Elizabeth. 1996. The management of difficult to treat patients with schizophrenia, using non-drug therapies. *British Journal of Psychiatry* 169:41-51.

LaFave, Wayne R., and Austin W. Scott Jr. 1986. *Criminal law*, 2d ed. St. Paul, Minn.: West Group.

La Fond, John Q., and Mary L. Durham. 1994. Cognitive dissonance: Have insanity defense and civil commitment reforms made a difference? *Villanova Law Review* 39:71-122.

Lamb, H. Richard. 1989. Involuntary treatment for the homeless mentally ill. *Notre Dame Journal of Law, Ethics and Public Policy* 4:269-80.

Lamb, H. Richard, Leona L. Bachrach, and Frederick I. Kass. 1992. *Treating the homeless mentally ill: A task force report*. Washington, D.C.: American Psychiatric Association.

Lamb, H. Richard, and Doris M. Lamb. 1990a. Factors contributing to homelessness among the chronically and severely mentally ill. *Hospital and Community Psychiatry* 41:301-5.

_____. 1990b. Will we save the homeless mentally ill? *American Journal of Psychiatry* 147:649-51.

_____. 1992. Perspectives on effective advocacy for homeless mentally ill persons. *Hospital and Community Psychiatry* 43:1209-12.

Lamm, Michael. 1992. The Hopkins Competency Assessment Test: A brief method for evaluating patients' capacity to give informed consent: Comment. *Hospital and Community Psychiatry* 43:647-48.

Laor, Nathaniel. 1982. Szasz, Feuchtersleben, and the history of psychiatry. *Psychiatry* 45:316-24.

Lavin, Michael. 1992. "The Hopkins Competency Assessment Test: A brief method for evaluating patients' capacity to give informed consent": Comment. *Journal of Hospital and Community Psychiatry* 43:646-47.

Lebit, Lynn E. 1992-93. Compelled medical procedures involving minors and incompetents and misapplication of the substituted judgments doctrine. *Journal of Law and Health* 7:107-30.

Lecompte, D. 1995. The paradoxical increase in involuntary admissions after the revision of the civil commitment law in Belgium. *Medicine and the Law* 14:53-57.

Ledwith, Delila M. J. 1990. *Jones v. Gerhard-Stein*: The involuntarily committed mental patient's right to refuse treatment with psychotropic drugs. *Wisconsin Law Review* 1367-98.

Lee, Susan. 1994. Heller v. Doe: Involuntary civil commitment and the "objective" language of probability. *American Journal of Law and Medicine* 20:457-77.

Lefkovitch, Y., M. Weiser, and A. Levy. 1993. Involuntary outpatient commitment: Ethics and problems. *Medicine and Law* 12:213-20.

Lehman, Anthony F., William T. Carpenter Jr., Howard H. Goldman, and Donald M. Steinwachs. 1995. Treatment outcomes in schizophrenia: Implications for practice, policy, and research. *Schizophrenia Bulletin* 21:669-75.

Lehman, Anthony F., and Donald M. Steinwachs. 1998a. At issue: Translating research into practice: The Schizophrenia Patient Outcomes Research Team (PORT) treatment recommendations. *Schizophrenia Bulletin* 24:1-10.

_____. 1998b. Pattern of usual care for schizophrenia: Initial results from the Schizophrenia Patient Outcomes Research Team (PORT) client survey. *Schizophrenia Bulletin* 24:11-20.

Leiber, Michael J., and Sean Anderson. 1993. A comparison of pre-reform and post-reform civil commitment decisionmaking in Dane County, Wisconsin. *Criminal and Civil Confinement* 20:1-25.

Leong, Gregory B. 1987. Letter to the editor: Outpatient civil commitment. *American Journal of Psychiatry* 144:694-95.

Leong, Gregory B., and J. Arturo Silva. 1989. Civil commitment. *Hospital and Community Psychiatry* 40:192.

Lever, Judith, A., David W. Molloy, D. Joan Eagle, Gail Butt, Michel Bedard, Pat Millar, and Tricia Stiles. 1994. Use of physical restraints and their relationship to medication use in patients in four different institutional settings. *Humane Medicine Journal* 10:17-27.

Levit, Nancy. 1992. Ethereal torts. *George Washington Law Review* 61:136-92.

Liberman, Ellen. 1985. Mental competency and medical treatment in Ontario. *Health Law in Canada* 6:32.

Lidz, Charles W., Edward P. Mulvey, and William Gardner. 1993. The accuracy of predictions of violence to others. *Journal of the American Medical Association* 269:1007-11.

Link, Bruce G., Francis T. Cullen, James Frank, and John F. Wozniak. 1987. The social rejection of former mental patients: Understanding why labels matter. *American Journal of Sociology* 92:1461-1500.

Lippert, Gerard. P., and Donna. E. Stewart. 1988. The psychiatrist's role in determining competency to consent in the general hospital. *Canadian Journal of Psychiatry* 33:250-53.

Litman, Jessica. 1982. A common law remedy for forcible medication of the institutionalized mentally ill. *Columbia Law Review* 82:1720-51.

Litwack, Thomas R. 1994. Assessments of dangerousness: Legal, research, and clinical developments. *Administration and Policy in Mental Health* 21:361-77.

Ludwig, The Honorable Edmund V. 1991. The mentally ill homeless: Evolving involuntary commitment issues. *Villanova Law Review* 36:1085-1111.

Mackay, R. D. 1999. The abnormality of mind factor in diminished responsibility. *Criminal Law Review* (February): 117-25.

Macklin, Audrey. 1982. Some problems in gaining informed consent from psychiatric patients. *Emory Law Journal* 31:345-74.

_____. 1987. Bound to freedom: The Ulysses contract and the psychiatric will. *University of Toronto Faculty Law Review* 45:37-68.

Macklin, Ruth. 1983. Treatment refusals: Autonomy, paternalism, and the "best interests" of the patient. In *Ethical questions in brain and behavior*, edited by D. Pfaff. New York: Springer.

Mahler, Howard, Bun Tee Co Jr., and Stephen Dinwiddie. 1986. Studies in involuntary civil commitment and involuntary electroconvulsive therapy. *Journal of Nervous and Mental Disease* 174:97-106.

Mahler, John, and Samuel W. Perry. 1988. Assessing competency in the physically ill: Guidelines for psychiatric consultants. *Hospital and Community Psychiatry* 39:856-61.

Mahler, John, Samuel Perry, and Frank Miller. 1990. Psychiatric evaluation of competency in physically ill patients who refuse treatment. *Hospital and Community Psychiatry* 41:1140-41.

Malloy, S. Elizabeth Wilborn. 1998. Beyond misguided paternalism: Resuscitating the right to refuse medical treatment. *Wake Forest Law Review* 33:1035-91.

Malyon, David. 1998. Transfusion-free treatment of Jehovah's Witnesses: Respecting the autonomous patient's motives. *Journal of Medical Ethics* 24 (6):376-81.

Mann, Lee S., Thomas N. Wise, and Laurel Shay. 1993. A prospective study of psychiatry patients' attitudes toward the seclusion room experience. *General Hospital Psychiatry* 15:177-82.

Mann, Traci. 1994. Informed consent for psychological research: Do subjects comprehend consent forms and understand their legal rights? *Psychological Science* 5:140-43.

Markowitz, Fred E. 1998. The effects of stigma on the psychological well-being and life satisfaction of persons with mental illness. *Journal of Health and Social Behavior* 39:335-47.

Marshall, [?]. 1987. Right to refuse psychiatric treatments. *Mental and Physical Disability Law Reporter* 11:24-26.

Marson, Daniel C., Anjan Chatterjee, Kellie K. Ingram, and Lindy E. Harrell. 1996. Toward a neurologic model of competence: Cognitive predictors of capacity to consent in Alzheimer's disease using 3 different legal standards. *Neurology* 46:666-72.

Marson, Daniel C., Maureen P. Dymek, Linda W. Duke, and Lindy E. Harrell. 1997. Subscale validity of the Mattis Dementia Rating Scale. *Archives of Clinical Neuropsychology* 12:269-75.

Marson, Daniel C., Lauren Hawkins, Bronwyn McInturff, and Lindy E. Harrell. 1997. Cognitive models that predict physician judgments of capacity to consent in mild Alzheimer's disease. *Journal of the American Geriatrics Society* 45:458-64.

Marson, Daniel C., Kellie K. Ingram, Heather A. Cody, and Lindy E. Harrell. 1995a. Assessing the competence of patients with Alzheimer's disease under different legal standards: A prototype instrument. *Archives of Neurology* 52:949-54.

______. 1995b. Neuropsychologic predictors of competence in Alzheimer's disease using a rational reasons legal standard. *Archives of Neurology* 52:955-59.

Marson, Daniel C., Frederick A. Schmitt, Kellie K. Ingram, and Lindy E. Harrell. 1994. Determining the competence of Alzheimer patients to consent to treatment and research. *Alzheimer Disease and Associated Disorders* 8:5-18.

Marta, Jan. 1993. The PSDA and geriatric psychiatry: A cautionary tale. *Journal of Clinical Ethics* 4:80-81.

Martyn, Susan R. 1994. Substituted judgment, best interests, and the need for best respect. *Cambridge Quarterly of Healthcare Ethics* 3:195-208.

Marzen, Thomas J., and Daniel Avila. 1995. Will the real Michael Martin please speak up! Medical decisionmaking for questionably competent persons. *University of Detroit Mercy Law Review* 72:833-71.

Mason, Tom. 1993. Seclusion theory reviewed-a benevolent or malevolent intervention? *Medicine, Science, and the Law* 2:95-102.

Matthews, Martha A. 1987. Suicidal competence and the patient's right to refuse lifesaving treatment. *California Law Review* 75:707-58.

Mattson, Margaret E., and Frances K. Del Boca. 1998. Compliance with treatment and follow-up protocols in project MATCH: Predictors and relationship to outcome. *Alcoholism: Clinical and Experimental Research* 22:1328-39.

McCafferty, Gerry, and Jeanne Dooley. 1990. Involuntary outpatient commitment: An update. *Mental and Physical Disability Law Reporter* 14:277-87.

McCartney, James R. 1979. Refusal of treatment: Suicide or competent choice. *General Hospital Psychiatry* 1:338-43.

McCrary, S. Van, and A. Terry Walman. 1990. Procedural paternalism in competency determination. *Law, Medicine and Health Care* 18:108-13.

McElroy, Evelyn M. 1985. Consumers of psychiatric services and staff: Worlds apart on the issue of seclusion. *Journal of Nervous and Mental Disease* 173:287.

McFarland, Bentson H., Larry R. Faulkner, Joseph D. Bloom, Roxy J. Hallaux, and J. Donald Bray. 1989. Investigators' and judges' opinions about civil commitment. *Bulletin of the American Academy of Psychiatry and the Law* 17:15-24.

_____. 1990. Family members' opinions about civil commitment. *Hospital and Community Psychiatry* 41:537-40.

McNiel, Dale E., and Renée L. Binder. 1986. Violence, civil commitment, and hospitalization. *Journal of Nervous and Mental Disease* 174:107-11.

_____. 1987. Predictive validity of judgments of dangerousness in emergency civil commitment. *American Journal of Psychiatry* 144:197-200.

McNiel, Dale E., Renée L. Binder, and Thomas K. Greenfield. 1988. Predictors of violence in civilly committed acute psychiatric patients. *American Journal of Psychiatry* 145:965-70.

Measham, Toby J. 1995. The acute management of aggressive behavior in hospitalized children and adolescents. Canadian *Journal of Psychiatry* 40:330-36.

Megone, Christopher. 1998. Aristotle's function argument and the concept of mental illness. *Philosophy, Psychiatry, and Psychology* 5:187.

Menninger, Karl, II. 1998. The right to refuse mental health treatment. *Journal of Legal Medicine* 19:455-61.

Mental and Physical Disability Law Reporter. 1986. Case law developments: Civil commitment. Vol. 10, various issues.

Milani, Adam A. 1997. Better off dead than disabled? Should courts recognize a "wrongful living" cause of action when doctors fail to honor patients' advance directives? *Washington and Lee Law Review* 54:149-228.

Miller, Carl H., Iwan Simioni, Harald Oberbauer, Josef Schwitzer, et al. 1995. Tardive dyskinesia prevalence rates during a ten-year follow-up. *Journal of Nervous and Mental Disease* 183:404-7.

Miller, Nancy Houston. 1997. Compliance with treatment regimens in chronic asymptomatic diseases. *American Journal of Medicine* 102:43-49.

Miller, Robert D. 1985. Involuntary civil commitment: Legal versus clinical paternalism. *New Directions for Mental Health Services* 25:13-24.

_____. 1988. Outpatient civil commitment of the mentally ill: An overview and an update. *Behavioral Sciences and the Law* 6:99-118.

_____. 1992a. An update on involuntary civil commitment to outpatient treatment. *Hospital and Community Psychiatry* 43:79-81.

_____. 1992b. Need-for-treatment criteria for involuntary civil commitment: Impact in practice. *American Journal of Psychiatry* 149:1380-84.

Miller, Robert D., Michael R. Bernstein, Gregory J. Van Rybroek, and Gary J. Maier. 1989. The impact of the right to refuse treatment in a forensic patient population: Six-month review. *Bulletin of the American Academy of Psychiatry and the Law* 17:107-19.

Miller, Robert D., and Paul B. Fiddleman. 1984. Outpatient commitment: Treatment in the least restrictive environment? *Hospital and Community Psychiatry* 35:147-51.

Mills, Mark J. 1988. Civil commitment: The relationship between perceived dangerousness and mental illness. *Archives of General Psychiatry* 45:770-72.

Mion, Lorraine C., Ann Minnick, and Robert Palmer. 1996. Physical restraint use in the hospital setting: Unresolved issues and directions for research. *Milbank Quarterly* 74:411-33.

Mitchell, Jeff, and Christopher Varley. 1990. Isolation and restraint in juvenile correctional facilities. *Journal of the American Academy of Child and Adolescent Psychiatry* 29:251-55.

Monahan, John. 1981. *Predicting violent behavior: An assessment of clinical techniques*. Beverly Hills, Calif.: Sage.

_____. 2002. The scientific status of research on clinical and actuarial predictions of violence. In *Modern scientific evidence: The law and science of expert testimony* (2d ed.), edited by D. Faigman, D. Kaye, M. Saks, and J. Sanders, 1:423-45. St. Paul,

Minn.: West Publishing.

Monahan, John, Paul S. Appelbaum, Edward P. Mulvey, Pamela Clark Robbins, and Charles W. Lidz. 1993. Ethical and legal duties in conducting research on violence: Lessons from the MacArthur Risk Assessment Study. *Violence and Victims* 8:387-96.

Monahan, John, Steven K. Hoge, Charles Lidz, Loren H. Roth, Nancy Bennett, William Gardner, and Ed Mulvey. 1995. Coercion and commitment: Understanding involuntary mental hospital admission. *International Journal of Law and Psychiatry* 18:249-63.

Monahan, John, and Henry J. Steadman. 1994. *Violence and mental disorder: Developments in risk assessment*. Chicago: University of Chicago Press.

Moore, Michael S. 1975. Some myths about "mental illness." *Archives of General Psychiatry* 32:1483-97.

_____. 1984. *Law and psychiatry: Rethinking the relationship*. New York: Cambridge University Press.

Moorhouse, Anne, and David N. Weisstub. 1996. Advance directives for research: Ethical problems and responses. *International Journal of Law and Psychiatry* 19:107-41.

Morgan, Sam B., William Fulliton, and Laura Nabors. 1993. Adolescents' perceptions of acceptability of inpatient treatments: Does exposure to the treatment make a difference? *Residential Treatment for Children and Youth* 10:85-99.

Morissette, L. 1992. Preventive detention of the mentally ill [letter]. *Canadian Journal of Psychiatry* 37:223-24.

Morris, C. Donald, John H. Niederbuhl, and Jeffrey A. Mahr. 1993. Determining the capability of individuals with mental retardation to give informed consent. *American Journal on Mental Retardation* 98:263-72.

Morris, Grant H. 1988. Civil commitment decisionmaking: A report on one decisionmaker's experience. *Southern California Law Review* 61:291-351.

_____. 1995. Judging judgment: Assessing the competence of mental patients to refuse treatment. *San Diego Law Review* 32:343-435.

Morrison, Denis. 1987. Criteria used by physicians to assess competency to consent to treatment. *Health Law in Canada* 8:9.

Morrison, Paul. 1990a. A multidimensional scalogram analysis of the use of seclusion in acute psychiatric settings. *Journal of Advanced Nursing* 15:59-66.

_____. 1990b. The use of environmental seclusion in psychiatric settings: A multidimensional scalogram analysis. *Journal of Environmental Psychology* 10:353-62.

Morrison, Paul, and Michael Lehane. 1995. Staffing levels and seclusion use. *Journal of Advanced Nursing* 22:1193-1202.

_____. 1996. A study of the official records of seclusion. *International Journal of Nursing Studies* 33:223-35.

Morse, Stephen. 1982. A preference for liberty: The case against involuntary commitment of the mentally disordered. *California Law Review* 70:54-106.

Moss, Gene R. 1968. Szasz: Review and criticism. *Psychiatry* 31:184-94.

Moss, Robert J., and John La Puma. 1991. The ethics of mechanical restraints. *Hastings Center Report* 21:22-25.

Mossman, Douglas, and Kathleen J. Hart. 1993. How bad is civil commitment? A study of attitudes toward violence and involuntary hospitalization. *Bulletin of the American Academy of Psychiatry and the Law* 21:181-94.

Mueser, Kim T., and Nicholas Tarrier. 1998. *Handbook of social functioning in schizophrenia*. Boston: Allyn and Bacon.

Muir-Cochrane, Eimear. 1996. An investigation into nurses' perceptions of secluding patients on closed psychiatric wards. *Journal of Advanced Nursing* 23:555-63.

Mulvey, Edward P., Jeffrey L. Geller, and Loren H. Roth. 1987. The promise and peril of involuntary outpatient commitment. *American Psychologist* 42:571-84.

Munetz, Mark R., Jeffrey L. Geller, and Frederick J. Frese. 2000. Commentary: Capacity-based involuntary outpatient treatment. *Journal of the American Academy of Psychiatry and the Law* 28:145-48.

Munetz, Mark R., Thomas Grande, Jeffrey Kleist, Gregory A. Peterson. 1996. The effectiveness of outpatient civil commitment. *Psychiatric Services* 47:1251-53.

Munich, Richard L. 1997. Contemporary treatment of schizophrenia. *Bulletin of the Menninger Clinic* 61:189-221.

Muramoto, Osamu. 1998a. Bioethics of the refusal of blood by Jehovah's Witnesses: Part 1: A novel. *Journal of Medical Ethics* 24:223-30.

_____. 1998b. Bioethics of the refusal of blood by Jehovah's Witnesses: Part 2: A novel. *Journal of Medical Ethics* 24:295-301.

Myers, Beverle, and Curtis L. Barrett. 1986. Competency issues in referrals to a consultation-liaison service. *Psychosomatics* 27:782-89.

_____. 1987. Competency and treatment refusal: Reply. Psychosomatics 28:494.

Nagler, Mark, ed. 1990. *Perspectives on disability*. Palo Alto, Calif.: Health Markets Research.

Navarro, Mireya. 1993. Confining tuberculosis patients: Weighing rights vs. health risks. *New York Times*, 21 November.

New York State Commission on Quality of Care for the Mentally Disabled. 1994 and 1995. *Restraint and seclusion practices in New York state psychiatric facilities, and voices from the frontline: Patients' perspectives of restraint and seclusion use, NYS Law, Regulation, and Policy*. Albany: New York State Commission on Quality of Care for the Mentally Disabled.

New York State Office of Mental Health, Task Force on Restraint and Seclusion. 1993. *Report of the Task Force on Restraint and Seclusion*. Albany: New York State Office of Mental Health.

Nicholson, Robert A. 1988. Characteristics associated with change in the legal status of involuntary psychiatric patients. *Hospital and Community Psychiatry* 39:424-29.

Nicholson, Robert A., Carolyn Ekenstam, and Steve Norwood. 1996. Coercion and the outcome of psychiatric hospitalization. *International Journal of Law and Psychiatry* 19:201-17.

Nicholson, Robert A., and Joseph M. Horn. 1986. A discriminant analysis of committed and voluntary psychiatric patients. *Journal of Psychiatry and Law* 14:159-76.

Oddi, Samuel. 1986. The tort of interference with the right to die: The wrongful living cause of action. *Georgetown Law Journal* 75:625-65.

Orentlicher, David. 1992. The illusion of patient choice in end-of-life decisions. *Journal of the American Medical Association* 267:2101-4.

_____. 1994. The limitations of legislation. *Maryland Law Review* 53:1255-1305.

Outlaw, Freida Hopkins, and Barbara J. Lowery. 1994. An attributional study of seclusion and restraint of psychiatric patients. *Archives of Psychiatric Nursing* 8:69-77.

Oxley, Genevieve B. 1977. Involuntary clients' responses to a treatment experience. *Social Casework* 58:607-14.

Panzano, Phyllis C., and William V. Rubin. 1995. Lost in the shuffle: The influence of patient classification scheme on views about the relationship between refusal of medication and involvement in important hospital-based outcomes. *Psychiatric Quarterly* 66:147-62.

Parker, Stephen, and John Dewar. 1992. Medical treatment for a mental disorder-consent-"Gillick competence"-child who is a ward of court. *Journal of Social Welfare and Family Law* 2:143-51.

Parry, John W., and James C. Beck. 1990. Revisiting the civil commitment/involuntary treatment stalemate using limited guardianship, substituted judgment and different due process considerations: A work in progress. *Mental and Physical Disability Law Reporter* 14:102-7.

Pavlo, Anne-Marie, Harold Bursztajn, and Thomas G. Gutheil. 1987. Christian Science and competence to make treatment choices: Clinical challenges in assessing values. *International Journal of Law and Psychiatry* 10:395-401.

Pearce, John. 1994. Consent to treatment during childhood: The assessment of competence and avoidance of conflict. *British Journal of Psychiatry* 165:713-16.

Perlin, Michael L. 1993. Decoding right to refuse treatment law. *International Journal of Law and Psychiatry* 16:151-77.

Perlin, Michael L., and Deborah A. Dorfman. 1993. Sanism, social science, and the development of mental disability law jurisprudence. *Behavioral Sciences and the Law* 1:47-66.

_____. 1996. Is it more than "dodging lions and wastin' time"? Adequacy of counsel, questions of competence, and the justice process in individual right to refuse treatment cases. *Psychology, Public Policy, and Law* 2:114-36.

Perling, Lester J. 1993. Health care advance directives: Implications for Florida mental health patients. *University of Miami Law Review* 48:193-228.

Perry, Clifton B. 1985. A problem with refusing certain forms of psychiatric treatment. *Social Science and Medicine* 20:645-48.

Perry, J. Christopher. 1992. Problems and considerations in the valid assessment of personality disorders. *American Journal of Psychiatry* 149:1645-53.

Peters, Philip G., Jr. 1998. The Illusion of autonomy at the end of life: Unconsented life support and the wrongful life analogy. *UCLA Law Review* 45:673-97.

Petrila, John. 1995. Who will pay for involuntary civil commitment under capitated managed care? An emerging dilemma. *Psychiatric Services* 46:1045-48.

Pfeffer, J. M. 1995. Physical restraints of patients in a psychiatric hospital. *Medicine, Science, and the Law* 4:361.

Phelan, Jo, Bruce G. Link, Robert E. Moore, and Ann Stueve. 1997. The stigma of homelessness: The impact of the label "homeless" on attitudes toward poor persons. *Social Psychology Quarterly* 60:323-37.

Pierce, Glenn L., Mary L. Durham, and William H. Fisher. 1985. The impact of broadened civil commitment standards on admissions to state mental hospital. *American Journal of Psychiatry* 142:104-7.

Pies, Ronald. 1979. On myths and countermyths. *Archives of General Psychiatry* 36:139-44.

_____. 1998. *Handbook of essential psychopharmacology*. Washington, D.C.: American Psychiatric Press.

Piller, Ruth. 1993. Judge orders homeless man confined, treated for tuberculosis. *Houston Chronicle*, 23 June.

Pincus, William Hoffman. 1995. Civil commitment and the "Great Confinement" revisited: Straightjacketing individual rights, stifling culture. *William and Mary Law Review* 36:1771-1817.

Plotkin, Robert. 1977. Limiting the therapeutic orgy: Mental patients' right to refuse treatment. *Northwestern University Law Review* 72:461-525.

Policy Research Associates, Inc., for New York City Department of Mental Health, Mental Retardation and Alcoholism Services. 1998. *Final report: Research study of the New York City involuntary outpatient commitment pilot program*. Delmar, N.Y.: Policy Research Associates.

Pomerantz, Andrew S., and Alexander de Nesnera. 1991. Informed consent, competency, and the illusion of rationality. *General Hospital Psychiatry* 13:138-42.

Prehn, Robert A. 1990. Medication refusal: Suggestions for intervention. *Psychiatric Hospital* 21:37-40.

President's Commission for the Study of Ethical Problems in Medicine and Biomedical and Behavioral Research. 1982. *Making health care decisions*. Washington, D.C.: President's Commission for the Study of Ethical Problems in Medicine and

Biomedical and Behavioral Research.

Price, David P. T. 1994. Civil commitment of the mentally ill: Compelling arguments for reform. *Medical Law Review* 2:321-52.

Rabinowitz, Jonathan, Michael Slyuzberg, Itamar Salamon, Sharron Dupier, Robert S. Kennedy, and Robert Steinmuller. 1996. Who comes to the psychiatric emergency room and how they are helped. *Administration and Policy in Mental Health* 23:425-37.

Rachlin, Stephen. 1987. Redefining dangerousness for civil commitment. *Hospital and Community Psychiatry* 38:884-86.

_____. 1989. Rethinking the right to refuse treatment. *Psychiatric Annals* 19:213-22.

Radden, Jennifer. 1992. Planning for mental disorder: Buchanan and Brock on advance directives in psychiatry. *Social Theory and Practice* 18:165-86.

Rappeport, Jonas. 1986. Treating schizophrenia "legally." *Psychiatric Annals* 16:542-46.

Reda, Sawsan. 1996. Public perception of discharged psychiatric patients: A community survey. *International Journal of Social Psychiatry* 42:220-29.

Redding, Richard E. 1993. Children's competence to provide informed consent for mental health treatment. *Washington and Lee Law Review* 50:695-753.

Redelmeier, Donald A., Paul Rozin, and Daniel Kahneman. 1993. Understanding patients' decisions: Cognitive and emotional perspectives. *Journal of the American Medical Association* 270:72-76.

Reilly, Rebecca B., Thomas A. Teasdale, and Laurence B. McCullough. 1994. Projecting patients' preferences from living wills: An invalid strategy for management of dementia with life-threatening illness. *Journal of the American Geriatrics Society* 42:997-1003.

Reilly, Rosemary G. 1993. Combating the tuberculosis epidemic: The legality of coercive treatment measures. *Columbia Journal of Law and Social Problems* 27:101-27.

Reisner, Ralph, and Christopher Slobogin. 1990. *Law and the mental health system: Civil and criminal aspects*. 2d ed. St. Paul, Minn.: West Group.

Reisner, Ralph, Christopher Slobogin, and Arti Rai. 1999. *Law and the mental health system: Civil and criminal aspects*. 3d ed. St. Paul, Minn.: West Group.

Reiss, Steven. 1972. A critique of Thomas S. Szasz's myth of mental illness. *American Journal of Psychiatry* 128:1081-85.

Reznek, Lawrie. 1991. *The philosophical defense of psychiatry*. London: Routledge.

Richardson, Betty Kehl. 1987. Psychiatric inpatients: Perceptions of the seclusion-room experience. *Nursing Research* 36:234-38.

Robertson, Edward D. 1991. *Personal autonomy and substituted judgment: Legal issues in medical decisions for incompetent patients*. Corpus Christi, Tex.: Diocesan.

Rodenhauser, Paul, Charles E. Schwenkner, and H. J. Khamis. 1987. Factors related to drug treatment refusal in a forensic hospital. *Hospital and Community Psychiatry* 38:631-37.

Roper, Janice M., Adam Coutts, Janet Sather, and Rosella Taylor. 1985. Restraint and seclusion. *Journal of Psychosocial Nursing and Mental Health Services* 23:18-23.

Rosenfeld, Barry D. 1992. *Decisionmaking competence of the mentally ill: A longitudinal analysis of treatment decisionmaking*. Ph.D. diss., University of Virginia.

Rosenhan, David L. 1973. On being sane in insane places. *Science* 179:250-58.

Rosenson, Marilyn K., and Agnes M. Kasten. 1991. Another view of autonomy: Arranging for consent in advance. *Schizophrenia Bulletin* 17:1-7.

Ross, Ruth E., Aileen B. Rothbard, and Arie Schinnar. 1996. A framework for classifying state involuntary commitment statues. *Administration and Policy in Mental Health* 23:341-56.

Roth, Loren H. 1985. *Clinical treatment of the violent person*. Rockville, Md.: National Institute of Mental Health.

_____. 1986. The right to refuse psychiatric treatment: Law and medicine at the interface (The 1985 Jonas Robitscher Memorial Lecture in Law and Psychiatry). *Emory Law Journal* 1:139-61.

Roth, Loren H., Charles W. Lidz, Alan Meisel, Paul H. Soloff, Kenneth Kaufman, Duane G. Spiker, and F. Gordon Foster. 1982. Competency to decide about treatment or research: An overview of some empirical data. *International Journal of Law and Psychiatry* 5:29-50.

Roth, Loren H., Alan Maisel, and Charles W. Lidz. 1977. Tests of competency to consent to treatment. *American Journal of Psychiatry* 134:279-84.

Roth, Martin, and Robert Bluglass, eds. 1985. *Psychiatry, human rights and the law*. New York: Cambridge University Press.

Rubin, William V., Mary Beth Snapp, Phyllis C. Panzano, and Janie Taynor. 1996. Variation in civil commitment processes across jurisdictions: An approach for monitoring and managing change in mental health systems. *Journal of Mental Health Administration* 23:375-88.

Ruffalo, Richard L., Susan M. Garabedian-Ruffalo, and L. Gregory Pawlson. 1985. Patient compliance. *American Family Physician* 31:93-100.

Russell, Geraldine Koeneke, and Donald Wallace. 1989. Jehovah's witnesses and the refusal of blood transfusions: A balance of interests. *Catholic Lawyer* 4:361-81.

Sadoff, Robert L. 1975. Risks of state and private hospital psychiatrists in involuntary hospitalization in re: Right to treatment. *Bulletin of the American Academy of Psychiatry and the Law* 3:32-37.

Saks, Elyn R. 1986. The use of mechanical restraints in psychiatric hospitals. *Yale Law Journal* 95:1836-57.

_____. 1991. Competency to refuse treatment. *North Carolina Law Review* 69:945-99.

_____. 1993. Competency to refuse psychotropic medication: Three alternatives to the law's cognitive standard. *University of Miami Law Review* 47:689-761.

_____. 1999. Competency to decide on treatment and research: The MacArthur

Capacity Instruments. In *Research involving persons with mental disorders that may affectdecisionmaking capacity*, edited by the National Bioethics Advisory Commission (Commissioned Papers, vol. 2). Rockville, Md.: National Bioethics Advisory Commission.

Saks, Elyn R., and Stephen H. Behnke. 1999. Competency to decide on treatment and research: MacArthur and beyond. *Journal of Contemporary Legal Issues* 10:103-29.

Saks, Elyn R., Laura B. Dunn, Barbara J. Marshall, Gauri V. Nayak, Shahrokh Golshan, and Dilip V. Jeste. 2002. The California scale of appreciation: A new instrument to measure the appreciation component of capacity to consent to research. *American Journal of Geriatric Psychiatry* 10:166-74.

Sales, Gary N. 1992. Assessing competency. *Hospital and Community Psychiatry* 43:646.

Sander, Fred M. 1969. Some thoughts on Thomas Szasz. *American Journal of Psychiatry* 125:1429-31.

Sateia, Michael J., David H. Gustafson, and Sandra W. Johnson. 1990. Quality assurance for psychiatric emergencies: An analysis of assessment and feedback methodologies. *Psychiatric Clinics of North America* 13:35-48.

Satel, Sally, and D. J. Jaffe. 1998. Violent fantasies. *National Review* 50:36-37.

Sauvayre, Pascal. 1991. The relationship between the court and the doctor on the issue of an inpatient's refusal of psychotropic medication. *Journal of Forensic Sciences* 36:219-25.

Schatzberg, Alan F., and Charles B. Nemeroff, eds. 1998. *Textbook of Psychopharmacology*. Washington, D.C.: American Psychiatric Press.

Scheid-Cook, Teresa L. 1991. Outpatient commitment as both social and least restrictive alternative. *Sociological Quarterly* 32:43-60.

Schneider-Braus, Kathleen. 1986. Civil commitment to outpatient psychotherapy: A case study. *Bulletin of the American Academy of Psychiatry and Law* 14:273-79.

Schoenfeld, C. G. 1976. An analysis of the views of Thomas S. Szasz. *Journal of Psychiatry and Law* 4:245-63.

Schonfeld, Warren H., Carol J. Verboncoeur, Sheila K. Fifer, Ruth C. Lipschutz, Deborah P. Lubeck, and Don P. Buesching. 1997. The functioning and well-being of patients with unrecognized anxiety disorders and major depressive disorder. *Journal of Affective Disorders* 43:105-19.

Schopp, Robert F., and Michael R. Quattrocchi. 1995. Predicting the present: Expert testimony and civil commitment. *Behavioral Sciences and the Law* 13:159-81.

Schultz, S. Charles, Robert L. Findling, Lee Friedman, John T. Kenny, Alexandria L. Wise. 1998. Treatment and outcomes in adolescents with schizophrenia. *Journal of Clinical Psychiatry* 59 (supp. 1):50-56.

Schwartz, Harold I., and Karen Blank. 1986. Shifting competency during hospitalization: A model for informed consent decisions. *Hospital and Community Psychiatry* 37:1256-60.

Searight, H. Russell. 1992. Assessing patient competence for medical decision-making. *American Family Physician* 45:751-59.

Segal, Steven, 1989. Civil commitment standards and patient mix in England/Wales, Italy, and the United States. *American Journal of Psychiatry* 146:187-93.

Segal, Steven P., Margaret A. Watson, Stephen M. Goldfinger, and David S. Averbuck. 1988a. Civil commitment in the psychiatric emergency room. *Archives of General Psychiatry* 45:748-52.

______. 1988b. Civil commitment in the psychiatric emergency room II. Mental disorder indicators and three dangerousness criteria. *Archives of General Psychiatry* 45:753-58.

______. 1988c. Civil commitment in the psychiatric emergency room III. Disposition as a function of mental disorder and dangerousness indicators. *Archives of General Psychiatry* 45:759-63.

Segal, Steven P., Margaret A. Watson, and L. Scott Nelson. 1985. Equity in the application of civil commitment criteria. *New Directions for Mental Health Services* 28:93-105.

______. 1986a. Consistency in the application of civil commitment standards in psychiatric emergency rooms. *Journal of Psychiatry and Law* 14:125-48.

______. 1986b. Indexing civil commitment in psychiatric emergency rooms. *Annals*, AAPSS (American Academy of Political and Social Sciences) 484:56-69.

Sellwood, W., and N. Tarrier. 1994. Demographic factors associated with extreme non-compliance in schizophrenia. *Social Psychiatry and Psychiatric Epidemiology* 29:172-77.

Shamoo, A. E., and D. N. Irving. 1993. The PSDA and the depressed elderly: "Intermittent competency" revisited. *Journal of Clinical Ethics* 4:74-80.

Shapiro, Michael. 1974. Legislating control of behavior control: Autonomy and the coercive use of organic therapies. *Southern California Law Review* 47:237-356.

Sheline, Yvette I., and Teresa Nelson. 1993. Patient choice: Deciding between psychotropic medication and physical restraints in an emergency. *Bulletin of the American Academy of Psychiatry and the Law* 21:321-29.

Sherlock, Richard. 1984. Competency to consent to medical care: Toward a general view. *General Hospital Psychiatry* 6:71-76.

______. 1986. Reasonable men and sick human beings. *American Journal of Medicine* 80:2-4.

Siegel, Karolynn. 1987. Suicide and civil commitment. *Journal of Health Politics, Policy and Law* 12:343-60.

Silver, Hedy M. 1988. Voluntary admission to New York City hospitals: The rights of the mentally ill homeless. *Columbia Human Rights Law Review* 19:399-431.

Simpson, David T. 1984. Involuntary civil commitment: The dangerousness standard and its problems. *North Carolina Law Review* 63:241-56.

Sindel, Patricia E. 1991. Fourteenth Amendment: The right to refuse antipsychotic drugs masked by prison bars: Washington v. Harper. *Journal of Criminal Law and Criminology* 81:952-80.

Skinner, B. F. 1971. *Beyond freedom and dignity*. New York: Knopf.

_____. 1974. *About behaviorism*. New York: Knopf.

_____. 1978. *Reflections on behaviorism and society*. Englewood Cliffs, N.J.: Prentice-Hall.

Slobogin, Christopher. 1994. Involuntary community treatment of people who are violent and mentally ill: A legal analysis. *Hospital and Community Psychiatry* 45:685-89.

_____. 1996. "Appreciation" as a measure of competency: Some thoughts about the MacArthur Group's approach. *Psychology, Public Policy, and the Law* 2:18-30.

Slovenko, Ralph. 1989. Commentary: Misadventures of psychiatry with the law. *Journal of Psychiatry and Law* 17:115-56.

_____. 1992. The right of the mentally ill to refuse treatment revisited. *Journal of Psychiatry and Law* 20:407-34.

Smith, Carol A. 1995. Use of involuntary outpatient commitment in community care of the seriously and persistently mentally ill. *Issues in Mental Health* 16:275-84.

Smith, Rosalind C. 1998. Implementing psychosocial rehabilitation with long-term patients in a public psychiatric hospital. *Psychiatric Services* 49:593-95.

Snyder, Allen C. 1994. Competency to refuse lifesaving treatment: Valuing the nonlogical aspects of a person's decisions. *Issues in Law and Medicine* 10:299-320.

Socall, Daniel W., and Thomas Holtgraves. 1992. Attitudes toward the mentally ill: The effects of label and beliefs. *Sociological Quarterly* 33:435-45.

Soliday, Stanley M. 1985. A comparison of patient and staff attitudes toward seclusion. *Journal of Nervous and Mental Disease* 173:282-86.

Soloff, Paul H., Judith A. Lis, Thomas Kelly, Jack Cornelius, and Richard Ulrich. 1994. Self-mutilation and suicidal behavior in borderline personality disorder. *Journal of Personality Disorders* 8:257-67.

Soloff, Paul H., Joseph P. McEvoy, and Rohan Ganguli. 1989. Controversies in psychiatry: Is seclusion therapeutic? *Psychiatric Annals* 19:1.

Sood, Samidha, Martyn Baker, and Kenneth Bledin. 1996. Social and living skills of new long-stay hospital patients and new long-term community patients. *Psychiatric Services* 47:619-22.

Spensley, James, James T. Barter, Paul H. Werme, and Donald G. Langsley. 1974. Involuntary hospitalization: What for and how long? *American Journal of Psychiatry* 131:219-23.

Spensley, James, Daniel W. Edwards, and Edward White. 1980. Patient satisfaction and involuntary treatment. *American Journal of Orthopsychiatry* 5:725-27.

Starkey, David, and Barbara A. Leadholm. 1997. Prism: The psychiatric rehabilitation integrated service model-A public psychiatric hospital model for the 1990's. *Administration and Policy in Mental Health* 24:497-508.

Steadman, Henry J., John Monahan, Pamela Clark Robbins, Paul Appelbaum, Thomas

Grisso, Dierdre Klassen, Edward Mulvey, and Loren Roth. 1993. From dangerousness to risk assessment: Implications for appropriate research strategies. In *Mental disorder and crime*, edited by Sheilagh Hodgins, 39-62. Newbury Park, Calif.: Sage.

Steadman, Henry J., Edward P. Mulvey, John Monahan, Pamela Clark Robbins, Paul S. Appelbaum, Thomas Grisso, Loren H. Roth, and Eric Silver. 1998. Violence by people discharged from acute psychiatric inpatient facilities and by others in the same neighborhoods. *Archives of General Psychiatry* 55:393-401.

Stein, Leonard I., and Ronald J. Diamond. 2000. Commentary: A "systems"-based alternative to mandatory outpatient treatment. *Journal of the American Academy of Psychiatry and the Law* 28:159-64.

Steinberg, Alan, L. Jaime Fitten, and Norman Kachuck. 1986. Patient participation in treatment decision-making in the nursing home: The issue of competence. *Gerontologist* 26:362-66.

Stephenson, Barbara J., Brian H. Rowe, R. Brian Haynes, and Gladys Leon. 1993. The rational clinical examination: Is this patient taking the treatment as prescribed? *Journal of the American Medical Association* 269:2779-81.

Stern, Kristina. 1994. Competence to refuse life-sustaining medical treatment. *Law Quarterly Review* 110:541-45.

Stewart, Hamish. 1999. Legality and morality in H. L. A. Hart's theory of criminal law (Symposium on the Jurisprudence of H. L. A. Hart). *SMU Law Review* 1:201-27.

Stone, Alan A. 1985. A response to comments on APA's Model Commitment Law. *Hospital and Community Psychiatry* 36:984-89.

_____. 1987. Broadening the statutory criteria for civil commitment: A reply to Durham and La Fond. *Yale Law and Policy Review* 5:412-27.

Stone, Alan A., and Clifford D. Stromberg. 1975. *Mental health and law: A system in transition*. Rockville, Md.: National Institute of Mental Health, Center for Studies of Crime and Delinquency.

Strasser, Mark. 1994-95. Incompetents and the right to die: In search of consistent meaningful standards. *Kentucky Law Journal* 83:733-98.

Sullivan, Greer, and Karen L. Spritzer. 1997. Consumer satisfaction with CMHC Services. *Community Mental Health Journal* 33:123-31.

Sullivan, Mark D., Nicholas G. Ward, and Audrey Laxton. 1992. The woman who wanted electroconvulsive therapy and do-not-resuscitate status: Questions of competence on a medical-psychiatric unit. *General Hospital Psychiatry* 14:204-9.

Sullivan, Mark D., and Stuart J. Younger. 1994. Depression, competence, and the right to refuse lifesaving medical treatment. *American Journal of Psychiatry* 15:971-78.

Sullivan, Therese, William L. Martin, and Mitchell M. Handelsman. 1993. Practical benefits of an informed-consent procedure: An empirical investigation. *Professional Psychology: Research and Practice* 24:160-63.

Svensson, Tommy. 1995. *On the notion of mental illness: Problematizing the medical-model conception of certain abnormal behavior and mental afflictions*. Aldershot, U.K.: Avebury/Ashgate.

Swanson, Jeffrey W., Marvin S. Swartz, Randy Borum, Virginia A. Hiday, H. Ryan Wagner, and Barbara J. Burns. 2000. Involuntary out-patient commitment and reduction of violent behavior in persons with severe mental illness. *British Journal of Psychiatry* 176:324-31.

Swanson, Jeffrey W., Marvin S. Swartz, Linda K. George, Barbara J. Burns, Virginia A. Hiday, Randy Borum, and H. Ryan Wagner. 1997. Interpreting the effectiveness of involuntary outpatient commitment: A conceptual model. *Journal of the American Academy of Psychiatry and the Law* 25:5-16.

Swanson, Jeffrey W., Miriam C. Tepper, Patricia Backlar, and Marvin S. Swartz. 2000. Psychiatric advance directives: An alternative to coercive treatment? *Psychiatry* 63:160-72.

Swartz, Marvin S., Barbara J. Burns, Linda K. George, Jeffery Swanson, Virginia A. Hiday, Randy Borum, and H. Ryan Wagner. 1997. The ethical challenges of a randomized controlled trial of involuntary outpatient commitment. *Journal of Mental Health Administration* 24:35-43.

Swartz, Marvin, Barbara J. Burns, Virginia A. Hiday, Linda K. George, Jeffrey Swanson, and H. Ryan Wagner. 1995. New directions in research on involuntary outpatient commitment. *Psychiatric Services* 46:381-85.

Swartz, Marvin S., Jeffrey W. Swanson, H. Ryan Wagner, Barbara J. Burns, Virginia A. Hiday, and Randy Borum. 1999. Can involuntary outpatient commitment reduce hospital recidivism? Findings from a randomized trial with severely mentally ill individuals. *American Journal of Psychiatry* 156:1968-75.

Swett, Chester, Jr., Alisa S. Michaels, and Jonathan O. Cole. 1989. Effects of a state law on rates of restraint on a child and adolescent unit. *Bulletin of the American Academy of Psychiatry and the Law* 2:165-69.

Swisher, K. N. 1991. Implementing the PSDA for psychiatric patients: A common-sense approach. *Journal of Clinical Ethics* 2:199-205.

Szasz, Thomas S. 1960. The myth of mental illness. *American Psychologist* 15:113-18.

______. 1961. The uses of naming and the origin of the myth of mental illness. *American Psychologist* 16:59-65.

______. 1974. *The myth of mental illness*. New York: Harper and Row.

______. 1977. *The manufacture of madness: A comparative study of the inquisition and the mental health movement*. Syracuse, N.Y.: Syracuse University Press.

______. 1978. Behavior therapy: A critical review of the moral dimensions of behavior modification. *Journal of Behavior Therapy and Experimental Psychiatry* 9:199-203.

______. 1994. Mental illness is still a myth. *Society* 31:34.

______. 1998. Commentary on "Aristotle's function argument and the concept of mental illness." *Philosophy, Psychiatry, and Psychology* 5:203-7.

Tardiff, Kenneth. 1984. *The psychiatric uses of seclusion and restraint*. Washington, D.C.: American Psychiatric Press.

______. 1992. The current state of psychiatry in the treatment of violent patients. *Archives of General Psychiatry* 49:493-95.

Tarsy, Daniel, and Ross J. Baldessarini. 1984. Tardive dyskinesia. *Annual Review of Medicine* 35:605-23.

Tavolaro, Karen B. 1992. Preventative outpatient civil commitment and the right to refuse treatment: Can pragmatic realities and constitutional requirements be reconciled? *Medicine and Law* 11:249-67.

Teplin, Linda A., Karen M. Abram, and Gary M. McClelland. 1994. Does psychiatric disorder predict violent crime among released jail detainees? A six-year longitudinal study. *American Psychologist* 49:335-42.

Thomas, Karen M. 1998. Trying to cut through the silence. *Dallas Morning News*, 27 May.

Thompson, Peter. 1986. The use of seclusion in psychiatric hospitals in the Newcastle area. *British Journal of Psychiatry* 149:471-74.

Thorne, Frederick C. 1966. An analysis of Szasz' "myth of mental illness." *American Journal of Psychiatry* 123:652-56.

Through the looking glass: One young woman's year-long struggle with self-mutilation and depression. 1998. *Dateline* NBC, 26 October.

Timko, Christine, An-Thu Q. Nguyen, William O. Williford, and Rudolf H. Moos. 1993. Quality of care and outcomes of chronic mentally ill patients in hospitals and nursing homes. *Hospital and Community Psychiatry* 44:241-46.

Tinetti, Mary E., Wen-Liang Liu, Richard A. Marottoli, and Sandra F. Ginter. 1991. Mechanical restraint use among residents of skilled nursing facilities. Prevalence, patterns, and predictors. *Journal of the American Medical Association* 265:468-71.

Tobin, Bernadette. 1995. Did you think about buying her a cat? Some reflections on the concept of autonomy. *Journal of Contemporary Health Law and Policy* 11 (pt. 2):417-28.

Tomoda, Atsuko, Rie Yasumiya, Takahiro Sumiyama, Kazumi Tsukada, Tatsumo Hayakawa, Kimimori Matsubara, and Toshinori Kitamara. 1997. Validity and reliability of structural interviews for competency and incompetency assessment testing and ranking inventory. *Journal of Clinical Psychology* 53:443-50.

Tonelli, Mark R. 1997. Substituted judgment in medical practice: Evidentiary standards on a sliding scale. *Journal of Law, Medicine and Ethics* 25:22-29.

Torrey, E. Fuller, and Robert J Kaplan. 1995. A national survey of the use of outpatient commitment. *Psychiatric Services* 46:778-84.

Toth, Tonya M. 1989. Refusing psychotropic drugs: Whose day in court? *University of Kansas Law Review* 37:657-77.

Treffert, Darold A. 1985. The obviously ill patient in need of treatment: A fourth standard of civil commitment. *Hospital and Community Psychiatry* 36:259-64.

Trends in health care decisionmaking (symposium). 1994. *Maryland Law Review* 53 (4):1041-1277.

Tsemberis, Sam, and Cornelius Sullivan. 1988. Seclusion in context: Introducing a seclusion room into a children's unit of a municipal hospital. *American Journal of Orthopsychiatry* 58:462-65.

Turkheimer, Eric, and Charles D. H. Parry. 1992. Why the gap? Practice and policy in civil commitment hearings. *American Psychologist* 47:646-55.

Turner, Janice 1997. Kids who cut: Something's gone wrong in their lives and they take knives or razor blades or lit cigarettes to their bodies. *Toronto Star*, 10 October.

Tversky, Amos, and Daniel Kahneman. 1986. Rational choice and the framing of decisions. *Journal of Business* 59:251-78.

Tyler, Tom R. 1992. The psychological consequences of judicial procedures: Implications for civil commitment hearings. *SMU Law Review* 46:433-45.

Uddo, Basile J. 1992. Federal policy on forgoing treatment or care: Contradictions or consistency? *Law and Medicine* 8:293-308.

Urrutia, Guillermo. 1994. Medication refusal-clinical picture and outcome after use of administrative review. *Bulletin of the American Academy of Psychiatry and the Law* 22:595-603.

Valentine, Mary B., Duff Waring, and David Giuffrida. 1992. Competency and treatment refusal in psychiatric hospitals. *Canada's Mental Health* 40:19-24.

Van Hall, Suzanne F. West, Brenda S. Reid, and Frank A. Uribie. 1991. Refusing psychiatric medications and hospitalization: What "just say no" means to patients and providers. *Whittier Law Review* 1:51-69.

Van Heeringen, C., S. Jannes, W. Buylaert, H. Henderick, and B. De Baquer. 1995a. The management of non-compliance with referral to out-patient after-care among attempted suicide patients: A controlled intervention study. *Psychological Medicine* 25:963-70.

Van Heeringen, Kees, Paul Ducheyne, Paul Schollaert, Robert Verheyen, Kris Goethals, and Stijn Jannes. 1995b. The risk of seclusion and the menstrual cycle in female psychiatric patients. *Journal of Psychosomatic Research* 39:629-32.

Van Putten, Robert A., Jose M. Santiago, and Michael R. Berren. 1988. Involuntary outpatient commitment in Arizona: A retrospective study. *Hospital and Community Psychiatry* 39:953-58.

Vatz, Richard E., and Lee S. Weinberg. 1994. The rhetorical paradigm in psychiatric history: Thomas Szasz and the myth of mental illness. In *Discovering the history of psychiatry*, edited by Mark S. Micale and Roy Porter. New York: Oxford University Press.

Venesy, Barbara A. 1995. A clinician's guide to decision-making capacity and ethically sound medical decisions. *American Journal of Physical Medicine and Rehabilitation*

74:219-26.

Vitiello, Benedetto, Richard Malone, Pamela Roth Buschle, Mary Anne Delaney, and David Behar. 1990. Reliability of DSM-III diagnoses of hospitalized children. *Hospital and Community Psychiatry* 41:63-67.

Walkow, Moujan M. 1994. Informed consent: Legal competency not determinative of person's ability to consent to medical treatment. *Suffolk University Law Review* 28:271-77.

Warner, Richard. 1994. *Recovery from schizophrenia*. London: Routledge.

Watson, Andrew S. 1984. Compassion, control, and decisions about competency: Comment. *American Journal of Psychiatry* 141:58-60.

Way, Bruce B. 1986. The use of restraint and seclusion in New York state psychiatric centers. *International Journal of Law and Psychiatry* 8:383-93.

Way, Bruce B., and Steven M. Banks. 1990. Use of seclusion and restraint in public psychiatric hospitals: Patient characteristics and facility effects. *Hospital and Community Psychiatry* 4:75-81.

Wear, A. N., and Diana Brahams. 1991. To treat or not to treat: The legal, ethical and therapeutic implications of treatment refusal. *Journal of Medical Ethics* 17:131-35.

Weatherhead, Rebecca. 1988. Psychotropic drug-treatment refusal by competent psychiatric patients. *University of Toronto Faculty Law Review* 47:101-31.

Weber, Walter M. 1985. Substituted judgment doctrine: A critical analysis. *Issues in Law and Medicine* 1:131-59.

Weinhardt, Lance S., Michael P. Carey, Kate B. Carey. 1998. HIV-risk behavior and the public health context of HIV/AIDS among women living with a severe and persistent mental illness. *Journal of Nervous and Mental Disease* 186:276-82.

Weinstock, Robert, Russell Copelan, and Abbas Bagheri. 1984. Competence to give informed consent for medical procedures. *Bulletin of the American Academy of Psychiatry and the Law* 12:117-25.

Weisstub, David N. 1988. *Law and mental health: International perspectives*. New York: Pergamon.

Weithorn, Lois A. 1982. *Competency to render informed treatment decisions: A comparison of certain minors and adults*. Ph.D. diss., University of Pittsburgh.

Wenning, Kenneth. 1993. Long-term psychotherapy and informed consent. *Hospital and Community Psychiatry* 44:364-67.

Wettstein, Robert M. 1999. The right to refuse psychiatric treatment. *Forensic Psychiatry* 22:173-82.

Wexler, David B. 1983. Seclusion and restraint: Lessons from law, psychiatry, and psychology. *International Journal of Law and Psychiatry* 5 (3-4):285-94.

_____. 1988. Reforming the law in action through empirically grounded civil commitment guidelines. *Hospital and Community Psychiatry* 39:402-5.

Whittington, Richard, and Tom Mason. 1995. A new look at seclusion: Stress, coping and the perception of threat. *Journal of Forensic Psychiatry* 6:285-304.

Widiger, Thomas A., and Timothy J. Trull. 1985. The empty debate over the existence of mental illness: Comments on Gorenstein. *American Psychologist* 40:468-70.

Wilk, Ruta J. 1988a. Implications of involuntary outpatient commitment for community mental health agencies. *American Journal of Orthopsychiatry* 58:580-91.

_____. 1988b. Involuntary outpatient commitment of the mentally Ill. *Social Work* 133-37.

Winick, Bruce J. 1991. Competency to consent to treatment: The distinction between assent and objection. *Houston Law Review* 28:15-61.

_____. 1992. On autonomy: Legal and psychological perspectives. *Villanova Law Review* 37:1705-77.

_____. 1995. The side effects of incompetency labeling and the implications for mental health law. *Psychology, Public Policy, and Law* 1:6-42.

_____. 1996a. Advance directive instruments for those with mental illness. *University of Miami Law Review* 51:57-95.

_____. 1996b. Foreword: A summary of the MacArthur Treatment Competence Study and an introduction to the special theme. *Psychology, Public Policy, and Law* 2:3-17.

_____. 1996c. The MacArthur Treatment Competency Study: Legal and therapeutic implications. *Psychology, Public Policy, and Law* 2:137-66.

_____. 1997. *The right to refuse mental health treatment*. Washington, D.C.: American Psychological Association.

Winokur, George, and Ming T. Tsuang. 1996. *The natural history of mania, depression, and schizophrenia*. Washington, D.C.: American Psychiatric Press.

Winston, Martin E., and Sally M. Winston. 1982. Can a subject consent to a Ulysses contract? Commentary. *Hastings Center Report* 12:26-27.

Wisor, Ronald L., Jr., 1993. Community care, competition and coercion: A legal perspective on privatized mental health care. *American Journal of Law and Medicine* 19:145-75.

Woerner, Margaret G., John M. Kane, Jeffrey A. Lieberman, Jose Alvir, Kenneth J. Bergmann, Michael Borenstein, Nina R. Schooler, Sukdeb Mukherjee, John Rotrosen, Morton Rubinstein, et al. 1991. The prevalence of tardive dyskinesia. *Journal of Clinical Psychopharmacology* 11:34-42.

Wolff, Kevin R. 1990. Determining patient competency in treatment refusal cases. *Georgia Law Review* 24:733-57.

Wolstein, Benjamin. 1983. Transference and resistance as psychic experience. *Contemporary Psychoanalysis* 19:276-94.

Yee, Donna L., John A. Capitman, Walter N. Leutz, and Mark Sceigaj. 1999. Resident-centered care in assisted living. *Journal of Aging and Social Policy* 10:7-26.

Young, Janet E., William F. Forbes, and John P. Hirdes. 1994. The association of disability with long-term care institutionalization of the elderly. *Canadian Journal on Aging* 13:15-29.

Young, John L., Howard V. Zonana, and Lynn Shepler. 1986. Medication noncompliance in schizophrenia: Codification and update. *Bulletin of the American Academy of Psychiatry and the Law* 14:105-22.

Zaubler, Thomas S., Milton Viederman, and Joseph J. Fins. 1996. Ethical, legal, and psychiatric issues in capacity, competency, and informed consent: An annotated bibliography. *General Hospital Psychiatry* 18:155-72.

Zito, Julie M., Thomas J. Craig, and Joseph Wanderling. 1991. New York under the Rivers decision: An epidemiologic study of drug treatment refusal. *American Journal of Psychiatry* 148:904-9.

Zweibel, Nancy R., and Christine K. Cassel. 1989. Treatment choices at the end of life: A comparison of decisions by older patients and their physician-selected proxies. *Gerontologist* 29:615-21.

지은이

엘린 R. 색스 (Elyn R. Saks)

엘린 색스는 정신보건법, 형법, 가족법을 전문으로 하며, 현재 서던 캘리포니아대학교(USC) 굴드법학전문대학원 법학·심리학·정신건강의학 및 행동과학 석좌교수이자, 캘리포니아대학교 샌디에이고 의과대학의 정신건강의학과 겸임교수이다. 그리고 정신질환을 가진 사람들의 개선된 치료를 위한 정책 개혁과 다양한 문제들을 연구하는 색스 정신보건법·정책·윤리연구소 소장 및 LA 정신분석학회 임원으로도 활동 중이다.

조현병을 앓으면서 이를 딛고 일어선 그녀는 자신이 병과 함께 살아온 이야기를 대중과 나눈다. 그녀의 저서로는 『법정에 선 지킬 박사: 해리성 정체감 장애와 형법Jekyll on Trial: Multiple Personality Disorder and Criminal Law』, 『해석을 해석하기: 해석학적 정신분석의 한계Interpreting Interpretation: The Limits of Hermeneutic Psychoanalsis』, 『마음의 중심이 무너지다The Center Cannot Hold』 등이 있으며, 그녀의 「정신병에 관한 이야기A tale of mental illness」라는 TED 강연은 현재까지 많은 사람들에게 감동을 선사하고 있다.

옮긴이

박혜선

서울대학교 건축학과를 졸업하고 미국 MIT에서 석사학위를 받았으며, 시립 정신과 전문병원에서 사회복지사 등으로 근무하였다.

치료를 거부할 때

초판 1쇄 인쇄 2023년 12월 1일
초판 1쇄 발행 2023년 12월 8일

지은이 | 엘린 R. 색스
옮긴이 | 박혜선
펴낸이 | 소정영

펴낸곳 | 도서출판 하나의학사
출판신고 | 1988년 4월 1일 제2022-000082호

주소 | 서울특별시 송파구 동남로 159, 302호(한흥빌딩)
전화 | 02-730-2555, 2556 **팩스** | 02-730-2557
이메일 | hanampc1@naver.com
홈페이지 | www.hanampc.co.kr

ISBN 979-11-91658-35-4 03510